대산종사
법어해의
2

대산종사 법어해의

편저 · 주성균

WON BOOK 원불교출판사

머리말

원기99년(2014) 4월 5일 대산종사탄생100주년 기념사업의 일환으로 『대산종사법어』가 오랜 기다림 끝에 세상에 나왔습니다. 대산 종사가 열반하신 지 21년 만에 이룬 성업이었습니다.

『대산종사법어』에 앞서 시봉진들이 수필(受筆)한 『대산종사수필법문』이 간행된 바 있습니다. 이 책은 몇 차례 대산 종사의 감인(鑑認)을 거쳐 원기79년(1994) 10월 29일 정식으로 간행할 것을 대산 종사가 서명 날인으로 증명하고, 본격적으로 편찬 작업에 착수하여 원기82년(1997년) 4월 『대산종사수필법문집』(전 3권)으로 간행한 것입니다. 이때 법문 편집 작업을 담당한 필자는 교정과 윤문 과정 없이 기록 보존용 자료집 형태로 완벽히 정리하지 못한 아쉬움이 내내 마음에 남아있었습니다. 당시에는 대산 종사가 '아직 공개하지 말라'는 법문도 있었고, 그 후 '누락한' 법문도 발견되었으며, '개인이 소장한' 법문도 여럿 있었습니다. 필자는 20여 년 동안 원자료를 보존하고 꾸준히 수집하며 지금껏 수행하는 마음으로 기록해 놓았습니다.

그 후 원불교100년기념성업회는 『대산종사수필법문집』에서 빠진 법문과 비공개 법문, 개인이 소장한 법문을 수합하여 공식 기관에서 발행할 것을 결의하고 개정판 『대산종사수필법문집』을 발행하였습니다. 비슷한 시기에 필자는 『대산종사수필법문집』을 핵심 저본으로 최대한 간결하게 스승님의 정수를 담아내는 법어 편찬사업에 참여하였습니다.

그리하여 원기99년 대산종사탄생100주년에 총 15편 699장의 『대산종사법어』를 출간하였습니다. 하지만, 200자 원고지 29,000여 장의 수필법문과 여기저기 흩어진 방대한 법문을 추리고 축약하고 주요 내용만 간략하게 정리하는 과정에서 법문이 나온 배경과 당시의 상황이 빠져 독자들이 이해하기 어렵다는 반응이 있었습니다. 특히 한자로 쓰인 한시나 인용한 고문(古文) 등 독해하기 어려운 점도 함께 드러났습니다.

이에 필자는 오랜 고민 끝에 용기를 내어 『대산종사법어』를 알기 쉽게 풀이하기로 서원을 세우고 스승님께 보은하는 마음으로 『대산종사법어 해의(解義)』를 10년의 세월 동안 정리하여 전 3권으로 발행하게 되었습니다. 이 책이 『대산종사법어』를 공부하는 데 오히려 누를 끼치지 않을까, 혹여 사족이 되지 않을까 반조하며 공부심을 일으켜 봅니다.

『대산종사법어 해의』는 전 3권을 1질로 하여 15편의 간략한 대의와 장마다 제목을 달고, 법어 원문을 싣고, 출처 / 배경 및 상황 / 용어 풀이 순으로 정리하였습니다. 최대한 객관적으로 서술하고자 하였으나 간혹 필자의 주관적인 내용이 있음을 양해 바랍니다.

10년 넘게 책을 발행하는 업에 종사하고 있지만, 한 권의 책이 나올 때마다 두려움과 설렘이 앞섭니다. 그러나 책이 세상에 나온 순간부터 그 책은 저자의 것이 아니라 이미 독자들의 몫입니다. 이 책 『대산종사법어 해의』도 독자 여러분이 읽고 가감 없이 감정(鑑定)하고 채찍질하여 일깨워 주시기를 바랍니다. 대산 종사의 체취를 느끼어 마음공부하는 데 작은 도움이 되신다면 필자로서는 더할 나위 없겠습니다.

끝으로 이 책이 세상에 나올 수 있도록 용기를 주신 선후배 동지 여러분께 감사드립니다.

원기109년(2024) 5월

주성균 합장

목차

제5 법위편 法位編

법위편은 대산 종사가 교단의 법의 주재자로서 법위를 사정한 과정과 법위를 현실화하고 사실화하여 재가출가가 천 여래 만 보살의 법보에 오를 수 있도록 법위 향상을 염원한 내용 등 총 46장의 법문을 수록하였다.

❶ 법위등급의 소중성

대산 종사 말씀하시기를 "대종사께서 내놓으신 법위등급은 천지가 생긴 이후 처음 나온 법으로 아래에서 위까지 쉽고 순서 있게 해 놓으신 큰 법이니라. 주세불이신 대종사께서 이 회상을 열어 주지 않으셨다면 큰 도인을 알아보기 어렵고 공부 길을 잡기도 어려웠을 것이니 여기서 눈뜨지 못하면 어디에 가서 눈을 뜰 수 있으리오." 〈법위편 1장〉

| 출처 |

교동교당 라균 주무가 조실에 올린 병풍 글씨를 보시고

대 주세불이 이 세상에 안 나오시어 회상을 펴 주시지 아니하면 큰 도인을 알아보기 어렵거니와 공부 길 잡기도 참으로 어려운 줄 알아야 한다. 그러므로 이 회상에서 눈 못 뜨면 어디 가서 눈뜨겠느냐. 참으로 정신 차려 공부해야 한다. 대종사께서 내놓으신 삼급 삼위의 법위는 천지 생긴 이후 처음 나온 법이다. 아래로부터 최상위까지 아주 쉽게, 순서 있게 해 놓으셨다. 이 법은 전무후무하다. 불교에서는 부처님께서 열반하신 후 그 제자들이 기록하였으므로 어렵게 되어 있어 특별한 근기 이외에는 잘 알지 못한다. 52위에 대한 해석이 있는데 처음 시작하여 중간에 가면 앞에 있는 것은 잊고 무슨 말을 하였는지 모르며, 끝 위쯤 가면 중간 위에 대하여 무슨 말을 하고 어떠한 표준을 못 잡아 결국 말한 사람도 종잡지 못한다.

〈『대산종사수필법문집』 1. pp.439~440. 원기55년 5월 23일〉

| 배경 및 상황 |

대산 종사는 원기55년(1970) 5월 23일 익산 금강리에서 교동교당 라균 주무가 조실에 올린 병풍에 쓰여 있는 글을 보고 말씀하시기를 "글씨에도 명필과 능필이 있다. 능필은 처음에는 산뜻하고 좋으나 볼수록 보기 싫어지고 더 보고 싶지 않다. 그러나 명필은 첫눈에는 과히 신통치 않고 어린애들의 글씨 같으나 볼수록 힘이 들어 있고, 보면 볼수록 법이 눈에 뜨이며 묘미가 있는 것이다. 주세불이 이 세상에 안 나오시어 회상을 펴 주시지 아니하면 큰 도인을 알아보기 어렵거니와 공부 길 잡기도 참으로 어려운 줄 알아야 한다. 대종사께서 내놓으신 삼급 삼위의 법위는 천지 생긴 이후 처음 나온 법이다. 이 법은 전무후무하다. 정신 차려 공부하자."라고 하였다.

| 용어 풀이 |

○ **주세불(主世佛)** 말세에 출현하여 새로운 정법회상을 열어 세상을 바로잡고 모든 중생을 구제하는 부처님. 영산회상(靈山會上)을 열어 법륜을 굴러온 석가모니불과 말세에 새 회상 일원대도(一圓大道)를 열어 정법을 새로 굴린 소태산 대종사를 가리킨다. 주세성자(主世聖者) 또는 구세주라고도 하며, 교법이 일반 성자들의 가르침보다 뛰어난 바가 있는 성자이다.

○ **법위등급(法位等級)** 원불교에서 수행인의 인격과 공부 계위(階位)를 여섯 등급으로 말한 것. 교법을 실천하고 법위향상의 훈련을 촉진케 하며 이를 사정하고 그 결과를 예우하기 위해 제정된 수행 계위이다. 곧 법위향상의 훈련과 법위사정 그리고 법위 예우가 상보성(相補性)을 지니면서 유기적으로 증진되도록 제정된 것으로 보통급·특신급·법마상전급의 3급과 법강항마위·출가위·대각여래위의 3위이며, 3위는 성인의 경지라 한다.

❷ 법위의 대의

대산 종사 말씀하시기를 "법위는 교단의 생명이요 자산으로 대종사께서 법위등급을 내놓으신 까닭은 우리의 공부 정도를 법계(法階)로 알게 함이시니라. 그러므로 법위등급은 우리의 서원과 신앙심과 수행력을 측정하는 기준이요 개교의 동기를 구현하기 위한 인격의 표준이며, 일원세계를 건설하는 설계도이자 교리를 실천하는 이정표요, 여래위까지 올라가는 안내도이자 천 여래 만 보살을 배출할 교본이니라."

〈법위편 2장〉

| 출처 |

법위의 대의

① 공부의 정도를 법계(法階)로 안다.

② 서원과 신앙심과 수행력을 측정한다.

③ 개교의 동기를 구현하기 위한 인격을 갖추는 표준이다.

④ 교리를 실천케 하는 표식이고 이정표이다.

⑤ 법계로 일원세계 건설하는 설계도이다.

⑥ 천여래 만보살을 배출할 원본(元本)이요.

⑦ 최고속 법로로서 도력과 법력을 알아보는 틀이다.

⑧ 여래를 손에 쥐여주고 먹여주는 틀이요 밥이다. [완성된 길]

⑨ 대변혁기의 새 시대 새 지침반(指針盤)이다.

⑩ 과거의 시대는 천권시대이나 앞으로의 시대는 인권시대이다. 신·불·하느님이 지상에서, 집에서 대중과 함께 활동한다.

⑪생불(生佛)·활불(活佛)의 제조 그물이다.

⑫ 여래위까지 법위를 얻어가는 사실화된 안내도이다.

⑬ 혼자의 성불이 아니라 전체의 성불이요, 영원한 성불의 길이다.

⑭ 법위는 교단의 생명이요 자산이다. 〈『천여래 만보살의 회상』 pp.25~26.〉

| 배경 및 상황 |

대산 종사는 '법위의 대의'에 대해 말씀하시기를 "교단의 생명이요 자산이다. 대종사께서 법위등급을 내놓으신 까닭은 수행인의 공부 정도를 법의 계단으로 알게 함이다. 여래위까지 올라가는 안내도이자 천여래 만보살을 배출할 교본이다."라고 하였다.

| 용어 풀이 |

○ **법계(法階)** 정법(正法)을 닦아 성취하는 법의 계단. 불도(佛道)를 닦는 사람의 수행 계급(修行階級). 법위등급의 다른 말로 특신급을 교선(敎選), 법마상전급을 교정(敎正), 법강항마위를 정사(正師), 출가위를 원정사(圓正師), 대각여래위를 대원정사(大圓正師)라고 부른다.

○ **신앙심(信仰心)** 어떠한 사실이나 사람을 믿는 마음. ① 어떠한 가치관, 종교, 사람, 사실 등에 대해 다른 사람의 동의와 관계없이 확고한 진리로서 받아들이는 개인적인 심리 상태. ② 철학·사회·정치 등의 분야에서는 일반적으로 신념이라 하며, 종교에서는 신앙·신심·신앙심 등으로 불리기도 한다.

○ **수행력(修行力)** 종교적인 절대적 인격을 이루기 위하여 성현의 가르침대로 실천궁행하는 힘.

○ **일원세계(一圓世界)** 원불교가 목적하는 최고의 이상 세계.

○ **여래위(如來位)** 대각여래위의 준말. 원불교 법위등급 중 여섯 번째, 최상계위. 석가모니불이나 소태산 대종사와 같은 부처님이 원만성취한 경지이다.

❸ 여래행의 의무와 권리

대산 종사 말씀하시기를 "교도는 입교를 하면서부터 여래가 되고 여래행을 해야 할 의무와 권리가 부여되나니, 이러한 의무와 권리는 진리와 스승과 법과 회상으로부터 누구나 부여받는 바라. 이는 우리 교단이 단전(單傳)이 아니고 공전(共傳)의 회상임을 드러내는 것이니라."

〈법위편 3장〉

| 출처 |

원불교 교도는 입교와 동시에 여래가 될 의무와 권리가 부여되고, 또한 여래행을 할 의무와 권리가 동시에 있다. 그는 진리와 회상과 스승과 법으로부터 스스로 부여받는 바라. 우리 회상은 단전(單傳)이 아니고 공전(共傳)인 것이다.

〈『대산종사수필법문집』 1. p.281. 원기53년 1월 13일〉

| 배경 및 상황 |

대산 종사는 원기53년(1968) 1월 13일 삼동원에서 '여래행의 의무와 권리'에 대해 법문하였다. 원불교 교도는 입교와 동시에 여래가 될 의무와 권리가 부여되었다. 또한 우리 회상은 법을 홀로 은밀하게 한 제자에게만 전하는 것이 아니고 여러 제자에게 공개적으로 공동으로 전하는 것이다. 종통(宗統)과 법통(法統)은 종법사로 이어지지만 넓은 의미로는 스승이 제자에게 법을 전해주는 것은 단전이 아니라 공전으로 한다는 말이다.

| 용어 풀이 |

○ **여래행(如來行)** 대각여래위에 오른 여래가 중생을 제도하고 대자대비로 덕화만방하도록 베푸는 행위.

○ **단전(單傳)** ① 스승이 제자에게 법을 전해줄 때, 여러 제자에게 공개적으로 두루 전해주는 것이 아니라, 한 제자에게만 비밀스럽게 전해주는 방법. 이러한 방법이 불법의 대중화에 방해가 되기도 하고, 법을 받기 위한 투쟁의 원인이 되기도 하

였다. ② 단(單)은 단일 순일 무잡의 뜻, 전(傳)은 정전(正傳)이라는 뜻. 말이나 글자에 의지하지 않고, 마음으로부터 마음에 법을 전해주는 것.

○ **공전(共傳)** 스승이 제자에게 법을 전해줄 때, 한 제자에게만 은밀히 전하는 것이 아니라 여러 제자에게 공개적으로 공동으로 전해주는 것.

○ **회상(會上)** ① 대중이 모여서 부처님의 설법을 듣는 법회. 석가모니불이 영취산에서 설법하던 모임을 영산회상이라 한다. ② 대중이 모여서 공부와 사업을 함께 하는 장소. 교단을 수행의 집단이라고 보는 입장에서 회상이라 한다.

④ 법위 표준 1

대산 종사 말씀하시기를 "법위의 표준을 강령 잡아 말하자면 보통급은 불문 초입(佛門初入)이요, 특신급은 심신 귀의(心身歸依)요, 법마상전급은 심신 교전(心身交戰)이요, 법강항마위는 심신 조복(心身調伏)이요, 출가위는 심신 출가(心身出家)요, 대각여래위는 심신 자유(心身自由)이니라."

〈법위편 4장〉

| 출처 |

수양원 원로님들에게 법위 표준을 강령적으로 불문초입, 심신귀의, 심신교전, 심신조복, 심신출가, 심신자유로 설명해 주시면서 한 조항 한 위마다 어떻게 공부해 나가고 있나 대담 문답을 하시고 끝으로 "심신자유는, 희로애락 칠정과 마음을 내고 싶으면 내고 거두어들이고 싶으면 거두어들여, 들이고 내는 것을 자유 하는 것이니 그렇게 하는 것을 말씀하라."고 하시고 또 묻고 들으셨다.

〈『대산종사수필법문집』 1. p.1789. 원기62년 10월 3일〉

| 배경 및 상황 |

대산 종사는 원기62년(1977) 10월 3일 익산 총부에서 수양원 원로님들에게 법위 표준을 강령적으로 설명하며 한 조항 한 위마다 어떻게 공부하고 있는지 문답 감정을 하였다. 끝으로 "심신자유는, 희로애락 칠정과 마음을 내고 싶으면 내고 거두어들이고 싶으면 거두어들여, 들이고 내는 것을 자유로 하는 것이다."라고 하며 문답하였다.

| 용어 풀이 |

○ **불문초입(佛門初入)** 누구나 정법회상에 입문한 초심의 경지로 불지에 오르는 첫 출발이다.

○ **심신귀의(心身歸依)** 정법 정신(正法正信)의로 마음의 표준이 서져서 일생뿐만 아니라 영생을 진리와 스승과 법과 회상에 심신을 귀의한 경지이다.

○ **심신교전(心身交戰)** 마음속 깊은 공부로 정(正)과 사(邪), 법(法)과 마(魔)가 서로 교전하는 때이다.

○ **심신조복(心身調伏)** 몸과 마음을 조복(調伏) 받은 자리로 끝까지 악을 범하지 않는다.

○ **심신출가(心身出家)** 사생(四生)이 내 몸이요 시방(十方)이 내 집으로 내 일 내 살림으로 알고 심신을 출가한 자리이다.

○ **심신자유(心身自由)** 여래를 대각하고 심신을 자유하여 대자대비로 만능(萬能) 만지(萬智) 만덕(萬德)을 갖춘 자리이다.

⑤ 법위 표준 2

대산 종사 말씀하시기를 "보통급은 큰집 발견이요 새 세계 발견이니 불지를 향해 출발하는 성불의 기점으로 정법 회상에 입문하여 처음으로 4종 의무를 받아 지키는 단계요, 특신급은 법맥을 바르게 대고 바르게 믿어서 마음과 마음이 서로 연하는 단계로 심신을 귀의하고 마음공부를 시작하여 부처님의 문패를 다는 단계니라. 또 법마상전급은 지극한 서원과 지극한 정성으로 속 깊은 마음공부를 하는 급으로 정과 사, 법과 마가 서로 싸우는 단계니 이때는 특히 중근의 고비를 조심하여 마음의 등불을 안으로 비추는 데 힘써야 하느니라." 〈법위편 5장〉

| 출처 |

원남교당 교도들에게

법위 표준

1. 큰집 발견 [새 세계 발견]

불보살과 중생의 차이는 전후 면, 좌우 방향의 결정 차이뿐이다.

2. 마음공부

부처님 문패 달기 시작한 때다. 정법(正法) 정신(正信)이 되어야 하는 데 선 법사께서는 있는 재산이 하나도 없게 되었으나 한 구(咎)의 탓이나 원망의 말씀 없으시고, 오직 신의(信義)가 만고에 일관하였으니 이것이[그때] 바로 여래이셨다. 우리도 스승과 법과 회상과 진리를 믿어나갈 때 재색명리 간에 전탈(全奪)되었을 때도 그 신의가 만고에 일관하도록 하여야 한다.

3. 중근(中根) 조심

주인은 등불을 안으로, 안으로 비춘다. 그러므로 눈으로만 밝히고 밖에만 밝게 하여서는 안 된다. 일하기 전은 주인이 되고 다 성사된 후에는 손님이 되어라.

〈『대산종사수필법문집』 1. p.505. 원기56년 2월 20일〉

법위

1. 불지출발(佛地出發) 4종의무, 기점성불(基點成佛), 정법 회상 입문

2. 정법정신(正法正信) 정통정맥, 심신상련

3. 심리공부(心裏工夫) 지원지성(至願至誠)

〈『대산종사수필법문집』 1. p.135. 원기50년 9월 26일〉

| 배경 및 상황 |

대산 종사는 원기50년(1965) 9월 26일 제2회 법위사정 실시에 즈음하여 유시를 내린다. 법위에 관한 유시는 "우리는 55주년을 기해서 ① 거듭나는 기간으로 ② 법의 성석(成石)이 더욱 굳어지는 기간으로 ③ 스승님께 보은하는 기간으로 ④ 바른 공부 길을 잡고 적공하는 기간으로 ⑤ 불보살의 대법보(大法譜)에 올라가는 기간으로 정하고 대회상 대도덕의 기초 동량을 세워 놓는 것이다. 법위는 타인이 올려 주거나 세워 주는 것이 아니요, 본인이 올라가고 세워 놓는 것이다."

원기56년(1971) 2월 20일에는 원남교당 교도들에게 '법위 표준'에 대해 말씀하였다. 이 장에서는 삼급[보통급, 특신급, 법마상전급]만 소개하고 이어 삼위에 관해 소개하고자 한다.

| 용어 풀이 |

○ **불지(佛地)** ① 부처님의 경지. 중생이 수행하여 보살의 경지를 거쳐 최후에 도달하게 되는 부처님의 경지. 즉 원불교인이 이상으로 하는 최상구경인 대각여래위의 경지. ② 부처님의 땅, 부처님의 나라. 불국토·극락정토를 말한다.

○ **성불(成佛)** ① 삼학 병진 수행을 원만히 하여 삼대력을 얻고 일원상의 진리를 깨쳐 대각여래위의 대도인이 되는 것. ② 모든 번뇌를 해탈하고 부처의 경지에 도달하는 것. 작불(作佛)·성도(成道)·득도(得道)라고도 한다. 모든 불도 수행자가 이

루기를 원하는 최고의 경지.

○ **사종의무(四種義務)** 원불교 교도로서 지켜야 할 네 가지 기본 의무. 조석심고·법회출석·보은헌공·입교연원의 네 가지를 말한다.

○ **법맥(法脈)** ① 법 또는 법통(法統)을 전해주는 계맥(系脈). 스승에서 제자에게로 법이 전해지는 것. ② 법을 믿고 배우는 맥락(脈絡).

○ **중근(中根)** 교법을 받아들여 성취할 품성과 능력이 중간 정도인 사람.

❻ 법위 표준 3

대산 종사 말씀하시기를 "법강항마위는 몸과 마음을 조복 받은 자리로서 재색 명리와 시기 질투와 모든 명상(名相)이 공한 자리에 오른 위요, 생활이 법도에 맞고 공부도 진리의 쳇줄을 잡은 위니라. 출가위는 심신을 출가한 자리로서 시방을 한 집안 삼고 사생을 내 몸으로 알며 교단을 내 집 삼고 교단 일을 내 일 삼아 사사로운 마음이나 삿된 마음을 내지 않는 위니, 아집(我執)·법집(法執)·소국집(小局執)·능집(能執)을 지어 그 속에 머무르면 출가위는 될 수 없느니라. 대각여래위는 심신을 자유하고 만능 만화를 자유자재로 나타내며 여의보주를 얻어 칠정(七情)에 부동하고 자유로운 위니라." 〈법위편 6장〉

| 출처 |

4. 생활 법도

글씨도 쳇줄이 있어 배워야 하듯 공부에도 진리의 쳇줄이 있어야 착 되는 바 없지, 그렇지 아니하면 이러나저러나 착 되고 끌려가고 만다. 일생 그렇게 끌려다니다 가는 것이다. 욕심이 없는 게 아니라 중도[알맞게]로 하면 바로 법이 된다. 타 종교는 욕심이 없는 것으로 알기 때문에 대도인이 못 나온다.

5. 교단 내 일

고속도로가 도통(道通)이고, 삼학팔조 사은사요가 도통이니 이 회상에 뻗쳐 사사(私邪) 없이 일하라.

6. 만능(萬能) 만화(萬化)

부모의 피와 살이 바로 자식들의 피와 살이므로 부모의 자비는 자식들에게 파고든다. 아무 관계가 없으면 파고 못 들어가는 것이다.

〈『대산종사수필법문집』 1. p.505. 원기56년 2월 20일〉

법위

4. 마음조복(調伏): 성리에 비추어 재색, 명리, 시기, 질투, 명상(名相) 조복
5. 시방오가(十方吾家): 세계가 내 집 내 권속 내 살림 시방일가 사생일신
6. 자유자재(自由自在): 여의보주 여의자재

〈『대산종사수필법문집』 1. p.135. 원기50년 9월 26일〉

| 배경 및 상황 |

제5장의 삼급에 이어서 제6장은 삼위에 관한 법문이다. 대산 종사는 원기50년(1965) 9월 26일 제2회 법위사정 실시에 즈음한 유시와 원기56년(1971) 2월 20일 원남교당 교도들에게 '법위 표준'에 관해 말씀하였다.

이 장에서는 삼위[법강항마위, 출가위, 대각여래위]를 소개하였다. 삼위의 법강항마위는 정사(正師)로 초성위(初聖位)에 올라 비로소 법계의 스승으로 대접받고 바르게 지도하는 자격이 주어진다.

| 용어 풀이 |

○ **조복(調伏)** ① 이성이 감성을 잘 통제하는 것. 도심(道心)이 인심(人心)을 잘

다스리는 것. ② 몸·입·뜻의 삼업이 잘 조화되어 모든 악행을 항복 받는 것. ③부처님께 기도하여 부처님의 힘을 빌려 원적(怨敵)과 악마를 항복 받는 것.

○ **재색명리(財色名利)** 재물욕·색욕·명예욕·이욕(利欲)의 총칭. 인간이 갖는 모든 욕망을 통틀어서 재색명리라 한다. 재색명리는 불보살과 중생의 갈림길이 된다. 재색명리를 항복 받는다는 것은 모든 욕망을 끊어버린다는 뜻이다. 따라서 재색명리를 항복 받아야 법강항마위 도인이 되는 것이다. 하근기 중생은 재색에 관한 욕심이 더 강하고, 상근기는 명리에 대한 욕심이 더 강하다. 수행자에게는 명예욕 끊기가 가장 어렵다고 한다.

○ **명상(名相)** 망상을 일으키고 미혹하게 하는 것. 귀에 들리는 것을 명(名), 눈에 보이는 것을 상(相)이라 한다. 들리고 보이는 모든 것. 모든 사물에는 다 명 또는 상이 있다. 그러나 명과 상은 모두 허망하고 거짓된 것으로 법의 영원한 실상이 아니다. 진리를 깨치지 못한 사람은 명상을 분별하고 집착하여 온갖 번뇌 망상을 일으킨다.

○ **아집(我執)** ① 오온으로 이루어진 아(我)를 상주불멸하는 실체로 집착하는 소견. ② 아상(我相)에 집착하여 자기의 의견에만 사로잡혀 그것만을 옳다고 고집하고 주장하는 것. ③ 대아(大我)를 발견하지 못하고 소아(小我)에만 집착하는 것.

○ **법집(法執)** ① 교법에 얽매이어 그것에 집착하고 도리어 참된 깨달음을 얻지 못하는 것. 이 경우 법박과 같은 뜻. ② 객관적인 사물[物心, 현상]을 실재인 것인 줄로 잘못 알고 거기에 고집하는 것.

○ **소국집(小局執)** 작은 국량(局量)이 확 트이지 못하고 어느 한 편에 집착하여 매우 답답한 것. 모든 문제를 두루 살펴 종합적으로 판단하지 못하고 자기의 견해만이 옳다고 고집하는 것. 판국에 얽매이고 집착하여 자기의 주관과 좁은 소견을 벗어나지 못하는 것. 수행자가 국집을 벗어나지 못하면 해탈을 얻을 수가 없고, 큰 도인이 되기도 어렵다.

○ **능집(能執)** 자기가 남보다 능하다는 생각에 사로잡혀 있는 집착.

○ **만능(萬能)** 모든 일에 다 능통하거나 모든 일을 다 할 수 있음.

○ **만화(萬化)** 우주 만물을 화육(化育)하는 것. 생명 있는 것을 사랑하고 아끼고 보호 육성하는 것.

○ **여의보주(如意寶珠)** 용의 턱 아래에 있는 영묘한 구슬. 이것을 얻으면 무엇이든 뜻하는 대로 만들어 낼 수 있다고 한다.

○ **칠정(七情)** ① 보통의 사람들이 가진 일곱 가지의 보편적인 감정. 도교나 유교에서는 희로애락애오욕(喜怒哀樂愛惡欲) 또는 희로우사비경공(喜怒憂思悲驚恐)을 말한다. ② 불교에서는 희로우구애증욕(喜怒憂懼愛憎欲)을 말한다.

❼ 법통의 자격

대산 종사 말씀하시기를 "대종사께서는 내 법은 특신급이라도 이 법에 죽고 사는 사람이면 누구나 다 받아 갈 것이요, 여래위에 오를 만한 사람이라도 이 법을 지키고 활용하지 않는 사람은 누구도 받아 갈 수 없다고 하셨느니라." 〈법위편 7장〉

| 출처 |

대종사께서 "나의 법은 특신급이라도 이 법에 죽고 사는 자가 그 법을 받아 갈 것이요, 여래위에 오를 만한 근기에 있는 사람이라도 이 법을 지키는 마음이 소원하면 소용이 없고 법을 받아 갈 수 없다."라고 가르쳐 주셨다.

〈『대산종사수필법문집』 1. p.45. 원기47년도〉

| 배경 및 상황 |

정산 종사는 원기47년(1962) 1월 24일 삼동윤리를 최종 유게(遺偈)로 전한 후 열반하였다. 그 후임 종법사로 대산 종사가 원기47년(1962) 1월 31일 선출되었고, 2월 23일 종법사 추대식이 열렸다. 종법사 취임 법설을 하고 신도안으로 행가하였다.

대산 종사는 종법사위에 승좌하였지만, 아직 법무실 체제가 확립되지 않아 수많은 법설이 간략하게 요점만 기록되었다. 종법사 법설이 편년체로 기록되지 않다 보니 취임 초기인 원기47년도의 법설이 많이 누락하였다. 그러나 그중 법위 관련 법문이 간간이 보이는 것으로 보아 법위향상의 중요성을 느낄 수 있다.

| 용어 풀이 |

○ **소원(疏遠)** 지내는 사이가 두텁지 아니하고 거리가 있어서 서먹서먹함.

❽ 법기와 중근 조심

대산 종사 말씀하시기를 "특신급은 대각의 뿌리가 박히고 결실의 꽃이 처음 피는 시기라, 이때에 음계에서 성성식(成聖式)이 이뤄지고 법기(法器)인지 아닌지가 판가름 나느니라. 법마상전급은 중근을 조심해야 할 때이니, 과거 수도인들이 대부분 여기에서 더 이상 위로 오르지 못하고 밑으로 떨어졌으나 지금은 밝은 시대라 반 이상이 진급할 수 있느니라."

〈법위편 8장〉

| 출처 |

법위 도식(法位圖式) 말씀하시며 [암용소에서]

정식특신급에서는 대각의 뿌리가 박히는 때요, 결실의 초화(初花)다. 고로 음

부에서 성성식(成聖式)이 된다. 음부는 사람의 마음이다. [여기서 여우인지 사자인지 안다]

법마상전은 중근으로써 만 명 중 9,999명이나 반인(半人)이 떨어지기 쉬운 위기나 지금은 시대가 달라서 만 명 중 5천 인은 성공한다. 마치 못자리를 겨울에는 기술자라야 하나 봄에는 아무라도 하는 거와 같다.

〈『대산종사수필법문집』 2. p.1870. 원기48년 8월 9일 박은국 수필본〉

| 배경 및 상황 |

대산 종사는 원기48년(1963) 8월 9일 신도안 삼동원 암용소[동용추]에서 법위도식에 관해 말씀하시기를 "특신급은 대각의 뿌리가 박히는 때요, 결실의 초화다. 그러한 까닭으로 음부계에서 성성식이 열린다고 하였다. 법마상전급은 중근으로 1만 명 중 9,999명이나 반수가 떨어지기 쉬운 위기나 지금은 반 이상이 성공한다."라고 하였다. 이 법문은 향타원 박은국 교무가 수필한 법문이다.

| 용어 풀이 |

○ **법위도식(法位圖式)** 법위등급을 양식으로 나타낸 그림. 법위도해.

○ **음계(陰界)** 귀신들이 사는 세계. 눈으로 볼 수 없는 진리 세계.

○ **음부(陰府)** ① 눈으로 볼 수 없는 진리 세계. 무형한 진리 세계의 중심부를 상징하는 말. ② 지하 세계로, 황천(黃泉)이나 명부(冥府)와 같은 말. 민간신앙에서 죽은 후 모든 인간의 영혼이 예외 없이 가는 곳으로 여겨지고 있다.

○ **성성식(成聖式)** 음계와 허공법계에서 성인의 반열에 오르는 식.

○ **법기(法器)** 법의 그릇이 큰 사람. 불법의 가르침을 받기에 족한 사람이다. 법의 그릇이 크다는 것은 법의 근기가 높고, 대도 수행을 할 수 있는 바탕과 소질이 큰 사람이다.

○ **못자리** 볍씨를 뿌리어 모를 기르는 곳.

⑨ 삼위의 견성, 합덕, 만능

대산 종사 말씀하시기를 "법강항마위는 견성을 해야 오르는 자리니 그러기로 하면 성리를 보고 말하고 은혜를 보고 말하는 공부를 해야 하느니라. 하지만 법강항마위가 조심해야 할 점은 복주머니를 가지면 놓을 줄 모르거나 부유한 데 처하면 수도할 줄 모르는 것이니 크게 경계해야 할 바니라. 또 출가위는 덕을 합할 줄 알아야 오르는 자리니 이는 모든 사람에게 자비를 베풀지만 그 은혜를 입은 사람이 마치 자신만 위해 주는 것처럼 여길 정도로 덕이 널리 미쳐야 하느니라. 대각여래위는 마음공부에 토가 떨어지고 만능을 얻어 입정과 출정을 자유자재하는 위로, 제일 부지런하고 무등등한 대각의 자리니라." 〈법위편 9장〉

| 출처 |

항마는 견성을 해야 한다. 시대 따라 견성이 쉽다. 대종사께서 앞으로 견성쯤은 쉽고 대정력 익히기가 어렵다고 하셨는데 지금 학생들 잘 아나 그 발이 짧더라. 또 이 자리는 주의할 것은 복주머니를 씌워 놓으면 털 줄을 모른다. 고로 주의해야 한다. 부귀가에 타락되면 순치황제(順治皇帝)같이 일어서서 수도할 줄 모른다. 세계적으로 보면 그 처사(處事)가 출가위 지경에 있으나 법을 주무르는 데는 서투르다. 심법보다도 성리에 통해야 한다.

출가는 합덕(合德)인데 어느 절에 관음상이 있는데 만인이 쳐다보면 다 저만 쳐다본다고 한다. 그래 명화라 하니 저만 생각하는 것이 합덕이다.

여래는 여의보주에 토가 떨어진 경지이니 만능(萬能) 대능력(大能力), 마음에 대자유를 얻은 것이다. 여래가 제일 부지런 딴딴이다. 그러므로 무등등의 대각자리다.

공부법[삼학(三學)]을 말할 때는 성리를 보고 말하면 핵이 묻어 나오고, 도덕[사은(四恩)]을 말할 때는 은(恩)을 보고 말하면 핵이 묻어 나온다. 핵은 조금만 묻어 나와도 큰 효율을 낸다.

〈『대산종사수필법문집』 2. p.1870. 원기48년 8월 9일 박은국 수필본〉

| 배경 및 상황 |

대산 종사는 원기48년(1963) 8월 9일이 암용소[동용추]에서 법위 도식에 대해 이어서 말씀하시기를 "법강항마위는 견성을 해야 오르는 자리로 성리를 통해야 한다. 주의할 점은 부귀에 처하면 수도할 줄 모르니 경계해야 하고, 출가위는 합덕할 줄 알아야 하고, 대각여래위는 마음에 대자유를 얻어 만능을 얻어 입정과 출정을 자유자재한 위로 제일 부지런하고 무등등한 대각의 자리다."라고 하였다.

| 용어 풀이 |

○ **견성(見性)** 성품을 본다는 의미 또는 도를 깨닫는다는 말로 오도(悟道)라고도 한다. ① 천지 만물의 시종본말과 인생의 생로병사의 이치와 인과보응의 이치를 아는 것. 텅 빈 마음과 밝은 지혜로 천만 사물을 있는 그대로 바르게 볼 줄 아는 것. ② 본래 그대로의 자기 본성을 보는 것. 참된 자기를 깨닫고 아는 일.

○ **성리(性理)** 우주와 인생의 가장 궁극적인 진리. 성(性)은 인간의 자성원리. 이(理)는 우주의 근본 이치. 진리를 깨친다는 것은 곧 성리를 깨치는 것이며, 우주와 인생의 근본이 성리다. 불교와 유교에서는 성리의 문제를 매우 중요시한다. 원불교에서도 마음공부가 곧 성리공부이며, 성리공부가 모든 공부의 근본이 된다고 한다.

○ **입정(入定)** 선정(禪定)에 들어가는 것, 마음을 한곳에 통일하여 신·구·의 삼업 짓는 것을 그치는 것, 참선하기 위해 선방에 들어가는 것 따위의 의미가 있다. 그 밖에 스님이나 수행자의 열반을 의미하기도 한다. 원불교에서는 각종 법회나 기도

식 때에 먼저 입정으로 마음의 안정을 얻은 후에 각항 순서를 진행하게 되므로 대체로 식순에 '입정'의 순이 있다. 입정은 성품의 본래에 합일하여 일체의 사념이 돈망한 상태를 말하며, 이는 선정의 극치이다

○ **출정(出定)** ① 선정(禪定)의 상태에서 나오다. 선정에 들어갔다가 그 경지에서 나오는 것. ② 오랫동안 수행 정진하다가 교화를 위해 세속으로 나오는 것.

○ **무등등(無等等)** 비교하고 대등(對等)할 만한 것이 없다는 뜻으로, 일원대도와 대각여래위의 도인을 높이는 말. 일원대도는 이 세상의 어떠한 도(道)도 대등할 것이 없으며, 대각여래위의 도인은 이 세상의 어떠한 사람도 대등할 사람이 없으며, 우리의 본래 마음은 이 세상의 어떠한 것도 대등할 수 없이 크고 소중한 것이기 때문에 무등등한 것이다.

⑩ 삼급의 중요성

대산 종사 말씀하시기를 "우리 법위 가운데 없어서는 안 되는 급이 바로 보통급이라, 길들지 않은 망아지처럼 방황하다가 영생토록 제도 받을 길로 들어섰으니 모두가 춤추고 기뻐할 일이니라. 특신급은 교선(教選)으로서 수십억 인류 중에 선택받은 사람이요, 법과 회상과 스승과 진리와 둘 아닌 신심으로 일생과 영생을 귀의한 사람의 급이니라. 그러나 신심의 뿌리가 내리지 않으면 죽은 나무와 같아서 아무리 가꾸고 거름을 하여도 소용이 없느니라. 법마상전급은 교정(教正)으로서 법과 마, 정과 사를 판단하여 심신 간 바르게 나아가는 급이니 보는 것이 날카롭고 바르므로 교단을 바로잡을 수도 있느니라." 〈법위편 10장〉

| 출처 |

양원(兩院) 전 직원들에게 내려주신 법문

삼위 삼급 가운데 제일 다행한 급은 어딘가. 아니해서 안 될 급, 다들 말하여 보라. 길 안 든 망아지가 이리저리 뛰고 다니다, 집 한 채가 있어 사방에 문이 있어 그 어느 한 문을 통해 입문하는 그것이 보통급이다. 그것이 다행한 급이다. 대각여래위보다 더 다행하다. 여기 졸업반들 집에서 말 같이 뛰다가 나왔지, 어떠냐! 다행하게 생각되는가. 보통급이 제일 좋은 급이다. 춤추고 기뻐할 급이다. 이리 가고 저리 가고 하다가 불가에 입문했다. 영생의 길이 얻어질 기초문이다.

"특신급은 무엇이라고 부르지?"

"교선(教選)이라 합니다."

지금 인류 사십억 중 70만 명이 입문했는데 그 가운데서 선택되었는데 이 사람은 법과 회상과 스승과 진리와 둘 아닌 신념으로 일생과 영생을 귀의할 수 있는 사람이다.

그래야 제 싹이 잘 자랄 수 있다. 그렇지 아니한 사람은 죽은 나무와 같아서 아무리 가꾸어도 안 된다. 이 앞에 죽은 나무 있지, 보이느냐. 저 나무 아무리 거름을 준다 해도 소용없다. 그와 같다. 분명히 교선인지 파악해서 거름해야 하겠다. 그러므로 이 교선 급이 중대하다.

그다음은 교정(教正)이다.

"왜 교정이라 했나. 윤산(潤山) 말하여 보라."

"교단에서 법(法)과 마(魔), 정(正)과 사(邪)를 분간하여 일해 나가기 때문입니다."

"맞았다."

법과 마, 정과 사, 심신 이것이 바르게 나가는 사람인데, 그 위에 삼위가 있으나 일은 교정 때 다 한다. 삼위 이상은 신중해서 나간다. 그러나 교정은 중간이라, 상도 하도 아니므로 보는 것이 사납다. 바르니까 앞뒤 생각지 않고 뒤 책임도 생각지 않고 그냥 보는 대로 내뿜는다. 그것이 교단을 바로잡을 수도 있는 것이다. 삼급 삼위에서 교정이 교단도 바를 수 있고 개인도 바를 수 있으므로 교정이라고 한다.

〈『대산종사수필법문집』 1. pp.1485~1487. 원기61년 7월 17일〉

| 배경 및 상황 |

대산 종사는 원기61년(1976) 7월 17일 익산 중앙총부에서 교정원과 감찰원 전 직원에게 법위에 관한 법문을 내린다. "삼급 삼위 가운데 제일 다행한 급은 보통급이다. 특신급은 교선으로 수십억 인류 중에서 선택받은 사람이요, 법마상전급은 교정으로 법과 마, 정과 사를 분간하여 심신 간 바르게 나아가는 급이니, 교단도 바로 잡을 수 있고 개인도 바로 잡을 수 있다."라고 하였다.

| 용어 풀이 |

○ **교선(敎選)** 법위등급이 특신급에 해당하는 출가·재가교도를 달리 부르는 말. 원불교 교법에 특별히 선택받았다는 뜻으로, 보통급 십계문을 거의 지키고, 특신급 십계문을 받아 지키기에 노력하며, 원불교의 교리와 법규를 대강 이해하고, 모든 사업이나 생각이나 신앙이나 정신이 다른 세상으로 흘러가지 않을 정도에 이른 교도를 말한다.

○ **교정(敎正)** 법위등급이 법마상전급에 해당하는 교도를 다르게 부르는 말. 정법(正法)에 차츰 익숙해진다는 뜻에서 교정(敎正)이라고 한다. 교정은 보통급 십계문과 특신급 십계문, 법마상전급 십계문을 받아 지키며, 원불교의 경전 해석에 과히 착오가 없고, 천만 경계 속에서 사심(邪心)을 제거해 가는데 재미를 붙이고 보람을 느끼게 되는 경지이다.

⓫ 삼위의 중요성

대산 종사 말씀하시기를 "법강항마위는 정사(正師)로서 생활이 법도에 맞고 법과 공을 위하여 전심전력을 다하므로 나와 남을 제도할 능력이 생기고 위기를 당하여 법의 등대가 되는 위니라. 그러나 정사는 천하를 다 가르칠 수는 없는바, 항상 자기의 등불을 끄고 큰 빛을 보아야 스승을 만날 수 있나니, 스승을 만나지 못하고 평생 또는 몇 생을 정사로 지내는 근기도 있느니라. 또 출가위는 원정사로서 시방이 한 집안이요 사생이 한 몸임을 알아서 순일한 봉공의 생활, 보은의 생활, 진경의 생활을 하는 위요, 대각여래위는 대원정사로서 삼계의 대도사요 사생의 자비 부모가 되어 소리도 냄새도 흔적도 없는 삶을 사는 위니라."

〈법위편 11장〉

| 출처 |

정사(正師)는 자기 외 외부에서 오는 것을 제도할 능력이 있는 것이 정사이다. 그러니 자기도 남도 제도할 수 있는 능력이 있는 분이다. 그러나 정사가 되었다고 천하를 다 가르칠 수는 없는 것이다.

대원정사는 전체를 빠짐없이 다 비추어 준다. 그러니 자기 분야가 교선이냐, 교정이냐, 정사냐, 원정사냐, 대원정사냐를 정확히 파악해서 그 분야대로 나가야 실수가 없는 것이다. 정사가 교선이나 교정에 비추면 자기만 못한 것을 알아서 능집(能執)이나 법집(法執)이 생긴다. 묘하더라.

큰 촉이나 적은 촉에나 맞대고 비쳐 비추니 누구 것이 더 밝은 줄 모르겠더라. 그런데 한쪽 빛을 꺼서 보니 그때야 그 차등을 알 수 있겠더라. 그쪽 빛이 훨씬 밝음을 알 수 있겠더라. 그러니 항상 제 것을 꺼 버리고 큰 빛을 봐야 한다. 제 것을 꺼버려 감춰야 한다. 같이 맞대고 비추면 모른다.

그러므로 입문, 교선, 교정, 정사, 원정사, 대원정사 이것을 알아야 한다. 나는 입문 후 스승이 많다.

오늘 여기 온 양원 임원들은 우리 교단의 책임자들로 주인들이니 앞으로 다지고 서원을 굳게 세우라. 더 챙겨라. 그래서 교선, 교정, 정사, 원정사, 대원정사에 오르도록 노력 적공하라. 대원정사에 오르더라도 놓으면 안 된다. 더 노력하고 공을 쌓아야 한다.

〈『대산종사수필법문집』 1. pp.1487~1488. 원기61년 7월 17일〉

정사[正師, 항마위]는 상담의 대상이 되며, 그런 의무와 책임이 있는 사람, 정사로서 위기에 법의 등대가 되고, 법의 상징이 되어서 생활이 법도에 맞는 경지다. 진리와 회상과 스승과 법이 하나가 되어서 법과 공을 위해 전심전력을 하는 생활이다.

원정사[圓正師), 출가위]는 시방이 일가가 되고 사생이 일신이 되어서 대아로 생활하는 것인데 순 봉공의 생활, 순 보은의 생활로 순 진경의 경지이다.

대원정사[大圓正師, 여래위]는 삼계의 대권을 갖고 사생의 자비스러운 부모가 되고, 삼계의 대도사가 되는 것이다. 다시 말해 무성(無聲) 무취(無臭) 무흔적(無痕迹)의 경지다.

〈『대산종사수필법문집』 2. pp.663~664. 원기70년 3월 14일〉

| 배경 및 상황 |

대산 종사가 원기61년(1976) 7월 17일과 원기70년(1985) 3월 14일 설한 '삼위' 관련 법문을 축약하고 합하여 만든 법어이다.

| 용어 풀이 |

○ **정사(正師)** 바른 스승. 법위(法位)가 법강항마위에 오른 분. 원불교에서는 수행

의 계위(階位)인 법위등급에서 법강항마위에 오른 분을 정사(正師), 출가위에 오른 분을 원정사, 대각여래위에 오른 분을 대원정사(大圓正師)라고 하여 스승으로 모신다.

○ **법도(法度)** ① 법의 절도(節度), 곧 인격이나 언행이 법에 잘 맞는 것. ② 법은 법규, 도는 도량(度量)의 뜻. 법을 수호하기 위해 지켜야 할 규칙. ③ 법률과 제도.

○ **전심전력(全心全力)** 온 마음과 온 힘.

○ **제도(濟度)** 불보살이 중생을 고해에서 건지어 성불 해탈하는 열반의 피안인 극락세계로 인도해 주는 것. 교화(敎化)와 같은 말로 쓰인다.

○ **원정사(圓正師)** 원불교 법계(法階)의 하나. 두렷하고 바른 스승. 원만하고 바른 스승. 법위(法位)가 출가위에 오른 분.

○ **시방(十方)** 불교에서 우주에 대한 공간적인 구분. 동·서·남·북의 사방(四方)과, 동북·동남·서남·서북의 사유(四維)와 상·하의 열 가지 방향. 시간 구분인 삼세와 통칭하여 전 우주를 가리킨다.

○ **사생(四生)** 모든 생명체를 그 출생방식에 따라 네 가지로 분류한 것. ① 태생(胎生) 사람이나 축생과 같이 모태(母胎)에서 태어나는 것. ② 난생(卵生) 새나 물고기같이 알로 태어나는 것. ③ 습생(濕生) 지렁이나 벌레나 곤충과 같이 습한 곳에서 태어나는 것. ④ 화생(化生) 벌레가 변하여 나비가 되는 것 같이 형태를 변화하여 태어나는 것. 이 사생은 모두 깨치지 못한 미혹의 세계에 존재하는 것이다. 그러므로 언제나 육도 세계를 윤회하게 된다.

○ **순일(純一)** 다른 것이 섞이지 않고 순수함.

○ **진경(眞境)** 본바탕을 가장 잘 나타낸 참다운 경지.

○ **삼계도사 사생자부(三界導師四生慈父)** 삼계도사와 사생자부를 합친 말. 시방삼계의 큰 스승이 되고 육도 사생의 자부가 된다는 말. 소태산 대종사나 석가모니불을 일컫는 말.

⑫ 법위 표준 4

대산 종사 말씀하시기를 "보통급은 초심 입문(初心入門)으로 처음 출발해서 마음공부를 시작하는 단계요, 특신급은 발심 입지(發心立志)로 마음공부에 재미를 느끼고 분발해 나가는 단계요, 법마상전급은 대체 고전(大體苦戰)으로 자신을 위해 힘써 노력하는 단계니라. 또 법강항마위는 세밀(細密)로서 일체 생령을 내 자식같이 아끼고 보살펴 주는 자리요, 출가위는 합덕(合德)으로 전 생령과 일심동체가 되어 일을 하는 자리요, 대각여래위는 전 생령을 제도할 수 있는 부처님의 만능(萬能)을 얻은 자리니라." 〈법위편 12장〉

| 출처 |

故 호암(湖巖) 이병철(李秉喆) 선생 특별 천도재

보통급은 초심입문이고 불지출발이며 큰집 발견이며 불문초입으로 처음 출발해서 공부에 든 자리다.

특신급은 발심입지이고 정법정신이며 마음공부이고 심신귀의로서 내가 이 세상에서 살면서 몸만 위해서 살았는가 마음을 위해서 살았는가 해서 발심입지한 자리다. 불지출발은 했지만 딴생각하고 다른 방향으로 가면 안 되기 때문에 정법정신으로 가야 한다.

법마상전급은 대체고전이며 심리공부로 중근 조심하며 심신교전으로 마음속 깊이 하는 공부다. 속 깊은 적공과 공부가 없이 성불한다는 것은 꿈이다.

법강항마위는 세밀로 마음 조복이며 생활 법도며 심신조복으로 속 깊은 공부를 해서 마음을 조복 받는 공부다.

출가위는 합덕이며 시방일가며 교단 내 일이며 심신출가로서 속 깊은 공부를 해서 마음을 다 조복 받아서 밉고 예쁘고 좋고 나쁜 것은 다 항복 받아야 시방

일가가 되고 교단이 내일이 된다. 사생이 내 몸이 되고 내 권속이 되고 시방이 내 것이 되고 내 살림이라는 생각을 갖기 때문에 시방일가다.

대각여래위는 만능으로 자유자재하고 만능만화로 심신자유로서 교단이 내 몸 내 살림이 되고 생명이라도 내놓을 수 있는 그런 정성이 시방일가다. 그러나 자유자재 할 수 있는 힘을 가져야 한다. 보통급에서 여래위로 뛰려고 말고 보통급에서부터 특신급 법마상전급 법강항마위 출가위 여래위가 되도록 공부하여야 한다. 호암 이병철 회장은 한 가정에 계실 분이 아니다. 나라와 세계에 위대한 큰 별이 떨어졌으니, 우리가 이 어른을 위해서 정성을 다하여 축원하고 기도를 올려야 합니다.

〈『대산종사수필법문집』 2. pp.1142~1146. 원기72년 12월 13일〉

| 배경 및 상황 |

대산 종사는 원기72년(1987) 12월 13일 고 호암 이병철 선생 특별 천도재를 맞아 '법위 표준'을 밝혔다. 특별 천도재는 100일간 유가족들이 정성을 다하였다. 대산 종사도 100일간 조석으로 호암 영가의 영로를 축원하며 심고 올리고 법위 표준을 연마하여 이날 법문하였다.

| 용어 풀이 |

○ **초심(初心)** 깨달음을 지향하는 첫 결심. 초발심.

○ **입문(入門)** ① 처음으로 원불교 교도가 되는 것. 원불교에 귀의하는 것. ② 보통급의 법위를 말한다. 누구나 처음으로 원불교 교도가 되면 보통급의 교도가 되기 때문에 입문이라 한다. ③ 어떤 학문에 처음으로 들어가는 것. 또는 그 과정. ④ 어떤 종교의 교문에 들어가는 것.

○ **발심(發心)** 발보리심(發菩提心)의 준말. 불법을 수행하여 보리심을 얻고자 하는 마음. 인간 세상의 모든 고해에서 벗어나 해탈을 얻을 수 있는 한량없는 지혜를

얻고자 하는 마음.

○ **입지(立志)** ① 어떠한 일을 성취하기 위해 뜻을 세우는 것. ②『수양연구요론』에서 밝힌 마음공부의 세 번째 단계. 초심과 발심의 단계를 지내고, 원불교의 공부와 사업에 큰 뜻을 세워 어떠한 유혹에도 마음이 끌려가지 않는 것.

○ **대체(大體)** ① 어떤 사물의 전체에서 중심이 되는 것. ② 대강의 요점.

○ **고전(苦戰)** ① 법위가 법마상전급의 경지에 있는 사람이 법과 마(法·魔), 정과 사(正·邪), 공과 사(公·私)의 틈바구니에서 칠전팔기의 노력으로 악전고투하는 모습을 나타내는 말. 만약 이 싸움에서 실패하면 항마 도인이 되지 못할 뿐 아니라 자칫 중근병에 걸릴 위험이 있다. ② 법마상전급의 다른 말.

○ **세밀(細密)** ① 소태산 대종사가『수양연구요론』에서 밝힌 마음공부 진행의 한 단계. 초심·발심·입지·수양·연구·취사·세밀·입정(入靜)의 여덟 단계로 설명하고 있다. 세밀의 단계는 마음의 지혜 광명이 광대 무량하여 이치에도 걸림이 없고 일에도 걸림이 없는 경지, 곧 이무애 사무애의 경지를 말하고 있다. ② 자세하고 주밀한 것, 세세하고 치밀한 것.

○ **합덕(合德)** 육근 동작이 모두 다 덕과 합치된다는 뜻. 모든 행동이 그대로 덕으로 나타난다는 말. 출가위 도인이 되면 일거수일투족이 다 덕으로 화하기 때문에 합덕이라고도 한다.

○ **일심동체(一心同體)** 한마음 한 몸이라는 뜻으로, 서로 굳게 결합함을 이르는 말.

⑬ 자기를 이기면 항마다

대산 종사 말씀하시기를 "대종사께 '법강항마위는 어떤 위입니까?' 하고 여쭈니 '자기를 이기면 항마니라.' 하셨고, 또 '출가위와 대각여래위는 어떤 위입니까?' 하고 여쭈니 '출가위는 시방 일가 사생 일신이 되어 교단이 내 일, 내 몸이 된 사람의 위요, 대각여래위는 출가위가 늙어지면 자연히 되느니라.' 하셨느니라." 〈법위편 13장〉

| 출처 |

양 중앙단원과 양 원장과 수위단회에 앞서서 의제 결정을 하는 공사를 하면서

"이번 수위단회는 출가위를 탄생하는 역사적인 해이니 그 뜻이 자못 크다. 대종사님의 뜻인 천여래 만보살을 배출시키는 것이 천여래 만보살의 회상을 실현하는 것이다. 지난번 법위사정과 이번에 법위사정에서 천여 명 가까운 법사단이 탄생했으니 놀라운 대혁명이다."

대종사께 항마는 "어떠한 위입니까." 말씀드리니 "자기를 이기면 항마다." "출가위는 어떤 위입니까" 말씀드리니 "시방일가 사생일신이나 바로 교단이 내 일 내 몸이 된다."라고 하시었고 "여래위는 어떤 위입니까" 말씀드리니 "출가위가 늙으면 여래위니라." 하시면서 "그리 무섭게 생각하지 말라." 하시었다.

〈『대산종사수필법문집』 2. pp.1193~1194. 원기73년 5월 10일〉

| 배경 및 상황 |

대산 종사는 원기73년(1988) 5월 10일 수위단회 양 중앙단원과 양 원장과 수위단회에 앞서서 의제 결정을 하는 공사를 하면서 말씀하시기를 "이번 수위단회는 출가위를 탄생하는 역사적인 해이니 그 뜻이 자못 크다. 대종사님의 뜻인 천여래 만보살을 배출시키는 것이 천여래 만보살의 회상을 실현하는 것이다. 지난번 법위사정과 이번에 법위사정에서 천여 명 가까운 법사단이 탄생했으니 놀라운 대혁명이다."라고 하였다.

그리고 대종사께 "법강항마위와 출가위와 대각여래위는 어떠한 위입니까?"라고 여쭈니 항마는 "자기를 이기면 항마다. 시방일가 사생일신이 출가위다. 출가위가 늙으면 여래위"라고 하시며 "그리 무섭게 생각하지 말라."고 하였다.

| 용어 풀이 |

○ **중앙단원(中央團員)** ① 교화단 조직에서 중앙을 맡은 사람 또는 그 위상을 가리키는 말. ② 수위단에 있어서 단장인 종법사를 보좌하여 단원을 지도 통솔하는 사람. 중앙단원은 종법사를 대리하여 수위단회의 의장 직무를 수행한다. 남자수위단과 여자수위단에 각각 중앙을 둔다.

○ **수위단회(首位團會)** 수위단원들로 구성된 원불교 교단의 최고결의기관.

⑭ 처음 발심한 마음이 문득 정각을 이룬다

대산 종사 말씀하시기를 "정식 특신급은 무엇으로도 바뀌지 않을 굳은 신심이 세워져 입지가 된 때니, 마음 가운데 천하에 더할 것 없는 재미를 느껴야 그 힘으로 일생을 살아갈 수 있느니라. 특히 정식 특신급 중에는 처음 발심한 그 마음이 문득 정각을 이루기도 하므로, 최초의 한 마음이 곧바로 여래위에 들어가는 근기도 있느니라." 〈법위편 14장〉

| 출처 |

영광교구 및 광주 시내 교도 합동법회를 영산선원에서 열었다. 동산(東山) 이병은(李炳恩)에게 법위표준에 대한 법문 소개를 하게 한 후 부연해 주시기를

교도 여러분들 각급 각위를 간단히 표준 해서 말씀해 보라. 특신급은 무엇으로 바꾸지 않는 마음이다. 바꾸지 않는 그 마음 그 자리가 정특(正特)이고 여래에 뛰어오른다. 특신급이 두 번째 급이지만 일초직입여래위 할 수 있는 급이기도

하다. 한번 뛰어서 바로 여래위에 오르는 그 자리가 바로 특신급이다. 무엇으로든지 즉, 내 생명으로, 재산으로, 명예로 일체 것으로도 바꾸지 않는 그 마음, 그때는 벌써 여래 자리로 뛰는 기초가 서지는 때이다. 여기 모인 교도님들 바꾸지 않는 마음이 서진 분들 손들 들어보라.

〈『대산종사수필법문집』 1. p.1459. 원기61년 7월 4일

| 배경 및 상황 |

대산 종사는 원기61년(1976) 7월 4일 영산성지에서 영광교구 및 광주 시내 교도 등과 함께 합동법회를 보았다. 동산 이병은에게 '법위 표준'에 관한 법문 소개를 한 후 부연해 주시기를 "특신급은 무엇과도 바꿀 수 없는 굳은 신심이며 그 마음자리가 특신이면 일초직입여래위"라고 하였다. 단박에 부처의 지위에 도달한다는 뜻이다.

| 용어 풀이 |

○ **일초직입여래지(一超直入如來地)** 직지인심 견성성불(直指人心 見性成佛)과 같은 뜻. 수행자가 미망(迷妄)의 낮은 단계에서부터 점차 단계적으로 부처의 경지로 올라가게 되는 것이 아니라, 태어나면서부터 자기 스스로가 부처가 될 수 있는 본래 성품을 갖추고 있음을 자각하여, 바로 여래의 경지에 들어가게 된다는 말.

○ **정각(正覺)** 올바른 깨달음. 법신불 일원상의 진리를 바르게 깨닫는 것. 미망을 끊어버린 여래의 참되고 바른 지혜. 부처님은 무루의 바른 지혜를 얻어 우주만유의 실상을 바르게 깨달았기 때문에 정각이라 한다.

○ **부연(敷衍)** 이해하기 쉽도록 설명을 덧붙여 자세히 말함.

⑮ 성성식

한 제자 여쭙기를 "특신급에서 신심과 서원이 철저할 때 허공 법계에서 성성식이 거행된다고 하였는데 혹 신심이 변하기도 하는 것은 어찌 된 일입니까?" 대산 종사 말씀하시기를 "신심과 서원이 철저하여도 허공 법계는 결실을 거둘 사람과 중도에 변할 사람을 구분하여 인증하나니, 먼저 자기 마음에 바른 믿음이 철두철미하게 서고 구천에 사무치는 마음의 기초가 서야 음계에 응하여져서 성성식이 거행되느니라."

〈법위편 15장〉

| 출처 |

송달준(宋達俊)이 여쭙기를 "특신급에서 신심과 서원이 철저할 때 허공법계에서 성성식(成聖式)이 거행된다고 하셨는데 혹 그 신심이 변하면 어찌 되겠나이까?"

"특신급에서 신심과 서원이 모두 철저한 듯해도 허공법계는 결실을 거둘 사람과 중도에 변할 사람을 구분해서 인증한다. 그러므로 먼저 자기 마음에 정신(正信)이 철두철미하게 서고, 구천(九天)에 사무치는 마음이 기초가 되면 그 마음이 바로 음부계(陰府界)와 허공법계에 응하여져서 성성식이 된다."

〈『대산종사수필법문집』 1. p.52. 원기48년 1월 9일〉

| 배경 및 상황 |

대산 종사는 원기48년(1963) 1월 9일 신도안 삼동원에서 척타원 송달준이 "허공법계에서 성성식(成聖式)이 거행된다고 하셨는데 혹 그 신심이 변하면 어찌 되겠나이까?"라고 여쭈니 말씀하시기를 "신심과 서원이 모두 철저한 듯해도 허공법계는 결실을 거둘 사람과 중도에 변할 사람을 구분해서 인증한다.

그러므로 먼저 자기 마음에 정신(正信)이 철두철미하게 서고, 구천(九天)에 사무치는 마음이 기초가 되면 그 마음이 바로 음부계(陰府界)와 허공법계에 응하여져서 성성식이 된다."라고 답하였다.

척타원은 평소 성성식이 궁금하기도 하고 특신급이던 사람이 도중에 신심이 변하는 경우를 보았음을 짐작할 수 있다. 그러나 허공법계에서는 성성식을 할 때 중도에 변할 사람은 이미 구분하여 인증한다. 특신급의 인증은 음부계와 인간계의 차이가 있으니, 바른 믿음으로 양심을 속이지 않으면 그때가 성성식이 이루어지므로 퇴전하지 말고 신앙 수행에만 정진하라는 스승님의 호념이 느껴지는 문답 감정이라고 할 수 있다.

| 용어 풀이 |

○ **송달준(宋達俊, 1913~2006)** 본명은 오준(五俊). 법호는 척타원(拓陀圓). 1913년 1월 3일 충남 서산군 서산읍에서 출생했다. 원기30년(1945) 개성교당에서 입교한 후 원기55년(1970) 김이현의 추천으로 출가하여 중앙선원·중앙훈련원·중앙여자원로수도원 등에서 근무했다. 평소 강직하고 절도 있는 기상과 도량, 그리고 정확한 사무처리로 후진들의 보감이 되었다. 원기67년(1982) 퇴임하여 수양에 정진하다가 2006년 4월 15일 중앙여자원로수도원에서 열반했다. 정산 종사는 해방 후 어려운 시기에 당하여 송달준에게 "대하는 곳마다 척을 짓지 말고 저 고양이에게까지도 덕을 끼치며, 있어도 없는 듯, 알고도 모르는 듯 살라. 이것이 피란의 요결이니라"[『정산종사법어』 응기편 49]라는 법문을 내려주었다. 외동딸 백지명(白智明)이 전무출신하여 원광대학교 약학대학 교수로 재직하면서 삼동윤리 정신의 실천에 헌신했다.

○ **구천(九天)** ① 하늘의 가장 높은 곳. 구소(九霄)·구중천(九重天)·구만리장천(九萬里長天)이라고도 한다. ② 하늘을 아홉 방위로 나누어 이르는 말. 동서남북의 사방과 동남·서남·동북·서북의 사유 그리고 중앙을 말한다. 동방을 창천(蒼

天), 서방을 호천(昊天), 남방을 염천(炎天), 북방을 현천(玄天), 동남방을 양천(陽天), 서남방을 주천(朱天), 동북방을 변천(變天), 서북방을 유천(幽天) 그리고 중앙을 균천(鈞天)이라 한다. ③ 불교에서 대지를 중심으로 하여 그 둘레를 돈다고 생각했던 아홉 개의 별. 일천(日天)·월천(月天)·수성천(水星天)·토성천(土星天)·항성천(恒星天)·종동천(宗動天)을 말한다. ④ 도교에서는 인(人)·천(天) 양계(兩界)의 밖에 따로 삼청(三淸), 곧 옥청(玉淸)·태청(太淸)·상청(上淸)을 두어 여기를 신선이 사는 선경이라 이르는데 이 삼청현(三淸玄)의 원시(元始) 삼기(三氣)로부터 또 각각 삼기를 낳아 구기(九氣)를 합성하여 이로써 구천을 이룬다고 했다. ⑤ 제왕(帝王)이 살고 있는 궁중. ⑥ 구름 위의 하늘.

⑯ 속 깊은 마음공부

대산 종사 말씀하시기를 "속 깊은 마음공부를 하려면 진리와 스승에게 연하려는 간절한 마음과 법을 구하려는 지극한 서원과 정성이 있어야 하느니라. 진리와 스승을 사모하고 닮으려 할 때는 어린아이가 엄마 젖을 찾아 울고 보채듯 매달려야 부처님들이 떠나지 못하고 제도를 하시느니라."

〈법위편 16장〉

| 출처 |

심리(心裏)공부에서 진리와 스승에게 심심상련하고 닮으려 할 때 지원지성(至願至誠)해야 한다. 진리와 스승을 사모하고 닮으려 하는 것이 마치 어린애를 놓고 멀리 떠난 어머니같이 하고 어린애가 젖을 찾으며 울고 보채는 것같이 해야 한다. 진리는 그런 사람에게 맡긴다.

〈『대산종사수필법문집』 1. p.183. 원기51년 9월 23일〉

| 배경 및 상황 |

대산 종사는 원기51년(1966) 9월 23일 신도안 삼동원에서 말씀하시기를 "법마상전급은 '속 깊은 마음공부[심리공부(心裏工夫)]'를 하는 단계로서 지극한 원을 세우고 지극한 정성을 다해야 한다."라고 하며 "진리와 스승을 사모하고 닮으려는 것은 어린아이가 엄마 젖을 찾아 울고 보채듯 해야 진리가 그런 사람에게 법을 맡긴다."라고 하였다.

| 용어 풀이 |

○ **심리공부(心裏工夫)** 속 깊은 마음공부. 정법에 믿음을 굳게 세운 후 자신만이 알 수 있는 번뇌, 곧 마음속에 있는 분별과 주착, 또는 업을 관조하여 조복(調伏)받는 공부.

○ **심신상련(心身相連)** 마음과 마음이 서로 통하고 뜻이 합하여 항상 마음으로 소통하는 것. 비록 말로 표현하지 않고 마주하지 않아도 마음으로 주고받는 뜻이 깊은 이해와 소통으로 전해지는 것을 의미한다. 스승과 제자 사이나 수도를 함께 발원한 도반 사이 또는 생각과 이념을 같이하는 깊은 인간관계에서 시공을 넘어서 마음과 마음으로 전해지는 관계를 말한다.

○ **지원지성(至願至誠)** 지극히 바람. 또는 그런 소원이나 염원과 지극한 정성.

⑰ 중근기에 있는 사람을 구하자

대산 종사 말씀하시기를 "중근은 항해 중에 큰 파도를 만남과 같은지라, 공부심이 없으면 넘기 어려우나 성리에 뿌리박은 공부심만 있으면 넘길 수 있나니, 중근에 있는 사람을 버리지 말고 끝까지 이끌어 주어야 하느니라." 〈법위편 17장〉

| 출처 |

중근에 있는 사람을 버려서는 안 된다. 구제하여 끝까지 이끌어 주어야 한다. 중근은 항해하면서 파도를 만난 것과 같으니 파도만 자면 되느니라. 공부심이 없는 것이 큰일이지, 공부심만으로 나아가면 백 년이라도 천 년이라도 받아놓은 날짜이다. 성리를 뿌리로 해야 법이 크고 힘이 생긴다.

〈『대산종사수필법문집』 1. pp.241~242. 원기52년 6월 30일〉

| 배경 및 상황 |

대산 종사는 원기52년(1967) 6월 30일 신도안 삼동원에서 편편으로 법문하였다. 그 가운데 중근에 관한 법문을 모아 법어로 완정하였다.

| 용어 풀이 |

○ **중근(中根)** 교법(教法)을 받아들여 성취할 품성과 능력이 중간 정도인 사람. 마음공부를 하는 데 있어서 자세히 아는 것도 없고 또한 모르지도 아니하여 항상 의심을 풀지 못하고 법과 스승을 저울질하는 근기.

○ **성리(性理)** 〈법위편 9장〉 용어 풀이 참조.

⑱ 중근의 두 가지 의심

대산 종사 말씀하시기를 "중근에 있는 사람은 두 가지로 의심하나니, 하나는 자기 공심(公心)으로 무슨 일을 하려고 할 때 막으면 스승을 의심함이요, 둘은 시기와 질투로 상대방을 의심함이니라." 〈법위편 18장〉

| 출처 |

중근자는 두 가지로 의심한다. 자기 공심(公心)으로 무슨 일을 하려고 할 때 막으면 스승을 의심하고 또 하나는 시기와 질투로 의심하느니라.

〈『대산종사수필법문집』 1. p.241. 원기52년 6월 30일〉

| 배경 및 상황 |

대산 종사는 원기52년(1967) 6월 30일 신도안 삼동원에서 편편으로 법문하였다. 그 가운데 의심에 관한 법문으로 중근에 있는 사람은 두 가지로 의심한다고 하였다.

| 용어 풀이 |

○ **공심(公心)** ① 공정하고 편벽되지 않는 마음. 공익심의 준말. 원불교에서 신심과 아울러 가장 강조하는 마음. ② 자기 개인이나 자기 가족만을 위하는 마음이 아니라 사회나 국가나 인류 전체를 위하는 마음. 공심에는 부분공심과 전체공심이 있다. 개인이나 자기 가족만을 위한 것이 아니라도 자기가 속한 기관이나 단체의 이익을 먼저 생각하는 것은 부분적인 공심에 속한 것이며, 국한을 넓혀 사회 전체를 생각하는 것을 전체공심이라 하는 것으로 전체를 생각하는 마음이 우선되어야 진정한 공심이라 할 수 있다.

○ **시기(猜忌)** 남이 잘되는 것을 샘하여 미워함.

○ **질투(嫉妬)** 다른 사람이 잘되거나 좋은 처지에 있는 것 따위를 공연히 미워하고 깎아내리려 함.

⑲ 순역 경계를 잘 넘기자

대산 종사 말씀하시기를 "법강항마위가 될 때는 진리계에서 보호도 하지만 온 천지를 다 동원해서 방해도 하나니, 이 순역 경계를 잘 넘기려면 전부를 다 바쳐야 다시 받을 수 있느니라." 〈법위편 19장〉

| 출처 |

항마(降魔): 이 위가 될 때는 천지 전체가 동원해서 방해한다. 조갈(燥渴)은 잠깐이다. 그때를 잘 넘겨라. 이 위를 얻으려면 누구나 이 경계를 넘어야 한다. 전부를 바치고 받아야 한다.

〈『대산종사수필법문집』 1. p.109. 원기49년 편편 법문〉

| 배경 및 상황 |

대산 종사는 원기49년(1964) 편편 법문에서 "법강항마위가 될 때는 진리계에서 보호도 하지만 천지 전체를 동원해서 방해한다. 목마름은 잠깐이니 그때를 잘 넘겨라. 누구나 이 경계를 넘으려면 전부를 바쳐야 다시 받을 수 있다."라고 하였다.

| 용어 풀이 |

○ **순역(順逆)** ① 순경(順境)과 역경. ② 순리(順理)와 역리. ③ 순연(順緣)과 악연. ④ 공순(恭順)과 반역. ⑤ 정도(正道)를 쫓는 일과 거스르는 일.

○ **경계(境界)** 인과의 이치에 따라서 일상생활 속에서 부딪치게 되는 모든 일들. 곧 나와 관계되는 일체의 대상을 말한다. 이 경우, 나를 주관(主觀)이라고 할 때 일체의 객관(客觀)이 경계가 된다.

○ **조갈(燥渴)** 입술이나 입 안, 목 따위가 타는 듯이 몹시 마름.

⑳ 심계를 표준 삼고 결정보를 자재하자

대산 종사 말씀하시기를 "법강항마위는 대종사께서 밝혀 주신 영생의 심계를 표준 삼아 완전하게 공부 줄을 잡아야 하나니, 큰 법 줄을 가진 스승을 만나야 법강항마위에 오래 머무르지 않고 쉽게 넘어설 수 있느니라. 그러나 법강항마위는 결정보(決定報)가 되는 자리이므로 서원을 세우면 이루어질 수는 있으나, 거기에 안주하면 영겁 대사에 큰 지장을 받게 되므로 결정보를 자유자재할 만한 원대한 계획을 세워야 하느니라."

〈법위편 20장〉

| 출처 |

송경심(宋敬心) 김지원행(金志圓行) 교도에게

"항마위는 박사과와 같다. 공부 줄은 완전하고 자신 있게 잡았으니 이상은 본인의 노력에 달렸다. 그런데 항마위에 오래 머무르기 쉬우니 이때 더욱 큰 법 줄의 스승을 만나야 항마위를 쉽게 넘어설 수 있다. 『대종경』에 영생의 심계(心戒)가 있으니 참작하라."고 부탁하시다.

우리 교단은 이제 항마위 정도는 많은 것 같다. 대종사님 당대만 해도 항마면 아주 큰 줄 알고 어렵게 생각했다. 항마위는 결정보(決定報)가 되는 단계이다. 항마 이하도 결정보 서원을 세우면 되기는 된다. 대장을 바라면 혹 개미와 벌의 대장이 되기 쉽고 또 반대로 되기도 하니 함부로 세우는 것이 아니니라.

큰 부귀나 큰 사업에 서원을 세우면 된다. 그러나 그것에 파묻혀 버리면 영겁 대사에 큰 지장이 되고 만다. 부귀는 진흙과 같아 정신을 탁하고 어둡게 하느니라. 그러므로 부귀를 자유자재하려면 원대한 계획을 세워야 한다.

〈『대산종사수필법문집』 1. pp.209~210. 원기52년 2월 9일〉

| 배경 및 상황 |

대산 종사는 원기52년(1967) 2월 9일 신도안 삼동원을 찾은 송경심과 김지원행 교도에게 말씀하시기를 "항마위에 오래 머무르기 쉬우니 큰 법 줄의 스승을 만나야 쉽게 넘어설 수 있다. 『대종경』에 영생의 심계(心戒)가 있으니 참작하라."고 부탁하였다. "『대종경』 수행품 63장을 보면 대종사께 대산 종사가 '법강항마위부터는 계문이 없으니 취사 공부는 어떻게 해야 하겠습니까?' 하고 여쭈니 '심계를 표준 삼으라'고 하였다. 또한 '항마위는 결정보를 세우면 서원이 이루어질 수 있으나 거기에 안주하면 영겁대사가 무너지니 결정보를 자유자재할 원대할 계획을 세워야 한다.'"라고 공부 방향을 잡도록 하였다.

| 용어 풀이 |

○ **송경심(宋敬心, 1917~2011)** 본명 옥자(玉子), 법호 양타원(良陀圓). 경남 울주군[현 울산시]에서 출생. 부유한 집에서 태어나 경남여고를 졸업했다. 원기36년(1951)에 부산 초량교당에서 입교했다. 당시 이경순 초량교당 교무로부터 종교적 인격에 큰 감명을 받았다. 입교로부터 바로 신심·공부심이 생겨 남달리 수행 정진했다. 종로교당과 원남교당 창설에 공헌했다. 가정에서는 남편과 아들을 정치인으로 입신하도록 내조를 잘했다. 재가교도로서 전무출신 이상으로 수행 적공하여, 가정이 부귀하면서도 항상 겸허하고 검소한 생활을 하였다. 종사위 법훈을 받았다.

○ **김지원행(金志圓行, 1914~2003)** 1914년 부산진에서 정미소를 하며 2천 석을 하는 부자 집안의 8남매 중 맏이로 태어나 특별한 어려움을 모르고 자랐으며 경남여고를 다녔다. 원불교와의 인연은 1950년 6·25사변 이후 위가 좋지 않아 병원에 입원했다 퇴원한 뒤 다대포에서 요양하였다. 입교도 하지 않은 채 교당을 다니다가 법회 시간에 일원상 서원문에 대한 강의를 듣고 감동하여 자진해서 입교했다. 어느 날 예타원 전이창 종사와 함께 총부로 정산 종사께 인사를 드리러 와서 신도안의 '불종불박(佛宗佛朴)'이 새겨진 돌이 있던 집터를 사게 되었다. 여타원

종사는 원기62년(1977) 12월 31일에 기도를 시작하여 원기72년(1987) 12월 31일로 10년 동안의 기도를 통해 모두 일원의 진리 속에 낙원세계가 건설되기를 기원했다.

○ **심계(心戒)** 수행인이 자기의 마음속에서 스스로 표준 잡아 지키는 계문.

○ **결정보(決定報)** 과보를 받는 것과 과보를 받는 과정이 결정되고, 그 시기까지도 완전히 결정된 행업(行業).

○ **영겁대사(永劫大事)** 영원한 세월을 넘나들며 살아가는 동안 해야 할 가장 크고 중요한 일. 사람이 살아가면서 해야 할 많은 일 중에 가장 크고 중요한 일은 생사를 해탈하고 성불제중하는 일이다.

○ **참작(參酌)** 이리저리 비추어 보아서 알맞게 고려함.

㉑ 항마위나 출가위나 여래위는 천층만층이다

대산 종사 말씀하시기를 "법강항마위는 재색 명리를 조복은 하였으나 출가위나 대각여래위처럼 마음대로 부려 쓰지는 못하나니 항마위나 출가위나 여래위에도 천층만층의 차이가 있느니라. 그러므로 크게 공부하는 사람은 큰 스승들의 언행과 심법을 배우고 닮아 가장 능한 점은 감춰서 능한 것 같기도 하고 능하지 못한 것 같기도 하며 아는 것 같기도 하고 모르는 것 같기도 하여 도무지 어림잡을 수 없게 공부를 하느니라."

〈법위편 21장〉

| 출처 |

항마위는 재색명리는 조복(調伏)했으나 노복과 같이 부리지는 못한다. 출가위와 여래위라야 마음대로 한다. 항마 출가 여래가 천층만층이다. 크게 공부한 분들은 높은 스승님의 언행 심법을 배우고 닮는다. 가장 능한 점은 꺾어 두루 원만히 만들어 능한 것 같고, 능치 못한 것 같으며, 아는 것같이 모르는 것같이 하여 도무지 종잡을 수 없게 공부하여야 한다.

〈『대산종사수필법문집』 1. p.210. 원기52년 2월 9일〉

| 배경 및 상황 |

대산 종사는 원기52년(1967) 2월 9일 신도안 삼동원을 찾은 송경심과 김지원행 교도에게 이어서 말씀하시기를 "항마위는 재색명리는 조복했으나 노복과 같이 부리지는 못한다. 출가위와 여래위라야 마음대로 한다. 항마나 출가나 여래가 천층만층이다. 그러므로 공부하는 사람은 큰 스승님의 언행 심법을 배우고 닮아 가장 능한 점은 꺾고 능한 것 같고, 능치 못한 것 같으며, 아는 것같이 모르는 것같이 하여 도무지 종잡을 수 없게 공부하여야 한다."라는 표준을 내린다. 양타원과 여타원은 스승님의 호념으로 훗날 종사위에 올랐다.

| 용어 풀이 |

○ **재색명리(財色名利)** 〈법위편 6장〉 용어 풀이 참조.

○ **조복(調伏)** 〈법위편 6장〉 용어 풀이 참조.

○ **노복(奴僕)** 종살이를 하는 남자.

㉒ 법강항마위 조항 사정 기준

대산 종사 말씀하시기를 "'육근을 응용하여 법마상전을 하되 법이 백전백승한다.'는 것은 재색 명리가 내 손안에 들어 있다는 것이니, 부당한 재색 명리는 죽기로써 취하지 않고 설혹 정당한 재색 명리라도 넘치지 않게 하며, 살·도·음의 중계를 결코 범하지 않고 편벽된 신앙과 수행을 하지 않는다는 뜻이요, 법과 스승의 말씀에 어긋나는 일을 하지 않고 스스로 심계를 두어 적공한다는 뜻이니라. 또 '우리 경전의 뜻을 일일이 해석하고 대소 유무의 이치에 걸림이 없다.'라는 것은 성리에 토가 떨어지고 대체를 알며 진리의 본원 자리를 터득했다는 뜻이요, '생로병사에 해탈을 얻는다.'라는 뜻은 가면 오는 것이요 주면 받는 것인 줄을 알아 생사 거래에 걸리고 막힘이 없다는 뜻이니라." 〈법위편 22장〉

| 출처 |

법강항마위

1. 육근을 응용하여 법마상전을 하되 법이 백전백승한다. [40점]

① 불의의 재색명리는 죽어도 범하지 않을 뿐 아니라 정당한 것이라도 과히 넘치지 않는다. [색신의 죽음은 일생뿐이나 법의 죽음은 영생의 죽음임을 앎]

② 대기사(大忌事)

살도음(殺盜淫)은 절대 불범(不犯). 편벽된 신앙과 수행.

③ 법과 스승님의 말씀에 어긋나는 일은 절대로 하지 않는다.

④ 각자의 심계를 두고 적공한다.

2. 우리 경전의 뜻을 일일이 해석하고 대소유무의 이치에 걸림이 없다. [40점]

① 성리에 토가 떨어진다.

초견성은 대. 중견성은 대, 소. 상견성은 대, 소, 유, 무.

② 불생불멸 인과보응의 진리를 철저히 믿고 알아 여기에 토가 떨어진다.

③ 하루 일과가 교리에 의해 자기 생활이 돼 법도 있는 생활이 계속된다.

3. 생로병사에 해탈을 얻는다. [40점]

① 생사가 거래인 줄을 알아 일체 거래 간에 걸리고 막힘이 없다.

② 일체 공(空)한 자리를 깨친다.

재가는 재색과 무관사에 부동함을 표준하고, 출가는 명리에 공(空)해야 한다.

〈『대산종사수필법문집』 2. pp.1157~1158. 원기72년 12월 28일〉

| 배경 및 상황 |

대산 종사는 원기72년(1987) 12월 28일 '법위등급(法位等級) 사정(査定)에 관한 법문'을 내리며 '법위등급 사정 기준'을 발표한다. 그중 법강항마위 사정 기준은 『정전』 제3 수행편 제17장 법위등급의 원문을 한 조항씩 풀이하였다.

| 용어 풀이 |

○ **응용(應用)** ① 일원상의 진리를 천만 경계따라 묘유의 조화로 활용하는 것. 수양력·연구력을 경계 속에서 활용하는 것. ② 불보살이 중생을 제도하기 위하여 기연에 응하여 나타나는 미묘한 작용. ③ 어떤 일에서 얻은 이론이나 기술을 다른 일에 활용해 보는 것. ④ 어떠한 원리를 실제로 활용하는 것.

○ **중계(重戒)** 계문 중에서도 중요하고 무거운 계라는 뜻. 살·도·음(殺盜淫)을 말한다.

○ **편벽(偏僻)** 생각 따위가 한쪽으로 치우쳐 있다. 또는 정상에서 벗어날 정도로 지나침.

㉓ 초성위

대산 종사 말씀하시기를 "법강항마위는 진리와 합일하여 일원의 광명이 시방에 두루 비치고 산하의 대운이 돌아오는 때라. 마음이 법신불이 되어 그 마음을 그리면 원상이 되나니, 순역 경계의 싸움에서 승전고를 울리고 진흙 속에서 연꽃이 피며 비 온 뒤 검은 구름이 걷혀 맑고 밝고

> 상쾌한 하늘이 열리는 것과 같으니라. 이때부터는 몸과 마음이 편안하여 천권을 얻고, 사사로운 마음이 없어져 천록이 나오며, 초성위에 올라 성직을 수행하게 되느니라." 〈법위편 23장〉

| 출처 |

항마(降魔): 예수가 십자가를 메고 갈 때, 모친이 애절하며 때를 따를 때 그 비통한 경계를 이겼다. 전승(戰勝)의 결과이다. 진토(塵土) 중에 우후청명(雨後淸明)함과 같다. 상쾌하다. 진리와 합산되는 것, 분산(分産)이 없다.

일원지광편조시방(一圓之光遍照十方) 산하대운진귀차처(山河大運盡歸此處)

마음이 일원상이 되는 경지와 마음이 법신불이 된 때, 그 마음을 그리고 원상(圓相)을 만들어라.

성직: 천권(天權)이 얻어지고 사사심이 없으면 천록(天祿)을 얻는다. 어린아이가 젖을 얻은 것과 같다.

〈『대산종사수필법문집』 1. pp.132~133. 원기50년 편편 법문〉

| 배경 및 상황 |

대산 종사는 원기50년(1965) 편편 법문에서 '법강항마위는 진리와 합일한 위로 초성위라고도 한다. 이때 성인의 경지에 올라 천권을 부려 쓰고, 사사로운 마음이 없어져 천록이 나온다.'라고 하였다.

| 용어 풀이 |

○ **합일(合一)** 둘 이상이 합하여 하나가 됨. 또는 그렇게 만듦.

○ **합산(合散)** 흩어진 것이 하나가 됨.

○ **일원지광편조시방(一圓之光遍照十方) 산하대운진귀차처(山河大運盡歸此處)** 일원의 광명이 시방세계에 두루 비치고 산하의 대운이 이곳으로 다 돌아온다.

○ **순역경계(順逆境界)** 좋은 일과 나쁜 일에 직면하는 것. 순경과 역경, 순리와 역리, 순연과 악연 등 모든 것이 마음먹은 대로, 순리대로 잘 풀리는 것과 원하는 일이 뜻대로 되지 아니하여 어려움을 겪는 일을 말한다.

○ **승전고(勝戰鼓)** 싸움에 이겼을 때 울리는 북.

○ **진토(塵土)** 티끌과 흙을 통틀어 이르는 말.

○ **우후청명(雨後淸明)** 비가 온 뒤 날씨가 맑고 밝음.

○ **천권(天權)** ① 하늘·조물주·신·절대자의 권리. ② 하늘로부터 부여받은 권리. 천자(天子)의 권리. ③ 진리의 작용. 진공묘유의 조화. 한정 있는 인간의 권세에 대하여 무궁무진한 하늘의 권세, 곧 진리의 작용을 말한다.

○ **천록(天祿)** 하늘이 내려주는 복록(福祿). 복록은 인과보응의 이치에 따라 인간이 스스로 지은 대로 받게 된다.

○ **초성위(初聖位)** 법강항마위에 처음으로 오른다는 뜻으로 성인의 경지, 부처의 자리. 법강항마위·출가위·대각여래위를 성인의 경지에 도달했다고 해서 성위라 한다.

㉔ 번뇌가 생기면 흔적이 없게 하는 위

대산 종사 말씀하시기를 "비옥한 땅일수록 풀이 무성하나 주인의 손길이 미치면 곡식이 더 잘 자라듯이, 법강항마위도 번뇌가 없는 것이 아니나 번뇌가 생기면 바로 거두어들여 허공같이 흔적이 없게 해야 하느니라."

〈법위편 24장〉

| 출처 |

학생들에게 법위표준 법문을 내려주시다.

마음 조복

항마위도 번뇌가 없는 것이 아니다. 진땅일수록 더 풀이 많이 나오나, 주인이 풀을 뽑는 차이만이 있다. 비싼 토지라고 하여 풀이 안 나는 것이 아니다. 주인이 뽑는다. 부처님을 신경성(神經性)이라 하나, 부처님의 마음이나 중생 마음이 똑같다. 부처님들은 거둬들이면 허공과 같이 흔적이 없고, 한 마음 내시면 번개보다 빠르시다. 대종사님, 선 법사께서는 우리보다 헤아릴 수 없이 빠르셨다.

〈『대산종사수필법문집』 1. pp.176~177. 원기51년 8월 28일〉

| 배경 및 상황 |

대산 종사는 원기51년(1966) 8월 28일 신도안 삼동원에서 학생들에게 법위표준 법문 중 '마음 조복'에 대해 말씀하시기를 "거름 진 땅일수록 풀이 무성하고 주인의 손길이 미치면 곡식이 더 잘 자란다. 항마위 이상은 번뇌가 없는 것이 아니라 번뇌가 생기면 거두어들여 허공과 같이 흔적이 없게 해야 한다. 부처님들은 한마음 내면 번개보다 빠르다."라고 하였다.

| 용어 풀이 |

○ **비옥(肥沃)** 땅이 걸고 기름짐.

○ **진땅** 기름진 땅. 비옥한 땅.

○ **무성(茂盛)** 풀이나 나무 따위가 자라서 우거져 있음.

○ **번뇌(煩惱)** 마음이나 몸을 괴롭히는 노여움이나 욕망 따위의 망념(妄念).

㉕ 공부인은 경계를 통해 심력이 쌓인다

대산 종사 말씀하시기를 "군인은 실전을 통해 전력이 쌓이고 공부인은 경계를 통해 심력이 쌓이나니, 공부하는 도중 병마나 큰 경계가 왔을 때 공부심을 가지고 잘 넘기는 공부를 해야 항마가 되느니라."

〈법위편 25장〉

| 출처 |

공부 도중 병마나 기타 큰 경계가 있을 때 대치심이 있어 이를 넘기면 항마이다. 전지(戰地)에서 적이 없으면 헛총질만 할 것이 아니냐. 그러나 공부인에게는 큰 경계가 있어야 하고 그 경계를 넘을 때 정력(定力)이 쌓이는 것이다.

〈『대산종사수필법문집』 1. p.199. 원기51년 11월 19일〉

| 배경 및 상황 |

대산 종사는 원기51년(1966) 11월 19일 신도안 삼동원에서 말씀하시기를 "공부인은 경계를 통해 심력이 쌓인다. 공부하는 도중 병마나 기타 큰 경계가 있을 때 대치심이 있어 이를 넘기면 항마가 된다. 전지(戰地)에서 적이 없으면 헛총질만 한다. 그러니 공부인도 큰 경계가 있어야 하고 그 경계를 넘을 때 정력(定力)이 쌓이는 것이다."라고 하였다.

| 용어 풀이 |

○ **실전(實戰)** 실제의 싸움.

○ **전력(戰力)** 전투나 경기 따위를 할 수 있는 능력.

○ **병마(病魔)** '병'을 악마에 비유하여 이르는 말

○ **심력(心力)** 마음과 힘을 아울러 이르는 말.

○ **대치심(對治心)** 서로 맞서서 버티는 마음.

㉖ 심계의 두 가지 조심

대산 종사 말씀하시기를 "법강항마위는 심계를 가져야 하는바, 첫째, 자기를 철저하게 절제하다 보면 다른 사람까지 힘으로 누르려 하여 소리가 나기 쉽나니 이를 크게 조심할 것이요, 둘째, 소승에 떨어져서 진리가 다 알아서 하겠지 하는 무관심한 태도를 갖기가 쉽나니 이 또한 크게 경계할 바이니라." 〈법위편 26장〉

| 출처 |

항마의 심계(心戒) 가운데 다음을 조심하라. 항마는 자신에 대한 절제가 철저하지만, 내 주위 인연이나 딴 사람도 그 힘으로 누르려 하여 소리가 나니 조심하라. 또 진리가 다 알아서 할 터이니 하고 무관심한 태도도 나오니 이도 심계로 삼아야 한다. 〈『대산종사수필법문집』 1. p.489. 원기55년 12월 14일〉

| 배경 및 상황 |

대산 종사는 원기55년(1970) 12월 14일 '심계의 두 가지 조심'에 대해 말씀하시기를 "첫째, 자기 절제가 철저하여 다른 사람도 힘으로 누르려 하여 소리가 난다. 둘째, 진리가 알아서 할 터이니 라고 무관심한 태도를 보이기가 쉽다."라고 하며 이 두 가지를 크게 경계하라고 하였다.

| 용어 풀이 |

○ **심계(心戒)** 수행인이 자기의 마음속에서 스스로 표준 잡아 지키는 계문.

○ **절제(節制)** 정도에 넘지 아니하도록 알맞게 조절하여 제한함.

○ **소승(小乘)** 대승에 상대되는 말로서, 일체중생이 함께 타고 열반의 피안에 이르기에는 작고 보잘것없는 수레라는 뜻.

㉗ 재색명리를 손안에 넣고 살아라

대산 종사 말씀하시기를 "대신성 대서원으로 대정진을 하다 보면 태산처럼 높은 법강항마위의 고비도 문턱을 넘듯 쉽게 넘어설 수 있나니, 어떤 재색 명리가 돌아온다 하더라도 손안에 집어넣고 영생토록 이 공부 이 사업과 바꾸지 않겠다는 신념으로 나아가라. 법강항마위에서 대각여래위까지는 번뇌가 없는 것이 아니나 번뇌에 끌려서 사느냐 끌리지 않고 잡아 쓰느냐의 차이가 있을 뿐이니라. 세상 만물이 유유상종으로 살아가듯 마군도 유유상종하여 우리를 해치려 하나니, 명리를 좋아하면 명리를 만들어 주어 쓰러트리고 나태를 좋아하면 천천히 하자고 잡아 끌어 쓰러트리느니라. 그러므로 우리는 마군에게 끌려다닐 것이 아니라 대신성 대서원으로 마군을 손안에 넣고 다녀야 할 것이니라."

〈법위편 27장〉

| 출처 |

학인들에게 법위 법문하여 주시기를

앞으로 교무 급은 적어도 항마위 이상은 되어야 하겠다. 대신성 대서원이 있으면 태산도 문제없이 문턱 넘듯 한다. 항마하고 생각하여 볼 때 재색명리를 비추어 보통 세상의 대통령 자리가 돌아온다고 하더라도 주먹에 집어넣고 영생에 이 일과 안 바꾼다고 하는 대신성 대서원이 있어야 한다. 항마위 이상 여래위까지 번뇌가 없는 것이 아니다. 그러나 번뇌 즉 보리인지라, 안 끌리고 잡아 쓰는 데에 차이가 있는 것이다.

세상에는 유유상종하듯 마구니도 유유상종하여 해치려 한다. 명리를 만들어 그 자리에 앉히려고 힘쓰고 잡아끈다. 그러고 보면 함께 쓰러지고 만다. 또 나태의 마구니도 역시 유유상종하여 더 있다 하자. 좀 천천히 하면 어떠냐, 하고 잡아끄는 것이다. 대신성 대서원으로 밀고 나가라. 마음 조복(調伏)은 마군에 끌려다니는 것이 아니라, 마군을 주먹 안에 넣고 다닌다.

〈『대산종사수필법문집』 1. p.186. 원기51년 10월 16일〉

| 배경 및 상황 |

대산 종사는 원기51년(1966) 10월 16일 신도안 삼동원에서 학인들에게 법위 법문을 내리며 말씀하시기를 "앞으로 교무 급은 적어도 항마위 이상은 되어야 하겠다. 대신성 대서원으로 재색명리를 손안에 넣고 영생토록 이 공부 이 사업과 바꾸지 않겠다는 신념으로 나아가라. 법강항마위에서 대각여래위까지는 번뇌가 없는 것이 아니니 번뇌 즉 보리인지라 끌려서 사느냐 끌리지 않고 잡아 쓰느냐의 차이가 있을 뿐이니라. 세상에는 마군도 유유상종하여 방해한다. 마음 조복으로 마군을 항복 받아라."라고 하였다.

| 용어 풀이 |

○ **재색명리(財色名利)** 〈법위편 6장〉 용어 풀이 참조.

○ **번뇌즉보리(煩惱卽菩提)** 번뇌가 곧 보리라는 뜻으로, 생사즉열반과 같은 말. 번뇌(kleśa)는 미(迷)하여 일어나는 모든 나쁜 마음작용을 가리키며, 보리(bodhi)는 불타 정각의 지혜, 또는 불과(佛果), 또는 그에 이르는 도를 가리킨다. 번뇌즉보리란 깨치지 못한 중생의 어리석은 견해로 보면 미망(迷妄)의 주체인 번뇌와 깨달음의 주체인 보리가 다른 것이지만, 깨친 입장에서 보면 번뇌와 보리가 하나라 아

무런 차별이 없다는 말이다. 모든 법의 실상은 공(空)한 것이기 때문에 번뇌도 공이요 보리도 공이라, 다 같이 공이기 때문에 번뇌가 곧 보리인 것이다.

○ **유유상종(類類相從)** 같은 무리끼리 서로 사귐.

○ **마구니** 마군(魔軍)

○ **나태(懶怠)** 수행에 게으르고 일 처리에 늦다는 말. 나타(懶惰)·태만과 같은 뜻.

○ **마군(魔軍)** 악마들의 군병(軍兵). 정법(正法)을 해롭게 하는 무리. 일에 해살을 놓는 무리. 전통불교에서는 석존이 성도(成道)할 때에 욕계를 지배하는 제6 타화자재천(他化自在天)의 마왕 파순(波旬, ppiyas)이 그의 권속들을 거느리고 와서 성도를 방해함에 신통력으로 이들을 모두 항복 받았다고 한다. 또는 불도(佛道)를 방해하는 온갖 악한 일을 모두 마군이라고도 한다.

○ **마음 조복(調伏)** 참 마음을 찾아 길러서 거짓 마음을 항복 받는 것. 자기의 마음을 마음대로 사용하는 것.

28 출가위 조항 사정 기준 1

대산 종사, '출가위'에 대해 말씀하시기를 "'대소 유무의 이치를 따라 인간의 시비 이해를 건설한다.'라는 것은 일원의 진리를 깨달아 삼학 팔조와 사은 사요로 생활하고 천리를 보아다가 인사의 법을 마련함을 이름이니라. 또 '모든 종교의 교리를 정통한다.'라는 것은 모든 성자가 하나의 진리를 깨달아 하나의 일을 하셨음을 아는 것이요, 모든 종교의 교서를 탐독함이 아니라 삼학 수행의 중도, 사은 신앙의 중도, 사요 실천의 중도로써 원만구족하고 지공무사한 진리를 그대로 옮겨 쓰자는 것이며, 모든 이웃 종교의 교리에 걸리고 막힘이 없도록 하자는 것이니라."

〈법위편 28장〉

| 출처 |

출가위

1. 법강항마위 승급조항을 일일이 실행하고 예비 출가위에 승급하여 대소유무의 이치를 따라 인간의 시비이해를 건설한다. [40점]

① 진리를 깨달아 진리의 자를 가지고[일원대도에 근간한 삼학팔조 사은사요] 진리 그대로 생활한다.

② 천리(天理)를 보아 인사(人事)의 법을 마련한다.

2. 현재 모든 종교의 교리를 정통한다. [40점]

① 모든 성자가 하나의 진리를 깨셨고 하나의 일을 하셨음을 안다.

② 천리를 보아 인사의 법을 마련한다.

③ 도덕[진리, 인, 자비]을 부활시킨다.

④ 모든 종교의 교서를 탐득함이 아니라 신앙문과 수행문의 원리를 정확히 알아 삼학수행 중도, 사은신앙 중도, 사요실천 중도로서 원만구족하고 지공무사한 진리를 그대로 옮겨 쓴다.

⑤ 보아서 막힘이 없으면 아는 것이다.

〈『대산종사수필법문집』 2. pp.1157~1158. 원기72년 12월 28일〉

| 배경 및 상황 |

대산 종사는 원기72년(1987) 12월 28일 '법위등급(法位等級) 사정(査定)에 관한 법문'을 내리며 '법위등급 사정 기준'을 발표한다. 그중 출가위 사정 기준은 『정전』 제3 수행편 제17장 법위등급의 원문을 한 조항씩 풀이하였다.

'대소 유무의 이치를 따라 인간의 시비 이해를 건설한다.'는 뜻은 천리를 보아 인사의 법을 마련하고, '모든 종교의 교리를 정통한다.'는 뜻은 이웃 종교 교리의 대체 강령을 알아 막힘이 없다는 것이다.

| 용어 풀이 |

○ **천리(天理)** ① 천지자연의 도리. 천지 만물에 통하는 바른 이치. 곧 진리. ② 천지 팔도. 지극히 밝고, 지극히 정성스럽고, 지극히 공정하고, 순리자연하고, 광대무량하고, 영원불멸하고, 길흉이 없고, 응용무념한 천지의 도리.

○ **인사(人事)** 사람 사는 일. 사람이 하는 일. 인간 세상에 일어나는 모든 일.

○ **정통(精通)** 어떤 사물을 깊고 자세하게 앎.

○ **탐독(耽讀)** 어떤 글이나 책 따위를 열중하여 읽음.

○ **중도(中道)** 두 극단을 떠나 한편에 치우치지 않는 공명한 길. 불교에서는 유(有)나 공(空)에 치우치지 않는 진실한 도리, 또는 고락의 양편을 떠난 올바른 행법을 중도라고 한다.

○ **원만구족 지공무사(圓滿具足至公無私)** 일원상 진리의 내용을 단적으로 표현한 말 중의 하나. 궁극적 실재로서의 '법신불 일원'은 조금도 모자라거나 결함이 없이 모든 것을 두루 갖추어 있되, 그것은 지극히 공평하여 어느 한 편으로도 치우침이 없고 털끝만큼의 사사(私邪)가 없다는 뜻.

㉙ 출가위 조항 사정 기준 2

대산 종사, 이어 말씀하시기를 "'원근 친소와 자타의 국한을 벗어나서 일체 생령을 위하여 천신만고와 함지사지를 당하여도 여한이 없다.'라는 것은 심화·기화·인화가 되고 하늘도 원망하지 않고 다른 사람도 탓하지 않는 순일한 도심·공심·희열심으로 사생 일신 시방 일가의 큰살림을 개척함이니, 특히 법을 위하여서는 몸을 잊고 공을 위하여서는 사를 버려 교단을 내 집 내 살림 삼고 동지를 내 몸 내 형제 삼는다는 뜻이니라. 또한, 아집·법집·소국집·능집을 뛰어넘어 일체의 상을 떠나야 부처님의 대열에 들고 중생을 제도한 실적이 있어야 출가위에 오를 수 있나니, 주산 종사가 대종사께 '마음은 스승님께 드리고 몸은 세계에 바쳐 일원의 법륜을 힘껏 굴리며 영겁토록 쉬지 않겠나이다[獻心靈父 許身世界 常隨法輪 永轉不休].' 하고 올리신 출가시(出家詩)가 바로 출가위의 심법이니라."

〈법위편 29장〉

| 출처 |

3. 원근친소와 자타의 국한을 벗어나서 일체생령을 위하여 천신만고(千辛萬苦)와 함지사지(陷之死地)를 당하여도 여한이 없다. [40점]

① 순일한 도심 공심 희열심으로 사생일신 시방일가의 큰살림을 개척한다.

[심화(心和), 기화(氣和), 인화(人和), 불원천(不怨天) 불우인(不尤人)]

② 교단을 내 집 내 살림 삼고 동지를 내 몸 내 형제 삼는다.

[동고동락(同苦同樂)]

③ 위법망구(爲法忘軀) 위공망사(爲公忘私)가 된다.

무아무불아(無我無不我) 무가무불가(無家無不家)

시즉진가향(是則眞家鄕) 성성불불거(聖聖佛佛居)

④ 아집(我執), 법집(法執), 능집(能執), 소국집(小局執)을 뛰어넘어야 한다.

[무상(無相)]

이일체상 즉명제불(離一切相卽名諸佛)

⑤ 교단과 세상에 실적이 있어야 한다.

〈『대산종사수필법문집』 2. pp.1157~1158. 원기72년 12월 28일〉

출가위에 특별한 계문이 있는데 아집(我執), 법집(法執), 능집(能執), 소국집(小局執) 이것을 뛰어넘어야 출가위입니다. 주산 종사가 대종사께 "헌심영부(獻心靈父) 허신사계(許身斯界) 상수법륜(常隨法輪) 영전불휴(永轉不休)"라고 출가시를 올렸습니다. 이것이 바로 출가위입니다.

〈『대산종사수필법문집』 2. p.981. 원기72년 3월 29일〉

| 배경 및 상황 |

대산 종사는 원기72년(1987) 12월 28일 '법위등급(法位等級) 사정(査定)에 관한 법문'을 내리며 '법위등급 사정 기준'을 발표한다. 그중 출가위 사정 기준은 『정전』 제3 수행편 제17장 법위등급의 원문을 한 조항씩 풀이하였다. 앞장 28장에 이어서 한 말씀으로 '원근친소와 자타의 국한을~여한이 없다.'는 조항을 해석한 글이다. 이는 부처님의 대열에 들려면 교단과 세계에 실적이 있어야 한다는 뜻이다.

주산 종사는 대종사께 출가시를 올렸다. 주산 종사가 출가시를 올릴 당시 이미 출가위의 기틀임을 대산 종사는 마음으로 인증하였다.

| 용어 풀이 |

○ **원근친소(遠近親疏)** '멀고 가깝고, 친밀하고 친밀하지 못한' 사이를 의미하며 주로 인간관계를 나타낼 때 사용한다.

○ **국한(局限)** 범위를 일정한 부분에 한정함.

○ **천신만고(千辛萬苦)** 천 가지 매운 것과 만 가지 쓴 것이라는 뜻으로, 온갖 어려운 고비를 다 겪으며 심하게 고생함을 이르는 말.

○ **함지사지(陷之死地)** 함지는 지옥, 사지는 죽을 곳. 아주 위험한 지경에 빠져든다는 의미. 목숨이 위태로운 처지에 빠짐. 함지사지(陷之死地)라고도 함.

○ **심화·기화·인화(心和氣和人和)** 마음도 화(和)하고, 기운도 화하고, 사람과도 화하다는 뜻으로, 세상 만물을 화한 기운으로 대하는 불보살의 마음을 표현하는 말.

○ **도심(道心)** 대도 정법을 믿고 수행하여 진리를 깨치려 하는 마음. 도를 구하는 마음.

○ **공심(公心)** 공익심의 준말. 자기 개인보다 교단 전체, 인류 전체를 우선하고 헌신 봉공하는 마음.

○ **희열심(喜悅心)** 기쁨과 즐거움. 또는 기뻐하고 즐거운 마음.

○ **사생일신(四生一身)** 시방세계 일체중생을 모두 내 몸같이 아끼고 사랑하는 마음. 곧 불보살의 대자대비심을 말한다. 여기에서 사생은 태·란·습·화 사생 또는 동서남북 사방에 사는 모든 사람이라는 뜻이다.

○ **시방일가(十方一家)** 시방세계가 한량없이 넓고 많지만, 불보살들은 우주 전체를 한집안 삼는다는 말.

○ **주산 종사(主山宗師, 1907~1946)** 본명은 도열(道悅). 법명은 송도성(宋道性). 호는 직양(直養). 법호는 주산(主山). 법훈은 종사. 정산 종사의 동생이다. 영산지부장 겸 교무, 총부교무, 총무부장, 교정원장, 수위단원 등을 역임했다.

30 우리 회상은 출가위의 대법기가 모였다

대산 종사 말씀하시기를 "출가위는 곧 큰 법기라. 이 회상의 천하 농판이 되고 사랑방의 목침과도 같이 되어야 하나니, 회상에 법기가 한둘만 있어도 선성 도인들이 떠나지 못하느니라. 그러므로 이 회상에 수많은 도인이 출현하는 것도 결코 우연한 일이 아니니, 대종사와 정산 종사께서는 우리 회상에 큰 법기들이 모이도록 수천 년을 통하여 공을 들이셨고, 회상을 펴신 후에도 동서남북을 두루 다니시며 일꾼들을 모아 법을 크게 일으키시고 사업을 크게 후원하셨느니라." 〈법위편 30장〉

| 출처 |

출가위는 농판이가 되고 목침이 되어야 한다. 내가 있으면 안 된다. 항마 이상

되기가 참으로 쉬운데 이것을 못 한다. 못하는 이유는 제가 저만 알고, 저만 모시려고 하니까 그러는 것이다. 또 제가 스스로 내세우려고 한다. 실은 남이 나를 내세우고 알아야 한다. 우리 회상에 이제는 항마위 정도의 도인은 눈에 뜨이게 많을 것 같다.

과거에는 항마만 하려 해도 하늘에 가서 별 따오는 것같이 어려웠다. 우리 회상에는 이제 도인이 숨을 수 없게 되었다. 사람들이 다 귀신이다. 법기가 한둘만 있어도 선성 도인들이 그 회상을 떠나지 못하나, 하나도 없으면 떠날 수 있다. 그러므로 달마가 인도에서 중국으로 건너오신 것이다. 대 법기가 동토에 있으므로 그랬다.

우리 회상을 펴시기 전에 대종사님과 선 법사께서 대 법기를 수천 년을 통하여 몰이하시는 공을 들이신 것 같다. 그러니 우리 회상에 도인이 수없이 많지 아니하느냐? 우연한 일이 아니다. 그리고 이렇게 회상을 펴신 후에는 동서남북 두루 돌아다니시며 일꾼들을 몰이하여 크게 법을 진작시키고 사업도 하게 하는 후원을 하신다.

〈『대산종사수필법문집』 1. pp.173~175. 원기55년 5월 18일〉

| 배경 및 상황 |

대산 종사는 원기55년(1970) 5월 18일 '출가위' 법문을 하였다. 당시 법강항마위도 생전에 사정하기 어려운 현실이었고 사후에나 추존하였다. 출가위는 농판이가 되고 목침이 되어야 한다. 내가 있으면 안 된다. 항마 이상 되기가 참으로 쉬운데 이것을 못 한다. 우리 회상에 이제는 항마위 정도의 도인은 눈에 뜨이게 많을 것 같다.

| 용어 풀이 |

○ **농판(弄판)** 실없는 장난이나 농담이 벌어진 자리. 또는 그런 분위기. 실없고 장

난스러운 기미가 섞인 행동거지. 또는 그런 사람.

○ **사랑방(舍廊房)** 안채와 떨어져 있는, 바깥주인이 거처하며 손님을 접대하는 방.

○ **법기(法器)** 법의 그릇이 큰 사람. 불법의 가르침을 받기에 족한 사람이다. 법의 그릇이 크다는 것은 법의 근기가 높고, 대도 수행을 할 수 있는 바탕과 소질이 큰 사람이다.

○ **선성(先聖)** 과거의 성현(聖賢). 인류 역사상 그 이름이 드러난 옛날의 성인(聖人)들을 말한다. 법력이 높고 진리를 깨친 과거의 수행자 곧 고승(高僧)·석덕(碩德)을 포함한다.

31 출가위란 빈 마음과 공변된 마음이 어울려야 한다

대산 종사 말씀하시기를 "출가위는 국량이 트인 사람이요 남녀의 상이 떨어진 사람이요 시방을 한 집안 삼는 사람이므로 자신과 부모와 스승과 교단과 일체 생령을 위하여 큰 적공을 해야 하느니라. 공부만 잘하고 사업을 하지 않으면 빈 마음은 되었으나 공변되지 못하므로 빈자리에 떨어지기 쉽고, 사업만 잘하고 공부를 등한시하면 공변되기는 하나 빈 마음이 되지 못하므로 공변됨에 얽매이기 쉽나니, 그러므로 공부와 사업을 같이하여 빈 마음과 공변된 마음이 어우러져야 출가위의 큰 도인이 될 수 있느니라." 〈법위편 31장〉

| 출처 |

공타원(空陀圓) 조전권(曺專權) 원정사(圓正師) 임종을 지켜보시면서[19시 20분]

이 어른에 대하여 모든 동지가 그 업적을 찬양하기를, 평생에 국집하신 바가 없어 자기 의견을 고집하거나 국집함이 없으셨고, 또 남녀상이 떨어졌다고들 하신다. 흔히들 남자는 여자, 여자는 남자를 상대해서 상을 지으나 이 어른은 그렇지 아니하시었다. 또 살림도 시방을 내 살림, 교단 전체를 내 살림 삼으셨다고 모두 찬양하면서 그 어른은 법의 대표적인 존재라고 말들 하므로 일방으로는 섭섭하고 죄송하지만 한편 마음 기뻤습니다.

다시 몰아 말하면 첫째, 국집(局執)이 없었고, 당신 고집(固執)이 없으셨고, 둘째, 남녀상이 떨어졌고, 셋째, 시방을 내 살림 삼아 편벽되시지 아니하셨다.

우리 회상의 여자계를 문호 개방을 시키셨으니 우리 다 같이 온 정성을 다하여 받들어 후송하고 오는 세상에는 더욱더 복되기를 빌고 최대의 정성을 다하여야 하겠다. 공(空)은 만유가 구족(俱足)한 자리로써 공(空)이고, 공(公)은 마음이 전체 생령을 위하는 것이기 때문에 바로 출가위 자리고 여래위 자리이다. 그러므로 이 두 가지를 겸해야 성인이다. 텅 비고 공변되지 못하면 조각이고 공변되고 텅 비지 못하여도 조각이다. 이 자리가 우리의 표준이다.

〈『대산종사수필법문집』 1. p.1417. 원기61년 5월 24일〉

수위단 선생님들과 공타원님 빈소에 분향하신 후 독경을 마치고 시자에게 법문을 대독하게 하였다. 독경과 법문 봉독 후 착석하시어 대중에게 법문하여 주시기를

공타원님은 정녀로서 제1자이시요, 여자 전무출신도 제1자이시며, 교무로는 제2호에 해당하신 어른이시다.

올해는 대종사께서 대각하신 회갑 연도인데 공타원님께서는 제2대 2회 말을 앞두고 내년에 실시되는 법위사정의 해를 맞이하여 그 법위의 표준을 보이신 교단적으로 역사를 한 바퀴 바꾸어 놓으신 어른이시다.

우리가 예비 항마위까지는 수위단 회의에서 추정할 수 있지만 출가위나 정식 법강항마위부터는 누가 올릴 수 없다. 아닌 분을 그렇다고 할 수도 없고, 그런

분을 아니라고도 할 수 없다. 당신이 아시고 진리가 아신다. 스스로 갖춘 실력으로 올라가는 것이다. 현재 우리 교단에 남자 출가위에 오르신 분은 여러분 계시나, 여자 출가위에 오르신 분은 처음이다. 이 어른이 출가위에 오르신 것은 마땅한 일이다.

공부만 잘하고 사업을 아니 하면 공(空)은 되었으나 공변되지 못하므로 공(空)에 떨어져서 조무래기 도인이 되고 사업만 잘하고 공부를 등한시하면 공(公)에 떨어져서 참다운 공(空)이 되지 못한다. 공부와 사업을 같이해야 즉 공(空)과 공(公)이 아울러져야 출가위가 될 수 있다. 공(空)과 공(公)을 원만히 하지 않고는 출가위가 될 수 없다.

〈『대산종사수필법문집』 1. pp.1417~1418. 원기61년 5월 25일〉

| 배경 및 상황 |

대산 종사는 원기61년(1976) 5월 24일 19시 20분 공타원 조전권 원정사의 임종을 지키고, 25일 수위단원과 공타원의 빈소에 분향한 후 독경을 마치고 시자에게 법문을 대독하게 하였다. 독경과 법문 봉독 후 착석하여 대중에게 법문한 내용이다.

대산 종사의 법문 가운데 "성인들이 대대로 나시고, 또 주세불들이 대대로 세상을 이어 나가실 때 아무리 주세불이시고 대각 세존이라 하시지만 그 제자를 만나지 못하면 그 회상을 열지 못하시는데 우리 대종사님은 대각하시고 그 제자들을 만나시어 이 회상을 펴실 때 과거 다른 성인들의 회상과 달라서 남녀를 다 같이 제도하시기 위하여 여자 회상을 배포하시었습니다.

그때 공타원님 같은 이런 어른들을 만나시지 못하셨다면 우리 회상이 지금과 같이 이렇게 열릴 수 없었을 것입니다. 이 어른으로 말하면 정녀 제1호, 여자 전무출신 제1호, 교무 제2호로 대종사님의 큰 뜻을 받드신 성자의 자취로 일생을 일관했으니, 앞으로 다시 오시어 스승님의 그 큰 뜻 받드시어 세세생생

만 중생을 건지시는 운전사가 되시기를 심축하시면서 기원하는 바입니다."라고 빈소에서 공타원 영로를 축원하였다.

| 용어 풀이 |

○ **조전권(曺專權, 1909~1976)** 본명은 옥순(玉順), 법호는 공타원(空陀圓), 법훈은 종사. 1909년 12월 21일 전북 김제군 금산면 원평리에서 부친 송광(頌廣)과 모친 최형엽(崔亨燁)의 딸로 출생. 원불교 정녀(貞女) 1호. 불법연구회 2대 회장 조송광의 딸. 초량교당에서 부산지역 교화를 이끌었으며, 교무부장, 총부 순교감, 동산선원 원장을 역임했다. 17세에 전주 기전여학교에 입학하였다. 그 후 19세에 익산 총부에 부친을 따라왔다가 소태산을 뵙고 법명을 받으며, "세계의 대권(大權)을 잡고 일체중생의 어머니가 되어 최령한 가치를 발휘하여라. 일체중생의 어머니가 되려면 우주만유의 진리를 깨쳐야 한다. 그래서 참나를 찾고 참 생활하여야 영생을 얻게 된다. 진리를 깨쳐야 나와의 촌수를 알게 되고 대자대비심이 생겨 무아봉공의 희생정신이 생기는 것이다."라는 법문을 듣는다.

원기12년(1927) 총부 동선을 난 조전권은 출가(出家)하였다. 설통(說通)을 이룬 능란한 법설로 가는 곳마다 교화의 법풍을 불리며 일원대도에 많은 인연이 귀의토록 했다. 1962년 중앙선원 부원장으로 1년간 봉직한 조전권은 이듬해 동산선원장으로 부임하여 8년간 재직하며 폐허가 된 동산선원을 중흥했다. 이후 병마와 싸우는 중에도 교단의 명을 받들어 원기56년(1971) 중앙훈련원 초대 원장으로 부임, 원기61년(1976) 5월 24일 68세로 열반할 때까지 중앙훈련원 신축 용지 확보와 신축 기금 조성에 혈성을 다했다. 문장에도 조예가 깊어 교단 기관지에 '오, 나의 마음이여'·'종사님 성덕송(聖德頌)'·'자부(慈父)님은 어디 가시고' 등 여러 글을 남기고 있다. 또한 열반 후 후진들이 발간한 문집 『행복자는 누구인가』가 있다.

○ **국량(局量)** 남의 잘못을 이해하고 감싸 주며 일을 능히 처리하는 힘.

○ **공변(公遍)** 행동이나 일 처리가 사사롭거나 한쪽으로 치우치지 않고 공평함.

공사(公私)와 정사(正邪)를 대조할 줄 알고 친소와 원근에 끌리지 아니하는 마음.

32 여한 없는 심법을 갖추라

대산 종사 말씀하시기를 "크고 어려운 경계를 당해야 그 사람됨을 알 수 있나니 교단도 큰일을 겪은 뒤라야 출가위 이상 도인들이 많이 솟아나리라. 그러므로 우리는 교단을 위해 생명을 바치고 혹 목숨이 위태로울 지경에 처하더라도 여한 없는 심법을 연마하여 큰 실력을 갖춰야 하느니라." 〈법위편 32장〉

| 출처 |

천지의 대권을 잡은 사람도 뭇 조화가 있는 것인데 그것을 모른다. 10~20년 것만 가지고 그 사람을 볼 수 없는 것이다. 적어도 100년, 200년 후를 보고 그 사람의 조화 힘을 아는 것이다. 크고 어려운 경계를 당하여 봐야 그 사람들을 알아볼 수 있는 것이다. 우리 교단도 금년 들어 큰일들을 많이 겪고 나니 10인의 출가 정도가 알게 되고 솟아오른 것 같다. 실은 그 일이 그들 때문에 생겼다 하여도 틀린 생각은 아니다.

함지사지(陷之死地)를 당하여도 여한이 없는 출가위(出家位)는 그 경계가 있으므로 교단을 위하여 생명을 바치는 심법을 연마하고 실력을 행사하는 것이다. 우리 교단의 크나큰 경사이다.

〈『대산종사수필법문집』 1. p.749. 원기58년 7월 3일〉

| 배경 및 상황 |

대산 종사는 원기58년(1973) 7월 3일 '여한 없는 심법을 갖추라'는 법문을 하였다. 그 내용 중 법문의 출처를 읽다 걸리는 부분이 있었다.

"우리 교단도 금년 들어 큰일들을 많이 겪고 나니 10인의 출가 정도가 알게 되고 솟아오른 것 같다. 실은 그 일이 그들 때문에 생겼다 하여도 틀린 생각은 아니다."

이 내용은 개교반백년기념사업의 일환으로 서울에 교화의 거점을 마련하기 위해 원기55년(1970) 교단은 '남한강 관광개발주식회사'와 계약을 맺고 서울회관을 기공했으나 공사 도중 문제가 발생하여 남한강 관광개발주식회사의 부도로 서울회관 건설을 진행하지 못하게 되는 이른바 '남한강사건'이 발생하였다. 이 사건으로 교단은 부채를 떠안게 되었고 이를 만회하기 위해 출재가 교도들이 합력하여 부채를 탕감하고 우여곡절 끝에 원기67년(1982)에 서울회관을 완공했다.

대산 종사는 원기58년(1973) 2월 16일 교단에 또 남한강 사건에 대비하는 대사건[인장도용사건]이 발생함을 보고 받고 "법에 의하고 공의에 의하고 서서히 처리하라."고 하였다. 서울회관 사건으로 교단은 돈이 궁하고 경제가 어려울 때였다. 그래서 한산 이은석 교화부장은 싼 외채를 빌려 그 수익으로 교단의 경제적 어려움을 해결하려는 계획을 세웠다.

그러나 대중의 공의나 회의 절차를 밟지 않고 이은석 교화부장이 고산 이운권 이사장[교정원장], 소산 정성덕 이사[재무부장], 희산 조희석 이사[보화당 사장] 3인의 도장을 받아 이사와 이사장 도장을 바꾸어 정식 서류를 만들어 정부에 차관을 신청하였다. 이 사건은 다행히 담당자에게 사전에 발각되어 해결하였으나 그 진통은 클 수밖에 없었다.

| 용어 풀이 |

○ **경계(境界)** 인과의 이치에 따라서 일상생활 속에서 부딪치게 되는 모든 일들. 곧 나와 관계되는 일체의 대상을 말한다.

○ **여한(餘恨)** 풀지 못하고 남은 원한.

㉝ 기화가 잘 되려면

한 제자 여쭙기를 "어떻게 해야 '기화(氣和)'가 잘 되나이까?" 대산 종사 말씀하시기를 "교단과 세계를 위하여 심신을 던지고 어떠한 고통과 역경과 난경을 당할지라도 변명하거나 피하지 말고 온통 다 바치면 기운이 통하고 기화가 되느니라. 예수께서 죄 없이 돌아가실 때 심화·인화하셨기에 오늘날까지 기화가 미쳐 수없는 사람이 제도를 받게 되는 것과 같이 어떠한 경계를 당할지라도 참아 넘겨야 그것이 거름이 되어 기화가 될 것이니, 자기를 알리려고도 말고 자기 역사를 남기려고도 말고 어느 분야에서든지 아프면 아픈 대로 어려우면 어려운 대로 필요한 사람이 되어 그 일만 하고 가면 되느니라." 〈법위편 33장〉

| 출처 |

양제승(梁濟乘) 선생이 묻기를

"기화(氣和)는 어떻게 되는 것입니까?"

종법사님 말씀하시기를 "출가위는 심화(心和), 인화(人和)와 기화(氣和)로 만덕(萬德)을 나투는데 그는 함지사지를 당하여도 여한이 없는 위이다. 예수님께서 죄 없이 돌아가실 때 심화와 인화하셨기에 오늘날까지 기화가 미쳐 제도받고 있다. 어떠한 고통과 역경과 난경을 당하여도 꿀꺽 삼켜야 그것이 거름이 되고 기화가 된다. 교단과 세계를 위하여 심신을 내던졌으니 어떤 일을 당하여도 변명 말고 제물이 되어버려라. 또 자기를 알리려 말고, 또 역사에도 관심하지 말라. 자기 장사요, 자기 일인데 그 일만 하고 가면 된다. 구질구질하게 굴지 말라. 교단 어느 분야에서든지 아프면 아픈 대로 안주하며 필요한 사람만 되어 일하다 가자."

"어떻게 하여야 교도들에게 신심이 나도록 할 수 있겠습니까?"

"자네는 정기훈련 십일 과목과 상시훈련을 받았는가. 안 받았는가?"

"받았습니다."

"그러면 교도에게 그 과목 훈련하면 되느니라."

〈『대산종사수필법문집』 1. p.720. 원기58년 4월 30일〉

| 배경 및 상황 |

대산 종사는 원기58년(1973) 4월 30일 승산 양제승 교무가 "기화(氣和)는 어떻게 되는 것입니까?" 여쭈니 말씀하시기를 "출가위는 심화(心和), 인화(人和)와 기화(氣和)로 만덕(萬德)을 나투는데 그는 함지사지를 당하여도 여한이 없는 위이다. 어떠한 고통과 역경과 난경을 당하여도 꿀꺽 삼켜야 그것이 거름이 되고 기화가 된다. 또 자기를 알리려 말고, 또 역사에도 관심하지 말라. 자기 장사요, 자기 일인데 그 일만 하고 가면 된다."라고 하였다.

승산 종사는 농사를 지으며 수도하는 사상선을 교단에 정착시켰고, 퇴임 후에도 만덕산훈련원 교령으로 추대돼 보은 봉공하며 '선농(禪農)일치'를 실천했다.

| 용어 풀이 |

○ **양제승(勝山 梁濟乘, 1925~2021)** 승산 종사는 1925년 10월 20일 전북 남원군 수지면 고평리에서 부친 양원규 선생과 모친 소갑례 여사의 형제 중 장남으로 출생하였다. 원기31년(1946) 전무출신을 서원하고 원기37년(1952) 수계농원 총무, 부원장을 거쳐 원기58년(1973) 만덕산농원, 훈련원 원장으로 봉직한 후 원기80년(1995) 퇴임했다. 농사를 지으며 수도하는 사상선[事上禪, 일 속에서 하는 선]을 교단에 정착시켰고, 퇴임 후에도 만덕산훈련원 교령으로 추대돼 보은 봉공하며

'선농(禪農)일치'를 실천했다. 승산 원정사의 세수는 96세, 법랍은 67년 10개월, 공부성적 정식출가위, 사업성적 정특등 5호, 원성적 정특등으로 원기106년(2021) 11월 20일 열반하였다.

○ **기화(氣和)** 사람의 정신 기운이 부드럽고 온화한 것. 수행자의 기운은 항상 부드럽고 온화해서 대하는 인연마다 상생 상화의 선연을 맺고, 가는 곳마다 동남풍을 불리는 것이다.

○ **심화·기화·인화(心和氣和人和)** 〈법위편 29장〉 용어 풀이 참조.

○ **역경(逆境)** 정법 수행을 방해하는 힘들고 어려운 경계. 자기의 원하는 일이 뜻대로 안 되는 어려운 환경. 순경(順境)에 상대되는 말.

○ **난경(難境)** 곤란한 처지. 몹시 곤란하고 어려운 처지나 경우를 말한다.

㉞ 중근의 고비

대산 종사 말씀하시기를 "앞으로 재가·출가·남녀를 가리지 않고 출가위가 많이 나와야 하느니라. 법마상전급에서 법강항마위에 오를 때와 법강항마위에서 출가위에 오를 때 중근의 고비가 있는데 이 고비를 잘 넘겨야 크게 솟을 수 있는 길이 열리느니라. 그러나 법마상전급의 고비는 혼자서 넘길 수 있으나 법강항마위의 고비는 혼자서 넘길 수 없나니, 대종사께서는 중근에 걸려 있는 제자들을 일일이 챙겨 주셨고 고비를 넘기지 못하는 제자에게는 더욱 무섭게 방편을 쓰셨느니라. 중근의 고비는 위에서도 잘 넘기도록 이끌어야 하나 밑에서도 잘 오르도록 받쳐 주어야 하나니, 옛날 한 상좌가 스승을 목욕시키며 '법당은 좋은데 불상은 아직 시원치 않군.' 하고 혼잣말을 하였더니, 스승이 그 말에 분발하여 중근의 고비를 잘 넘겼다는 일화가 있느니라." 〈법위편 34장〉

| 출처 |

향산(香山) 안이정(安理正) 법사님과 장응철(張應哲)에게

공부해 나가는 데 있어 법마상전급에서 법강항마위에 오를 때에 중근의 고비가 있고, 법강항마위에서 출가위에 오르는데 중근의 고비가 있고, 이 고비를 잘 넘기면 크게 튀지만 그렇지 못하면 일생 쪼랭이가 되고 만다. 상전급에서의 고비는 혼자 넘길 수도 있지만 항마위에서의 고비는 혼자서는 안 된다. 출가위가 되는 것은 혼자 안 된다. 위에서도 올리지만 밑에서도 올린다.

옛날 어느 도인이 상좌를 두고 가르쳤는데 그 상좌는 수양을 깊이 해 견성을 했고 그 스승은 책만 읽고 심력을 못 갖추어 견성을 못 했었다. 하루는 제자가 스승을 목욕시켜 드리며 '법당은 좋지마는 불상은 아직 시원찮구나.'하고 이야기하니 그 스승이 그 말 듣고 분발해서 수양하여 결국 견성한 일이 있었다.

대종사께서는 중근에 걸려 있는 제자들을 너, 너, 너도 하시면서 중근에 걸렸다고 하시었고 항마에서 고비 못 넘기고 있는 제자들은 더욱더 무섭게 방편을 쓰시었으며, 오랜 후에는 아무개가 중근의 고비를 넘겼느니라고 말씀하여 주셨다.

여래의 표준

천지는 한 물건도 버릴 곳이 없으므로 천지가 되었고,

여래는 한 중생도 버릴 곳이 없으므로 여래가 되셨다.

〈『대산종사수필법문집』 1. p.1412. 원기61년 5월 15일〉

| 배경 및 상황 |

대산 종사는 원기61년(1976) 5월 15일 향산 안이정 법사와 장응철에게 말씀하시기를 "앞으로 재가·출가·남녀를 가리지 않고 출가위가 많이 나와야 한다. 공부하는 데 있어 법마상전급에서 법강항마위에 오를 때에 중근의 고비가 있고, 법강항마위에서 출가위에 오르는데 중근의 고비가 있고, 이 고비를 잘 넘기면 크게 튀지만 그렇지 못하면 일생 쪼랭이[조롱박]가 되고 만다. 상전급에서의 고비는 혼자 넘길 수도 있지만 항마위에서의 고비는 혼자서는 안 된다. 출가위가 되는 것은 혼자 안 된다. 위에서도 올리지만 밑에서도 올린다."라고 하였다.

대산 종사는 향산과 경산에게 앞으로 종사위에 올라야 하니 중근의 고비만 조심하라고 하였다. 그리고 종사위는 혼자 안된다. 스승이 이끌어 주고 밑에서도 올려야 한다고 경책하였다.

끝으로 '여래의 표준'을 "천지는 한 물건도 버릴 곳이 없으므로 천지가 되었고, 여래는 한 중생도 버릴 곳이 없으므로 여래가 되셨다."라고 하였다. 이는 우선 출가위에 목표를 두고 장차 여래위의 수기를 준 것임을 짐작할 수 있다.

| 용어 풀이 |

○ **안이정(安理正, 1918~2005)** 본명 중태(重泰), 법호 향산(香山). 향산 종사는 3·1운동이 일어나던 1919년 2월 21일 전남 함평군 월야면 예덕리에서 부친 안석구(安錫龜) 선생과 모신 박정업(朴淨業) 여사의 4남 2녀 중 막내아들로 출생하였다. 처음 장성 백양사에 출가했으나, 꿈속에 소태산 대종사를 뵙고 원불교로 다시 출가했다. 일생을 청렴결백한 인품으로 수행 정진하였으며, 영산선원·중앙선원·동산선원·중앙훈련원 등에서 후진 교육에 헌신하였다. 『의두 성리의 연마』·『원불교 교전 해의』 등의 저서가 있다. 종사위 법훈을 받았다.

○ **장응철(耕山 張應哲, 1940~)** 경산 종사는 1940년 9월 8일 전남 무안군 장산면 다수리 444번지에서 부친 장상봉(張上鳳) 선생과 모친 김출진옥(金出塵玉) 여사의 2남 1녀 중 장남으로 출생하였다. 원기45년(1960) 전주에 거주하는 이종형인 최덕근 선생께서 원불교에 귀의하라는 간곡한 청에 의하여 정산 종사를 뵙고 원불교에 입문하는 동시에 전무출신을 서원하고 교정원 총무부에서 서기 생활을 시작하였다.

4년간의 서기 생활을 마치고 원기49년(1964) 원광대학교 원불교학과에 입학하여 원기53년(1968) 2월에 졸업 후 영산선원 교사로 전무출신의 길을 걷기 시작하였다. 그동안 연륜을 정리하며 틈틈이 연마하고 강의하였던 글들을 모아서 『노자의 세계』, 『생활속의 금강경』, 『마음소 길들이기』, 『자유의 언덕』 등의 저서를 편찬하는 등 현대인의 생활 속에서 교리를 실천할 수 있는 편저 작업에도 심혈을 다하였다.

원기91년(2006) 11월 5일 제12대 좌산 종법사에 이어 제13대 경산 종법사는 법통을 이었고 종법사로 취임하였다. 원기103년(2018) 11월 4일 전산 종법사가 취임하였고 제14대 경산 종법사는 12년간 중책을 맡아 온 종법사직을 퇴임하였다. 현재는 교단의 상사로 운봉수도원에서 정양하고 계신다.

○ **상좌(上佐)** 스승의 대를 이을 여러 제자 중에서 가장 뛰어난 제자.

35 대각여래위의 조항 사정 기준 1

대산 종사, '대각여래위'에 대해 말씀하시기를 "'대자대비로 일체 생령을 제도하되 만능이 겸비한다.'라는 것은 만능·만지·만덕이 되어 한 중생도 스스로 버릴 수 없는 대자대비로 누가 미워하고 싫어하고 멀리한다 할지라도 조금도 거기에 끌리지 않고 죽이고 살리고를 자유자재하는 큰 능력으로 제도함을 이름이니라. 또 '천만 방편으로 수기응변하여 교화하되 대의에 어긋남이 없다.'라는 것은 어떠한 경우에 처할지라도 회상의 법통을 어기지 아니하고 자리이타로 하다가 안 될 때는 내가 해(害)를 차지하는 심법을 가진다는 뜻이요, '교화받는 사람으로서 그 방편을 알지 못한다.'라는 것은 생각으로 헤아려 알 수도 없고 흔적을 찾을 수도 없는 경지를 이름이니라." 〈법위편 35장〉

| 출처 |

대각여래위

1. 출가위 승급 조항을 일일이 실행한다.

대자대비로 일체생령을 제도하되 만능이 겸비한다. [40점]

① 전능(全能) 만능(萬能) 무능(無能)

전지(全智) 만지(萬智) 무지(無智)

전덕(全德) 만덕(萬德) 무덕(無德)

② 스스로 버릴 수 없는 사랑의 덩치, 대자대비의 덩치가 되었기에 욕하고 미워하고 싫어하고 때리고 해도 모두 제도한다. [조금도 끌리는 바 없이 한다]

③ 살활자재(殺活自在)의 능력을 갖춘다.

2. 천만 방편으로 수기응변하여 교화하되 대의에 어긋남 없이 교화받는 사람으로서 그 방편을 알지 못하게 한다. [40점]

① 대의에 어긋남이 없다는 것은 회상의 법통을 어기지 않는다는 말이다.

② 대의에 어긋남이 없는 예;

- 대안, 방울 스님이 원효 대사에게
- 노자님이 공자님에게
- 공자님이 부처님에게[서방(西方)에 유성인(有聖人)하니 불치이불란(不治以不亂)]
- 공자님이 주공에게
- 공자님이 조술요순(祖述堯舜) 헌장문무(憲章文武)
- 석가모니가 칠불(七佛)에게
- 대종사께서 석가모니에게
- 대종사께서 최수운 대신사와 강증산 천사를 대 선각자로 추앙
- 강증산 천사가 진묵 대사[일옥(一玉)]에게[일순(一淳) 사옥(士玉)]
- 나옹 대사가 지공 화상에게 인증

③ 자리이타로 하다가 아니 될 때는 해를 내가 차지하는 심법이 대의에 어긋남이 없는 것이다.

④ 대의[주법(主法)]를 위하여 생명을 바치신 예.

- 불타의 인욕선인[忍辱仙人, 가리왕에게 해를 당하셨으나 무유진한(無有嗔恨)]
- 예수님의 십자가 순교
- 이차돈의 백유 순교(白乳殉教)
- 최수운 대신사[고향의 고별인사, 말을 못 가게 하신 능력, 최후에 임금에게 북향 4배 후 순교]

⑤ 여래위에 간 사람이라도 법통 혈통이 안 된 사람은 내 제자는 아니라고 말씀하셨다.

⑥ 그 방편을 알지 못한다고 함은 폭 잡을 수 없고 그 흔적을 찾을 수 없는 것이다. 〈『대산종사수필법문집』 2. p.1159. 원기72년 12월 28일〉

| 배경 및 상황 |

대산 종사는 원기72년(1987) 12월 28일 '법위등급 사정에 관한 법문'을 내리며 '법위등급 사정 기준'을 발표한다. 그중 대각여래위 사정 기준은 『정전』 제3 수행편 제17장 법위등급의 원문을 한 조항씩 풀이하였다.

'대자대비로 일체 생령을 제도하되 만능이 겸비한다.'는 뜻은 만능에는 만능·만지·만덕이 포함되어 있고, '천만 방편으로 수기응변하여 교화하되 대의에 어긋남이 없다.'는 뜻은 대기대용으로 제도하되 교단의 대의를 어기지 않고, '교화 받는 사람으로서 그 방편을 알지 못한다.'는 뜻은 중생을 제도하되 방편을 쓴다는 흔적을 알 수 없다는 뜻이다.

| 용어 풀이 |

○ **대자대비(大慈大悲)** 한없이 크고 넓은 부처님의 자비. 한없이 크고 끝없이 넓

어서 끝이 없는 불보살의 자비. 대원정각을 한 불보살이 중생을 아끼고 사랑하는 마음.

○ **만능·만지·만덕(萬能·萬智·萬德)** 모든 사물에 능통하고 온갖 이치를 깨닫고 사물을 정확하게 처리하는 지혜와 높고 숭고한 덕을 갖춤.

○ **천만방편(千萬方便)** ① 불보살이 중생을 교화하는 한량없는 자비 방편. 이때 불보살은 중생이 모르게 방편을 사용한다. 만약 방편을 알게 사용하면 권모술수가 되기 쉽다. ② 무량법문을 말한다. 법문 하나하나가 그대로 자비 방편에서 나온 것이므로 무량법문이 곧 천만방편이 된다. 천만방편은 대기대용의 큰 힘을 얻고, 살인도 활인검을 마음대로 쓸 수 있어야 한다.

○ **수기응변(隨機應變)** 그때그때의 상황이나 기틀에 따라서 신축성 있게 일을 잘 처리하는 것. 원불교에서는 수기응변하기 위해서는 대기대용의 능력을 얻어야 수기응변을 잘할 수 있고 본다.

○ **자리이타(自利利他)** 일정한 기준이나 원칙 없이 하고 싶은 대로 자유 자재함.

36 대각여래위 조항 사정기준 2

대산 종사, 이어 말씀하시기를 "'동하여도 분별에 착이 없다.'라는 것은 활선 공부로 육식이 육진 중에 출입하되 섞이지도 아니하고 물들지도 아니하여 매사에 중도행을 하며 온전한 생각으로 취사함을 이름이니, 일체 경계에 부동심이 되고 모든 일이 때에 맞아서 '응무소주 이생기심(應無所住而生其心)' '화이 불류(和而不流)' '화광 동진(和光同塵)'이 되는 것을 이름이니라. 또 '정하여도 분별이 절도에 맞다.'라는 것은 일이 없을 때는 일이 있을 때를 대비해 준비 공부를 하자는 것으로, 선정 삼매(禪定三昧)와 나가 대정(那伽大定)과 적멸 궁전(寂滅宮殿)과 대적광전(大寂光殿)과 무위 대행(無爲大行)의 정정 공부(定靜工夫)를 하자는 것이니라."

〈법위편 36장〉

| 출처 |

3. 동(動)하여도 분별(分別)에 착(着)이 없고 정(靜)하여도 분별이 정도(節度)에 맞는다. [40점]

① 동하여도 분별이 착이 없다. [동중정(動中靜)]

- 활선공부(活禪工夫)[상시 응용 6조, 교당 내왕 시 6조]
- 자성 불괴(不壞), 자성 불매(不昧), 자성 불염(不染)

② 동하여도 분별에 착이 없다는 것은 육식(六識)이 육진(六塵) 중에 출입하되 섞이지도 아니하고 물들지도 아니하고 매양 중도행을 하는 것이고 온전한 생각으로 취사하여서 일.

- 일체 경계에 부동심이 되고 매매사사에 시중(時中)하는 것.
- 응무소주이생기심(應無所住而生其心)
- 화이불류(和而不流) 화광동진(和光同塵)

③ 정(靜)하여도 분별이 절도(節度)에 맞는다. [정중동(靜中動)]

- 정정공부(定靜工夫)[정기훈련 11과목] 대선정삼매(大禪定三昧), 나가대정(那迦大定), 적멸궁전(寂滅宮殿), 대적광전(大寂光殿), 무위대행(無爲大行).
  예: 대종사님 변산 5년, 불타의 6년 고행

④ 정하여도 분별이 절도에 맞는다고 함은 일이 없으면 하염없는 자리에 안주하여 장래의 기틀을 보아 늘 미리 준비하는 것이다.

⑤ 일생이나 일시적인 것은 쉽다. 그러나 자기의 분야도 아니고 또 인연이 다 흩어져 일할 때가 아니면 수백 생, 수만 생이라도 동요 없이 준비하고 주법(主法)에 힘 밀어준다.

※ 앞으로 법위를 현실화시키지 아니하면 구름 타고 다니는 놈 보면 다 쫓아가

고 그렇게 하는 놈도 많을 것이라고 말씀하셨습니다.

〈『대산종사수필법문집』 2. pp.1159~1160. 원기72년 12월 28일〉

| 배경 및 상황 |

대산 종사는 원기72년(1987) 12월 28일 '법위등급 사정에 관한 법문'을 내리며 '법위등급 사정 기준'을 발표한다. 그중 대각여래위 사정 기준은 『정전』 제3 수행편 제17장 법위등급의 원문을 한 조항씩 풀이하였다.

'동하여도 분별에 착이 없다.'는 뜻은 동중정(動中靜)이고 정(靜)하여도 분별이 절도(節度)에 맞는다는 뜻은 정중동(靜中動)이다.

끝으로 대산 종사는 법위 사정 기준을 밝히면서 "앞으로 법위를 현실화시키지 아니하면 구름 타고 다니는 놈 보면 다 쫓아가고 그렇게 하는 놈도 많을 것"이라고 말씀하였다.

| 용어 풀이 |

○ **활선(活禪)** 죽은 선이 아니라 생활 속에 대기대용으로 살아 있는 선. 무시선 무처선을 이름. 처처불상 사사불공하는 선이라는 뜻이다.

○ **육식(六識)** 객관적인 대상을 색(色)·성(聲)·향(香)·미(味)·촉(觸)·법(法)의 육경(六境)이라 하고, 이 육경에 대하여 보고·듣고·냄새 맡고·맛보고·부딪치고·알고 하는 여섯 가지의 인식 작용을 말한다. 곧 안식(眼識)·이식(耳識)·비식(鼻識)·설식(舌識)·신식(身識)·의식(意識)의 총칭.

○ **육진(六塵)** 육근을 작용할 때 그 대상이 되는 색·성·향·미·촉·법의 육경(六境)을 말한다. 이 육경은 육근을 통하여 청정자성심을 더럽게 물들이기 때문에 육진(六塵) 또는 육적(六賊)이라 한다. 육근이 육진에 물들지 않는 것을 육근청정이라 한다.

○ **응무소주 이생기심(應無所住而生其心)** 응당 텅 빈 마음이 되었다가 경계따

라 그 마음을 작용하라는 뜻. 천만 경계를 응용하되 집착함이 없이 그 마음을 작용하라, 어느 것에도 마음이 머물지 않게 하여 그 마음을 일으키라는 말.

○ **화이불류(和而不流)** 『중용(中庸)』 10장에 나오는 말로 화합하되 휩쓸리지 아니한다는 뜻으로 군자의 실행 태도를 가리키는 말이며, '화이부동(和而不同)'과 유사한 말이다.

○ **화광동진(和光同塵)** 빛을 감추고 티끌 속에 섞여 있다는 뜻으로, 자기의 뛰어난 지덕(智德)을 나타내지 않고 세속을 따름을 이르는 말. 노자(老子)의 『도덕경(道德經)』에 나오는 말이다.

○ **선정삼매(禪定三昧)** 참선하여 산란한 마음을 고요하게 통일하여 삼매에 드는 것. 입정삼매·좌선삼매의 경지에 들어가는 것.

○ **나가대정(那伽大定)** 용정(龍定)·용상정(龍象定). '나가'는 용을 뜻하며 '대정'은 큰 삼매라는 의미. 이를 합쳐서 용정이라고 함. 무궁무진한 조화력을 가진 부처님의 큰 정력(定力)을 말한다.

○ **적멸궁전(寂滅宮殿)** 생멸이 함께 없어지고 번뇌 망상이 잠자버린 경지. 곧 자성에 합일된 마음. 거기에는 번뇌 망상·삼독 오욕·분별시비·사량 계교·선악 미추도 없어져 편안하고 고요한 궁전과 같다는 뜻에서 이렇게 말한다. 적멸보궁이라고도 한다. 불상을 모시지 않고 법당만 있는 불전(佛殿)

○ **대적광전(大寂光殿)** 절의 법당 가운데 비로자나불을 본존으로 모시는 본당.

○ **정정(定靜)** 마음이 안정되고 고요한 것. 정(定)은 마음을 하나로 안정시켜 삼매의 경지가 되어 흩어지지 아니하는 것. 정(靜)은 천만 경계에도 마음이 끌려가지 아니하는 것. 내정정 외정정이 있다.

37 동하여도 분별에 착이 없고 정하여도 분별이 절도에 맞다

대산 종사 말씀하시기를 "'동하여도 분별에 착이 없고 정하여도 분별이 절도에 맞다.'라는 말은, 세상을 위해 일할 때는 착 없이 하고 정할 때는 도를 품고 숨어서 준비해야 한다는 뜻이니라. 대종사께서도 대각하신 후 변산에 가시어 교법을 제정하신 것도 태평양의 많은 고기를 맨손으로 잡지 않고 뒤로 물러나 그물을 짜신 것과 같으니라." 〈법위편 37장〉

| 출처 |

'물질이 개벽되니 정신을 개벽하자.'하고 나서

여래는 동(動)하여도 분별이 착(着)이 없고 정(靜)하여도 분별이 절도(節度)에 맞는 자.

대종사님은 병진 (음)3월 26일에 대도를 얻으신 후 물질이 개벽되니 정신을 개벽하자는 표어를 내놓으시고 변산에 계시니 태평양 고기를 잡으실 때 바로 잡지 않으시고 뒤로 물러서서 그물을 엮으셨으니 대종사님 변산에 계실 때 분별이 절도에 안 맞은 것 없었다.

증자(曾子)님은 10년 옷 짓지 않고 계셨기에 유(儒)의 도맥이 지금까지 전해오신 것이다. 세상에 일할 때는 착 없이 일하고 정할 때는 잠거포도(潛居抱道) 해서 준비해야 한다. 세인도 일이 많으면 맹동(盲動)하고 없으면 허비하므로 옆게 논다. 저 초목도 잎이 떨어지면서 새잎 필 준비를 한다. 천지가 성인에게만 운을 주는 게 아니다. 그 사람의 노력 정성을 따라 대가를 준다.

〈『대산종사수필법문집』 2. p.1875. 원기48년 8월 19일 박은국 수필본〉

| 배경 및 상황 |

대산 종사는 원기48년(1963) 신도안 삼동원에서 '물질이 개벽되니 정신을 개벽하자'라고 한 후 '동하여도 분별에 착이 없고 정하여도 분별이 절도에 맞다.'는 대각여래위 표준을 말씀하시기를 "세상을 위해 일할 때는 착 없이 일하고 정할 때는 잠거포도(潛居抱道) 해서 준비해야 한다. 대종사 변산에 계실 때 '태평양 고기를 잡으실 때 바로 잡지 않으시고 뒤로 물러서서 그물을 엮으셨으니 분별이 절도에 맞는다.'"라는 말이다.

| 용어 풀이 |

○ **분별(分別)** 서로 다른 일이나 사물을 구별하여 가름.

○ **절도(節度)** 일이나 행동 따위를 정도에 알맞게 하는 규칙적인 한도.

○ **잠거포도(潛居抱道)** 수행인이 남의 눈에 뜨이지 않게 숨어 살면서 법력을 더욱 향상하기 위해서 수행 정진하는 것. 수행인에게는 반드시 잠거포도의 시기가 필요하며, 이 기간에 법력이 크게 증진된다.

38 여래의 표준

대산 종사, '여래의 표준'에 대해 말씀하시기를 "첫째는 제도의 큰 실적을 냄이요, 둘째는 화합 단결로 회상을 잘 다스림이요, 셋째는 한 중생도 마음 가운데에서 버리지 않음이요, 넷째는 육근을 작용해도 그 흔적이 없음이니라." 〈법위편 38장〉

| 출처 |

원만(圓滿) 여래의 4대 표준

1. 제도의 큰 실적을 내고

2. 조각내지 않고 대 회상을 다스리고

3. 한 중생도 심중에서 버리지 않고

4. 흔적이 없는 것이다.

부칙; 법가지(法可止), 무간대정(無間大定)[나가대정(那伽大定)]

〈『대산종사수필법문집』 2. p.1892. 원기50년 8월 18일 박은국 수필본〉

| 배경 및 상황 |

대산 종사는 원기50년(1965) 8월 18일 신도안 삼동원 동용추에서 대중에게 항마위에 대하여 말씀하다가 '원만 여래의 4대 표준'을 부연하였다. "① 제도의 큰 실적을 내고, ② 조각내지 않고 대 회상을 다스리고, ③ 한 중생도 심중에서 버리지 않고, ④ 흔적이 없는 것이다."라고 하였다. 그리고 부칙으로 법가지(法可止)를 하고, 무간대정(無間大定)[나가대정(那伽大定)]하라고 하였다.

| 용어 풀이 |

○ **여래(如來)** ① 대각여래위의 준말. ② 석가모니불의 다른 이름. 완전한 인격자, 진리의 체현자라는 뜻. ③ 부처님과 같은 인격을 가진 사람. 열반의 피안에 도달한 사람. ④ 진리 따라와서 진리 따라가는 사람이라는 뜻. 여거여래(如去如來)의 준말.

○ **법가지(法可止)** 주법(主法)의 책임을 진 사람이 자기보다 법력이 못하다고 할지라도 자신의 법력을 감추어 버리고 주법을 잘 받들어 모시는 것. 다시 말하면 당대의 종법사가 자기보다 법력이 모자란다고 할지라도 자신의 법력을 숨기고 나타내지 않으며 종법사를 잘 받들어 모시는 것을 말한다.

㊴ 여래의 호념

대산 종사 말씀하시기를 "여래의 호념은 언제나 알뜰히 아껴 주시고 살펴 주시고 북돋아 주시고 용서해 주시고 이끌어 주시는 마음으로 이는 곧 부처님과 성현의 마음을 이름이니라. 과거에는 여래께서 이 마음을 전할 때 글이나 말이나 마음으로 전하였으나, 지금은 실천의 시대라 글과 말과 마음이 실천으로 한 덩어리가 되어 몸으로 그 빛을 비춰야 하느니라. 그러므로 우리는 여래의 호념 아래 몸으로 실천하니 인류가 따르고, 인류가 따르니 교화가 이뤄지고, 교화가 되니 사업이 따르도록, 각자의 몸을 관문 삼아 서로 합력하여 전 세계의 무지·빈곤·질병을 퇴치하는 데 전력해야 하느니라." 〈법위편 39장〉

| 출처 |

여래의 호념

언제나 알뜰히 아껴 주시고 살펴 주시고 북돋아 주시고 이끌어 주시는 마음.

〈『대산종사수필법문집』 2. p.1835. 원기47년 9월 3일 박은국 수필본〉

여래의 호념은 언제나 알뜰히 아껴 주시고 살펴 주시고 북돋아 주시고 **용서해 주시고** 이끌어 주시는 마음이니라.

〈『대산종사수필법문집』 1. p.1581. 원기78년 1월 14일〉

여래의 호념이 불성의 마음이신데, 이 마음을 전하는 데 과거에는 글로 말로 마음으로 구전심수로 전했다. 즉 마음에 도덕을 갖추어 그 기운을 세계에 주었다. 지금은 실천 시대이므로 여래 호념이 글로, 말로, 마음으로, 실천으로 한 덩어리가 되어, 몸을 관문하여 빛을 내야 한다. 그러므로 실천하면 인류가 따르고,

인류가 따르면 교화가 되고, 교화가 되면 사업이 따르는 것이다.

교화 사업하는 데 내가 쫓아다녀서만이 되는 것 아니다. 그러니 각자의 몸이 관문 되어 여래 호념으로 서로서로 합력하여 전 세계의 무지, 질병, 빈곤을 퇴치하자. 〈『대산종사수필법문집』 1. p.271. 원기52년 12월 22일〉

| 배경 및 상황 |

대산 종사가 말씀하신 '여래의 호념'은 원기47년(1962) 9월 3일 박은국 교무의 수필본과 원기78년(1993)는 1월 14일 수필본 내용을 대조하면 '용서해 주시고'가 추가되었다. 원기78년 수필본과 원기52년(1967) 12월 22일 수필본을 합하여 법어를 완정하였다.

여래의 호념은 원문과 대동소이하다. 그래서 여래의 호념은 실천을 강조하고 있다. 몸으로 실천하니 인류가 따르고, 인류가 따르니 교화가 이뤄지고, 교화가 되니 사업이 따르도록 각자의 몸을 관문 삼아 서로 합력하여 전 세계의 무지·빈곤·질병을 퇴치하는 데 전력하자고 하였다.

| 용어 풀이 |

○ **호념(護念)** ① 중생이 부처나 보살을 마음에 잊지 않고 염송(念誦)하는 일. ② 신불(神佛)이 선행을 닦는 중생이나 간절히 기원하는 사람을 옹호하고 보살피며 깊이 사랑해 주는 것.

○ **불성(佛聖)** ① 부처님과 성현을 합친 말로서, 부처님을 높여서 거룩하게 일컫는 말. ② 제불제성의 약칭. 시방 삼세의 모든 부처와 성현. 인류 역사상의 위대한 인물에 대한 통칭.

○ **관문(關門)** 어떤 일을 하기 위하여 반드시 거쳐야 하는 대목.

40 천여래 만보살의 대열에 들어가자

대산 종사 말씀하시기를 "천 여래 만 보살의 대열에 들어가기 위해서는 성리에 토가 떨어져, 와도 온 바가 없고 가도 간 바가 없는 그 자리에 들어가야 하느니라. 보통 사람은 선(善)을 행하면 선에 집착하여 악도에 떨어지고 죄를 지으면 죄에 집착하여 죄에서 벗어나지 못하는바, 한 마음 안정하여 선도 찾아볼 수 없고 죄도 찾아볼 수 없는 그 마음에 들어가 선에도 묶이지 않고 죄에도 묶이지 않는 마음을 가져야 하느니라. 여래의 진경에 들면 세세생생 청정 일념으로 수도에 정진하므로 그 마음에 죄복이 없나니, 여래의 마음에는 밉고 예쁨이 한때의 경계로 나타날 뿐 다른 마음이 없는 것은 부모가 모든 자녀를 다 사랑하는 마음과 같으니라."

〈법위편 40장〉

| 출처 |

삼동원 대법당에서 대전교구 합창단, 대전교당 학생, 청년, 교육원생 150명, 훈련 1차 교무, 남지교당 등

천여래 만보살에 들어가려면 성리에 토가 떨어져야 한다. 성리에 토가 안 떨어지면 자잘한 도인이 된다. 성리를 알아서 툭 터 버려야 된다.

여래는 내이불래(來而不來)하고 거이불거(去而不去)라. 그것이 여래다. 한 생각 트면 되는 것인데 왜 그것은 못 하는가?

보통인은 선(善)을 닦는다[지었다]고 할 것 같으면 선에 집착하여 악도에 떨어지고 죄를 지었다 하면 죄에 집착하여 벗어나질 못하는 데 한마음 턱 안정할 때 죄를 찾아볼 수 없고 한마음 안정할 때 선이 없다. 그러기 때문에 선에 묶여도 그것은 죄인이고 악에 묶여도 죄인이기 때문에 한마음 청정하면 죄가 어디 있는가? 그러기 때문에 이놈 죄지었다. 저놈 복 지었다 하는 것은 아니다. 그러므로 여래의 진경에 들 것 같으면 세세생생 나 자신에 수도 정진할 뿐이지 죄와 복이 없다.

여래의 분상에 가서 미운 사람이 있으면 그것은 여래가 아니다. 또 못 견디게 예쁜 사람이 있어도 여래는 아니다. 밉고 예쁘고 한 것이 그때그때 경지 따라서 할 뿐이지 다른 것이 없다. 부모 마음에는 열 자녀면 열 자녀를 다 예뻐하거든. 그러므로 가정의 여래는 부모님이시다.

〈『대산종사수필법문집』 2. p.1011. 원기72년 5월 24일〉

| 배경 및 상황 |

대산 종사는 원기72년(1987) 5월 24일 삼동원 대법당에서 대전교구 합창단, 대전교당 학생, 청년, 교육원생 150명, 훈련 1차 교무, 남지교당 등이 함께한 자리에서 말씀하시기를 "천여래 만보살에 들어가려면 성리에 토가 떨어져야 한다. 성리에 토가 안 떨어지면 자잘한 도인이 된다. 성리를 알아서 툭 터 버려야 된다."라고 말한 후 "여래의 자리를 말하고 여래의 진경에 들어 세세생생 청정일념으로 수도에 정진하므로 그 마음에는 죄복이 없다. 여래의 마음에는 밉고 예쁨이 한때의 경계로 나타날 뿐 다른 마음이 없는 것은 부모가 모든 자녀를 사랑하는 마음이다."라고 하였다. 또한, "과거에는 항마 자리만 되기도 어려웠는데 대종사께서 천여래 만보살의 문호를 열었으니 그 문에 드는 것을 최고의 표준을 삼고 나가야 한다."라고 강조하였다.

| 용어 풀이 |

○ **악도(惡道)** ① 현세에서 악업을 지은 결과로 장차 받게 될 고통의 세계. 육도세계 중에서 지옥도·아귀도·축생도·수라도. ② 주색낭유하고 허랑방탕하는 생활. ③ 나쁘고도 험한 길. 난로(難路)·험로(險路). 곧 인생살이가 험한 가시밭길임을 말한다.

○ **진경(眞境)** ① 실제 그대로의 참다운 경지. ② 인간의 본래 성품인 자성. 인간의 본성은 청정무구(淸淨無垢) 그대로의 것으로 조금의 삿된 것이나 거짓이 없고 오직 진실 그대로라는 의미이다.

○ **청정일념(淸淨一念)** 사심 잡념 착심이 없는 오직 청정한 한 생각. 천도(薦度)에서 중요한 것이 서원일념과 청정일념이다. 청정일념은 이생에 대한 모든 착심을 놓는 것이다. 애착(愛着) 탐착(貪着) 원착(怨着)을 놓고 청정일념의 한 생각을 갖는 것이 천도의 지름길이 된다. 청정일념이 바로 해탈이다.

41 여래의 삼대원

대산 종사 조대진에게 '여래의 3대원(三大願)'이란 친필을 주시며 말씀하시기를 "부처님에게는 세 가지 큰 원이 있나니, 첫째는 여래의 큰 능력과 조화를 원하심이요, 둘째는 여래의 큰 슬기와 혜력을 원하심이요, 셋째는 여래의 큰 실천과 성력(誠力)을 원하심이니라." 〈법위편 41장〉

| 출처 |

수원교당 조대진(趙大震) 회장에게 친필 하사하시다.

삼대원(三大願)[삼학수행송(三學修行頌)]

여래의 큰 능력과 조화

큰 슬기와 혜력(慧力)

큰 실천과 성력(誠力)

※ 대불사(大佛事) 일이관지(一以貫之)

〈『대산종사수필법문집』 2. p.658. 원기73년 3월 4일〉

| 배경 및 상황 |

대산 종사는 원기70년(1985) 3월 4일 수원교당 조대진 교도회장에게 '삼대원(三大願)'의 친필을 하사하였다. '삼대원'이라고 하지만 '삼학수행송'이라고 불렀다.

관산 대호법은 삼동원 이설 건설위원장을 맡으며 사업에 매진하였다. '삼대원'이란 친필을 내리며 여래의 큰 능력과 조화, 큰 슬기와 혜력(慧力), 큰 실천과 성력(誠力)을 표준 삼고 공부위주사업종(工夫爲主事業從)으로 대불사(大佛事)에 일이관지(一以貫之)하라고 세 가지 원을 내린 것이 아닐까?

대산 종사는 동년 3월 24일 '삼학정진송' 제목으로 "여래의 큰 능력과 조화, 여래의 큰 슬기와 혜력, 여래의 큰 실천과 성력을 얻는 이 대불사에 시종 종시 동정 정동 간 일이관지하자."라고 하였다.

또한, 동년 4월 11일 여래의 삼대원이 있는데, 첫째는 만능 조화를 가지는 것이 원이고 능력이며, 둘째 만지(萬智)를 가지는 것이 여래의 둘째 원이고, 셋째는 만덕(萬德)이다. 수도인이 만능과 만지와 만덕만 갖출 것 같으면 그것은 다 성공이 되는 것이다.

이 세 가지 법문이 1개월 사이에 수기응변(隨機應變)으로 달리 표현하였지만 같은 법문임을 알 수 있다.

| 용어 풀이 |

○ **조대진(貫山 趙大震, 1924~2012)** 관산 조대진 대호법은 1924년 8월 2일 조영현(趙永顯) 선생과 모친 이숙자(李淑子) 여사의 3남 1녀 중 둘째 아들로 경기도 수원에서 출생하였다. 23세 때 '갑신상사(甲信商社)'라는 주방기물 상점을 차렸으나 26세 때 화재가 일어나 한 줌의 재로 변화였고, 다시 지인의 도움으로 다시 상점의 문을 열었다. 나이가 들자 일생을 의지할 종교를 찾다 『원불교교전』을 보고 감동하여 원기62년(1977) 4월 28일 수원교당을 찾아 입교하였다. 동산선원에서

청강생으로 『교전』 공부에 매진했다. 원기65년(1980) 5월 19일 대종사 탄생가 복원사업을 하였고, 원기68년(1973) 신도안 이전 사업에서 현재 삼동원 용지를 매입하는 데 혁혁한 공을 세웠다. 그리고 총부 정문 신축 사업을 하였다. 수원교당 교도회장, 법은사업회 회장, 삼동원 이설 건설추진위원장 등 크고 작은 교단 사업에 노력을 기울이면서 대종사 정법 회상에 귀의하여 새 회상의 창업에 참여한 것을 생애 최대의 보람으로 여겼다.

관산 대호법은 법랍 35년과 정식법강항마위에 승급하고 원기73년(1988) 대호법 서훈을 받았다. 원기97년(2012) 4월 1일 열반하였다.

○ **혜력(慧力)** 지혜력의 준말. 사리연구 공부를 오래 하면 지혜의 힘을 얻는다.

○ **성력(誠力)** 정성과 힘을 아울러 이르는 말.

○ **일이관지(一以貫之)** 하나의 방법이나 태도로써 처음부터 끝까지 한결같음.

㊷ 여래의 삼능과 삼졸

대산 종사 말씀하시기를 "여래는 삼능(三能)을 갖추고 계시면서도 삼졸(三拙)을 나타내기도 하시나니, 만능은 능졸 자유(能拙自由)로 능하면서 졸한 것으로 능을 지킴이요, 만지는 명암 자유(明暗自由)로 밝으면서도 어두운 것으로 밝음을 지킴이며, 만덕은 대소 자유(大小自由)로 크면서도 작은 것으로 큰 것을 지킴이니라. 이 삼능과 삼졸을 갖추어 자유하는 여래가 되면 삼계의 대권이 부여되어 세세생생 만 중생이 받들게 되리라."

〈법위편 42장〉

| 출처 |

교역자 일동이 참석한 법회에 임석하기 위해 종법사께서 아래와 같은 법

문 준비를 오래전부터 하시었다.

여래의 삼졸(三拙) 삼능(三能)

만능(萬能) = 능졸자유(能拙自由)

만지(萬智) = 명암자유(明暗自由)

만덕(萬德) = 대소자유(大小自由)

교역자 강습 시 법회 일에 교사 및 참고 교서 발간 봉고식 후 시자에게 '칠욕(七慾)'에 대한 법문을 소개하게 한 후 부연해 주시기를

여래는 삼능이며 또한 삼졸이다. 그러므로 능졸자유(能拙自由)다. 만능에 있어서 지킨다. 만지에 있어서는 명암자유(明暗自由)다. 밝으면서 어둠으로 밝음을 지킨다. 어두운 것을 밝힐 줄 알고 밝으면서 어두운 것같이 할 줄 안다. 만덕은 대소(大小)가 자유다. 크면서도 적고 적은 것을 키울 수 있는 것이다. 이것이 만덕(萬德)이다.

이 삼능 삼졸은 자유를 표준 해서 공부하면 삼능 삼졸을 갖추어 자유 하는 여래가 될 것이다. 거기에는 삼계의 대권이 부여된다. 삼계의 대권 장악은 칠욕 조복(七慾調伏)으로 탐진치 조복으로만 된다.

〈『대산종사수필법문집』 1. pp.1266~1248. 원기60년 10월 12일〉

| 배경 및 상황 |

대산 종사는 교역자 일동이 참석한 법회에 임석하기 위해 삼능 삼졸 법문 준비를 오래전부터 연마하였다. 원기60년(1975) 10월 12일 교역자 강습 시 법회에 교사 및 참고 교서 발간 봉고식 후 시자에게 '칠욕(七慾)'에 대한 법문을 소개하게 한 후 부연해 주시기를 "만능(萬能)은 능졸자유, 만지(萬智)는 명암자유, 만덕(萬德)은 대소자유라고 하였다. 이 삼능 삼졸은 자유를 표준 해서 공부하면 삼능 삼졸을 갖추어 자유 하는 여래가 될 것이다. 거기에는 삼계의 대권이 부여된다. 삼계의 대권 장악은 칠욕 조복과 탐진치 조복으로 얻어지는 것이다."라고 하였다.

| 용어 풀이 |

○ **삼능 삼졸(三能三拙)** 세 가지 능한 것으로 만능 만지 만덕이고, 세 가지 졸한 것으로 무능 무지 무덕을 말한다.

○ **삼계대권(三界大權)** 중생들이 생사 윤회하는 미망의 세계를 3단계로 나누어 설명하는 것. 욕계(欲界)·색계(色界)·무색계(無色界)의 셋을 말하며 삼유(三有)라고도 한다. 공부인이 형상 없는 마음공부를 잘하고 보면 무형한 심력이 생겨나서 무한한 우주의 큰 기운을 능히 이끌어 응용할 수 있음을 말한다.

㊸ 법위향상 유시

대산 종사, 원기 50년 9월 법위 향상에 대하여 유시하시기를 "새로운 종교와 도덕의 갈망이 날로 더해 가는 이때, 우리 교단사에 영원히 빛날 반백주년 성업을 앞두고 이 기간을 거듭나는 기간으로, 법의 성석(成石)이 더욱 굳어지는 기간으로, 스승님께 보은하는 기간으로, 바른 공부 길을 잡고 적공하는 기간으로, 불보살의 대법보에 올려놓는 기간으로 정하고 대회상 대도덕의 기초 동량을 세워 놓아야 하리라." 〈법위편 43장〉

| 출처 |

제2회 법위사정 실시에 즈음한 유시

교단 사상, 반백년 대에 접어들면서부터 밖으로 우리 회상에 대한 기대가 자못 높아가고 있는 실정에 비추어 안으로 바삐 서두르지 않으면 안 될 중요한 문제가 있으니 이것이 바로 우리 전무출신은 물론 전 교도의 심중에 법의 열매가 어느 정도 알차지고 있는지입니다.

대법위에 관한 유시[기원문]

우리는 55주년을 기해서 ① 거듭나는 기간으로 ② 법의 성석(成石)이 더욱 굳어지는 기간으로 ③ 스승님께 보은하는 기간으로 ④ 바른 공부 길을 잡고 적공하는 기간으로 ⑤불보살의 대법보(大法譜)에 올라가는 기간으로 정하고 대회상 대도덕의 기초 동량을 세워 놓는 것이다.

〈『대산종사수필법문집』 1. pp.134~135. 원기50년 9월 26일〉

| 배경 및 상황 |

대산 종사는 원기50년(1965) 9월 26일 제2회 법위사정 실시에 즈음한 유시와 법위에 관한 유시[기원문]를 내렸다.

또한, 법위의 단계별로 표준을 잡도록 핵심 강령을 제시하였다.

① 불지출발(佛地出發): 4종의무, 기점성불(基點成佛), 정법 회상 입문.

② 정법정신(正法正信): 정통정맥, 심신상련.

③ 심리공부(心裏工夫): 지원지성(至願至誠).

④ 마음조복(調伏): 성리에 비추어 재색, 명리, 시기, 질투, 명상(名相) 조복.

⑤ 시방오가(十方吾家): 세계가 내 집 내 권속 내 살림 시방일가 사생일신.

⑥ 자유자재(自由自在) : 여의보주 여의자재.

| 용어 풀이 |

○ **유시(諭示)** 관청 따위에서 국민을 타일러 가르침. 또는 그런 문서.

○ **성석(成石)** 회(灰) 따위가 굳어서 돌처럼 됨.

○ **적공(積功)** ① 오래오래 수행 정진하는 것. 삼학 수행을 병진하여 삼대력을 갖

출 때까지 심고·기도·염불·좌선 등으로 심공(心功)을 쌓기 위해 용맹정진하는 것. ② 어떠한 일을 성취하기 위해 많은 공을 들이는 것. 덕을 베풀고 공(功)을 이루어 많은 공적을 쌓는 것을 말한다.

○ **법보(法譜)** 교단에서 원성적 5등 이상인 사람의 생애와 업적을 기록하여 길이 후손에게 알리며, 추원보본의 정신을 기리기 위해 그들의 생애와 공부·사업의 내역을 기록한 책.

44 진급기의 적공

대산 종사, 법위사정을 주관하는 제자에게 말씀하시기를 "대종사께서 법위를 사정할 수 있도록 법을 짜신 것은 성인 가운데 큰 성인이 아니면 못 하는 일이니라. 이번 법위사정에서 법위를 갖춘 도인들이 많이 나오고 법력 있는 불보살들이 법위를 심사하여 이를 인증하니 참으로 경사스러운 일이니라. 이는 천지 만물이 모두 진급기에 들어 천지 조판이 새로 시작되는 증거로, 진급기에는 공들인 것이 열 배, 백 배, 천 배 이상으로 툭툭 튀는 때이니, 이때 적공을 많이 해야 역순으로 내려가는 강급기에도 강급이 되지 않을 것이니라." 〈법위편 44장〉

| 출처 |

이번 법위사정이 보통 큰일이 아니다. 천지 만물이 다 진급기에 들어온 증거이고 다 진급을 할 것이며 천지 조판이 된다.

대종사께서 법위를 짜신 것은 성중성(聖中聖)이 아니시면 하기 어려운 일이었고, 또 그 법위 대상의 자격을 갖춘 사람들이 많이 나온 것이 또한 큰 경사이고, 그 자격자들을 심사하고 인증하여 줄 불보살들이 없으면 안 되는 데 있어 실행하니 또한 큰 경사요, 삼위일체이다.

진급기에는 1대10, 1대100, 1대1,000 이상으로 마구 트이나, 강급기에는 순서대로 내려온다. 진급기에 적공을 많이 들여놓아야 강급기에 안 떨어지고 계속 수행할 수 있으니 부지런히 적공하라.

〈『대산종사수필법문집』 1. p.487. 원기55년 12월 8일〉

| 배경 및 상황 |

대산 종사는 원기55년(1970) 12월 8일 익산 총부 신축 종법원[조실]에서 법위사정을 주관하는 제자에게 말씀하시기를 "대종사께서 법위사정을 하도록 한 것은 성인 가운데 큰 성인이 아니면 못 한다. 이는 천지 만물이 모두 진급기에 들어서 천지 조판이 새로 시작하는 증거다. 진급기에 공들인 것이 몇천 배 이상으로 튀는 것이다. 이때 적공을 많이 해야 역순으로 내려가는 강급기에 더디게 내려가므로 부지런히 적공하라."라고 하였다.

| 용어 풀이 |

○ **진급기(進級期)** 등급·계급·학급이 오르는 때. 법위등급이 오르는 때. 수행을 열심히 하여 중생 세계로부터 불보살 세계로 나가는 때. 우주 대자연의 운행인 성주괴공(成住壞空)과 춘하추동(春夏秋冬)에서 성·주와 춘·하의 시기.

○ **천지조판(天地肇判)** 하늘과 땅이 처음으로 만들어지고, 처음으로 열린다는 뜻으로, 천지창조라는 말과 같은 뜻.

○ **강급기(降級期)** 시대의 흐름이 성장 발전하지 못하고 퇴보하는 시기.

㊺ 법위사정의 공부 실적 평가

대산 종사 말씀하시기를 "대종사께서는 '이 회상 만나기 전에 죄를 짓지 않은 사람이 누가 있겠느냐. 그러나 이 회상 만나 공부 잘하면 죄업이 소멸한다.' 하셨나니, 3년마다 법위 사정을 할 때 과거는 물을 것도 없고 생각할 것도 없고 말할 것도 없이 오직 지난 3년의 공부 실적만을 평가하라."

〈법위편 45장〉

| 출처 |

대종사께서 말씀하여 주시기를 이 회상을 만나기 전에는 영생을 놓고 볼 때 누가 죄 안 짓는 사람이 있겠느냐, 그러므로 전생의 죄업을 참회하면 깨끗해지고 이 회상 만난 후 공부 잘하면 자연 일체 죄업이 소멸한다.

그러므로 대종사께서는 이 회상 만나기 전의 죄업을 다 용서해 주셨다. 그리고 3년마다 법위사정을 실시해서 3년 안의 일만을 평가해 주셨지, 3년 전 일도 역시 전생사로 봐서 용서해 주셨다. 앞으로 법위사정을 실시할 때 이 점을 주지시켜야 할 것이다. 〈『대산종사수필법문집』 1. p.1413. 원기61년 5월 19일〉

| 배경 및 상황 |

대산 종사는 원기61년(1976) 5월 19일 익산 총부에서 예비교역자 1학년 여학생을 접견하기 전에 시자에게 말씀하시기를 "대종사께서 이 회상을 만나기 전에는 영생을 놓고 볼 때 누가 죄 안 짓는 사람이 있겠느냐, 그러므로 전생의 죄업을 참회하면 깨끗해지고 이 회상 만난 후 공부 잘하면 자연 일체 죄업이 소멸한다."라고 하였다.

그리고 "3년 안의 일만을 평가해 주셨지, 3년 전 일도 역시 전생사로 봐서 용서해 주셨다. 앞으로 법위사정을 실시할 때 이 점을 주지시켜야 할 것이다. 과거는 물을 것도 없고 생각할 것도 없고 말할 것도 없이 오직 지난 3년의 공부 실적만을 평가하라."고 하였다.

| 용어 풀이 |

○ **죄업(罪業)** 악행을 통해 악한 과보를 받을 업. 인간은 몸과 입과 마음의 삼업(三業)으로 죄를 짓게 된다. 그 죄업의 근본은 탐·진·치(貪瞋癡)이므로 마음에 이 삼독심을 그대로 두게 되면 죄업이 멸할 날이 없게 된다. 결국 사용하는 마음이 청정할 때 죄업이 소멸하게 된다.

○ **전생(前生)** 현생에 태어나기 이전의 세상. 전세(前世)라고도 한다. 사람이 현생에 받는 모든 과보는 다 전생에 스스로 지은 것이다. 가까이 보면 전생이란 어제·작년·십년 전일 수도 있고, 한 시간 또는 일 분 전일 수도 있다.

46 출가위 법위사정을 앞두고

대산 종사, 원기 76년 출가위 법위사정을 앞두고 수위단회에서 말씀하시기를 "대종사께서 전 인류와 일체 생령을 진급의 길로 나아가게 하고 낙원 세계를 건설하기 위하여 생불과 활불을 만드는 큰 불사를 염원하셨느니라. 법위 향상은 교단의 생명이므로 법등이 끊임없이 밝혀져야 불일 증휘(佛日增輝)하고 법륜 상전(法輪常轉)하여 사부 도덕(師傅道德)을 선양 무궁(宣揚無窮)하리니, 천불 만성을 발아시키고 억조창생의 복문을 열어 무등등한 대각 도인과 무상행의 대봉공인들이 이 회상에서 한없이 이어 나오도록 사명을 다해야 하느니라. 나는 나의 책임과 의무를 다하기 위하여 지난 몇 년 동안 기원을 올리며 한 분 한 분을 공들여 왔으니 수위단원 여러분도 시방을 한 집안 삼고 사생을 한 몸 삼는 출가위 도인들을 잘 사정하기 바라노라. 이는 진리와 천지가 우리에게 부여한 사명이요 우리만이 할 수 있는 성스러운 일이므로 불보살을 배출하는 문로를 크고 넓고 바르게 열어 막힘이 없도록 해야 하느니라."

〈법위편 46장〉

| 출처 |

수위단원 제위

출가위 법위사정 대상자를 통보하면서

1. 교단의 생명은 법위 향상에 있습니다. 법등(法燈)이 끊임없이 밝혀 이어지는 것은 불일증휘(佛日增輝) 법륜상전(法輪常轉)으로 사부도덕(師傅道德) 선양무궁(宣揚無窮)하여 제생의세(濟生醫世)의 사명을 다하는 것입니다.

2. 대종사께서 인류와 일체생령 그리고 이 세계를 대진급의 길로 가게하고 낙원 세계를 건설하기 위하여 생불, 활불의 조불(造佛) 불사하는 일을 영생의 대염원으로 삼으셨습니다.

7. 문과 길은 크고 넓고 바르게 내야 막힘이 없을 것이고 수 없는 사람이 다 활용할 것입니다. 이 일에 조금이라도 주저함이나 아낌이 있거나 함이 없어야 할 것입니다. 그래서 그 문이 좁혀지거나 작아지게 되거나 하는 일은 없어야 하겠습니다.

8. 나는 나의 책임과 의무를 다하기 위하여 지난 수년간 기원을 올리며 출가위 대상자들을 여러 가지로 검토하고 연구하다가 오늘 이분들을 발표하여 수위단회의에 송부하면서 먼저 알려 드리며 다 같이 합심 합력하여 주기를 당부하는 바입니다. 〈『대산종사수필법문집』 2. pp.1466~1467. 원기76년 3월 28일〉

| 배경 및 상황 |

대산 종사는 원기76년(1991) 3월 28일 수위단원 제위에게 '출가위 법위사정

대상자를 통보'하면서 말씀하였다. "교단의 생명은 법위 향상에 있습니다. 법등이 끊임없이 밝혀 이어지는 것은 불일증휘 법륜상전으로 사부도덕 선양무궁하여 제생의세의 사명을 다하는 것입니다. 대종사께서 인류와 일체생령 그리고 이 세계를 대진급의 길로 가게하고 낙원 세계를 건설하기 위하여 생불, 활불의 조불(造佛) 불사하는 일을 영생의 대 염원을 삼으셨습니다."라고 하였다.

| 용어 풀이 |

○ **법등(法燈)** 진리의 등불, 지혜의 등불이라는 뜻. 부처님의 지혜와 가르침은 등불과 같다. 등불이 세상의 어둠을 밝히듯이 진리를 깨달은 성자들의 가르침은 어리석은 중생들을 지혜의 길로 인도하고, 어두운 세상을 환히 밝힌다.

○ **불일증휘 법륜상전(佛日增輝法輪常轉)** 부처님의 지혜 광명이 더욱 빛나고 법의 수레바퀴가 늘 쉬지 않고 굴러감. 불일은 석존의 정각(正覺)에 의해 밝혀진 법이 태양과 같은 지혜 광명임을 가리키며, 법륜은 이 법을 중생 건지고 세상 치료하는 제생의세(濟生醫世)의 수레바퀴에 비유한 것이다.

○ **사부도덕(師傅道德)** 자기를 가르쳐서 인도하는 사람의 도덕.

○ **선양무궁(宣揚無窮)** 명성이나 권위 따위를 널리 떨쳐 공간이나 시간 따위가 끝이 없음.

○ **천불만성(千佛萬聖)** 천여래 만보살이라는 뜻. 수없이 많은 부처님과 성현이라는 뜻.

○ **발아(發芽)** 초목의 눈이 틈. 어떤 사물이나 사태가 비롯함을 비유적으로 이르는 말.

○ **억조창생(億兆蒼生)** 수많은 백성. 억·조와 같은 많은 수의 보통 사람인 범부중생을 의미하며, 억만창생(億萬蒼生)이라고도 한다.

○ **무등등한 대각도인(無等等-大覺道人)** 이 세상의 어떠한 사람과도 비교할 수 없이 진리를 크게 깨친 불보살.

○ **무상행의 대봉공인(無相行-大奉公人)** 무상보시를 하는 대봉공인이라는 뜻.

○ **조불(造佛)** 불상이나 부처의 화상(畫像)을 만듦. 대산 종사는 부처 만드는 불사[생불, 활불]를 조불불사라 하였다.

제6
회상편
會上編

회상편은 대산 종사가 교단을 이끌며 법치교단으로 이단치교하도록 제도를 정비하고 교단의 체제를 구축한 과정과 재임 중 교단사의 난제를 전화위복 삼아 교단을 혁신하고 화합 단결을 강조하여 일원회상의 소중한 법연들을 기리는 내용과 최초로 교단의 상사(上師)로 계시며 호념의 정성을 담은 총 57장 법문을 수록하였다.

❶ 종법사 추대식 법문 1

대산 종사, 원기 47년 종법사 추대식에서 말씀하시기를 "교정의 큰 줄기는 대종사와 정산 종사께서 이미 그 기틀을 공고히 짜 놓으셨으니 동지 여러분과 함께 그 궤도를 엄중히 준행하여 법통과 공법(公法)에 추호도 어긋남이 없도록 하겠사오며, 특히 정산 종사의 4대 경륜을 높이 받들어 계승 완수할 것은 물론 다음 몇 가지 사항을 동지 여러분과 함께 실시하게 되기를 바랍니다. 첫째, 종법사는 주법의 책임을 지고 교정은 정수위단의 기능을 더욱 강화하여 이단치교(以團治敎)의 실을 거두도록 할 것이며, 둘째, 종법사의 임기가 연임에 제한이 없었으나 앞으로는 3기를 넘지 않도록 법을 짜야 할 것이며, 셋째, 교령제(敎領制)를 실시하여 교화 체계를 강화하며 승좌 설법의 길을 널리 열 것이며, 넷째, 정산 종사의 유촉(遺囑)을 받들어 교서를 완간하고 '정산종사법어'를 간행하며 기념사업을 추진할 것이며, 다섯째, 정산 종사께서 마련해 주신 법은재단, 육영재단, 총부유지재단을 확립하여 교단의 영원한 발전에 박차를 가할 것입니다." 〈회상편 1장〉

| 출처 |

종법사 취임법설

수위단 동지 여러분과 전무출신 동지 여러분과 일반 남녀 호법동지 여러분, 교단 내에 숙덕(宿德) 동지가 많이 계시는 가운데 이 사람같이 법력과 덕량과 건강이 아직 다 충실치 못한 사람을 교단의 대표로 추대하여 주시니 과하고 중한 느낌을 금할 수 없습니다. 그러나 위로 제불제성의 끊임없으신 가호와 좌우로 동지 여러분의 알뜰하신 협력에 신뢰하고 거듭나는 마음으로 이 자리에 올랐습니다. 교정의 대강은 대종사님과 선 종법사께서 이미 그 기틀을 공고히 짜

놓으셨으니 동지 여러분과 함께 그 궤도를 엄중히 준행하여 법통과 공법에 추호도 어긋남이 없게 할 것이요, 선 종법사님의 사대경륜(四大經綸)을 높이 받들어 계승 완수할 것은 물론이거니와 우선 다음의 몇 가지 사항을 동지 여러분과 함께 실시하게 되기를 희망하는 바입니다.

첫째, 종법사는 주로 주법(主法)의 책임에 당하고 교정(教政)에 대하여서는 정수위단의 기능을 더욱 강화하여 이단치교(以團治教)의 실(實)을 충분히 거양(擧揚)하도록 할 것이요, 과거의 예비수위단 같은 제도를 부활하고 재가 호법동지로서 특별 자문 제도를 신설하여 재가·출가의 중진 동지들에게 더 밀접한 호법(護法) 봉공(奉公)의 길을 열어야 할 것입니다.

둘째, 그동안에는 종법사의 임기가 1기 6년으로 되어 있었으나, 그 연임에는 아무런 제한이 없었던바 앞으로는 보궐 임기까지 합하여 3기 이상 연임치 않기로 법을 짜서 종통(宗統)을 전하고 받는 데 원활을 기해야 할 것입니다.

셋째, 교령제(教領制)를 실시하여 교화 체계를 강화하며 대봉도(大奉道) 대호법(大護法) 대사모(大師母) 대희사(大喜捨) 제의에 관한 예우조례(禮遇條例)를 성안(成案)하며 수위단을 비롯한 교단 숙덕 동지들에 관한 예우조례를 성안하되 법사 칭호와 승좌(陞座) 설법의 길을 널리 열어야 할 것입니다.

넷째, 선 종법사님의 유촉을 받들고 위원 제위와 협력하여 정전과 대종경의 감수(監修)를 조속히 완결하여 신년도 내에 양대 경전을 다 간행하도록 총력을 경주할 것은 물론이요, 계속하여 예전, 악전(樂典), 교사, 법전과 선 종법사 법설집의 편수 간행을 적극적으로 추진하는 동시에 제2 성업봉찬회를 조직하여 선 종법사님의 기념사업을 추진해야 할 것입니다.

다섯째, 선 종법사께서는 특별히 마련해 주신 법은재단(法恩財團)을 충실히 육성하여 교단 동지들의 요양 대책을 확립할 것이며 앞으로 세계 포교에 대비할 인재 육성을 더욱 추진하기 위하여 육영재단을 튼튼히 마련하는 동시에 총부 유지재단을 확립하여 총부의 운영을 원활히 함으로써 교단의 영원한 발전에 박차를 가해야 할 것입니다.

〈『대산종사수필법문집』 1. pp.17~19. 원기47년 2월 23일〉

| 배경 및 상황 |

대산 종사는 원기47년(1962) 1월 24일 정산 종법사가 열반한 후 동년 2월 23일 종법사로 추대되었다. 대산 종사는 종법사 추대식 취임법설에서 다섯 가지 조항으로 대중에게 법문하였다. 대산은 소태산 대종사와 정산 종사의 뒤를 이어 원기47년(1962)부터 원기79년(1994)까지 원불교 종법사를 역임했다.

| 용어 풀이 |

○ **추대식(推戴式)** ① 윗사람으로 받들어 모시는 의식. 어떤 단체나 기관에서 대표자나 회장으로 모실 때도 추대식을 거행하기도 한다. ② 원불교에서 종법사를 추대하는 의식. 임기가 끝나고 다시 종법사로 추대되었을 때나, 또는 종법사가 궐위되어 새 종법사가 선출되었을 때, 교단의 최고지도자로 축하하고 추대하는 의식. 종법사의 취임과 퇴임을 동시에 축하하고 사례할 때는 대사식(戴謝式)을 거행하고, 궐위가 되거나 임기가 끝나 새로 선출되었을 때는 추대식을 거행한다.

○ **교정(敎政)** 교단 행정의 준말이며, 원불교 교단을 운영해 가는 교단의 행정. 교단을 각종 법규와 조직을 통해서 효과적으로 운영하여, 교단을 발전시켜 나가는 일. 교단 통치를 위한 전반적 행정을 뜻함. 교단의 통치조직이란 교단의 통치와 행정조직으로 교정과 감찰의 양면을 관할하는 교정원과 감찰원이 있다.

○ **사대경륜(四大經綸)** 정산 종사가 소태산 대종사의 뜻을 이어받아 원불교를 발전시키기 위해 제시한 네 가지 교단 지도 이념. 정산이 원기28년(1943)에 2대 종법사로 취임하여 원기47년(1962) 열반에 들도록까지 재위하는 동안의 지도 이념으로 제시한 교재정비·기관확립·정교동심(政教同心)·달본명근(達本明根)이 그것이다.

○ **주법(主法)** 교단의 법을 주재하는 종법사를 이름한다.

○ **이단치교(以團治敎)** 십인 일단의 교화단을 조직하여 교단의 통치와 교도들의 교화 훈련을 능률적으로 수행하려는 방법. 이단치교는 원불교의 독특한 교화 방법이다.

○ **교령(敎領)** 원불교 교무로서 교감을 역임하거나 교단의 원로교무 중에서 수위단회의의 결의로 임면하는 원로교무에 대한 직책 또는 호칭을 의미한다. 직접적인 교화역할을 하기보다는 그 교당과 기관에서 정신적 지주 역할을 하게 한다.

○ **승좌설법(陞座說法)** 주지가 법당의 법좌(法座)에 올라 대중을 위해 설법하는 것. 원불교는 출가위 이상의 법위에 해당하면 법좌에 올라 설법을 할 수 있다.

○ **유촉(遺囑)** 죽은 뒤의 일을 부탁함. 또는 그런 부탁.

○ **교서(敎書)** 원불교의 교리·제도·역사 등을 교도들에게 가르치기 위한 기본되는 교과서로서 경전을 의미한다. 『정전』·『대종경』·『불조요경』·『정산종사법어』·『예전』·『원불교교사』·『성가』를 칠대교서라고 부르며, 이에 『세전』·『교헌』을 합하여 구종교서라 한다.

○ **완간(完刊)** 총서나 전집 따위를 빠진 것 없이 모두 발간함.

○ **법은재단(法恩財團)** 본교 전무출신 요양기관의 모체. 정산 종사는 원기46년(1961) 4월, 회갑식에서 "동지 여러분이 나의 부탁한 바를 잘 받아들여, 행사는 식에만 그치고, 그 대신 교중의 장래에 유용한 사업 하나를 기념으로 이루어 준다는 점에 감사하여, 나는 또한 기념으로 우리가 장차 하나의 세계를 이룩할 기본 강령이 되는 삼동윤리의 대지를 설명하여 동지 여러분과 함께 우리의 본래 서원을 다시 새로이 하고자 한다.

○ **육영재단(育英財團)** 국내 교화 및 해외 교화를 위한 인재를 양성하기 위해 만들어진 재단. 원불교 육영재단은 원불교 육영사업회를 중심으로 운영 관리되고 있으며, 이 업무는 현재 원불교 교정원 교육부에서 주관하고 있다.

○ **총부유지재단(總部維持財團)** 총부를 유지하기 위한 재단.

❷ 종법사 추대식 법문 2

대산 종사, 이어 말씀하시기를 "앞으로 오는 시대는 밝은 시대요 천하가 한 집안이 되는 시대라 오직 원만하고 평등한 법이라야 전 인류가 다 응하게 될 것인바, 대종사께서는 신앙도 개체 신앙을 전체불인 법신불 일원상 신앙으로 하게 하셨고, 수행도 한 종파로서 편벽된 수행을 하지 않고 부처님의 전체 교의(教義)요 유·불·선의 정수(精髓)인 삼학을 병진하게 해 주셨으며, 법통(法通)에 있어서도 단전(單傳)으로 하지 않고 공전(共傳)으로 해 주시어 우리 전 교도가 다 같이 이 법을 받게 되었고, 사업도 한두 사람의 단독 의견으로 처리하지 않고 공사(公事)에 따라 진행하도록 하셨으니, 이 사람에게 주어진 임무도 여러 동지와 같이 진행할 의무요 같이 받은 법입니다. 다만 이번에 여러분이 지워 준 책임 중에는 주법의 책임이 하나 더 있을 뿐이니 호리라도 그 신임에 어긋남이 없도록 밤낮으로 반성하고 힘쓰겠으며, 또한, 행정에 있어서도 교단이 차차 커짐에 따라 국가적 세계적 교단이 되고 있으니 우리의 만년 대업에 누락됨이 없도록 해야 하겠습니다. 대종사께서 말씀하신 교단 50년 결실기에는 교단이나 국가나 세계가 제일 중요한 시기에 처할 것이니, 우리 내외 일반 동지는 더욱 온화한 형제가 되어 일심합력으로써 원만 평등한 낙원 건설에 함께 매진해야 하겠습니다." 〈회상편 2장〉

| 출처 |

또한 앞으로 오는 시대는 밝아 오는 시대요, 천하가 한 집안이 되는 시대라 오직 원만하고 평등한 법이라야 전 인류가 다 응하게 되므로 신앙에서도 개체 신앙이 아니고 전체불인 법신불 일원상을 신앙하게 하여 주셨고, 수행에서도 한 종파로서 편벽된 수행을 하지 아니하고 부처님의 전체교의(全體教儀)요 유불선의 정수인 삼학을 병진하게 해주셨고, 법통에서도 개인 단전(單傳)으로 하지 아니하고 남자 여자와 재가·출가를 막론하고 전체 공전(共傳)해 주셨으므로 우리 전 교도가 다 같이 이 법을 받게 되었고, 사업에서도 한두 사람의 단독 의견으로 처리하지 않고 공사(公事)에 의해서 진행하게 되었으니 오늘날 이 사람에게 주어진 임무도 여러 동지와 이 사람이 같이 진행할 의무이요, 같이 받은 법인 것입니다.

다만 이번에 여러분이 지워 주신 이 사람의 책임 중에는 주법(主法)의 책임이 하나 더 지워진 것뿐이니 호리라도 그 신임에 유배됨이 없도록 주소(晝宵)로 반성하고 힘쓰겠으며 행정에서도 교단이 차차 커져서 국가적 세계적 교단이 되어 가고 있으므로 앞에서도 말한 바와 같이 주법의 책임과 행정의 책임을 나누어 구성해서 우리의 만년 대업에 누락됨이 없도록 하여 주시기를 거듭 바라는 바입니다.

그리고 일찍이 대종사께서 말씀하신바 있는 본교 50년 결실기(結實期)가 몇 해 남지 않았을 뿐 아니라 교단이나 국가나 세계가 앞으로 제일 중요한 시기에 처할 듯하니 우리 내외 일반 동지는 더욱 온화한 형제가 되어 일심 합력으로써 원만 평등한 대 낙원 건설에 함께 매진해야 할 것입니다.

〈『대산종사수필법문집』 1. p.17~19. 원기47년 2월 23일〉

| 배경 및 상황 |

제1장에 이어서 대산 종법사 추대식 취임법설이다. 앞으로 오는 시대는 밝아 오는 시대요, 천하가 한 집안이 되는 시대라 오직 원만하고 평등한 법이라야 전 인류가 다 응하게 되므로 신앙에서도 개체 신앙이 아니고 전체불인 법신불 일원상을 신앙하게 하여 주셨고, 수행에서도 한 종파로서 편벽된 수행을 하지 아니하고 부처님의 전체교의(全體敎儀)요 유불선의 정수인 삼학을 병진하게 해주셨고, 법통에서도 개인 단전(單傳)으로 하지 아니하고 남자 여자와 재가·

출가를 막론하고 전체 공전(共傳)해 주셨으므로 우리 전 교도가 다 같이 이 법을 받게 되었고, 사업에서도 한두 사람의 단독 의견으로 처리하지 않고 공사(公事)에 의해서 진행하겠다는 것이다.
이에 주법의 책임으로 호리라도 신임에 위배되지 않도록 하여 대종사님의 만년 대업을 이룩하겠다는 의지가 담긴 법설이다.

| 용어 풀이 |

○ **정수(精髓)** 사물의 중심이 되는 골자 또는 요점.
○ **단전(單傳)** 스승이 한 제자에게만 법을 전하는 것. 법통을 사자상승(師資相承)할 때 공고하게 유전하게 하려면 널리 전하지 못하고, 의발(衣鉢) 등 신표를 통해 한 제자에게만 전하여 제자들 사이에 전법(傳法)에 따른 다툼이 일어나기도 한다.
○ **공전(共傳)** 스승이 제자에게 법을 전해줄 때, 한 제자에게만 은밀히 전하는 것이 아니라 여러 제자에게 공개적으로 공동으로 전해주는 것.
○ **공사(公事)** ① 원불교 교단사의 총칭. 원불교에서 하는 일은 공익사업이요 세계 모든 인류를 위하는 일이라는 뜻에서 공사라고 한다. ② 공중사 또는 공익사업이란 뜻. 모든 인류를 위하여 좋은 일을 하려는 사업이란 뜻에서 부처님 사업을 공사라 한다. ③ 교당이나 기관에서 하루 일이 끝난 저녁 시간이나, 또는 하루 일을 시작하려는 아침 시간, 그 외에 적당한 시간에 임원들이 함께 모여 일을 계획·평가·반성하는 것. ④ 교단이나 기관, 교당의 일을 서로 논의하는 것.
○ **호리(毫釐)** 자와 저울의 적은 단위인 호(毫)와 이(釐)를 말하는 것으로, 몹시 적은 분량을 말한다.
○ **일심합력(一心合力)** 한마음 한뜻으로 하나로 뭉치는 단결과 화합의 정신. 원불교 창립정신의 하나. 분열하고 대립하고 투쟁하는 정신이 아니라, 이해하고 양보하고 포용하는 정신이다.

❸ 이 회상은 전무후무하다

> 대산 종사 말씀하시기를 "이 회상은 전무후무한 회상이라 지나간 모든 성인이 이 회상에 다시 와 공부하고 훈련하며 제도의 기연을 갖게 될 것이니, 천 여래 만 보살이 배출될 회상이요 모든 공부인이 법맥을 대고 공부할 큰 회상이니라." 〈회상편 3장〉

| 출처 |

대종사께서는 이 회상을 전무후무한 회상이라 하시고 "내 법을 알고 나를 참으로 아는 사람은 통곡할 것이고 그 수도 많을 것이다."라고 자주 말씀하셨습니다.

〈『대산종사수필법문집』 2. p.1467. 원기76년 3월 28일〉

이는 대종사님뿐 아니라 선 종법사께서도 인증하셨고, 또한 미래 한량없는 부처님들이 나와 다 인증하고 이것을 따르게 되어 있습니다. 앞으로 어떠한 성자가 나오든지, 예수님이 천만번 나오고 대종사님, 선 종법사님, 노자님, 공자님이 이 세상에 천만번 나와서 그 근기로 오더라도 결국 대한민국 전라북도 이리시 신용동 원불교 중앙총부에 와서 하루라도 훈련을 나고 가야 하겠습니다. 그것은 심인(心印)을 찍는 일입니다. 이 심인이 안 찍히면 인증을 받지 못할 것입니다. 이렇게 무서운 회상, 무서운 법이란 것을 알고 정진해야 합니다.

대종사께서 우리 회상을 '천여래 만보살의 회상'이라고 하였습니다. 그렇다면 천여래 만보살이 어떻게 해서 배출되는가를 생각해 보아야 합니다. 그것은 교리가 그렇게 되어 있고, 대종사께서 만고의 대법으로 제법하여 놓았기 때문입니다. 우리는 교리대로 훈련만 하면 자연히 여래가 배양되고, 그 싹이 트고 커나갈 것입니다. 그러므로 교리를 육근에 성리대전하고 대소유무를 자유자재하도록 훈련으로 거듭나도록 하여야 하겠습니다.

〈『대산종사수필법문집』 2. pp.1586~1587. 원기78년 1월 21일〉

| 배경 및 상황 |

대산 종사는 원기76년(1991) 3월 28일, "대종사께서 이 회상을 전무후무한 회상이라고 하였다." 원기78년(1993) 1월 21일, "어떠한 성자가 나오든지, 예수님이 천만번 나오고 대종사님, 선 종법사님, 노자님, 공자님이 이 세상에 천만번 나와서 그 근기로 오더라도 결국 대한민국 전라북도 익산시 신용동 원불교 중앙총부에 와서 하루라도 훈련을 나고 가야 하겠습니다. 그것은 심인(心印)을 찍는 일입니다."라고 하였다. 본문에서는 "모든 성인이 이 회상에 다시 와 공부하고 훈련하며 제도의 기연을 갖게 될 것이다."라고 하였고, "천여래 만보살이 배출될 회상이요 모든 공부인이 법맥을 대고 공부할 큰 회상이니라."라고 하였다.

| 용어 풀이 |

○ **전무후무(前無後無)** 이전에도 없었고 앞으로도 없음.

○ **기연(機緣)** ① 어떤 기회를 통하여 맺어진 인연. ② 부처의 교화를 받을 만한 인연.

○ **배출(輩出)** 인재(人材)가 계속하여 나옴.

○ **법맥(法脈)** 불법(佛法)이 전해 온 계맥(系脈).

○ **회상(會上)** ① 대중이 모여서 부처님의 설법을 듣는 법회. 석가모니불이 영취산에서 설법하던 모임을 영산회상이라 한다. ② 대중이 모여서 공부와 사업을 함께 하는 장소. 교단을 수행의 집단이라고 보는 입장에서 회상이라 한다.

❹ 창립 정신

대산 종사 말씀하시기를 "우리 교단의 창립 정신은 사무여한, 이소성대, 일심합력이니라." 〈회상편 4장〉

| 출처 |

본교의 삼대정신

1. 사무여한(死無餘恨)-봉공정신(奉公精神)-지공무사(至公無私)
2. 이소성대(以小成大)-욕속부달(欲速不達)-무위이화(無爲而化)
3. 협동단결(協同團結)-대동단결(大同團結)-상호부조(相互扶助)

〈『대산종사수필법문집』 1. p.63. 원기48년 편편 법문〉

| 배경 및 상황 |

대산 종사는 원기48년(1963) 편편 법문에서 본교의 삼대정신을 다음과 같이 법문하였다. 첫째, '사무여한'이란 봉공정신이요 지공무사라고 하였고, 둘째, '이소성대'란 욕속부달하지 말고 무위이화로 하고, 셋째, '협동단결'이란 대동단결이요 상호부조라 하였다.

그 후 창립정신을 이소성대, 사무여한, 살신성인이라 하였고, 또한 사무여한, 일심합력, 근검저축, 이소성대라고 하였다. 모두 같은 의미요 중첩되었다. 법어 편수 과정에서 교단적으로 창립정신을 사무여한, 이소성대, 일심합력 등 대체로 불린 것을 통일하였다.

| 용어 풀이 |

○ **창립정신(創立精神)** 한 단체·국가·종교 등을 창립한 바탕에 깔린 기본 정신. 원불교의 창립정신은 소태산 대종사와 구인제자가 창립 초기에 저축조합·방언공

사·혈인기도·익산총부 건설 등 일련의 초기 교단사에서 보여주었던 이소성대의 정신, 사무여한의 정신, 일심합력의 정신 등을 말한다.

○ **사무여한(死無餘恨)** 죽을지라도 남은 한이 없음. 정당하고 가치 있는 일을 위해서는 죽어도 아무런 한이 없다는 말. 교단 초창기 구인선진이 보여준 마음으로서, 인류와 세계를 구제하기 위한 일이라면 지금 당장 생명을 희생하더라도 아무런 아쉬움이나 미련 없이 즐겁게 죽을 수 있다는 희생 봉공의 정신이다.

○ **이소성대(以小成大)** 작은 것을 모아서 큰 것을 이룬다는 뜻. 티끌 모아 태산이라는 말과 같은 의미로 사용된다. 원불교 창립정신의 하나이다. 세상사가 모두 이소성대의 원리로 이루어지는 것이며 이를 천리의 원칙이라고 한다.

○ **일심합력(一心合力)** 한마음 한뜻으로 뭉치는 화합과 단결의 정신.

❺ 스승님의 경륜을 받드는 표준

대산 종사 말씀하시기를 "스승님의 경륜과 뜻을 받들기 위하여 항상 마음에 새기고 있는 표준이 있으니, 첫째, 미래 시대를 위하여 다시 준비하는 것이요, 둘째, 묵은 마음 밭을 계발하는 것이요, 셋째, 어두운 마음에 법의 등불을 밝히는 것이요, 넷째, 공부와 사업 양면을 늘 살피는 것이니라."

〈회상편 5장〉

| 출처 |

취임(就任) 최위(最爲) 교정위원회에서

내가 가지고 있는 표어가 있으니 그 하나는

1. 미래세대를 위해서 다시 준비하라.

최근 50년 총회 시 공부와 사업을 어떻게 대비할 것인가? 세계불교 대회가 일본에서 열린다면, 만일 우리 각자가 그곳을 간다면 어떻게 그들을 대해서 우리 법을 선양할 것인가?

외국, 미, 영, 구라파에 어떻게 법을 전할 것인가?

대종사께서 4~50년 결실이요, 4~500년 결복기라 하셨으니, 우리는 50년 지내고는 결복의 초기에 접어드니 어떻게 대비할 것인가?

2. 나의 묵은 밭을 다시 계발하라

나도 아파 있는 동안 밭이 묵은 것도 같다. 우리는 마음 밭을 계발하는 것이 누가 맡겨 준 직이 아니고 천부적인 성직이다.

[법적인 사상(事上) 혜력(慧力)은 단련이 없으면 묵을 수도 있다]

3. 나의 어두운 마음에 법의 등불을 밝혀라.

내 마음에 아닌 생각이 날 때 법의 등불이 꺼진 줄을 알라.

4. 나 스스로 공부 사업 양면에 늘 살펴라.

대종사 법설에 '만국 만민을 살려내는 법'이라 하셨는데, 마음공부 잘하는 것과 은혜 생활을 하는 것이 곧 만국 만민을 살려내는 법이다.

〈『대산종사수필법문집』 2. p.1829. 원기47년 2월 25일〉

| 배경 및 상황 |

대산 종사는 원기47년(1962) 2월 25일 종법사 취임 후 교정위원회서 말씀하시기를 "첫째 미래 시대를 위하여 다시 준비하는 것이요, 둘째 묵은 마음 밭을 계발하는 것이요, 셋째 어두운 마음에 법의 등불을 밝히는 것이요, 넷째 공부와 사업 양면을 늘 살피는 것이니라."라고 하였다.

법문의 출처를 보면 "1. '미래세대'를 위해서 다시 준비하라."고 했다. 그런데 '미래세대'를 '미래 시대'라고 하였다. 세대는 '같은 시대에 살면서 공통의 의식을 가지는 비슷한 연령층의 사람 전체'라고 한다. 또한 시대는 '역사적으로 어떤 표준에 의하여 구분한 일정한 기간'을 의미한다. 미래세대가 미래 시대를 포함하는 포괄적인 말이다. 원문대로 미래세대를 썼으면 하는 아쉬움이 있다.

| 용어 풀이 |

○ **교정위원회(敎政委員會)** 원불교 중요 교정(敎政)을 결의하던 기관. 원기44년(1959)에 처음 설치했다가 원기72년(1987)에 폐지되었다.

○ **경륜(經綸)** ① 일정한 포부를 가지고 일을 조직적으로 계획함. 또는 그 계획이나 포부. 경험과 능력을 의미하는 말. ② 천하를 다스리는 일과 같이 중요하고 큰 일에 쓰는 말. 천하 만 생령을 두루 제도해 가는 일.

○ **계발(啓發)** 슬기나 재능, 사상 따위를 일깨워 줌.

❻ 도가에서 살아나야 할 네 가지 마음

> 대산 종사 말씀하시기를 "도가에서 살아나야 할 네 가지 마음이 있으니, 나날이 신심이 살아나야 할 것이요, 나날이 공부심이 살아나야 할 것이요, 나날이 공심이 살아나야 할 것이요, 나날이 자비심이 살아나야 할 것이니라." 〈회상편 6장〉

| 출처 |

도가에서 나날이 살아나야 할 네 가지 마음

1. 나날이 신심이 살아나야 할 것이니,
   진리와 스승과 법에 대한 신심이 살아나야 할 것이요
2. 나날이 공부심이 살아나야 할 것이니,
   삼학에 대한 공부심이 살아나야 할 것이요
3. 나날이 공심(公心)이 살아나야 할 것이니,

대중에 대한 공심이 살아나야 할 것이요

4. 나날이 자비심이 살아나야 할 것이니,
일체 동포를 아끼고 사랑하는 마음이 살아나야 할 것이니라.

〈『정전대의』 p.78. 수신강요 1. 29〉

| 배경 및 상황 |

대산 종사의 '도가에서 나날이 살아나야 할 네 가지 마음'을 풀이하면

1. 진리와 스승과 법에 대한 신심이 살아나야 할 것이요.
2. 삼학에 대한 공부심이 살아나야 할 것이요.
3. 대중에 대한 공심이 살아나야 할 것이요.
4. 일체 동포를 아끼고 사랑하는 마음이 살아나야 할 것이니라.

| 용어 풀이 |

○ **도가(道家)** 도덕가(道德家)의 준말. 도덕을 가르치고 베푸는 종교가를 이른다.

○ **신심(信心)** ① 사물이나 사람에 대해 옳다고 믿는 마음. ② 자기가 신앙하고 있는 종교의 교리를 의심 없이 믿는 마음. 특히 종교가에서는 진리와 스승에 대한 믿음을 가장 중요한 덕목으로 삼는다.

○ **공부심(工夫心)** 진리를 깨치고 실천하여 인격을 완성하고 보은하려는 일관된 마음.

○ **자비심(慈悲心)** ① 불보살이 중생에게 자비를 베푸는 마음. ② 부모가 자녀를 사랑하고 아끼는 마음. ③ 통치자가 백성들을 아끼고 사랑하는 마음. ④ 자기보다 고통받고 약한 사람을 도와주는 마음.

❼ 교단 운영의 원칙

대산 종사 말씀하시기를 "대종사의 큰 뜻을 실현하기 위해서는 무엇보다 교단의 건전한 운영과 완전무결한 세계적 큰 종교로서의 기틀을 완비해야 하나니, 그러기 위해서는 교단 운영의 원칙이 있어야 하느니라. 첫째는 명심(明心)이니 세상일로 혼탁해진 마음과 삼독 오욕에 가린 자성을 밝힐 것이요, 둘째는 화합이니 아무리 큰 교단이라도 화합이 무너지면 그 교단은 해체되고 말 것이므로 지은보은 겸양의 도로 재가·출가와 교당·기관이 대동 화합의 기틀을 확립할 것이요, 셋째는 조직이니 인체도 사지 백해(四肢百骸)로 생명을 유지하고 활동하듯 교단도 10인 조단으로 기능을 확립시켜 나가야 할 것이니라. 이 3대 원칙이 확립될 때 교단 만년 대계의 기틀이 공고해질 것이요 전 생령이 남김없이 제도를 받을 수 있느니라." 〈회상편 7장〉

| 출처 |

원기50년도 개교경축사

교단의 3대원칙

교단 운영에 가장 기본이 될 원칙 중 그 하나로서는 명심(明心)이니 종교가에서 각종의 교리와 제도 밑에서 신앙 활동에 열중하고 있는 것은 모두가 세사(世事)에 혼탁해진 마음을 맑히고 삼독 오욕에 가린 자성을 밝혀서 실행하기 위함인바 만일 종교문하에 명심의 실적이 없다면 건실한 종교라고는 할 수 없을 것입니다. 그러므로 대종사께서 삼학팔조 공부법에 정기훈련법과 상시훈련법을 마련하시어 재가·출가 남녀노소 유·무식 등이 다 함께 일분 일각도 공부를 떠나지 아니하여 사반공배(事半功倍)의 실효를 얻도록 물샐틈없는 법을 짜놓으셨으니 우선 우리 교단 자체 내에서부터 일심적공(一心積功)으로 이 명심의 공부가 진작(振作)되어 하나의 전통으로서 확립해야 할 것입니다.

다음은 화합(和合)이니, 아무리 큰 교단이라 할지라도 화합이 무너질 때 그 교단은 이미 해체되어 가고 어두움이 다가온 것이며 반면에 아무리 작은 교단이라 할지라도 그 교도 상호 간 대동화합할 때 장차 대전진이 기약되는 것일 뿐만 아니라 화합이 없이 한때의 발전이 있었다 할지라도 그로 인한 그 단체의 상처는 더욱 큰 것이며 일이 약간 더딘 한이 있더라도 화합의 보장이 튼튼하다면 결단코 내일의 대 발전은 약속될 것입니다.

그러므로 교단 자체 내에서부터 지은보은(知恩報恩)의 도를 실현하고 서로 겸손과 사양을 함으로써 재가·출가와 선후진과 각 기관 사이에 대동화합의 기틀이 확립되어야 할 것입니다.

다음은 조직이니, 인체도 사지 백해(四肢百骸)의 조직으로써 생명을 유지하고 가지가지 활동을 전개하여 나가며, 교단의 명맥은 조직으로써 유지 발전시켜 가나니 만일 교단 운영에 조직 활동이 건전하지 못하다면 아무리 좋은 교리라 할지라도 실다운 열매를 맺지 못할 것입니다.

그러므로 대종사께서는 교단 운영에 여러 가지 제도와 기구로써 조직의 기틀을 확립시켜 주신 중 특히 십인조단(十人組團)은 이 지상에 한 사람도 빠짐없이 이 품에 안아서 법(法)에 탈선됨이 없도록 크게 마련해 주신 묘방이며 앞으로 교단 내외 실정에 비추어 사대 봉공회[四大奉公會: 출가회원봉공회, 재가교도봉공회, 국가봉공회, 세계봉공회]의 육성이 더욱 시급함을 느끼는 바 55주년을 기해서는 그 실현을 보아야 할 것이니 이러한 법을 더욱 살려서 교단의 모든 조직 기능을 확립시켜 나가야 할 것입니다. 이상 삼대 원칙이 확립됨으로써 교단 만년 대계의 기틀이 공고해질 것이며 따라서 전 생령을 남김없이 제도하시려던 대종사님과 선사(先師)님과 삼세제불의 경륜이 실현될 줄 믿는 바입니다.

〈『대산종사수필법문집』 1. p.125. 원기50년 3월 26일〉

| 배경 및 상황 |

대산 종사는 원기50년(1965) 3월 26일 개교경축식에서 교단 운영의 3대 원칙을 밝혔다. 대종사의 큰 뜻을 실현하기 위해서는 무엇보다 교단의 건전한 운영과 완전무결한 세계적 큰 종교로서의 기틀을 완비해야 한다. 첫째 명심이고, 둘째 화합이고, 셋째 조직이다. 이상 삼대 원칙이 확립됨으로써 교단 만년 대계의 기틀이 공고해질 것이며 따라서 전 생령을 남김없이 제도하시려던 대종사님과 정산 종사님과 삼세제불의 경륜이 실현될 줄 믿는다고 하였다.

| 용어 풀이 |

○ **삼독(三毒)** 지혜를 어둡게 하고 깨달음을 방해하는 세 가지 번뇌. 삼독심이라고도 한다. 탐욕심(貪欲心)·진에심(瞋恚心)·우치심(愚痴心)을 말한다.

○ **오욕(五慾)** 중생심을 가진 인간이 가진 다섯 가지 기본적인 욕망. 식욕(食慾)·색욕(色慾)·재물욕·명예욕·수면욕을 말한다.

○ **지은보은(知恩報恩)** 사대강령의 하나. 일상생활 속에서 순역 경계 간 사은의 큰 은혜를 발견하여 감사보은의 생활을 하는 것. 은혜 입은 내역을 알아서 은혜를 갚는다는 의미.

○ **겸양(謙讓)** 겸손한 태도로 남에게 양보하거나 사양함.

○ **사지(四肢)** 사람의 두 팔과 두 다리를 통틀어 이르는 말.

○ **백해(百骸)** 온몸을 이루고 있는 모든 뼈.

○ **만년대계(萬年大計)** 언제나 변함없이 한결같은 상태의 큰 계획.

❽ 내실 저력 세근

대산 종사 말씀하시기를 "우리가 나아갈 세 가지 기본 방향은 내실(內

實)과 저력(底力)과 세근(細根)이라. 첫째는 내실로 안을 더욱 실답게 하는 것이니 교서 완비와 훈련 체제 확립으로 법위를 향상하고 교단의 조직과 제도를 정비하며 교단의 사업 목표에 따라 기관과 재단을 육성할 것이요, 둘째는 저력으로 밑받침이 되는 힘이니 수양·연구·취사의 저력과 보은과 균등의 저력을 갖추는 동시에 근검저축하는 생활로 경제적 저력을 갖출 것이요, 셋째는 세근으로 가는 뿌리니 큰 나무도 큰 뿌리 하나로는 살 수 없고 가는 뿌리가 많아야 무성하게 자라는 것처럼 중앙총부도 모든 면에서 기반을 확고히 하여 한 교당 한 교도가 어느 때 어느 곳에서나 교단을 책임지고 나갈 수 있어야 만대를 통하여 발전할 수 있으리라."

〈회상편 8장〉

| 출처 |

중앙교의회 치사

개인이나 교단이 향해야 할 "내실·저력·세근"의 세 가지 기본 방향을 밝혀서 이에 대비하고자 하는 바입니다.

내실은 밖으로 꾸미기에 앞서 안을 더욱 실답게 하자는 것입니다. 썩은 열매는 그 싹을 틔울 수 없고 알차지 못한 열매는 결국 천지의 대기를 감당할 수 없게 되는 것입니다. 그러므로 허장성세는 썩은 열매, 빈 열매와 같이 되고 마는 것이니 우리 교단은 훈련 체제를 확립시켜서 진리적 종교의 신앙과 사실적 도덕의 훈련에 바탕을 두어 각자의 법위 향상을 쉬지 않고 시켜야 하겠으며, 교서의 완비를 기하고, 교단의 조직과 제도를 체계화·조직화·합리화·항구화·능률화·생산화·원만화·평등화로 도모해 나가야 하겠습니다.

저력은 밑받침이 되는 힘입니다. 논밭에는 밑거름이 있어야 작물이 튼튼히 자라 열매를 맺을 수 있고, 살림에는 밑 자산이 있어야 안정된 살림이 되며 공부에도 밑 공부가 있어야 흔들리지 아니합니다. 늘 멈추고 가라앉히는 수양의 저력, 늘 생각을 연마하는 연구의 저력, 늘 불의를 끊고 정의를 실천하는 취사의 저력, 늘 사은에 감사하는 보은의 저력, 늘 사요를 실천해서 균등화하는 저력을 갖추는 동시에 근검저축하는 생활로 경제적 저력을 갖추어 나가야 하겠습니다.

세근이란 가는 뿌리를 말합니다. 큰 나무에 큰 뿌리 하나만 있으면 대단히 불안합니다. 사방으로 뻗어가는 뿌리가 많이 있어야 설사 어느 한 뿌리에 이상이 있다 할지라도 지장 없이 그 나무가 자랄 수 있는 것입니다. 그러므로 중앙총부를 모든 면에서 기반을 확고히 하여 한 교당, 한 교도가 어느 때 어느 곳에서도 교단을 책임지고 나갈 수 있도록 하여야 우리 교단은 만대를 통하여 반석의 위치에서 발전할 것입니다.

〈『대산종사수필법문집』 1. pp.1648~1649. 원기62년 3월 30일〉

| 배경 및 상황 |

대산 종사는 원기62년(1977) 3월 30일 중앙교의회 치사에서 우리가 나아갈 세 가지 기본 방향은 내실과 저력과 세근을 밝혔다. 정산 종사가 열반할 무렵 유촉하고 써 준 글이다. 무본역행(務本力行)으로 내실 저력 세근이다. 내실은 교재정비, 기관확립, 달본명근(達本明根), 정교동심이다. 저력은 내수정력(內修定力), 내연진리(內硏眞理), 내정계율(內正戒律)이다. 세근은 교무양성, 산업안정, 교단화합, 소우선화(所遇善和), 교도증가이다.

대산 종사는 내실, 저력, 세근을 논밭에는 밑거름이 있어야 하고, 살림에는 밑반찬이 있어야 하며, 공부에는 밑 공부가 있어야 한다고 알기 쉽게 비유하였다.

| 용어 풀이 |

○ **내실(內實)** 내부의 실제 사정. 내적인 가치나 충실성.

○ **저력(底力)** 속에 간직하고 있는 든든한 힘.

○ **세근(細根)** 풀이나 나무 따위의 굵은 뿌리에서 돋아나는 작은 뿌리. 양분과 수분을 직접 흡수한다.

❾ 교단을 이끌어가는 다섯 가지 준비

대산 종사 말씀하시기를 "교단을 잘 이끌어가려면 준비를 잘해야 할 것이니, 첫째는 외적으로 중앙총부의 기반을 확립하고 내적으로 인격 도야와 교재 정비에 힘쓸 것이요, 둘째는 밖으로 부족한 듯하나 안으로는 실답게 하고 밖으로는 가난한 듯하나 안으로는 부유하게 할 것이요, 셋째는 성공할 때 더욱 조심하고 실패할 때 법 있게 물러나 철저한 준비를 할 것이요, 넷째는 도덕을 갖추고 넓히는 데 힘쓸 것이요, 다섯째는 무수한 여래가 나올 회상임을 믿고 숨어서 공을 쌓아야 할 것이니라."

〈회상편 9장〉

| 출처 |

준비하라.

1. 총부 기반을 확립해야 하겠다. [외적]
2. 인격 도야와 교리를 정비하라. [개인]
3. 외허내실(外虛內實) 외빈내부(外貧內富)하게 하라.
4. 성공 시 더욱 조심하고, 실패 시 도(道) 있게 물러서 무서운 준비를 해야 한다.
5. 요순이 돈 많고 땅 많아 드러난 것이 아니라, 도덕 갖추고 그 도덕이 넓었기 때문이다.
6. 대안(大安)은 원효(元曉)를 믿고 준비했으며, 미륵불은 석가불을 믿고 3천

년 이상 준비하셨기 때문에 오늘날 큰 회상을 펴실 수 있는 것이다. 석가가 결국 미륵불 일을 했느니라. 준비하며 숨어 공을 쌓으면 안 나타날 수 없느니라. 만능을 겸비하신 대종사께서도 일정 시 멈추고 후퇴하시어 준비하셨고, 선 종법사께서도 9년 환중에 놀라운 준비를 하셨다. 그러므로 준비 없이 드러나는 것은 결국 허망하게 되어 제일 위험하다.

7. 계룡산이 여래이다. 그 뒤에는 무수한 여래들이 대대로 기회 따라 나타날 준비를 하고 있다. 그러므로 명산이다.

우리 회상도 무수한 여래가 숨어 준비하고 있으니 큰 회상이며 무서운 회상이다.

〈『대산종사수필법문집』 1. p.266. 원기52년 12월 4일〉

| 배경 및 상황 |

대산 종사는 원기52년(1967) 12월 4일 신도안 삼동원에서 교단을 더욱더 새롭게 해야 하겠다며 '신용, 화합, 교리 실천'의 법문을 내리며 이처럼 교단을 이끌어가는 다섯 가지 준비를 하라고 부연하였다.

법어 편수 과정에서 '일곱 가지 준비'를 '다섯 가지 준비'로 축약하였다.

| 용어 풀이 |

○ **도야(陶冶)** 훌륭한 사람이 되도록 몸과 마음을 닦아 기름을 비유적으로 이르는 말.

○ **외허내실(外虛內實)** 밖으로 비우고 안으로 실답게 한다.

○ **외빈내부(外貧內富)** 밖으로 가난하게 하며 안으로 부유하게 한다.

⑩ 신용의 세 가지

대산 종사 말씀하시기를 "신용은 교단과 개인의 생명이니, 이를 지키기 위해서는, 첫째, 하늘을 속이지 않고 사람을 속이지 않고 마음을 속이지 않을 것이요, 둘째, 공중이나 개인이나 큰일이나 작은 일이나 신용을 생명과 같이 알 것이요, 셋째, 재색 명리에 청렴하여 누구에게나 확실한 믿음을 받을 수 있는 사람과 단체가 되어야 할 것이니라." 〈회상편 10장〉

| 출처 |

一. 신용

개인과 개인, 교도와 교도, 기관과 기관끼리 상호 신용을 생명으로 하여 지켜야, 인류와 사회가 믿어 주고 동시에 진리가 믿어 주게 될 것이다.

그러므로 신용은 진리와 개인, 교단의 생명이다.

첫째, 세계적인 계획하에 세계적인 인격을 함양하여 세계와 교단과 내가 둘이 아닌 것을 깊이 자각하라. 둘째, 공(公), 사(私), 대(大), 소(小)간 신용을 생명으로 알라. 셋째, 무기천(無欺天), 무기인(無欺人), 무기심(無欺心)하라. 넷째, 재색명리에 청천백일(靑天白日)과 같이하여 저 사람 저 단체면 무조건 믿는 자가 돼라. 〈『대산종사수필법문집』 1. pp.265~266. 원기52년 12월 4일〉

| 배경 및 상황 |

대산 종사는 원기52년(1967) 12월 4일 신도안 삼동원에서 교단을 더욱더 새롭게 해야 하겠다며 '신용, 화합, 교리 실천'의 법문을 내린다. 그 가운데 '신용'에 대한 법문이다. 신용은 교단과 개인의 생명이니 이를 잘 지켜야 한다.

| 용어 풀이 |

○ **신용(信用)** 사람이나 사물이 틀림없다고 믿어 의심하지 아니함. 또는 그런 믿음성의 정도.

○ **재색명리(財色名利)** 재물욕·색욕·명예욕·이욕(利欲)의 총칭. 인간이 갖는 모든 욕망을 통틀어서 재색명리라 한다. 재색명리는 불보살과 중생의 갈림길이 된다. 재색명리를 항복 받는다는 것은 모든 욕망을 끊어버린다는 뜻이다. 따라서 재색명리를 항복 받아야 법강항마위 도인이 되는 것이다. 하근기 중생은 재색에 관한 욕심이 더 강하고, 상근기는 명리에 대한 욕심이 더 강하다. 수행자에게는 명예욕 끊기가 가장 어렵다고 한다.

○ **청렴(淸廉)** 성품과 행실이 높고 맑으며, 탐욕이 없음.

○ **청천백일(靑天白日)** 하늘이 맑게 갠 대낮. 맑은 하늘에 뜬 해. 혐의나 원죄(冤罪)가 풀리어 무죄가 됨.

⓫ 화합의 표준

대산 종사 말씀하시기를 "화합은 교단의 상징이요 전 인류의 표준이니, 화합을 위해서는, 첫째, 어디를 가든 상생 상화하기에 힘쓸 것이요, 둘째, 아무리 잘못한 사람이라도 참회 개과하여 다시 살아나도록 용서해 주고 그 책임은 내가 차지할 것이요, 셋째, 일은 내가 먼저 하고 공은 남에게 돌릴 것이요, 넷째, 누구나 그 일만 이루면 되는 것이니 누가 일을 하든지 일을 할 수 있는 여건을 만들어 줄 것이니라." 〈회상편 11장〉

| 출처 |

二. 화합

화합 없는 단체는 파산되고 말 것이다. 그러므로 화합은 교단의 상징이요, 전 인류의 표준이다.

첫째, 가는 곳마다 나로 인해 서로 상생 상화하도록 하라. 둘째, 참회 개과하여 재생토록 용납하고 그 책임을 내가 차지하라. 셋째, 항상 양보하라. 일을 내가 먼저하고 공은 남에게 돌려라. 넷째, 우리는 일만 해내면 되는 것이니 일할 수 있도록 여건을 만들어 주어라.

〈『대산종사수필법문집』 1. p.266. 원기52년 12월 4일〉

| 배경 및 상황 |

대산 종사는 원기52년(1967) 12월 4일 신도안 삼동원에서 교단을 더욱더 새롭게 해야 하겠다며 '신용, 화합, 교리 실천'의 법문을 내린다. 그 가운데 '화합'에 대한 법문이다. 화합은 교단의 상징이요 전 인류의 표준이므로 이를 잘 지켜야 한다.

| 용어 풀이 |

○ **화합(和合)** 화목하게 어울림.

○ **상생상화(相生相和)** 사람이나 물건이나 일의 인과관계가 서로를 살리고 조화를 이루는 관계. 화합 융통하는 관계.

○ **참회개과(懺悔改過)** 과거의 잘못을 진정으로 뉘우쳐 이를 고치고 새 사람이 되어 가는 것. 악업 짓기를 그치고 선업을 지어 가는 것.

⑫ 교리 실천

대산 종사 말씀하시기를 "대종사께서 교단을 새롭게 하려면 무엇보다 교리 실천에 힘쓰라고 하셨나니, 교리를 실천해야 진리가 살아나고 도덕이 부활할 수 있는 까닭이니라." 〈회상편 12장〉

| 출처 |

三. 교리 실천

대종사님이 제일 원하신 바이다. 교리를 실천하면 교리와 진리가 살아나고 항상 도덕이 부활한다. 말로도 글로도 하지만 앞으로는 실천 위주라야 한다.

〈『대산종사수필법문집』 1. p.266. 원기52년 12월 4일〉

| 배경 및 상황 |

대산 종사는 원기52년(1967) 12월 4일 신도안 삼동원에서 교단을 더욱더 새롭게 해야 하겠다며 '신용, 화합, 교리 실천'의 법문을 내린다. 그 가운데 '교리 실천'에 대한 법문이다. 교리를 실천하면 교리와 진리가 살아나고 항상 도덕이 부활한다. 말로도 글로도 하지만 앞으로는 실천을 위주로 잘 지켜야 한다.

| 용어 풀이 |

○ **부활(復活)** 죽었다가 다시 살아남. 쇠퇴하거나 폐지한 것이 다시 성하게 됨. 또는 그렇게 함.

⑬ 도력과 법력과 능력을 얻자

대산 종사 말씀하시기를 "도력과 법력과 능력을 얻으려면 한때 숨어서 속 깊은 적공을 쌓아야 하나니, 우리 회상도 너무 드러내려 하지 말고 실력을 갖추기에 꾸준히 노력하라. 부모가 자녀를 성공시킬 때나 스

승이 제자를 키울 때나 동지가 동지를 키울 때도 미리 다 드러내는 것은 도가 아니니라." 〈회상편 13장〉

| 출처 |

사무원 일동

도력과 법력과 능력을 얻는 데는 크게 숨어 한때는[한돌] 무거운 공을 들여야 한다. 우리 회상도 너무 드러내려 하는 것보다는 조금 덜 드러내고 자체 실력 정비에 꾸준히 노력하여야 한다. 부모가 자녀를 성공시킬 때나, 스승이 제자를 키울 때나, 동지를 키울 때도 일찍 다 드러내는 것은 도가 아니다. 조금만 드러내고 숨겨 공들이게 해야 한다.

〈『대산종사수필법문집』 1. p.452. 원기55년 7월 2일〉

| 배경 및 상황 |

대산 종사는 원기55년(1970) 7월 2일 중앙총부 직원[사무원] 일동에게 '도력과 법력과 능력'을 얻자고 법문하였다. "이 힘을 얻으려면 한때 숨어서[한돌] 속 깊은 적공을 들여야 한다. 우리 회상도 너무 드러내지 말고 실력을 갖추자. 부모가 자녀를, 스승이 제자를, 동지가 동지를 키울 때 미리 드러내는 것은 도가 아니다."라고 하였다.

| 용어 풀이 |

○ **도력(道力)** 도를 닦아서 얻은 힘.

○ **법력(法力)** ① 일원상의 진리를 신앙하고 수행하여 얻은 힘. 삼학 수행을 통해서 얻은 삼대력, 또는 법위. ② 불법을 수행하여 얻은 힘. ③ 진리·법이 갖춘 힘. ④ 법률의 효력.

⑭ 개교 이념과 운영 방침

한 기자가 "귀교의 개교 이념과 운영 방침은 무엇입니까?" 하고 여쭈니, 대산 종사 말씀하시기를 "우리는 일원주의 이념을 바탕으로 지상낙원인 일원 세계를 건설하기 위해 개교하였고, 공사와 공의를 생명으로 아는 수위단회를 중심으로 한 공화제도로 교단을 통치하고 있으며, 전 세계를 교화하기 위한 10인 1단의 교화 조직으로 교단을 운영하고 있느니라." 〈회상편 14장〉

| 출처 |

TBC TV 방송국 호석(豪錫) 기자와의 일문일답.

문: 귀교의 개교 이념과 운영 방침과 특색은 무엇입니까?

답: (1) 우리 대종사께서 55년 전 대각을 이루시고 일원의 진리를 세계에 천명하시어, 이 세계가 한울안 한이치이니 일원주의의 이념 아래 일원세계의 지상극락을 건설하기 위하여 개교하셨고, [일원주의]

(2) 교단의 통치는 십인일단의 수위단회가 있어 공사의 공의에 따라 운영하여 일인 통치법을 없앴다. 즉 공화제도로 운영한다. [공화제도]

(3) 이 이념을 전 세계적으로 교화 구현하기 위하여 조직을 십인일단으로 운영하고 있다. 즉, 일인이 구인씩 이끌고 또 십인 각각 구인씩 이와 같은 점조직의 교화를 실시하여 전 인류를 빠짐없이 제도하자는 것이다. [십인일단 조직]

〈『대산종사수필법문집』 1. p.302. 원기53년 3월 18일〉

| 배경 및 상황 |

대산 종사는 원기53년(1968) 3월 18일 TBC TV 방송국 호석(豪錫) 기자와의 일문일답을 하였다. 기자가 "귀교의 개교 이념과 운영 방침은 무엇입니까?"

하고 여쭈니, 대산 종사는 “대종사의 일원주의 이념을 바탕으로 일원 세계를 건설하기 위해 개교하였고, 정산 종사가 밝힌 공화제도를 중심으로 수위단회를 통해 공사와 공의로 운영하는 통치 이념으로 한다. 또한 십인일단의 교화 조직으로 교단을 운영한다.”라고 하였다.

| 용어 풀이 |

○ **일원주의(一圓主義)** 일원상 진리를 최고의 이상과 근본이념으로 하는 삶의 태도 또는 일원상 진리에 바탕을 둔 모든 진리관이나 존재론, 또는 가치관 등을 이해하는 태도.

○ **공사(公事)** 〈회상편 2장〉 용어 풀이 참조.

○ **공의(公議)** 사회나 단체의 대중들이 의견을 내고 논의를 거쳐 대체로 옳다고 합의한 것. 따라서 공의는 공론과도 유사한 의미로 쓰이기도 하는데 사회나 단체의 평화와 질서를 유지하기 위해 대체로 사람들이 공감하는 법규나 원칙을 말한다.

○ **수위단회(首位團會)** 수위단원들로 구성된 원불교 교단의 최고의결기관. 수위단회는 종법사를 단장으로 하며 선거로 선출한다.

○ **공화제도(共和制度)** 공화국의 정치제도. 주권이 한 사람이나 소수에 있지 아니하고 국민 합의체의 기관에서 나오는 제도에 기반을 둔 정치를 말한다. 정산 종사는 세계평화를 실현하는데 세 가지 큰 요소가 있는데 주의는 일원주의, 제도는 공화제도, 조직은 십인일단이라 했다[『정산종사법어』 도운편 22].

⑮ 전·후임의 도

대산 종사 말씀하시기를 “전임과 후임은 상대가 조금 부족한 점이 있다 하더라도 덮어 주고 감싸 주며 잘한 것만 찾아 칭찬하고 드러내 주되,

특히 전임은 후임이 잘하는 것이 있으면 내가 잘하는 것으로 알아서 감사한 마음으로 도와주기에 힘쓰라." 〈회상편 15장〉

| 출처 |

후임은 전임의 잘한 것만을 찾아내어 칭찬과 선전을 할 것이며, 전임은 후임의 잘못을 감추고 잘하는 것만을 발견하며, 후임의 잘하는 것을 내가 잘해야 하는 일로 알아서 감사하고 도와줘라.

〈『대산종사수필법문집』 1. p.34. 원기47년 편편 법문〉

| 배경 및 상황 |

대산 종사는 원기47년(1962) 편편 법문에 '전·후임의 도'를 밝혔다. 원기59년(1974) 지방에 처음 나가는 교무에게 "처음부터 사통오달의 터진 국을 가지고 나가라. 그러면 선·후임 관계가 원활할 것이다. 진리가 있고 영생 일을 하는 우리니 교도가 전임을 계속 좋아하고 따르든, 또 다른 교무를 따르든 그것에 구애 말라. 가도록 받들도록 하여 주고 공부 사업만 잘하도록 하라. 그리고 후임의 지도를 받도록 계속 밀어주고, 전임에게 상의도 하고 문제도 같이 해결하고 하면 얼마 안 가서 기운이 나에게 다 오게 되는 것이니 이 점 알아서 잘하여라."

| 용어 풀이 |

○ **전임(前任)** 이전에 그 임무를 맡음. 또는 그런 사람이나 그 임무.

○ **후임(後任)** 앞서 맡아보던 사람에 뒤이어 직무를 맡음. 또는 그런 사람이나 그 임무.

⑯ 교화의 3단계

대산 종사, '교화의 3단계'에 대해 말씀하시기를 "첫째, 자비 인정 교화로 정의를 서로 건네서 법을 받아가게 할 것이요, 둘째, 무량 법문 교화로 정법을 전해서 인생의 활로를 열게 할 것이요, 셋째, 무언 실천 교화로 말 없는 가운데 스스로 수행 적공하여 대도를 증득하여 이를 본받게 할 것이니라."

〈회상편 16장〉

| 출처 |

개교경축사

교화의 원활을 기하기 위해서는 다음과 같은 교화 삼단의 길을 밟아야 할 것입니다.

그 첫째로는 자비인정교화(慈悲人情教化)로서 정(情)을 통하는 교화이니, 『인왕경』의 사섭심과 같이 보시, 애어, 이행, 동사로 정의가 건네서, 은연중 법이 스며들게 하는 자선사업이 바로 그 일인 것입니다. 둘째는 무량법문교화(無量法門教化)로서 성문(聲聞)으로 자각하게 하는 교화이니, 옳은 법을 전해서 신수봉행(信受奉行)하게 하고 그 살아가는 활로를 열어 주며 진리를 자각하게 하는 것으로, 교육 사업이 바로 그 한 방법입니다. 셋째는 무언실천교화(無言實踐教化)로서 궁행(窮行)으로 실천하게 하는 교화이니, 동정 간 삼학 수행을 몸소 실천해서 대중의 사표가 되어 무위이화로 천하가 감화를 입게 하는 것으로, 교화 사업이 바로 그 길인 것입니다.

〈『대산종사수필법문집』 1. pp.76~77. 원기49년 3월 26일〉

| 배경 및 상황 |

대산 종사는 원기49년(1964) 3월 26일 대각개교절을 맞아 '교화 삼단 법문'을 내렸다. 자비인정교화는 정의(情誼)로 하는 자선사업이고, 무량법문교화는 성문(聲聞)으로 자각케 하는 교육사업이고, 무언실천교화는 궁행(躬行)으로 감화를 입게 하는 교화사업이라고 하였다.

대산 종사는 "이상과 같은 교화 3단으로써 우리 각자의 인격이 완성되고 3대 사업이 완전히 이루어지는 날 세계평화의 결실은 원숙할 것이며, 따라서 전 생령을 구원하는 세계적 종교로서 모든 인류의 태양이 될 것이다."라고 하였다.

| 용어 풀이 |

○ **자비인정교화(慈悲人情敎化)** 처음 상대하는 중생이나 아직 근기가 낮은 중생에게 자비심과 인정을 베풀어서 교화하는 것.

○ **정의(情誼)** 서로 사귀어 친하여진 정.

○ **무량법문교화(無量法門敎化)** ① 교무가 교도들에게 부처님의 무량법문을 전해주어 교화하는 것. ② 불보살이 무량법문을 설하여 중생들을 교화하는 것.

○ **정법(正法)** 대도정법의 준말. 바른 교법·인의 대도. 소태산 대종사나 석가모니불의 가르침. 일체중생을 제도하여 불보살의 길로 이끌어 주는 교법이라는 말.

○ **무언실천교화(無言實踐敎化)** 자비 인정을 베풀거나, 무량 법문을 설하지 않고서도, 묵묵히 말 없는 가운데 실천과 덕행으로써 모범을 보여 교화하는 것. 이러한 교화가 가장 힘 있는 교화다. 천지가 아무런 말이 없어도 팔도(八道)를 행하여 대덕으로써 만물을 화육시키는 것이 곧 무언실천교화이다.

⑰ 재가 교도가 교정에 참여하는 길 마련하자

대산 종사 말씀하시기를 "개교 반백 년 이후에는 교화를 위주하고 인재를 양성하는 것이 교단의 큰일이요 준비해야 할 일이니라. 교단이 발전함에 따라 앞으로는 출가 교도만으로는 교단을 운영하기가 어려워질 것인바, 전무출신 제도나 거진출진 제도를 다각도로 연구하는 동시에 재가 교도가 교정에 참여하는 길을 마련해야 할 것이니라." 〈회상편 17장〉

| 출처 |

55주년 후에는 교화를 위주하고 인재를 육성하여야 한다. 이것이 교단의 큰일이며 해야 할 일이다. 대종사께서 거진출진 15년이면 전무출신으로 간주한다고 말씀하셨다. 우리 교단이 발전함에 따라 출가 교도만으로 교단을 운영하고 일하기 어렵다. 재가·출가가 합심 합력하여 교단을 운영해야 한다. 그러므로 앞으로 전무출신 제도를 연구하여 재가 교도의 교정(教政) 참여하는 길을 마련하여야 하고 호법단(護法團)을 만들어 교정에 참여토록 하여야 한다.

〈『대산종사수필법문집』 1. p.301. 원기53년 3월 16일〉

| 배경 및 상황 |

대산 종사가 원기53년(1968) 3월 16일 정읍 내장여관에서 정양하며 내린 법문이다. 개교 반백주년 대회를 앞두고 교단은 행사 준비에 총력하고 있었다. 그러나 대산 종사는 원기56년(1971) 이후 교단은 교화를 위주하고 인재를 양성하는데 출가 교도만으로는 교단을 운영하기 어려우니 재가출가 합심 합력하여 교단을 운영해야 한다고 했다. 그러므로 전무출신 제도를 다각도로 연구하고 재가 교도들의 교정 참여의 길을 마련해야 한다고 강조하였다.

| 용어 풀이 |

○ **거진출진(居塵出塵)** 원불교의 재가교도로서 공부와 사업에 노력하여 교단의 발전에 공헌한 사람. 진흙 속의 연꽃처럼, 세간 속의 불보살처럼 몸은 비록 세속에 처해 있으나 마음은 항상 청정법계에 자재하고, 생활은 비록 한 가정에 머물러 있

으나 늘 공도사업에 앞장선다는 말.

○ **교정(敎政)** 〈회상편 1장〉 용어 풀이 참조.

⑱ 실천하는 종교

대산 종사 말씀하시기를 "진리의 심판도 중요하지만 대중의 심판이 더 중요하고, 위에서의 응원도 중요하지만 아래에서의 저력이 더 중요하니라. 해외로 뻗어가는 것도 시급한 일이나 내 몸 내 가정 내 나라부터 법의 광명을 밝히는 것이 중요하고, 입으로 말하고 붓으로 쓰는 종교도 중요하나 몸으로 실천하는 종교가 더 중요하니라." 〈회상편 18장〉

| 출처 |

• **앞으로 교단 운영 계획**[약 10년]

공부하는 교단

실력 쌓는 교단

훈련하는 교단

개척하는 교단

도력과 법력이란, 공부심의 적공이니 공부심만이 갖추는 힘이 된다.

1. 진리의 심판도 중요하지만, 대중의 심판이 더욱더 중요하다.
2. 위층의 응원이 중요하지만, 밑층의 저력이 더욱더 중요하다.
3. 해외에 뻗치는 것이 시급하지만, 내 몸 내 가정 내 나라부터 법의 광명을 밝혀야 한다.
4. 입으로 붓으로 말하고 쓰는 종교도 중요하지만, 몸의 종교가 더욱더 중요하다.

• 앞으로 해야 하는 종교

1. 수신하는 종교
2. 생활하는 종교
3. 활동하는 종교이어야 한다.

본립이도생(本立而道生)이니라.

〈『대산종사수필법문집』 1. pp.517~518. 원기56년 4월 9일〉

| 배경 및 상황 |

대산 종사는 원기56년(1971) 4월 9일 개교반백년 기념대회를 앞두고 앞으로 교단 운영 계획[약 10년]으로 공부하는 교단, 실력 쌓는 교단, 훈련하는 교단, 개척하는 교단을 밝혔다. 도력과 법력은 공부심의 적공이니, 공부심만 갖추는 데 있어서 중요한 네 가지로, 대중의 심판, 아래에서의 저력, 내 몸 내 가정 내 나라부터 법의 광명을 밝히고, 몸으로 실천하는 종교가 중요를 강조하였다. 또한 앞으로 종교가 해야 하는 것은 수신과 생활과 활동하는 종교이어야 본립이도생(本立而道生)한다고 하였다.

| 용어 풀이 |

○ **저력(底力)** 속에 간직하고 있는 든든한 힘.

○ **본립도생(本立道生)** 근본이 서면 자연 도가 생긴다.

⑲ 서울회관 수습 1

대산 종사, 서울회관 일의 수습과 관련해 말씀하시기를 "진리는 성공할 때와 실패할 때 그 사람의 인격과 지조를 시험하나니, 좋을 때와 잘

될 때 공을 다투지 않고 어려움이 있을 때 앞장서는 것이 결국 내 일을 하는 것이니라. 교단이 발전하려면 재가 출가가 다 같이 안으로 인화하고 밖으로 단합해야 하는바, 인화를 하려면 겸양이 앞서야 하고 남에게 해를 전가하지 말아야 할 것이요, 단합을 하려면 내가 먼저 남의 의견을 존중하고 뜻을 맞추어 주는 데 노력해야 하나니, 인화와 단합이 잘되면 교단 만대에 복조가 무궁할 것이니라." 〈회상편 19장〉

| 출처 |

30~40대 청년들에게

우리가 살길은 오직 안으로 인화, 밖으로 단합뿐이다.

재가출가 다 같이 ┌ 內 = 인화(人和)
　　　　　　　　　└ 外 = 단합(團合)

인화 ① 겸양(謙讓)하는 것이 앞을 서야 하고

② 해를 남에게 전가(轉嫁)하지 말아야 한다.

단합 ① 남의 의견을 존중히 살려 주고

② 내가 먼저 저 사람의 뜻을 맞추어 주는 데 노력하여야 한다.

이 인화와 단합이 이룩되면 교단 만대에 복조(福祚)가 무궁할 것이다.

진리는 일의 실패 시와 성공 시에 그 사람의 인격과 지조를 시험하는 것이다. 옛날 어느 도인이 시내를 다녀와서 그 문하생들에게 "좋은 일이 생겼다. 누가 차지할런가." 하시었다. 그 좋은 일이란 호열자 병으로 전 마을이 전멸하여 그 시체를 처리하는 것이다. 그런데 그날 저녁부터 두 학인이 서로 자기가 나서서 한다는 내심으로 밤마다 그 작업을 하는 데 하루는 그 둘이 만나게 되어 알고 보니 한음과 오성이었다. 그 도인이 그것을 보고 "이 나라에 큰 인물이 있구나! 장차 나라의 기둥이 되고 복조이다."라고 하였다고 한다. 어려울 때일수록 남에게 그 책임을 넘기거나 시비하기에 앞서 주인이 되어 수습하여야 한다. 좋을 때와 잘될 때 다투지 말고 어려움이 있을 때 앞장서는 것이 결국 내 일하는 것이다. 이 교단의 청년들 싹이 나라와 세계의 싹이니 이를 명심하고 세계적인 안목에서 수습하자!

〈『대산종사수필법문집』 1. p.584. 원기57년 1월 28일〉

| 배경 및 상황 |

대산 종사는 원기57년(1972) 1월 28일 서울회관 수습과 관련하여 삼사십 대 젊은 교무들에게 말씀하시기를 “서울회관 사건의 해결책을 모색하는 중 이말 저말이 많다는 것은 사사 없는 혈심에서 주인의 심정으로 하는 말인 줄 안다. 진리는 일이 실패할 때와 성공할 때 그 사람의 인격과 지조를 실험한다. 우리가 살길은 오직 안으로 인화와 밖으로 단합뿐이다.”라고 하며 이와 같은 법문을 하였다.

| 용어 풀이 |

○ **서울회관** 사건 수도 서울에 교단의 교화·교육·훈련·문화·복지 등의 목적사업을 위해 설립된 종합회관. 서울시 동작구 흑석동 1-3번지 소재. 원기54년(1969)에 개교반백년사업의 일환으로 서울기념관 추진위원회가 발족되었다. 처음에는 청년회관을 지을 계획이었으나 남한강개발주식회사가 주도적인 역할로 부지 600평에 12층을 건립하여 일부를 고급아파트로 지어 분양하자는 제안하여 교산[서울교당, 경남교당]을 담보로 은행융자금을 대출받았다. 그러나 공사 도중에 남한강개발주식회사가 부도가 나고, 거듭되는 문제 발생으로 교단 재정에 총체적인 위기를 가져왔다. 이 일을 남한강 사건이라고 부른다.

○ **지조(志操)** 원칙과 신념을 굽히지 아니하고 끝까지 지켜나가는 꿋꿋한 의지. 또는 그런 기개.

○ **인화(人和)** 여러 사람이 서로 화합함.

○ **복조(福祚)** 삶에서 누리는 좋고 만족할 만한 행운. 또는 거기서 얻는 행복.

⑳ 서울회관 수습 2

대산 종사, 대중의 합력으로 서울회관 일을 수습하도록 한 후 말씀하시기를 "모든 일은 공의로 원만하게 처리해야 하나니 설사 일이 더디고 만족하게 이루어지지 않을지라도 반드시 공의에 따르도록 하라. 이번 일은 나의 결단만으로 처리할 수도 있었으나 공의를 모아 처리하도록 하였는바, 시일은 좀 걸리고 힘든 것 같았으나 원만히 해결되었고 전체가 각성하여 대중이 무서운 줄 아는 훈련이 되었나니, 만일 내 결단만으로 그 일을 해결하였다면 그때는 쉬울지 모르나 뒤에 다른 어려운 일들이 더 많이 생겼을 것이라. 더욱이 후대의 지도자나 대중들이 그 본을 따른다면 장차 교단은 어찌 되겠는가. 그러니 모든 일은 공의를 바탕으로 처리해야 하느니라." 〈회상편 20장〉

| 출처 |

스스로 잘 지어서 복을 받도록 잘 살도록 자각시키고 모든 일은 공의로 원만하게 처리하도록 하여야 한다. 공의로 하면 독단이 없고, 혹 실수를 하더라도 공동 책임하에 각성을 함께 하는 것이다. 일은 설사 더디고 덜 되더라도 반드시 공의에 따르도록 항상 훈련되어야 한다.

앞으로의 세계는 양 시대로 민주 원칙을 세워 모든 일을 공사로 할 것이다. 그렇지 아니하고 과거 세계[음 시대]와 같이 독재는 안 된다. 능력 있는 지도자가 독재로 가정이나 사회나 국가나 단체를 이끌어 나가면 일도 잘되고 빠르고 성과도 커 그 당시는 좋다. 그러나 긴 세월을 놓고 볼 때는 항상 좋은 지도자만이 나오는 것이 아니므로 독재 체제를 그대로 유지해 나가면 오히려 더 크나큰 실패와 어둠을 초래시키는 것이다. 그러니 가정이나 사회나 국가나 어느 단체를 막론하고 민주 원칙 아래에 공의로 원만히 이끌어 나가야 하느니라.

진리로 비진리를 사정없이 꽉 막아버리면 그때 그 일은 쉽고 잘되어지나 또 다른 방향으로 터지고 만다. 그러므로 공동의 자각을 훈련하여서 책임을 갖게 하여야 한다. 그 실례로 남한강 사건 발생 시 내가 독단적인 영단으로 처리하면 할 수 있었다. 그러나 그때는 결사가 될는지 모르나 뒤에 다른 일들이 많이 터지고, 또 뒤 지도자가 그 본을 따거나 후인들이 법 받으면 이 교단이 어떻게 되어 가겠느냐.

공의로 처리시키니 시일은 좀 걸리고 빡빡한 것 같았으나 갈수록 원만히 해결되고, 전체가 각성하는 동시에 대중을 무서워하는 훈련이 되어감이 누구나 독재성을 가지지 못하게 되지 아니하였느냐?

이것이 교단적인 훈련이니라.

〈『대산종사수필법문집』 1. p.673. 원기57년 12월 12일〉

| 배경 및 상황 |

대산 종사는 원기57년(1972) 12월 12일 대중의 합력으로 서울회관 일을 수습하도록 한 후 말씀하시기를 "모든 일은 공의로 원만하게 처리해야 하나니, 설사 일이 더디고, 만족하게 이루어지지 않을지라도 반드시 공의에 따르도록 하라. 그 실례로 남한강 사건 발생 시 내가 독단적인 영단으로 처리하면 할 수 있었다. 그러나 그때는 결사가 될는지 모르나 뒤에 다른 일들이 많이 터지고, 또 뒤 지도자가 그 본을 따거나 후인들이 법 받으면 이 교단이 어떻게 되어가겠느냐. 이것도 교단적으로 훈련이 되어야 한다."라고 하였다.

| 용어 풀이 |

○ **공의(公議)** 〈회상편 14장〉 용어 풀이 참조.

○ **영단(英斷)** 지혜롭고 용기 있는 결단.

㉑ 서울회관 수습 3

대산 종사, 서울회관 일의 수습과 관련해 이철행에게 '높고 큰 안목으로 영원한 계획으로 광대한 그물을 준비하라.'는 친필을 주시며 말씀하시기를 "그 일에는 반드시 어떠한 곡절이 있는 것이니 숙세의 업인이 녹아나는 것으로 알고 송사(訟事)는 하지 마라. 대종사께서도 큰 사건은 작게 만들어 처리하고 복잡하고 어려운 사건일수록 쉽고 간단하게 처리하며 상은 많이 주고 벌은 적게 내리셨나니, 만일 사람을 해하면서까지 일을 처리하면 뒤에 반드시 재앙이 따르게 되므로 어려운 일일수록 평화와 상생으로 해결하도록 하라." 〈회상편 21장〉

| 출처 |

예산(禮山) 이철행(李喆行)에게

"높고 큰 안목으로 영원한 계획으로 광대한 그물을 준비하라."는 법문을 내려주시다. 〈『대산종사수필법문집』 1. p.1131. 원기60년 5월 3일〉

박제현(朴濟現), 한정원(韓正圓), 황직평(黃直平)에게 말씀하시기를

대종사께서는 큰 사건은 작게 만들어 처리하시고 복잡하고 어려운 사건일수록 쉽고 간단하게 하시어 처리하시되 상은 많이 주시고 벌은 쭈그려 작게 내리셨다. 우리도 이번 사건을 이 방침대로 처리하라.

숙세의 업인이 녹아나는 것 같다. 반드시 어떠한 큰 곡절이 있는 듯하니 서서히 참고, 평화를 원칙 삼아 나가며, 송사(訟事)는 해로울 따름이니 그리 알라. 교단은 좋아질 것이다. 그 저지른 개인들이 안 되었다. 이 회상에서 제도하자. 아니하면 어찌하겠느냐. 대종사께서 하신 말씀이 있었다. 괜찮을 것이다. 구제하자. 〈『대산종사수필법문집』 1. p.697. 원기58년 2월 19일〉

| 배경 및 상황 |

대산 종사는 원기52년(1967) 2월 9일 서울회관 실무 책임자로 수습하러 가는 예산 이철행에게 "높고 큰 안목, 영원한 계획, 광대한 그물을 준비하라"는 친필을 주었다. 그러나 박제현(朴濟現), 한정원(韓正圓), 황직평(黃直平)에게 말씀하신 법문은 내용상 하자가 있었다. 이 남한강 사건으로 부채를 해소하고자 해외 차관을 도입하려고 공의를 거치지 않고 재단법인 이사들의 인장을 도용한 사건의 법문이다. 법어 편수과정에서 면밀하게 살피지 못하고 내용을 무리하게 합한 것이다. 차라리 다음 소개한 법문과 연결하였다면 사실과 부합한 일이라고 할 수 있다.

원기57년 2월 16일 예산(禮山) 이철행(李喆行), 조정근(趙正勤), 중산(中山) 정광훈(丁光薰) 서울 남한강 일 수습하러 가기 전에 "대인은 성공할 때와 실패할 때 그 지조를 아는 것이다. 실패할 때 도로써 하면 결국 천하사를 맡기는 법이다. 누가 맡기고 안 맡기는 것이 아니라 천하사가 스스로 돌아오는 것이다. 남한강 일도 우리가 실패하였으나 반드시 곡절이 있으니 우리가 법 있게만 수습하면 무엇인가 반드시 맡길 것이다. 앞으로는 모든 일을 심법으로 처리하여야지 일시적 외화나 일시적인 일의 성불성(成不成)을 시비하면 안 된다. 심법을 가져라."라고 하명하였다.

| 용어 풀이 |

○ **재색명리(財色名利)** [회상편 10장 용어 풀이 참고]

○ **조복(調伏)** ① 이성(理性)이 감성(感性)을 잘 통제하는 것. 도심(道心)이 인심(人心)을 잘 다스리는 것. ② 몸·입·뜻의 삼업이 잘 조화되어 모든 악행을 항복 받는 것. ③ 부처님께 기도하여 부처님의 힘을 빌려 원적(怨敵)과 악마를 항복 받는 것.

○ **노복(奴僕)** 종살이를 하는 남자.

㉒ 정의감도 좋지만, 법치교단의 대안을 마련하자

대산 종사 말씀하시기를 "젊은 교무들이 정의감으로 행동하여야 살아 있는 교단이 되나 그것만이 전부는 아니니라. 자기의 뜻을 충분히 밝히고 법치 교단이 되도록 대안을 내놓되, 부모 자녀의 심경으로 일을 대하고 처리하면 그 일이 바르게 되고 후회가 없으리라." 〈회상편 22장〉

| 출처 |

청년들에게

부모가 되어 자녀가 일을 실수하였을 때의 심정, 자녀가 되어 부모님이 일을 실수하였을 때의 심정으로 이 일을 대하고 처리하면 일은 바르게 되고 후회가 없는 것이다.

너희들 때에는 정의감이 있어 살아 있는 행동도 하여야 한다. 그래야 교단이 살아 있지. 그러나 그것만이 다는 아니다. 너희들도 일 잡아 보면 다 안다. '그때 그래서 그러셨구나?' 할 것이다. 그러나 자꾸 법치로 나갈 수 있도록 너희들도 연구하고 검토하고 제의하여 제도화되도록 각자 주인이 되어 노력하여라.

도덕가는 역시 마음 가운데 항상 도덕이 근본이 되는 것이다. 아무리 똑똑한

척하더라도 또 별 재주를 가졌더라도 도덕이 없으면 가치가 없다.

앞으로도 이런 일을 할 때는 어느 개인을 지적 말고 그 모순을 고칠 수 있는 법만 대안으로 내놓고 그런 방향으로 나갈 수 있도록 서로 내 일로 알고 노력하여야 한다. 나도 평생 종법사 하라는 법 없다. 내가 이 일을 맡을 동안 종법사이다. 그리고 나만의 원불교가 아니다. 너희들의 원불교이니 누구에게 미루지 말라. 〈『대산종사수필법문집』 1. p.699. 원기58년 2월 25일〉

| 배경 및 상황 |

원기58년(1973) 2월 25일 서울회관 사건으로 부채를 안게 된 교단을 위한다는 명목으로 정부로부터 외국자본을 차관하려고 재단법인 이사들의 공의를 거치지 않고 한두 사람이 이사들의 인감도장을 도용하여 정부에 서류를 제출한 사건으로 일명 '인장도용사건'이라고 부른다. 이때 남한강 사건에 대비하는 대사건이라고 하였다.

인장도용 사건으로 젊은 교역자들이 분개하고 일어나 며칠간 울분을 토하고 성토하였다. 이에 혈기 왕성하고 정의감에 불탄 젊은 교무들이 대산 종사를 면담하고 받든 법문이다.

| 용어 풀이 |

○ **법치(法治)** 법률에 의하여 나라를 다스림. 또는 그런 정치

○ **대안(代案)** 어떤 안(案)을 대신하는 안.

㉓ 영생사를 해결하는데 정진하자

한 제자가 큰 잘못을 저지른 동지를 만나고 돌아와 "깊이 참회하고 교

단의 공의에 따라 어떤 벌이라도 달게 받겠다고 합니다."라고 사뢰자, 대산 종사 말씀하시기를 "천하가 다 버려도 스스로 자기를 버리지는 말아야 하나니, 도가에서 한마음이 중요한 것은 그 한마음에 따라 영생사가 달려 있기 때문이니라. 성공할 때의 마음보다 실패했을 때의 마음이 더 중요하나니 법 있게 나아가도록 인도하라. 대중이 벌을 주고 안 주는 데에 묶이지 말고 조용히 물러나 한마음 챙겨 영생사를 해결하는데 크게 정진하도록 이끌어 주라." 〈회상편 23장〉

| 출처 |

일을 저지른 당사자를 만나고 온 김지성에게 말씀하시기를[인장도용사건]
본인이 깊이 반성하고 참회하며 교단에서 공의에 따라 어떠한 벌을 가하여도 달게 받겠다고 하며 신변에는 아무 이상이 없다니 마음 놓이고 내 마음 퍽 기쁘고 안심된다. 그에게 가서 천하가 다 버려도 본인 스스로는 안 버려야 하고, 눈밖에 사람들하고는 개인감정으로 얽혀지면 절대로 안 되니 그 기본 심법을 갖도록 하고, 또 성공할 때의 마음보다 실패하였을 때의 마음이 중요하니 법 있게 나가도록 전하라. 사람은 누구나 잘못이 있고 실수도 있는 법이다. 그 일이 잘못되었을 때는 자신을 돌이켜 보아 그 잘못을 뉘우쳐야 한다. 이번 일에 대중은 생명을 내걸고 일어나며, 만일의 경우 수습을 할 수 없는 상태까지 몰고 올 위험이 너무 크므로 나는 이번 일에 일체 공의로 하게 하였고 또 법이 서도록 하였다.
이 집안에도 산 사람이 있어야 하지 않겠는가?
이번에 교단적으로 받은 벌은 기간이 좀 지나면 대사면이 있을 것이다. 도가에서는 한마음이 중요하니 본인의 마음에 달려 있다. 대중이 벌주고 안 주고는 관계없다. 본인은 영생사가 한마음 새롭게 하느냐 아니하느냐에 달려 있다. 실은 어떤 일로든지 물러서 조용히 마음을 챙겨 볼 때가 영생사가 해결된다.

그러므로 두 형제분이 본인들 스스로 진정으로 참회하여야 하고, 또 좌우에서 그렇게 하는 것이 두 형제를 위하는 길이다. 앞에서는 안 된 듯하여 동조하고 나와서는 진정으로 그 사람들을 위하는 길이 아니다. 나도 그렇다. 이때 법을 세워야 하니 공의에 맡기고 본인들 스스로 1~2년 동안 깊이 진정으로 참회토록 하는 것이 정도인 듯하다. 권모술수로 사람을 달래는 식은 정법이 아니다. 본인들도 이때를 당하여 공의에 따라 법 세우는데 감수하며 새 마음을 챙기고 응하면 교단 만대를 통한 역사가 될 것이다.

〈『대산종사수필법문집』 1. pp.701~702. 원기58년 3월 4일〉

| 배경 및 상황 |

대산 종사는 원기58년(1965) 3월 4일 인장도용사건을 일으킨 당사자를 만나고 김지성에게 말씀하시기를 "사람은 누구나 잘못이 있고 실수도 있는 법이다. 그 일이 잘못되었을 때는 자신을 돌이켜 보아 그 잘못을 뉘우쳐야 한다. 도가에서는 한마음이 중요하니 본인의 마음에 달려 있다. 대중이 벌주고 안 주고는 관계없다. 본인은 영생사가 한마음 새롭게 하느냐 아니하느냐에 달려 있다. 실은 어떤 일로든지 물러서 조용히 마음을 챙겨볼 때가 영생사가 해결된다. 이때 법을 세워야 하니 공의에 맡기고 본인들 스스로 1~2년 동안 깊이 진정으로 참회토록 하는 것이 정도인 듯하다."라고 하였다.

| 용어 풀이 |

○ **영생사(永生)** ① 영원한 세상, 세세생생. 죽지 않고 영원히 사는 것. ② 삼세 인과의 이치를 깨달아 생사를 해탈하는 것. 열반과 같은 뜻. 열반은 생사를 해탈해서 나고 죽음을 초월한 경지를 말하며, 그러한 경지를 영생을 얻었다고 한다.

○ **인도(引導)** 사람을 이끌어 원불교 교도가 되게 하는 것. 인생의 바른길을 모르는 사람에게 바른길로 이끌어 주는 것. 길을 안내하는 것. 가르쳐 이끄는 것.

㉔ 수위단원은 천지와 대종사의 대행자이다

대산 종사, 수위단회에서 말씀하시기를 "천지는 만물의 중앙이므로 만물을 총섭하고, 부모는 자녀의 중앙이므로 모든 자녀를 똑같이 책임지나니, 도덕가의 스승인 수위단원도 교단과 교도의 중앙이므로 천지와 대종사의 대행자로서 교단과 세계를 책임지고 전 교도와 일체 생령을 인도할 책임이 있느니라." 〈회상편 24장〉

| 출처 |

제2대 제72회 임시 수위단회 개회사

천지는 만물의 중앙이다. 천지는 어느 한 물건의 천지가 아니고 만물을 다 포섭할 수 있는 천지의 중앙이다. 부모는 자녀의 중앙이고, 부모는 어느 자녀만 위한 것이 아니라 전 자녀의 중앙이 되는 것이다. 도덕가의 사부는 만대에 교도들의 중앙이 되기 때문에, 누구 하나를 성공시키고, 누구 하나를 성공 안 시키는 이런 마음을 가져서는 중앙이 아닐 것이고, 천지가 아닐 것이고, 부모가 아닐 것이고, 사부가 아닐 것이고, 진정한 우리 수위단의 사명이 아닐 것이기 때문에 우리는 중앙이라는 관념을 가져서 다 성공하도록 노력하는 데 성공시킨다고 할 때 차서가 있는 것이다.

〈『대산종사수필법문집』 1. pp.1643~1644. 원기62년 3월 4일〉

| 배경 및 상황 |

대산 종사는 원기62년(1977) 3월 4일 제2대 제72회 임시 수위단회 개회사에서 말씀하시기를 "수위단원은 천지와 대종사의 대행자이며 교단과 세계를 책임지고 전 교도와 일체 생령을 인도할 책임이 있다."라고 하였다. 이날 임시 수위단회 안건으로 ① 종법사 선거 개정의 건. ② 수위단회 선거법 개정의 건.

③ 교정위원회 개정의 건. ④ 중앙교의회 개정의 건. ⑤ 교당 규정 개정의 건. ⑥ 교구 규정 개정의 건. ⑦ 교정원 조직법 개정의 건. ⑧ 중산 정광훈 법사 법위사정의 건. ⑨ 교화단규 개정안 심의의 건. ⑩ 출가 재가 전교도 법위사정의 건. ⑪ 교정위원 선정의 건 등이 결의되었다.

| 용어 풀이 |

○ **총섭(總攝)** 모두 거느려 포함한다는 뜻. 일원의 진리가 진리의 양면을 두루 포함한다는 의미에서 "유(有)와 무(無), 이(理)와 사(事)를 총섭한다."는 표현 등에 쓰임.

○ **일체생령(一切生靈)** 우주 전체에 존재하는 모든 생명체.

㉕ 교단의 다섯 가지 과제

대산 종사, 원기 57년 '교단의 다섯 가지 과제'에 대해 말씀하시기를 "첫째, 전무출신 제도의 보완이니, 전무출신의 종별을 두어 각자의 소원과 형편에 따라 봉공할 수 있게 하고, 정남 정녀들이 사심 없는 수도와 책임 있는 봉공으로 수도 정진할 수 있도록 분위기를 만들어 주며, 세대 전무출신을 배출하기 위한 제도를 미리 세워둘 것이니라. 둘째, 훈련의 실시니, 정기 훈련과 상시 훈련의 정신을 더욱 살려 자기 훈련으로 교도 훈련을 하고, 교화단 훈련으로 전 국민과 전 세계 훈련을 할 수 있도록 하며, 선원과 학원과 훈련원은 물론 각 교당과 기관에서 이 법으로 철저히 훈련을 하도록 할 것이니라. 셋째, 경제 기반의 확립이니, 교화·교육·자선·훈련·후원·생산 등 6대 기구와 유지·육영·요양·교화·봉공 등 5대 재단을 설립하여 출가·재가·국가·세계 등 4대 봉공회와 각종 유지 기관의 기반을 확립할 것이요, 넷째, 균형 잡힌 세계 건설이니, 세계가 정신과 경제의 병행으로 정교 동심(政教同心)이 되어 하나의 세계를 이루고, 삼동윤리 실천과 공동시장 개척으로 서로 넘나들고 균형을 잡도록 할 것이요, 다섯째, 인류가 안고 있는 정신과 육신의 질병을 퇴치하는 일이니, 각자가 인과의 이치를 배우고 깨달아서 병의 근본을 다스릴 것이며, 동서 의학이 합심하여 난치병 치료법을 개발하는 데에 힘쓸 것이니라."

〈회상편 25장〉

| 출처 |

교단의 과제 다섯 가지

원기57년 8월 삼동원에서 정식 공포하시다.

一. 전무출신에 관하여

(1) 오종별(五種別)의 전무출신제 실시[特, 甲, 乙, 內, 丁, 戊] 종별을 두어 각자의 소원과 형편 따라 봉공케 할 것.

㉠특종 정남정녀에 대하여 자신도 특별한 서원과 환경을 갖고 주위에서도 그러한 분위기를 만들어 줄 것.

◉처음 출발할 때나 노년기에 더욱 수도를 철저히 할 것. [기도 기관 설치 = 기도 서원 주간 실시]

◉봉사 기간을 봉공하되 사문기(四問期)를 철저히 시행할 것.

㉡교단적으로 세대(世帶) 교무제에 대한 방안을 세워놓을 것.

※사문기(四問期)와 세대 교무를 초월해서 정남정녀로 일생을 서원할 시는 대도정법을 천하에 전하기 위하여, 자신의 영겁 일을 해결하기 위하여, 대서원 대신성 아래 이 한 생 대도에 바쳐 사심 없는 수도와 책임 있는 봉공으로 전 인류의 복혜의 문로를 열어 주는 횃불이 되는 생애를 염원하면서 나아갈 일.

二. 이대(二大) 훈련 실시에 관하여

(1) 정기훈련과 상시훈련의 정신을 더욱 살려 자기훈련으로 타인훈련, 단체훈

련으로 세계훈련을 실시해 나갈 것.

(2) 각 선원, 학원, 훈련원은 물론 각 지부 기관에서도 이 법으로 철저한 훈련을 할 것.

※앞으로는 교단에서 인재육성과 훈련에 역점을 두어야 할 것이요, 훈련은 교단의 생맥(生脈)이다.

※양대 인격(兩大人格), 대법위 향상(大法位向上), 세계 지식 활용

※일일시시로 자기 훈련을 하고, 교화단으로 세계 훈련하며, 자기 신분검사로 세계 정화하자.

◉청소년 지도 육성 훈련 문제

훈련 요령

(1) 삼학공부로 마음 개조하도록

(2) 사은의 은혜를 알아서 감사 보은 생활하게

(3) 사요실천하여 균등사회 개척하는 주인 되게

(4) 정교동심으로 해 나가되 종교가 주가 되고 정치가 종이 되게.

三. 이대(二大) 경제 기반에 관하여

※ 육대기구 오대재단 설립

(1) 사대봉공회(四大奉公會) 기반 확립

(2) 각급 유지 기반 확립

◉교단 회갑[제2회 및 제2대 말] 만대 원만 무결 대종교 육성 [內實, 底力, 細根]

四. 균형 잡힌 세계 건설에 관하여

(1) 세계가 정신과 경제가 병행하고 내외로 정교동심이 되어 하나의 세계를 이룩할 일.

(2) 사대 강국의 균형과 협력으로 당면한 분단국[남북한, 남북월남]과 분쟁 문제를 해결할 것. 종전 및 휴전 통일 협상.

(3) 종교적으로 삼동윤리 실현, 경제적으로 공동시장 설립, 세계종교가 서로

넘나들고 세계 경제가 균형 잡히게 할 것.

※이젠 어느 하나가 좋고 어느 하나가 나쁘다고 하여서는 안 된다. 고루 성공시키되 음양이 상합(相合)하고 정교(政教)가 합심하도록 하여야 한다.

五. 세계정신, 육신, 질병 문제에 관하여

(1) 각자가 인과의 이치를 배우고 깨달아서 병의 근본을 다스릴 것. [생사는 거래(去來)로 알아 해탈, 인과는 여수(與受)로 알아 해결]

(2) 동서의학(東西醫學)이 합심 교류 연구하여 현존 난치병의 새로운 치료법을 발명할 것.

※당면한 교단 재가·출가 난치병 동지들의 쾌유를 염원할 것.

〈『대산종사수필법문집』 1. pp.645~646. 원기57년 8월〉

| 배경 및 상황 |

대산 종사는 원기57년(1972) 8월 중 삼동원에서 '교단의 다섯 가지 과제'를 다음과 같이 공포하였다. ① 전무출신 제도 보완. ② 훈련 시행. ③ 경제 기반 확립. ④ 균형 잡힌 세계 건설. ⑤ 정신과 육신의 질병 퇴치."

| 용어 풀이 |

○ **정남정녀(貞男貞女)** ① 원불교의 전무출신으로서 일생 결혼하지 않고 교단에 봉직하는 남자 교역자를 정남, 여자 교역자를 정녀라 한다. 교역자의 결혼은 교단의 법으로 정하지 않고 각자의 자유의사에 맡기기 때문에, 스스로의 선택·결정에 따라서 정남·정녀가 될 수 있다. ② 동정(童貞)을 지키는 남자를 정남, 여자를 정녀라 한다. 정녀의 경우에는 동정녀라고도 한다.

○ **세대전무출신(世帶專務出身)** 부부가 함께 전무출신 하는 것. 가구를 이루어 부부가 함께 생활하면서 교화·교육·자선 등의 분야에서 원불교 교역을 담당하는 전무출신을 말함.

○ **정교동심(政教同心)** 소태산 대종사의 정교관(政教觀)이며, 정산 종사가 내세운 사대 경륜의 하나. 그러나 정산의 재위 기간에 한정된 것이 아니라 정치와 종교의 관계, 원불교인의 사회적 실천에 관한 기본 철학으로 되어 있다. 정치와 종교가 동등한 사회구성의 요소로써 국민 생활을 발전시키는 각각의 역할을 충실하게 하자는 것이다.

○ **삼동윤리(三同倫理)** 소태산 대종사의 일원주의사상을 계승하여 정산 종사가 선포한 윤리강령으로 동원도리(同源道理)·동기연계(同氣連契)·동척사업(同拓事業)을 말한다. 정산은 종교와 인류가 지녀야 할 이념과 나아가야 할 방향을 실천윤리로 제시했다. 삼동윤리는 원기46년(1961) 4월에 정산이 개교 경축식전에서 처음 설한 법설이다. 이듬해 1월에 정산은 삼동윤리를 마지막으로 설한 후 이를 최후의 게송으로 주는 것이라고 유시하고 열반했다. 삼동윤리는 인류의 대동화합과 단결을 주 내용으로 하며, 원불교가 교단의 울을 벗어나서 세계주의를 지향할 것과 모든 종교가 평화와 진화의 길로 나아갈 방향을 제시한 윤리 강령이다.

○ **세계평화삼대제언(世界平和三大提言)** 대산 종사의 종법사 재세 기간 교단적 수많은 업적 가운데 대외적인 큰 이슈는 종교연합운동이라고 할 수 있다. 이를 제언하고자 대산 종사는 ① 심전계발의 훈련(心田啓發訓練): 우리 모든 인류가 묵고 있는 마음밭을 계발하고 훈련시켜서 진리의 태양이 솟아 마음을 서로 크게 넓히고 밝히고 잘 쓰는 슬기로운 새 나라 새 세계를 만들자. ② 공동시장 개척(共同市場開拓): 우리 모든 인류가 나라와 사상의 울을 넘어서서 생존 경쟁보다 서로 공생 공영할 수 있는 새로운 길을 개척하자. ③ 종교연합기구 창설(宗教聯合機構創設): 우리 모든 종교인은 합심합력해서 정치 U.N.에 대등한 종교 U.R.을 창설시켜서 인류에 대한 영과 육의 빈곤·질병·무지를 퇴치시킬 수 있는 의무와 책임을 갖자.

○ **동서의학(東西醫學)** 동서의 의학이 합심 교류 연구하여 현존 난치병의 새로운 치료법을 발명하자는 것이다. 대산 종사는 일원의학이라고도 하였다.

㉖ 교당의 네 가지 관리법

대산 종사, '교당의 네 가지 관리법'에 대해 말씀하시기를 "첫째, 가옥 관리이니 교당에 살면서 내 몸 돌보듯 가옥 관리에 정성을 다해야 찾아오는 사람들이 감명받을 것이요, 둘째, 가사 관리이니 살림을 잘못하면 밖에서 볼 때 겉은 있으나 속은 없다고 할 것이요, 셋째, 인재 관리이니 위에서는 아랫사람을 잘 보살피고 아랫사람은 윗사람을 스승으로 잘 받들어야 할 것이요, 넷째, 자기 관리이니 진리를 닮고 정의를 사랑하는 마음으로 자기 관리를 잘해야 다른 사람을 제도할 수 있느니라. 그러므로 이상 네 가지가 소홀한가 철저한가를 살펴서 일생을 계획하고 영생을 설계해야 하느니라." 〈회상편 26장〉

| 출처 |

교정위원회 치사

'네 가지 관리법'

대종사께서는 기관 지방 교무들에게 항상 기관과 교당 관리를 잘하라고 당부하셨습니다. 오늘 교정위원회를 맞이하여 평소에 생각하고 있던 네 가지 관리법을 말씀드리려 합니다.

첫째는 교당에 살면서 가옥 관리를 내 몸 관리하듯이 정성을 다해야 합니다. 그래야만 교당을 찾아오는 손님들이 정숙한 분위기에 감명을 받고 고개를 숙이게 될 것입니다. 둘째는 가산 관리, 즉 살림을 잘해야 합니다. 살림을 잘못하면 밖에서 볼 때, 겉은 있으나 속은 없다고 볼 것입니다. 셋째는 인재 관리를 잘해야 합니다. 국가에서는 국민을 잘 관리해야 하듯, 교단에서는 인재를 잘 관리해야 합니다. 위에서는 아랫사람들을 잘 보살펴야 하고 아랫사람들은 위의 스승을 받들고 모셔야 합니다. 넷째는 자기 관리를 할 줄 알아야 합니다. 가옥과 가산과 인재 관리가 잘 되었다고 할지라도 자기의 몸과 마음을 관리하지 못한다면 다른 사람을 제도하지 못할 것입니다.
자기 관리를 못 하는 사람들은 일시적으로 다른 사람을 속일 수는 있으나 천년의 역사를 통해서 본다면 본색이 드러나고 말 것입니다. 자기 관리는 몸 관리보다 마음 관리가 더욱 중요합니다. 진리를 닮아가고 정의를 사랑하는 마음이어야 합니다. 자기 관리가 소홀한가 철저한가를 생각해서 일생을 계획하고 영생을 설계해야 합니다.

〈『대산종사수필법문집』 1. pp.803~804. 원기58년 10월 8일〉

| 배경 및 상황 |

대산 종사는 원기58년(1973) 10월 8일 교정위원회 치사에서 '교당의 네 가지 관리법'에 대하여 말씀하시기를 "첫째는 가옥 관리, 둘째는 가사 관리, 셋째는 인재 관리, 넷째는 자기 관리"를 잘해야 한다고 하였다. 이상 네 가지가 소홀한가 철저한가를 살펴서 일생을 계획하고 영생을 설계해야 한다.

| 용어 풀이 |

○ **교정위원회(敎政委員會)** 원불교 중요 교정을 결의하던 기관. 원기44년(1959)에 처음 설치했다가 원기72년(1987)에 폐지되었다. 원기27년(1942)에 '본지부 연합회'라는 기구가 있었는데, 이것이 교정위원회의 전신이라고 할 수 있다. 교단의 최고결의기관으로서 수위단회, 교단의 결의기관으로서 중앙교의회, 교정의 결의기관으로서 교정위원회가 설립된 것이다. 신설된 교정위원회의 의장은 교정원장이 되며, 수위단회에서 선정한 4급 이상의 교역자로 구성되었다.

○ **치사(致辭)** 다른 사람을 칭찬함. 또는 그런 말.

27 교화사업회 창립이사회 치사

대산 종사, 교화사업회 창립이사회에서 말씀하시기를 "대종사께서 구원 겁래에 세우신 제생 의세의 뜻을 이 땅에 실현하기 위하여 우리가 교화 활동을 전개하고 있고, 이를 후원할 사업회를 구성하여 창립이사회를 갖게 된 것은 참으로 뜻깊은 일이라. 지금은 그 싹을 틔우는 데 불과하나 장차 한없는 세상에 무량 중생이 이 사업회의 후원에 힘입어 제도의 은혜를 받게 되리라. 세상에 큰일이 많이 있으나 도덕으로 천하를 한 집안 만드는 일보다 더 큰 일은 없나니, 이 교화사업을 전개하여 결실을 거둘 때 교단의 모든 분야도 더욱 큰 힘을 타게 될 것이므로 더욱더 이 일에 힘을 쓰라." 〈회상편 27장〉

| 출처 |

교화사업회 창립이사회 치사

도덕으로 천하를 한 집안 만드는 일

대종사께서 구원겁래에 세우신 제생의세의 뜻을 이 땅에 실현하기 위한 교화활동의 토대로서 그 후원회를 육성하기 위해 이사회를 구성하고 오늘 이 역사적인 창립이사회를 하게 된 것을 참으로 경하해 마지않으며 초대 이사 여러분에게 치하와 아울러 몇 말씀 당부하고자 합니다.

세상에는 큰일들이 많이 있으나 도덕으로 천하를 한 집안 만드는 일보다 더 큰 일이 없으며 도덕으로 천하를 한 집안 만드는 일은 바로 우리의 교화사업이며 이 교화사업이 전개되어 교화의 실을 거둘 때 또한 교단의 다른 모든 분야도 더욱 큰 힘을 타게 될 것입니다. 그러므로 더 적극적으로 교화를 뒷받침하는 후원 활동이 절실히 요청되는바 이러한 점에서 이사 여러분들의 앞으로 활동에 크게 기대하는 바입니다. 지금에서는 아직 그 싹이 트는 데에 불과하지마는 장차 한없는 세상에 무량 중생이 본 재단의 후원에 의한 교화사업을 통해서 세상에 제도의 은혜를 입게 되는 무량 공덕이 드러날 것이니 초대 이사 여러분들께서는 이러한 큰 의의를 십분 자각하시고 이 같은 교단의 만년대계에 다 같이 이바지하여 주시기를 거듭 부탁하는 바입니다.

〈『대산종사수필법문집』 1. pp.1032~1033. 원기59년 12월 25일〉

| 배경 및 상황 |

대산 종사는 원기59년(1974) 12월 25일 교화사업회 창립이사회 치사에서 '도덕으로 천하를 한 집안 만드는 일'이란 제목으로 치사하였다.

원기51년(1966) 6월 임시수위단회의 결의에 따라 이듬해부터 교화재단이라는 이름으로 자금을 모집하기 시작했고, 원기54년(1969) 제18회 육영재단 이사회에서 교화재단 정관 초안을 심의 의결했으며, 원기59년(1974)에 교화사업회 창립총회를 개최하여 회장에 오철환이 취임했다. 대산 종사는 교화사업회 창립이사회에서 교화사업의 중요성을 강조하면서 "대종사께서 구원겁래에 세우신 제생의세의 뜻을 이 땅에 실현하기 위한 교화 활동의 토대로서 그 후원회를 육성하기 위해 이사회를 구성하고 오늘 이 역사적인 창립이사회를 갖게 된 것을 참으로 경하해 마지않으며 초대 이사 여러분에게 치하와 아울러 몇 말씀 당부하고자 합니다. 대종사께서 뜻하시는 지상 과제는 제생의세로서 이 세상에 대낙원을 건설하시고자 하심이요, 이 대낙원을 건설하기로 하면 무엇보다도 대도정법의 도덕으로써 세상을 정화하지 아니하고는 이룩될 수 없는 것입니다."라고 하였다.

| 용어 풀이 |

○ **교화사업회(敎化事業會)** 교단의 교화사업을 촉진하고 후원하기 위해 설립한 재단. 통상 '교화사업회'라는 명칭을 사용한다. 사업 목적은 전 세계를 불은화하고 일체 대중을 선법화하여 재생의세하는 교화사업의 후원에 있으며, 이러한 목적 달

성을 위해 교당 설립 개척·해외 포교 개척·도서 교재 출판·선전문화예술 등의 교화사업에 지원하고 있다.

○ **구원겁래(久遠劫來)** 먼 옛날부터 지금까지. 아득히 멀고 오랜 과거 이래로 현재까지 길고 긴 세월을 의미한다.

○ **제생의세(濟生醫世)** 일체생령을 도탄으로부터 건지고 병든 세상을 치료한다는 뜻. 곧 이 세상은 질병·기아·무지·폭력·인권유린 등으로 병들어 있으며, 병든 세상에서 인간이 온갖 고통을 받고 있으므로 세상의 병을 다스리고 인간을 고통으로부터 벗어나게 하는데 성의를 다하자는 것. 성불제중과 같은 의미로 쓰이나 제생의세는 '제중'에 더 비중을 둔 개념으로 세상의 병맥을 진단하고 치료하는 데 적극적으로 참여할 것을 촉구하는 개념이다.

○ **후원(後援)** 뒤에서 도와줌.

○ **무량중생(無量衆生)** 한없이 많은 중생. 무량이란 한량없이 많아서 인간의 지식으로써는 어떻게 헤아릴 수 없다는 말. 무한량·무한대의 뜻으로 시방 삼계에 부처님의 구제를 기다리는 수많은 중생을 가리키는 말.

㉘ 바른 역사는 만대의 거울

대산 종사, '교사'의 감수를 마치신 후 이공전이 휘호를 청하니 '정사법감(正史法鑑)'이라 써 주시며 말씀하시기를 "교사가 없는 것은 족보 없는 집안과 같은바, 이제 교사의 감수를 마쳤으니 큰 경사라, 바른 역사는 곧 만대의 거울이 되느니라." 〈회상편 28장〉

| 출처 |

범산(凡山) 이공전(李空田) 선생이 교사(教史) 감수판을 가지고 오시어 종

법사님께 감수를 받으신 후 휘호를 하나 내려주시기를 원하여 청함에 '정사법감(正史法鑑)'이라고 써 주시며

"바른 역사를 써서 만대에 법의 거울이 되게 하라."고 일러주시며 수고가 많았다고 칭찬하여 주시며, "교사가 없는 것은 족보 없는 집안이나 같은 것인데, 이제 교사가 완전히 감수되었으니 큰 경사."라고 말씀해 주심.

〈『대산종사수필법문집』 1. p.1187. 원기60년 7월 18일〉

| 배경 및 상황 |

대산 종사는 원기60년(1975) 7월 18일 범산 이공전이 교사(教史) 감수판을 가지고 와서 종법사님께 감수를 받은 후 휘호를 하나 내려주기를 원하여 청함에 '정사법감(正史法鑑)'이라고 써 주었다.

『원불교교사』를 편찬하기 이전에 정산 종사가 원불교 창립기의 역사를 담은 『불법연구회창건사』를 집필하여 원기22년(1937)부터 2년간 《회보》에 발표한 글로 소태산 대종사의 탄생에서부터 창립 제1회인 원기12년(1927)까지의 원불교 역사에 대한 기록물이다. 이를 이어 이공전이 편찬한 교사는 '원불교 반백년 교단사'이다. 전 3편으로 교조 소태산 대종사의 탄생과 구도 및 대각(大覺)에서 교단 창립 과정, 그리고 원기56년(1971) 개교반백년기념대회의 교단 상황까지를 정리했다.

| 용어 풀이 |

○ **교사(教史)** 원불교 교서의 하나이며 개교반백년의 교단사를 엮은 책. 원기60년(1975)에 원불교정화사에서 편찬해 출판했으며, 내제는 '원불교 반백년 교단사'이다. 전 3편으로 교조 소태산 대종사의 탄생과 구도 및 대각에서 교단 창립 과정, 그리고 원기56년(1971) 개교반백년기념대회의 교단 상황까지를 정리했다.

○ **이공전(李空田, 1927~2013)** 본명은 순행(順行). 법호는 범산(凡山). 필명은

원봉(圓峰). 법훈은 종사. 원기12년(1927) 3월 24일, 전남 영광군 묘량면 신천리에서 부친 호춘(恒山 李昊春)과 모친 김장신갑(裁陀圓 金長信甲)의 4남매 중 장남으로 출생했다. 원기25년(1940) 총부를 방문하여 소태산 대종사를 뵙고 입교와 함께 전무출신을 서원했다. 유일학림 1기로 수학한 다음 원광사 주필, 법무실 비서, 대종경 편수위원, 정화사 사무장, 원불교신보사 주필, 감찰원부원장, 하섬수양원장, 원불교신보사장, 남자원로수양원장, 수위단원을 역임하고, 한국종교인협의회 발기위원과 세계종교자평화회의 원불교 대표 등 교단의 대외교류 소임을 수행했다. 특히 소태산 당시인 원기27년(1942) 박장식, 원기28년(1943) 정산 종사를 보필하여『정전』편찬에 조력한 것을 시작으로 원불교교서 편수에 참여하여 대산 종사 재위 중에『원불교교전』등의 칠대교서를 완정하는 주역으로 활약했다.

○ **휘호(揮毫)** 붓을 휘두른다는 뜻으로, 글씨를 쓰거나 그림을 그리는 것을 이르는 말.

○ **감수(監修)** 책의 저술이나 편찬 따위를 지도하고 감독함.

㉙ 교헌 개정의 기본 정신

대산 종사, 교헌 개정을 앞두고 말씀하시기를 "교헌 개정의 기본 정신은 교단이 만대를 통하여 공정하고 원만하게 운영될 수 있도록 법을 짜는 것이니, 법과 일을 함께하되 법통이 주가 되도록 하고, 분야대로 역량대로 재가 교도·출가 교도가 다 활동할 수 있도록 길을 열되 전체적인 면과 항구적인 방안을 모색하여, 좁히는 것보다는 넓히는 방향으로, 작은 것보다는 큰 방향으로, 일부의 성공보다는 전체의 성공이 되도록 하라. 교단이 안정 속에 발전하려면 법치 교단이 되어야 하며 숭덕존공(崇德尊功)의 정신이 기본이 되어야 하느니라." 〈회상편 29장〉

| 출처 |

교헌(敎憲) 개정에 대한 기본 방침을 김윤중(金允中), 김인철(金仁喆), 황직평(黃直平)이 모시는 가운데에 4~6일까지 지시를 받다

1. 교헌 개정에 기본 정신은 교단 만대를 놓고 이 교단이 원만히 운영해 나가도록 짜야 한다. 공정히 잘 짜라.

7. 종단은 정치와 다르다. 법과 일이 병립해 나가야 한다. 그러나 항상 법통이 위주 되어야 한다.

○ 숭덕존공(崇德尊功)[법가(法家)는 법을 중심으로 하라. 상하 윤리가 손상되어서는 안 된다] 〈『대산종사수필법문집』 1. pp.1216~1217 원기60년 9월 4일〉

2. 재가·출가의 교정(敎政) 참여를 원칙으로 평등하게 하라. 그러나 재가교도가 수준이 높아질 때는 가능하다.

〈『대산종사수필법문집』 1. pp.1217~1218. 원기60년 9월 5일〉

교헌에 대한 전문위원회 위원들의 의견을 총무부장이 보고 올린 데 대하여 다음과 같이 지시하여 주시다.

교헌 개정을 할 때는 그 근본정신을 전체 면과 항구적인 방안으로 모색하라. 그때의 한두 사람을 보고 법을 짜면 안 된다. 그리고 뒤 대에 사람이 많이 있었음을 그 법으로 증명하게 하라. 숭덕존공(崇德尊功)이 돼야 한다고 기본 방향을 지시하여 주시다.

〈『대산종사수필법문집』 1. pp.1514~1515. 원기61년 8월 13일〉

총무부에서 개최하는 교헌 개정 전문위원회의에 참석하시어 의견을 총괄적으로 청취하시고 결론을 다음과 같이 내려주시다.

나는 교헌 문제를 십여 년을 두고 천지대공사(天地大公事)로 서원을 올리면서 만대의 교단을 놓고 볼 때 이 교단이 어떤 방향으로 갈 것인가 하고 생각해 오고 있다. 좁히는 방향보다는 넓히는 방향으로, 작은 방향보다는 큰 방향으로, 몇의 성공 방향보다는 전체의 성공 방향으로, 그러므로 대종사께서 널리 많은 수를 제도하는 것이 나의 본의라고 해주셨다. 그러니 만대 법치 교단이 되도록 지금 당장 사람을 표준 하지 말고 이 법이 발표되면 국내에서도 알 것이고, 세계에서도 볼 것이니 원불교는 개방된 원불교냐, 가려진 원불교냐 평하게 될 것이니 이를 잘 알아 이번에 다 하려 말고 교정위원회 때도 하고 해서 방향은 항시 넓히고 소(小)보다도 대(大)로 나가야 할 것이다.

〈『대산종사수필법문집』 1. p.1519. 원기61년 8월 17일〉

| 배경 및 상황 |

대산 종사는 원기62년(1977) 3월 1일 교헌 3차 개정을 앞두고 원기60년(1975) 이후 교헌 개정에 대한 기본 방침과 교헌에 대한 전문위원회 위원들의 의견을 청취하고 교헌 개정 전문위원회의에 참석하시어 의견을 총괄적으로 청취하고 결론을 말씀하였다.

대산 종사는 "법통이 주가 되도록 하고, 재가교도의 교정 참여의 방안을 제시하고, 교당이 안정 속에 발전하려면 법치 교단이 되어야 하며 숭덕존공의 정신이 기본이 되어야 한다."라고 하였다.

| 용어 풀이 |

○ **원불교교헌(圓佛教教憲)** 원불교 교단을 합리적이고 미래지향적으로 운영해가기 위해 필요한 기본 법규로서 원불교 교서의 하나. 교단 초기에 『불법연구회규약』·『불법연구회통치조단규약』·『불법연구회회규』 등이 있었다. 원기33년(1948)에 『원불교교헌』이 제정 공포되었고, 이후 5차의 개정이 있었으며 전문과 총 9장 91조와 부칙 3조로 구성되어 있다.

○ **법통(法統)** ① 법을 전해주고 이어받는 계통. 종법사와 다음 종법사로 법이 계속 이어가는 것. 정산 종사는 소태산 대종사의 법통을 이어받았고, 대산 종법사는 정산 종사의 법통을 물려받은 것이다. ② 넓은 의미로 스승이 제자에게 법을 전해주는 것. 이때 원불교는 단전(單傳)이 아니라 공전(公傳)으로 한다.

○ **항구적(恒久的)** 변하지 아니하고 오래가는 것.

○ **법치(法治)** 〈회상편 22장〉 용어 풀이 참조.

○ **숭덕존공(崇德尊功)** 덕 있는 사람을 높여 소중히 여기고 공로가 있는 사람을 존대한다.

㉚ 교헌은 종법사가 중심되어 신앙의 중심체를 세우자

대산 종사, 교헌 개정에 앞서 말씀하시기를 "교단의 헌법은 어디까지나 종법사가 중심이 되어 신앙의 중심체를 세워야 하느니라. 만일 그렇지 아니하면 신앙 중심이 아닌 행정 중심의 교단이 되어 오래 갈수록 이해관계로 얽히는 일이 생길 것이니 이 점을 명심해야 하느니라." 〈회상편 30장〉

| 출처 |

교단의 헌법은 어디까지나 종법사 중심제가 되어서 신앙의 중심체를 세워야 한다. 만일 교정원장에게 권한이 많이 있게 되면 신앙 중심이 아닌 행정 중심의 교단이다. 오래 갈수록 이해관계로 얽히는 일이 생길 것이다. 그러니 이 점 명심해야 한다. 선 법사께서 한 번 이런 말씀을 하시더라. '그 자리 떠나면 그만이네, 그것이 인심이네' 하시므로 뒤에 지내고 보면 그렇더라. 그 사람이 그 자리를 물러난 뒤에도 한결같이 정의를 통하는 사람은 대인이다.

〈『대산종사수필법문집』 2. p.698. 원기70년 6월 14일〉

| 배경 및 상황 |

대산 종사는 원기72년(1987) 11월 15일 교헌 4차 개정에 앞서 원기70년(1985) 6월 14일 "교헌은 종법사 중심제로 신앙의 중심체를 세워야 하고 만일 교정원장에게 권한이 많이 있게 되면 신앙 중심이 아닌 행정 중심의 교단이다. 오래 갈수록 이해관계로 얽히는 일이 생길 것이다. 그러니 이 점 명심해야 한다."라고 말씀하였다.

| 용어 풀이 |

○ **헌법(憲法)** 국가 통치 체제의 기초에 관한 각종 근본 법규의 총체. 모든 국가의 법의 체계적 기초로서 국가의 조직, 구성 및 작용에 관한 근본법이며 다른 법률이나 명령으로써 변경할 수 없는 한 국가의 최고 법규이다.

○ **종법사(宗法師)** 원불교 교단의 최고지도자, 또는 그에 대한 호칭. 가장 으뜸 되는 법사[스승]라는 뜻을 포함한 용어. 원불교 종법사는 교조 소태산 대종사의 법통을 이어, 안으로 교단을 주재하며 밖으로 교단을 대표한다. 또한 교단의 조직에 있어서 최상위 의결기관인 수위단회의 의장, 최상위 교화단인 '수위단'의 단장, 교화단의 총단장이 된다. 천주교의 교황이나 불교 종정(宗正), 천도교의 교령 등에 해당하는 지위와 유사하다.

○ **교정원장(教政院長)** 원불교 중앙총부의 집행기관을 교정원이라 하며, 교정원의 책임자를 교정원장이라 한다. 교정원장은 종법사가 수위단회의 동의를 얻어 임명하며, 임기는 3년으로 하되 연임할 수 있다. 교정원장은 종법사의 명을 받아 집행 각부와 교구·교당·기관·단체 및 법인을 통리 감독하며 교정에 대하여 책임을 진다[〈원불교교헌〉4장 4절 65조]. 교정원장의 권한에 속하는 것으로 중요사항을 의결하기 위해 원의회를 두며, 교단의 현안은 원의회의 의결을 거쳐 〈교규〉의 시행에 있어 필요한 〈교령〉을 발한다. 교정원장은 교단의 행정 책임자로서 종법사의 명을 받아 교단의 중요 사업을 관장하는 행정적 수반이다.

㉛ 해외 종법사 제도를 연구하자

대산 종사 말씀하시기를 "교단 만대의 발전을 위해서는 해외 종법사 제도도 연구해야 하나니 대종사께서는 한국에는 중앙 종법사가 주재하고 해외에는 각국 종법사가 주재하여 3년에 한 번씩 금강산에서 회의를 하게 될 것이라고 하셨느니라." 〈회상편 31장〉

| 출처 |

범산(凡山) 이공전(李空田)에게

교헌(敎憲) 연구를 더 철저히 하도록 말씀하시면서 "수위단원 수도 현재의 수로만 국한하지 말고 무방위(無方位) 단원이나 각 방위에 따라 2~3명씩 더 두도록 하는 것도 좋겠으며, 또 재가 교도도 수위단에 참여할 수 있도록 길을 트는 것도 검토하며, 선사님과도 말씀 된 일인데 중앙 종법사가 있고 각국에 수위단원의 일원으로 지역 종법사가 통치하는 법도 마련하는 것도 좋을 것이니, 면밀히 관계자들과 연구하도록 하라."고 말씀하였다.

〈『대산종사수필법문집』 1. p.558. 원기56년 11월 6일〉

과거 시대는 큰 법사 몇 없어도 되나 앞으로는 천불 만성이 나와도 모자란다. 대종사께서 한국이 중앙 종법사이고 각국에 종법사를 두어 금강산에 모여 회합한다고 하셨는데, 한 나라에 종법사 한 분 계신다 해도 음으로 양으로 싸고 숨어서 일하는 종법사[출가위 이상] 자격자가 있어야 하고 또 수위단원[항마 이상]이 천불 만성으로 되겠는가?

〈『대산종사수필법문집』 1. pp.629~630. 원기57년 7월 19일〉

5. 해외에도 종법사제를 실시하는 방향으로 검토하되 한국에는 항상 전 세계

종법사를 총관하는 중앙 종법사가 있게 되어야 한다. 단 해외 종법사도 대체로 출가위 정도가 하게 될 것이다. 그래서 그 나라의 실정을 그분이 잘 알아 행하도록 해야 한다.

〈『대산종사수필법문집』 1. pp.1328~1329. 원기61년 1월 11일〉

양원(兩院) 주임 이상 간부들에게 개헌 문제에 대하여

내가 대종사님 모실 때 교단 중요한 장래사에 대해서는 다 물어보고 받들었는데 수위단제에 대해서는 못 물어봤다. 선 종법사님을 모시고 '앞으로는 수위단원만 되려고 하여도 종법사 자격을 갖추어야 할 터인데 우리 회상은 천여래 만보살의 회상으로 해외 포교에 있어 천주교는 추기경을 최고 직위로 해서 책임자가 되고 있으니 우리는 앞으로 어떤 직위로 그 책임에 임하게 하여야 하겠습니까?' 하고 말씀드렸더니 '대종사께서 금강산에 세계 종교 본부를 설치한다고 하셨으니 한국에는 중앙 종법사를 두고 각국에는 종법사를 두어 관할하되 3년에 한 번씩 한국에 와서 회의하도록 하여야 할 것이다.' 하시고 '적어도 출가위 이상이 종법사가 될 것이니 그이가 대종사님의 법을 잘 전하지 해(害)함은 없을 것이다.'라고 한 3회에 걸쳐 지시해 주셨는데, 얼마 전 향산(香山) 안이정(安理正) 법사가 와 '대종사께서도 그 말씀 하는 것을 직접 받들었습니다.' 라고 하더라.

〈『대산종사수필법문집』 1. pp.1371~1376. 원기61년 3월 20일〉

교헌에 대한 전문위원회 위원들의 의견을 총무부장이 보고 올린 데 대하여 다음과 같이 지시하여 주시다.

김인철(金仁喆): 종법사제는 현재대로 하고, 교정원장은 임명제로 하여 행정적인 책임은 원장이 일체 갖는 것이 좋겠다고 의견이 모였습니다. 또 해외 종법사제는 중앙에서 통제하는 데 문제가 있으니 오히려 교정원 체제와 같은 조직을 두는 것이 좋겠다는 의견이 많습니다.

종법사: 종법사제는 현행법과 같이하는 것이 좋을 것 같다. 원장이 행정적 책임을 일체 짓는 일도 좋은 의견이다. 내가 먼저 지시한 대로이니 더 연구하라. 해외 종법사제를 시행하려는 것은 인물을 키우고 그 활동을 하기 위함이다. 그 인물이 그 일을 아니 하고 그 일을 안 맡으면 안 된다. 해외에 교정원을 설치하는 문제는 언급하지 말라. 앞으로 인물이 많이 나오는데 그들은 그 일을 위해 그 자리 맡지. 그 자리를 탐내지 않을 것이다.

〈『대산종사수필법문집』 1. p.1514. 원기61년 8월 13일〉

| 배경 및 상황 |

대산 종사는 교헌 개정 관련하여 '해외 종법사' 제도를 연구하라고 관련 부처에 지시하였다. 국외 종법사라고도 표현하였다. 대종사와 정산 종사의 경륜을 실현하고자 여러 차례 주장하였고 교헌 개정 때마다 주장하여 원기84년(1999) 11월 8일 5차 교헌 개정 때 비로소 "'제5장 국외총부' 제80조(자치교헌) ①國外總部는 別途의 自治教憲을 갖는다."라고 하였다.

원기105년(2020) 11월 9일 원불교 미국자치교헌을 제정하였다. 제4장 미국총부美國總部 제1절 미국종법사美國宗法師 제29조(지위地位) ① 미국종법사(이하 "종법사宗法師"라 한다)는 미국원불교美國圓佛教(이하 "본교本教"라 한다)의 주법主法으로서 본교本教를 주재主宰하고 대표代表한다. ② 종법사宗法師는 중앙종법사中央宗法師의 정신적精神的 지도指導를 받는다. 이로써 대산 종사의 해외 종법사제의 주장으로 미국종법사의 출현을 실현하였다.

| 용어 풀이 |

○ **해외 종법사(海外宗法師)** 대산 종사가 해외 종법사제를 주장하였다. 한국에는 중앙 종법사가 있고 각국에는 해외교화를 위해 각국 종법사가 주재하여야 한다는

것이다. 국외 종법사라고 했다.

○ **주재(主宰)** 어떤 일을 중심이 되어 맡아 처리함.

㉜ 정남 정녀의 규정에 차별을 두지 말자

대산 종사 말씀하시기를 "정남 정녀(貞男貞女) 규정은 숙남 숙녀(淑男淑女)와 차별하자는 것이 아니고 성불 제중을 더 잘하자는데 목적이 있는 것이므로 정남 정녀들이 상을 내지 말고 아량을 보여야 숙남 숙녀들이 많이 나올 것이니라. 또한, 세계정세로 보아 숙남 숙녀가 더 많이 나올 것이니 수없는 불보살을 배출하기 위해서는 그 문을 활짝 열어 차별을 두지 말아야 하느니라." 〈회상편 32장〉

| 출처 |

수위단회의에 제출할 정남정녀 규정 초안을 종법사께서 사전에 감정을 하여 다음 사항을 수정하여 주시다.

정남정녀 규정을 두는 것은 성불제중을 더 잘하자는 데 그 목적이 있으니 숙남숙녀와 별이(別異)해서 훈장 구분을 하지 말라. 훈장 없애라. 구분하고 아니하는 데 따라 교단 만대에 어떤 것이 더 좋고 좋지 않은가, 깊이 생각해서 해라. 세계정세를 보아 앞으로 숙남숙녀가 더 많이 나올 것인데 문을 활짝 열어놓아라. 3천 년 동안 비구들이 활동했었다. 이제 몇십 년 안 했으니 정녀들 너무 상내려고 말라. 한 5백 년 지난 후 상 내라. 정남정녀들이 아량을 보여야 숙남숙녀들이 많이 나올 것이다. 재래 불교와 천주교에서도 출가 전 결혼한 것은 문제시 아니하고 비구, 비구니, 수녀로서 활동하게 하고 있다.

그러니 앞으로 수 없는 불보살들을 거둬드리기 위해 차별 두지 말라. 정남정녀의 사후에 성적 관계는 한 급씩 더 올려주어야 한다. 이것은 대종사께서 직접 그렇게 하셨다. '사실 숙남숙녀하기란 정남정녀하기보다 더 어렵다. 죽기보다 더 어려운 일이라.'고 대종사께서 말씀하셨다.

〈『대산종사수필법문집』 1. p.1260. 원기60년 10월 27일〉

| 배경 및 상황 |

대산 종사는 원기60년(1975) 10월 27일 수위단회의에 제출할 '정남정녀 규정' 초안을 종법사가 사전에 감정하여 수정하였다. "정남정녀 규정을 두는 것은 성불제중을 더 잘하자는 데 그 목적이 있으니 숙남숙녀와 별이(別異)해서 훈장 구분을 하지 말라. 훈장 없애라. 구분하고 아니하는 데 따라 교단 만대에 어떤 것이 더 좋고 좋지 않은가, 깊이 생각해서 해라."

또한 "앞으로 수 없는 불보살들을 거둬드리기 위해 차별 두지 말라. 정남정녀의 사후에 성적 관계는 한 급씩 더 올려주어야 한다. 이것은 대종사께서 직접 그렇게 하셨다. '사실 숙남숙녀하기란 정남정녀하기보다 더 어렵다. 죽기보다 더 어려운 일이라.'고 대종사께서 말씀하셨다."라고 하였다.

| 용어 풀이 |

○ **정남정녀(貞男貞女)** 〈회상편 25장〉 용어 풀이 참조.

○ **숙남숙녀(淑男淑女)** 전무출신 중에서 일찍 결혼했다가 바로 배우자와 헤어진 후 독신으로 평생을 수행 정진하는 남자를 숙남, 여자를 숙녀라 한다.

○ **별이(別異)** 특별히 다름.

㉝ 스승에게 맥을 잇자

대산 종사 말씀하시기를 "나는 출가한 날부터 대종사와 정산 종사께 털끝만큼도 사사로운 생각이나 다른 마음이 없이 맥을 잇고 살아왔나니 그 기운이 회상 전체에 통하고 있느니라. 회상에는 전체를 맡아 일하는 사람과 부분을 맡아 그 일만 하고 가는 사람이 있으니, 한 분야에만 충실할 사람에게 전체를 기대해서는 안 되며 본인도 자기 분야를 넘으면 제재가 따르므로 넘치지 않도록 주의해야 하느니라. 또한, 수도 중에 어느 정도의 힘을 얻어 따르는 사람이 생길 때 조심하지 않으면 어른이 없어 위태로운 고비를 맞게 되느니라." 〈회상편 33장〉

| 출처 |

나는 출가하던 그날부터 지금까지 대종사님과 선 종법사님에게 일호의 사의(私意)나 이의가 없이 일맥상통해 왔다.

그러므로 그 기운이 회상 전체에 막 머금고 막 통해 내려갈 것이다. 회상 인물에는 전체를 맡은 분과 일부분만 맡아 그 일만하고 가는 인물이 있다. 그러니 그 분야만 충실히 하고 가는 인물 같으면 그 분야만 기대하여야지 전체를 기대하면 안 된다. 또 본인도 자기 분야를 잘 알아서 그 분야를 안 넘쳐야지 넘치면 어떤 제재가 가해지고 만다. 수도 중 어느 정도 힘을 얻어 나갈 때 좌우에서 '당신이 최고요, 최고요.' 하고 따르는 사람이 나올 때 조심하지 아니하면 위가 없어 위태로운 고비를 밟게 되니라.

〈『대산종사수필법문집』 1. p.1390. 원기61년 4월 13일〉

| 배경 및 상황 |

대산 종사는 원기61년(1976) 4월 13일 "나는 출가하던 그날부터 지금까지 대종사님과 선 종법사님에게 일호의 사의(私意)나 이의가 없이 일맥상통해 왔다. 수도 중 어느 정도 힘을 얻어 나갈 때 좌우에서 당신이 최고요, 최고요 하고 따르는 사람이 나올 때 조심하지 아니하면 위가 없어 위태로운 고비를 밟게 되니라."라고 하였다.

| 용어 풀이 |

○ **일호(一毫)** 한 가닥의 털이라는 뜻으로, 극히 작은 정도를 이르는 말.

○ **사의(私意)** 개인의 의견. 사사로운 마음. 또는 자기 욕심을 채우려는 마음.

○ **일맥상통(一脈相通)** 사고방식, 상태, 성질 따위가 서로 통하거나 비슷해짐.

○ **제재(制裁)** 일정한 규칙이나 관습의 위반에 대하여 제한하거나 금지함. 또는 그런 조치.

34 법가지

대산 종사, 학인들에게 말씀하시기를 "송혜환 선진은 연조로나 실력으로나 교정의 책임을 맡을 만한 분으로 교정원장에 거론되었으나 '내 분야는 다르니 동생이 해야 하네.' 하고 3개월 동안 자리를 피하여 결국 내가 교정원장을 하게 되었고, 이완철 선진도 정산 종사께서 당신을 감찰 행정의 책임자로 내정해 두시고 대중에게 발표하려다가 다시 부르시어 '이번에는 다른 사람이 해야겠소.' 하시니 '그렇게 하시지요.' 하고 두 마음이 없었느니라. 또 내가 종법사직에 취임했을 때 박장식 선진과 이완철 선진 두 분 가운데 중앙단원을 맡을 차례였으나 두 분 모두 '교단에 좋은 방향으로 하시지요.' 하고 일체 개의치 아니하셨으며, 이동진화 선진도 두 마음 없는 신성으로 법통의 대의를 세워주고 소리 없이 보필의 역할을 다하셨으니, 모두 법가지(法可止)를 잘한 큰 도인들이시니라."

〈회상편 34장〉

| 출처 |

육타원(六陀圓)님과 응산(應山)님은 법가지 하신 분들이다. 앞으로 출가위로 추존해야 할 것이다. 공산(公山) 송혜환(宋慧煥)님이 큰 도인이셨다. 연조나 실력으로나 대중 신망으로 봐 공산님이 교정원장 대상이셨는데, 내 분야는 다르니 동생이 해야 하네 하고 3개월 안 들어오시어 결국 내가 교정원장 되었는데, 외무 일은 공산 법사, 상산(常山) 박장식 법사 두 분이 다 맡아 해주셨다.
응산 법사도 큰 어른이시다. 선 종법사께서 응산님을 감찰원장으로 다 내정해 대중 앞에 발표하러 대각전 문전까지 갔었는데 다시 오라하고 선 종법사께서 '별수 없이 이번에는 딴 사람이 해야겠다.'고 하시니 '예. 그렇게 하시지요.'하고 두 마음 없으셨다. 또 내가 종법사직에 당했을 때 상산 법사와 응산 법사 중 중앙단원이 될 처지였는데, 시키시는 대로 교단 좋을 대로 하지요 하고 일체 개의치 아니하였다. 큰 도인들이시다.
어젯밤 몽중에 대종사께서 수많은 대중을 광장에 회집해 놓고 대행사를 집행하시더라. 교단에 큰 길조인 듯하다. 교단 대사를 전후해서 꼭 대종사님과 선 종법사님이 나타나 보이신다. 지도자는 교정 전반에 걸쳐 그 실정을 잘 파악해야 한다. 그러므로 선 법사께서 나를 각 부처에 고루고루 다 거치게 하여 주셨다.

〈『대산종사수필법문집』 1. p.1370. 원기61년 3월 18일〉

| 배경 및 상황 |

원기61년(1976) 3월 18일 대산 종사 말씀하시기를 "육타원(六陀圓)님과 응산(應山)님은 법가지(法可止) 하신 분들이다. 앞으로 출가위로 추존해야 할 것이다. 공산 송혜환님은 교정원장의 직책을 나에게 사양하였다. 내가 종법사직에 당했을 때 상산 법사와 응산 법사 중 중앙단원이 될 처지였는데, '시키시는 대로, 교단 좋을 대로 하지요.' 하고 일체 개의치 아니하였다. 큰 도인들이시다. 이동진화 선진도 두 마음 없는 신성으로 법통의 대의를 세워주고 소리 없이 보필의 역할을 다하셨으니, 모두 법가지를 잘한 큰 도인들이다."라고 하였다.

| 용어 풀이 |

○ **송혜환(宋慧煥, 1909~1956)** 본명 동환(東煥), 법호 공산(公山). 전북 진안군 마령면에서 출생. 원기10년(1925)에 전음광의 인도로 입교하고, 원기17년(1932)에 출가. 그는 출가하기 전에는 상당히 화려한 생활을 즐겨했으나, 출가 후에는 매우 검소한 생활을 했다. 공중사로 출장을 갔을 때도 출장비를 절약하여 도로 반환하여 공금을 아껴 쓰는 정신을 보여주었다. 당시에 그의 공심과 공부심은 이동안(李東安)과 쌍벽을 이루어 이사병행의 표본이 되었다. 8·15 광복 후 전재동포 구호사업, 원불교재단 설립, 원광대학 창설, 정관평 재방언 공사, 제1대 성업봉찬 사업, 이리보화당, 익산보화원, 이리보육원, 신룡양로원 등 교단의 중요 사업계에서 크게 활약하였다. 대봉도 법훈을 받았다.

○ **이완철(李完喆, 1897~1965)** 본명 형중(亨中), 법호 응산(應山). 전남 영광 출생. 원기9년(1924)에 친형 이동안의 인도로 입교, 원기15년(1930)에 출가. 서울교당 교무로 있을 때 교도들에게 인격적으로 많은 감화를 주어 존경받았다. 6·25 때에는 총부 수호의 중추적 역할을 했고, 이후로 총부에 주재하면서 이동진화와 함께 정산·대산 두 종법사를 보필하면서 교단의 어버이로 존경받았다. 일생을 통하여 사물에 주밀하고 수용에 검소하며 명리에 담박하고 수행 정진하였다. 허장성세가 없었고 무실역행에 주력하며 인정과 의리가 극진하고 공심과 대의가 철저하였다. 수행에 철저하면서도 문학의 세계에 도취하여 시선(詩禪)일치의 경지에 도달하였다. 많은 논설·수상(隨想)·한시·시가 등을 발표했고, 그의 열반 후 『응산문집』이 발간되었다. 종사위 법훈을 받았다.

○ **중앙단원(中央團員)** ① 교화단 조직에서 중앙을 맡은 사람 또는 그 위상을 가리키는 말. ② 수위단에 있어서 단장인 종법사를 보좌하여 단원을 지도 통솔하는 사람. 중앙단원은 종법사를 대리하여 수위단회의 의장 직무를 수행한다. 남자수위단과 여자수위단에 각각 중앙을 둔다.

○ **박장식(朴將植, 1911~2011)** 본명 천식(天植), 법호 상산(常山). 법훈은 종사. 1911년 1월 9일에 전북 남원군 수지면 호곡리에서 부친 해창(海昌)과 모친 정형섭(鄭亨燮)의 2남 2녀 중 2남으로 출생. 경성제일고등보통학교를 거쳐 1933년에 경성법학전문학교[서울대학교 법과대학 전신]를 졸업했다. 원기19년(1934)에 모친의 연원으로 입교하였다. 원기26년(1941)에 전무출신했다. 원기31년(1946)에 수위단원에 피선되었고, 동년 유일학림 초대 학림장을 맡았으며, 이후 총무부장·공익부장·원광중고등학교 초대 교장·교정원장 등을 역임했고, 종교협의회 부회장·서울출장소장·미주교구 교령·소태산대종사탄생100주년성업봉찬회장 등 교단과 한국 종교계에서 중요한 직책을 수행했다. 일생을 통해 수행 정진하여 맑고 깨끗한 인격자로 후진들의 존경을 받았다.

○ **이동진화(李東震華, 1893~1968)** 본명은 경수(慶洙). 법호는 육타원(六陀圓). 법훈은 종사. 1893년 5월에 경남 함양군 마천면 삼정리에서 부친 화실(和實)과 모친 김(金)씨의 2남 3녀 중 3녀로 출생했다. 천성이 인자 고결 침착 과묵했고, 일찍 부친을 사별했다. 18세에 이왕가(李王家) 종친댁으로 출가(出嫁)하여 상당한 부귀를 누렸으나, 세속생활의 재미보다는 종교적 수양 생활을 마음 깊이 동경했다. 원기9년(1924) 3월, 박사시화의 인도로 서울에서 입교, 이해 5월 만덕산 초선회에 참석하였다. 그의 서울 창신동 집이 서울교당 창설의 시초가 되었다. 소태산 대종사를 처음 만나면서부터 신앙심이 투철하여 수행에 정진하자, 그의 부군이 서울 창신동에 가옥을 매입하여 재가 수도를 권했으나, 가옥·가산·대지를 모두 서울교당 창설에 희사하였다. 원기18년(1933)부터는 출가하였다. 말년에 익산 총부 금강원에서 거주하면서 교단의 어머니 역할을 하며 후진들을 지도하였다. 안으로 자

애롭고 온후한 인품과 밖으로 낙천적 생활 태도와 정중한 예절로 대하는 사람마다 옷깃을 여미게 하였다. 상봉하솔을 잘하고 공(公)과 사(私)에 분명하여 신비한 감화력을 갖고 있었다. 외유내강의 성격으로 파사현정에 솔선했고, 정산·대산의 두 종법사를 잘 보필하여 교단 원로의 모범을 보여주었다. 종사위 법훈을 받았다.

○ **보필(輔弼)** 윗사람의 일을 도움. 또는 그런 사람.

○ **법가지(法可止)** 주법(主法)의 책임을 진 사람이 자기보다 법력이 못 하다 할지라도 자신의 법력을 감추어 버리고 주법을 잘 받들어 모시는 것. 다시 말하면 당대의 종법사가 자기보다 법력이 모자란다고 할지라도 자신의 법력을 숨기고 나타내지 않으며 종법사를 잘 받들어 모시는 것을 말한다. 대안(大安) 스님은 원효 대사에게, 보화존자(普化尊者)는 임제 선사에게 법가지를 잘했다고 전해 온다. 법가지를 잘못하면 법통이 흔들리게 되고 교단의 분열을 일으키기 쉬우므로 법력이 높을수록 법가지에 유의해야 한다.

35 이소성대로 성공하자

대산 종사 말씀하시기를 "경제는 항상 이소성대로 성공시켜야 하나니, 대종사께서는 이동안 선진이 보화당을 운영하며 중국과 무역 거래를 터서 큰돈을 벌려고 한다는 보고를 들으시고 '우리는 돈을 벌고 사업을 하려고 온 것이 아니라 도를 구하고 공부하기 위해서 온 것이니 너무 욕심을 앞세워 일하지 마라.' 하시며 크게 꾸중하신 일이 있었느니라. 그러므로 무슨 일이든지 실패하더라도 쉽게 일어날 수 있도록 이소성대로 해야지 그 일 하나에 전체의 성패를 걸어서는 안 되느니라."

〈회상편 35장〉

| 출처 |

경제는 항상 이소성대로 성공시켜야 한다. 대종사께서 도산(道山) 이동안(李東安) 선생이 보화당의 자금을 가지고 중국으로 가서 무역 거래를 터서 거액을 벌려고 보고 하니 말씀하시기를 "우리가 돈을 벌고 사업을 하려고만 온 것이 아니라, 도를 구하고 공부하기 위해서 왔으니 너무 욕심으로 일하지 말라" 고 하시며 크게 꾸중하신 일이 있으셨다. 그러니 무슨 일이든지 넘어지면 헤엄치고 일어설 수 있도록 해야 하지 그 일 하나에 전체의 성패를 걸어놓고 해서는 안 된다. 그래서 우리가 정신을 다 쓰지 않고 공부할 수 있도록 해야 한다.

〈『대산종사수필법문집』 1. pp.2113~2114. 원기64년 10월 17일〉

| 배경 및 상황 |

대산 종사는 원기64년(1979) 10월 17일 말씀하시기를 "경제는 항상 이소성대로 성공시켜야 한다. 대종사께서 도산 이동안 선생이 보화당의 자금을 가지고 중국으로 가서 무역 거래를 터서 거액을 벌려고 보고하니, 말씀하시기를 '우리가 돈을 벌고 사업을 하려고만 온 것이 아니라, 도를 구하고 공부하기 위해서 왔으니 너무 욕심으로 일하지 말라.'고 하시며 크게 꾸중하신 일이 있으셨다. 그러니 무슨 일이든지 넘어지면 헤엄치고 일어설 수 있도록 해야 하지 그 일 하나에 전체의 성패를 걸어놓고 해서는 안 된다. 그래서 우리가 정신을 다 쓰지 않고 공부할 수 있도록 해야 한다."라고 하였다.

| 용어 풀이 |

○ **이소성대(以小成大)** 〈회상편 4장〉 용어 풀이 참조.

○ **이동안(李東安, 1892~1941)** 본명 형천(亨天), 법호 도산(道山). 전남 영광군 묘량면 신천리에서 부친 경현(景玄)과 모친 김남일화(金南日華)의 5남 2녀 중 2남으로 출생. 원기2년(1917) 이재철의 인도로 소태산 대종사를 뵙고 제자 되기를 서

원하였다. 원기8년(1923)에 출가하여 익산 총부 건설에 참여하였다. 그는 초기 교단에서 송혜환과 더불어 사업계의 대표적 인물이었다. 이리보화당의 창설과 발전에 크게 기여하였고, 총부 산업부의 발전도 그의 힘이 크게 작용하였다. 그는 수행에도 적공하여 이사병행의 표준을 보여주었다. 출가 이전에도 그는 1910년대의 농촌운동가로서 그의 고향인 신흥마을에 야학을 시행하여 문맹 퇴치에 힘쓰고, 상조조합을 설치하여 마을 사람들의 생활을 향상했다. 함평 이씨들이 대부분을 차지하는 그의 마을에서 친족들이 모두 원불교에 귀의하고, 그의 뒤를 이어 많은 전무출신이 배출되었다. 불법연구회 농업·상조·산업부장·보화당[대표이사]·수위단원 역임, 법랍 17년. 원기49년(1964) 대봉도 법훈을 받았다.

○ **보화당(普和堂)** 원불교의 삼대 사업 목표인 교화·교육·자선사업을 뒷받침하기 위해 설립한 산업기관의 하나. 소태산 대종사 당대인 원기19년(1934) 전북 익산에 설립한 한약방으로, 이후 한의원·제약사 등으로 발전했다.

36 능한 점을 잘 활용하는 교단

한 제자가 "교단 안에 시류 따라 행동하는 사람들이 있어 이를 제재하고자 합니다." 하고 사뢰니 대산 종사 말씀하시기를 "큰 회상에서 많은 사람을 거느리고 일을 하려면 알고도 속아 주어야 하느니라. 대종사께서도 제자의 허물을 알면서 백 번 천 번 속아 주셨으므로 그 제자가 크게 뉘우치고 두 번 다시 허물을 범하지 않으려고 노력했나니, 지금 이 회상에는 나한들이 많이 왔으므로 그들의 능한 점을 잘 활용하면 큰일을 할 수도 있느니라." 〈회상편 36장〉

| 출처 |

한 제자가 와서 시세에 따라 교단 내에서 일어나는 일들과 심법 없는 사람의 일과 교단의 나갈 방향을 나름대로 말씀 올리니

1. 이런 큰 회상에서 많은 사람을 거느리고 일하려면 다 알아도 백번 천번 속아주어야 한다. 대종사께서도 제자들의 허물과 심법을 환히 알고 계시면서도 그가 와서 이야기해 드리면 '너 그랬냐? 그래 나는 전연 모른다, 몰랐다.' 하고 백번 천번 속아주셨다. 그러면 그가 조실을 물러 나와서 스스로 기분 좋아하며 '대종사께서는 다 아시면서도 다 모르는 것같이 하시고 그래, 몰랐다. 그러냐?' 하시더라고 하며 뒤에 오히려 크게 뉘우치고 다음은 그 허물을 범치 아니하려고 노력하였다.

2. 이 회상에 나한들 많이 왔다. 그러나 그들이 이 회상을 흔들지 못한다. 능한 나한들을 잘 활용하면 모두 교단에 큰일하고 기여하게 되는 것이니 그들을 잘 활용해야 한다. 〈『대산종사수필법문집』 2. p.83. 원기65년 6월 24일〉

| 배경 및 상황 |

대산 종사는 원기65년(1980) 6월 24일 한 제자가 "시세에 따라 교단 내에서 일어나는 일들과 심법 없는 사람의 일과 교단의 나갈 방향"을 나름대로 말씀 올렸다. 1980년 당시 민주화운동과 5·18 광주 민중항쟁으로 나라가 혼란하였고, 우리 교단도 원광대와 원광여고에서 학생과 교사들이 시세(時勢)와 시변(時變)에 따라 시비가 분분하였고 전무출신들도 시변에 따라 심변(心變)이 있었다.

대산 종사 말씀하시기를 "큰 회상에서 많은 사람을 거느리고 일하려면 다 알아도 백번 천번 속아주어야 한다. 대종사님도 제자들의 허물과 심법을 환히 알고도 모른 체 하였다. 이 회상에 나한들 많이 왔다. 그러나 그들이 이 회상을 흔들지 못한다. 능한 나한들을 잘 활용하면 모두 교단에 큰일하고 이바지하게 되는 것이니 그들을 잘 활용해야 한다."라고 하였다.

| 용어 풀이 |

○ **시류(時流)** 그 시대의 풍조나 경향.

○ **시세(時勢)** 그 당시의 형세나 세상의 형편.

○ **시변(時變)** 시세의 변화. 또는 그때의 변고.

○ **제재(制裁)** 일정한 규칙이나 관습의 위반에 대하여 제한하거나 금지함. 또는 그런 조치.

○ **나한(羅漢)** ① 아라한의 준말. 소승의 교법을 수행하는 성문사과(聲聞四果)의 가장 높은 자리. 온갖 번뇌를 끊고 사제(四諦)의 이치를 밝혀 세상 사람들의 공양을 받을 만한 공덕을 갖춘 성자. ② 비구에 대한 존칭.

㊲ 정법으로 아는 한 사람이 나오면 된다

대산 종사 말씀하시기를 "대종사께서 '내 법이 정법이라면 지금 사람이 없어도 걱정하지 않는다. 천년만년 뒤에라도 이 법을 정법으로 아는 한 사람이 나오면 된다.' 하셨나니 그대들은 걱정하지 말고 그 한 사람이 되는 데 노력하기 바라노라." 〈회상편 37장〉

| 출처 |

대종사께서 "내 법이 정법이라면 지금 사람 없어도 나는 걱정 아니 한다. 천년만년 뒤에라도 그 한 사람이 나와 반드시 법을 펴게 될 것이다. 그러므로 내 후대에 없어도 걱정 아니 한다. 지금 설사 사람이 많다고 하나 내 법이 바른 법이 아니라면 언제든지 결국 없어질 것이다. 그러니 나는 대경대법으로 할 뿐이다."라고 말씀하신 바 있으시다. 그러니 너는 교단과 남 걱정하지 말고 그 한 사람 되는데 노력하고 또 그 사람 길러내는 데 전력을 다하라. 나도 대종사님과 같이 알고 속아주고 속아줄 것이니라.

〈『대산종사수필법문집』 2. p.83. 원기65년 6월 24일〉

| 배경 및 상황 |

대산 종사는 원기65년(1980) 6월 24일 회상편 36장에 이어서 말씀하시기를 "대종사께서 '내 법이 정법이라면 지금 사람 없어도 나는 걱정 아니 한다. 천년 만년 뒤에라도 그 한 사람이 나와 반드시 법을 펴게 될 것이다. 나는 대경대법으로 할 뿐이라고 하였다.'라고 하였다. 그러니 그대들은 걱정하지 말고 그 한 사람이 되는 데 노력하기 바라노라."라고 하였다.

| 용어 풀이 |

○ **정법(正法)** 〈회상편 16장〉 용어 풀이 참조.

○ **대경대법(大經大法)** 마음을 깨치게 해주는 가장 근본이 되고 중요한 경전을 대경, 일체생령을 널리 구제하는 원만한 교법을 대법이라 한다. 원불교의 경전과 가르침을 대경대법이라 한다.

38 주법 성자의 기운

대산 종사 말씀하시기를 "성인도 각자의 분야가 있으므로 아무리 주세불이라 해도 그 분야가 끝나면 다시 가시거나 다음 주법 성자(主法聖者)에게 그 기운이 옮겨가는 것이라. 한 나라를 맡을 정치인이나 한 회상을 맡을 주법 성자에 대해 누구는 되고 누구는 안 된다는 말을 함부로 할 수 없느니라."

〈회상편 38장〉

| 출처 |

성인도 다 분야가 있다. 그러므로 아무리 주세불이라고 해도 그 분야가 끝나면 가시거나 다음을 이을 주법(主法) 성자에게 그 기운이 옮겨간다. 그러므로 한 나라를 맡을 정치인이나, 한 회상의 법을 맡을 주세성자(主世聖者)에 대하여 누가 되고 안 된다는 것을 함부로 할 수 없는 것이다. 큰 회상 이끌 사람은 타인의 어떠한 신상 문제라도 알아도 모르는 채 넘기고 감싸 구제해 주어야 큰일을 할 수 있다고 대종사께서 말씀 있으셨다.

〈『대산종사수필법문집』 1. p.1099. 원기60년 3월 5일〉

| 배경 및 상황 |

대산 종사, 원기60년(1975) 3월 5일 말씀하시기를 "성인도 다 분야가 있다. 아무리 주세불이라고 해도 그 분야가 끝나면 다음을 이을 주법(主法) 성자에게 그 기운이 옮겨간다. 그러므로 한 나라를 맡을 정치인이나, 한 회상의 법을 맡을 주세성자(主世聖者)에 대하여 누가 되고 안 된다는 것을 함부로 할 수 없는 것이다."라고 하였다. 또한, "큰 회상 이끌 사람은 타인의 어떠한 신상 문제를 알아도 모르는 채 넘기고 감싸 구제해 주어야 큰일을 할 수 있다."라고 대종사께서 말씀하였다.

| 용어 풀이 |

○ **성인(聖人)** 불보살·성자·인격과 덕행이 높고 뛰어난 인물. 가장 이상적인 인물. 특히 종교적 인물을 높이어 부르는 말인데, 종교에 따라서 특별한 의미가 있다. ① 원불교의 경우에는 법강항마위·출가위·대각여래위를 성인이라 한다. ② 불교의 경우에는 석가모니불을 비롯하여 33조사나 고승 석덕을 가리킨다. ③ 유교의 경우에는 요·순·문왕·무왕·주공·공자·맹자 등 인의 도덕을 실천한 인물. ④ 기독교와 천주교의 경우에는 예수의 십이사도를 비롯하여 순교한 사람들을 엄격

한 교회의 심사를 거쳐 성인으로 받들고 있다. ⑤ 도교의 경우에는 품격이 높고 무위(無爲)의 도를 체득한 사람.

○ **주세불(主世佛)** ① 대각여래위의 준말. ② 석가모니불의 다른 이름. 완전한 인격자, 진리의 체현자라는 뜻. ③ 부처님과 같은 인격을 가진 사람. 열반의 피안에 도달한 사람. ④ 진리 따라와서 진리 따라가는 사람이라는 뜻. 여거여래(如去如來)의 준말.

○ **주세성자(主世聖者)** 교법의 내용이나 방편이 다른 성자들 더욱 뛰어난 성자. 세상을 책임지고 일체중생을 교화하는 성자. 주세불(主世佛)과 같은 의미이다. 말세의 혼란을 바로잡고 대도정법으로 고해 중생을 제도하는 성자를 말한다. 소태산 대종사나 석가모니불 같은 성인을 가리키는 말이다.

○ **주법성자(主法聖者)** 교단의 법을 주재하는 성자로 종법사를 일컫는다.

39 내총부와 외총부

> 대산 종사 말씀하시기를 "정산 종사께서는 '대전은 한밭이라 서해안 간척 사업이 진행되면 중앙지가 될 것이므로 교단의 전진 교화 기지로 삼고 넓고 크게 자리 잡아야 한다.'라고 하셨나니, 장차 익산은 내총부로 정하고 대전은 교화·훈련·봉공·경제의 중심이 되는 외총부로 개발해야 할 것이니라." 〈회상편 39장〉

| 출처 |

정산 종법사께서 대전이 한밭이고 서해안 간석지 사업이 앞으로 활발히 진행되게 되므로 중앙지가 될 것이니 교단의 전진 교화 기지로 넓고 크게 자리를 잡도록 유촉하신 바 있으니 이번에 전화위복의 계기로 삼아 그 뜻을 받들자.

〈『대산종사수필법문집』 2. p.419. 원기68년 8월 22일〉

대전권 개발에 대하여 3~4년 전부터 강조 말씀하여 주셨는데, 작년부터 더욱 자주 말씀하여 주시기를

선 종법사께서 '한밭[大田]이 참 좋지야! 한밭이 참 좋지야!' 하시며 대전을 여러 번 말씀하셨으니 우리가 교단 만대를 놓고 볼 때, 현재 이리의 총부뿐 아니라, 앞으로 대전과 한국 전체가 총부 역할을 하여야 할 것이다. 특히 대전은 선 종법사께서 자주 말씀하셨으니 대전을 이리의 총부와 하나의 총부권으로 묶어 현재의 총부는 내총부로 하고 대전은 외총부로 하여 크게 개발하여야 하겠다.

첫째, 대전을 교화의 중심지로서 개발하여야겠다. 그리하여 교화의 중심지의 역할과 집단 중앙 유아원을 세워 유아교육의 중심지로서 역할, 원불교 방송국을 세워 대중 교화의 중심지로서 개발하며,

둘째, 훈련의 중심지로 개발하여야겠다. 대전권 내에 어디가 되었건 일원훈련, 일원교육을 할 수 있는 삼동훈련원을 세워 온 인류가 정치와 종교, 사상과 종족의 울을 벗어나 다 같이 훈련받을 수 있는 대 국제훈련원을 세워 훈련의 중심지로 개발하여야겠다.

셋째, 봉공의 중심지로 개발하여야겠다. 그동안 우리가 봉공 활동을 해 왔지만 앞으로 사대봉공회[재가, 출가, 국가, 세계]를 더욱 활성화하여 봉공의 중심지 역할을 할 수 있도록 하여야겠다.

넷째, 교단 기반[경제]으로써 토대의 중심지로 개발하여 대활동을 할 수 있는 역할을 담당할 수 있도록 하여야겠다. 그리고 대전권을 개발하는 데 있어 대전시에 꼭 자리를 잡으라는 것이 아니라, 대전에서 30~40분 이내에 갈 수 있는 자리면 어디가 됐건 넓고 광활하게 잡도록 하여야겠다."

〈『대산종사수필법문집』 2. p.506.. 원기69년 2월 2일〉

| 배경 및 상황 |

대산 종사는 원기68년(1983) 8월 22일 신도안 일대 700여만 평의 국가 차용

증발에 대한 삼동원 철수에 대한 기본 대책을 간부들과 교무들과 교도들에게 지시하기를 "선 종법사께서 대전이 한밭이고 서해안 간석지 사업이 앞으로 활발히 진행되게 되므로 중앙지가 될 것이니 교단의 전진 교화 기지로 넓고 크게 자리를 잡도록 유촉하신 바 있으니 이번에 전화위복의 계기로 삼아 그 뜻을 받들자."라고 하였다.

그리고 대산 종사는 원기69년(1984) 2월 2일에 대전권 개발에 대하여 3~4년 전부터 의견을 피력하고 작년부터 자주 강조하며 "교화·훈련·봉공·경제의 중심지로 개발하자."라고 하였다. 또한, "나는 수년 전부터 내총부와 외총부 건설을 주장하였다. 이리[익산]는 내총부로 종교도시이고, 대전은 외총부를 두어 대내적인 일을 하자"고 하였다.

| 용어 풀이 |

○ **한밭** '대전(大田)'의 옛 이름. 충청도의 중앙에 있는 광역시. 경부선과 호남선이 갈리는 곳이며, 가까이에 대덕 연구 단지와 제3공단이 있다. 명승지로 유성 온천, 칠백의총, 계룡산 따위가 있다. 면적은 539.97㎢.

○ **간척(干拓)** 육지에 면한 바다나 호수의 일부를 둑으로 막고, 그 안의 물을 빼내어 육지로 만드는 일.

⑳ 상의 도

대산 종사, '상(商)의 도'에 대해 말씀하시기를 "첫째, 우리가 먼저 상(商)의 도를 개척하자. 둘째, 자리이타로 공생 공영하자. 셋째, 상부상조로 서로를 살리자. 넷째, 활선으로 활불이 되자. 다섯째, 일원주의로 세상에 봉사하자." 〈회상편 40장〉

| 출처 |

서울보화당 개점 봉불식

상(商)의 도

1. 우리가 먼저 상의 도를 개척하자.

2. 자리이타의 법을 써야 인류는 공생한다.

3. 상부상조하여야 서로 살아 나간다.

4. 시중에서 활선을 하며 세상을 돕는 활불이 되자.

5. 일원주의의 사명 아래 충실하고 믿음 있게 일하며 세계에 봉사하자.

〈『대산종사수필법문집』 1. pp.450~451. 원기55년 6월 28일〉

| 배경 및 상황 |

대산 종사는 원기55년(1970) 6월 28일 서울보화당 개점 봉불식에서 '상의 도를 실천하자'고 봉불식 법문을 하였다.

"첫째 우리가 먼저 상의 도를 개척하자. 둘째 자리이타로 공생 공영하자. 셋째 상부상조로 서로를 살리자. 넷째 활선으로 활불이 되자. 다섯째 일원주의로 세상에 봉사하자."라고 하며 상도의(商道義)를 체받아 충실하고 믿음으로 일하며 오로지 세계 봉사에 앞장서자고 하였다.

| 용어 풀이 |

○ **서울보화당** 서울에 자리한 보화당 한의원. 원불교 대표 산업기관인 보화당 계열의 하나. 원기55년(1970) 6월에 설립했으며 서울시 종로구 종로 5가에 소재. 서울수도원과 학교법인원광학원이 공동명의로 설립했으며, 설립 당시 대표는 서울수도원장인 이공주였다.

○ **자리이타(自利利他)** 남도 이롭게 하면서 자기 자신도 이롭게 하는 것. 대승의 보살이 닦는 수행 태도로서, 오직 자신의 제도만을 위하는 성문(聲聞)·연각(緣覺)

의 소승적 자리(自利)의 행과 구별됨. 자리란 자기를 위해 자신의 수행을 주로 하는 것이고. 이타(利他)란 다른 이의 이익을 위해 행동하는 것을 말한다. 자리이타를 원만하고 완전하게 수행한 이를 부처라 한다.

○ **공생공영(共生共榮)** 공생은 ① 서로 도우면서 함께 살아간다, ② 같은 곳에서 서로 도움을 주고받으며 산다는 의미이며, 공영은 ① 공적인 기관이 공공의 이익을 위해 경영 관리한다 ② 함께 번영한다는 의미이다.

○ **상부상조(相扶相助)** 사람과 사람 사이에 서로 도와가면서 살아가는 것. 상생상화의 마음으로 상생 선연을 지어가는 것.

○ **시중(市中)** 도시의 안. 사람들이 생활하는 공개된 공간을 비유적으로 이르는 말.

○ **활선(活禪)** 살아 있는 선. 활동하면서 선을 함. 생활하는 그대로가 선이라는 뜻.

○ **활불(活佛)** 자비심이 많은 사람을 이르는 말. 살아 있는 부처라는 뜻. 덕행이 높은 승려를 이르는 말로 살아서 활동하는 부처라는 뜻.

41 원덕회 모임

대산 종사 말씀하시기를 "원덕회는 이름 그대로 원불교의 덕을 베풀고 실천하는 모임이니, 정의(情誼)가 소통되어 영겁의 좋은 인연이 되도록 할 것이요, '맑은 덕, 밝은 덕, 바른 덕'을 표준으로 그 덕을 갖추는 데 힘을 모으라." 〈회상편 41장〉

| 출처 |

원덕회 간부 홍정표, 윤충전(尹充田) 회장[대전], **홍정덕(洪正德) 회장**[이리] **에게 다음과 같은 법문을 내리시다.**

원덕회의 목표는 첫째 전 교당 회장단과 회장을 역임한 구회장 등이므로 바로 교단의 주인이다. 따라서 그 위치와 임무를 자각하여 교단에 이바지하여야 하므로 특별히 각성하고 원덕회 발족을 잘해야 할 것이다. 2대로 구성된 이 임원들은 앞으로 기대되는 바가 크니 다음과 같은 일을 하기를 바란다. 원덕회는 원덕회의 이름 그대로 원불교의 덕을 베풀고 나투는 모임이라는 뜻이니

첫째, 회원 상호 간에 최우선으로 친목을 도모하되 애경사 간 살피고 챙겨서 정의가 소통되도록 하라. 정의는 바로 도덕이다. 그리하여 영겁에 서로가 좋은 인연할지어다.

둘째, 교단의 중대사에 자문을 응해서 교단 발전에 참여하도록 한다. 스스로 참여해서 개척하고 발전시킬 때 주인이 되는 것이다. 그리고 원덕회의 도는 가장 원만한 덕을 나타내야 하니, 맑은 덕, 밝은 덕, 바른 덕이다.

〈『대산종사수필법문집』 2. p.624. 원기69년 12월 23일〉

| 배경 및 상황 |

대산 종사는 원기69년(1984) 12월 23일 원덕회 간부 홍정표, 윤충전(尹充田) 대전교당 교도회장, 홍정덕(洪正德) 이리교당 교도회장에게 다음과 같이 법문하였다.

첫째, 회원 상호 간에 최우선으로 친목을 도모하되 애경사 간 살피고 챙겨서 정의가 소통되도록 하라. 정의는 바로 도덕이다. 그리하여 영겁에 서로가 좋은 인연을 만들자. 둘째, 교단의 중대사에 자문을 응해서 교단 발전에 참여하도록 한다. 스스로 참여해서 개척하고 발전시킬 때 주인이 되는 것이다. 그리고 원덕회의 도는 가장 원만한 덕을 나타내야 하니, 맑은 덕, 밝은 덕, 바른 덕이다.

| 용어 풀이 |

○ **원덕회(圓德會)** 원덕회[구 원화회] 제1회 대의원 총회가 원기66년(1981) 11월 7일 오후 5시 원광대 교수 식당에서 열리어 「원화회(圓和會)」를 「원덕회」로 개칭

하고 이에 따른 회칙 개정, 회원 간의 상부상조를 위하여 회원의 애경사에 대한 관례 등을 정하였다. 원덕회는 원기64년(1979) 11월 총회 시 제27회 정기 중앙교의회에서 내린 대산 종법사의 유시에 따라 원기65년(1980) 4월 26일 발기인 회의를 하고 7월 5일 원화회로 창립되었다. 회원은 각 교당의 교도회장단으로 구성되며 회원 간의 친목과 상부상조를 통하여 교단 발전에 기여함을 목적하고 있다.

○ **정의(情誼)** 〈회상편 16장〉 용어 풀이 참조.

○ **영겁(永劫)** 무시무종의 영원한 세월. 겁(劫)은 이 세상이 한번 이루어졌다가 없어지는 긴 시간을 말하는데 그 겁이 영원히 계속된다는 의미.

42 교육기관의 목표

대산 종사 말씀하시기를 "앞으로 모든 교육기관은 도학과 과학의 병진을 목표로 세우고, 교육과 교화의 터전이 되도록 정성을 다하며, 국가와 세계의 지도자를 책임지고 양성해 나가야 하느니라. 또 종교인과 외국인을 대상으로 한 일원 문화 훈련을 적극적으로 실시하고, 국내외에 선학대학을 설립하며, 기성 인재를 수용하고 새로운 인재를 발굴 육성하기 위한 계획도 마련해야 할 것이니라." 〈회상편 42장〉

| 출처 |

제32회 중앙교의회 종법사 치사

교육, 훈련에서는 타 종교와 외국인을 상대로 한 일원문화의 훈련이 더욱 적극적으로 개발되어야 하겠고, 선학원을 보강하기 위한 국내외의 선학대학 병설도 추진되어야 하겠습니다. 인재의 발굴, 육성, 활용, 관리를 위한 장단기 계획을 수립하고 동산선원에 기성 인재를 수용할 수 있는 대책도 마련해야 하겠습니다. 우리의 모든 교육기관은 도학과 과학을 원만히 병진하는 목표를 세워 학교 자체가 곧 교화장이 되도록 정성과 노력을 기울여야 하겠고, 또한 국가와 세계의 지도자를 책임지고 양성할 수 있는 도량이 되어야 하겠습니다.

〈『대산종사수필법문집』 1. p.729. 원기70년 11월 8일〉

| 배경 및 상황 |

대산 종사는 원기70년(1985) 11월 8일 제32회 중앙교의회 종법사 치사 중에 '교육기관의 목표'에 대해 말씀하시기를 "모든 교육기관은 도학과 과학을 병진하고 교육과 교화의 교화장이 되도록 정성을 다하고, 종교인과 외국인을 대상으로 일원문화 훈련을 실시하고 국내외에 선학대학교를 병설 추진하여 인재의 발굴과 육성 및 활용, 관리를 위한 장단기 계획을 수립하고 동산선원에 기성 인재를 수용하자."라고 하였다.

| 용어 풀이 |

○ **도학 과학의 병진(道學科學-竝進)** 개인적으로 도학과 과학의 실력을 고루 갖추어 원만한 인격을 이루자는 것이며, 사회적으로는 도학문명과 과학문명을 균형 있게 발전시켜 가자는 것. 과학은 철학 이외의 학문을 총칭 또는 자연과학을 일컫는 말로 물질 기술문명을 일으킨 학문을 말하며, 도학은 도덕에 관한 학문으로 인간의 도리와 심성의 원리, 행위 규범 등을 연구하고 단련하는 학문을 말한다.

○ **동산선원(東山禪院)** 원불교에서 교역자를 양성하는 교육기관의 하나로 영산선원·동산선원·중앙선원 등 3대 선원의 하나. 동산선원은 원기40년(1955) 1월에 교무연합회의 결의로 중앙 직할 3대 선원의 설립이 공고됨에 따라 원기38년(1953) 6월에 설립된 이리고등선원을 동산선원으로 발전시켜 설립했다. 처음 고등선원 시절에는 교역자 양성과 일반 교도훈련을 겸했다. 동산선원이 자리하고 있는 전북 익산시 동산동은 일찍이 소태산 대종사가 관심을 가졌던 곳으로 이인

의화(李仁義華)가 익산에 교당이 없음을 유감스럽게 생각하고 교당의 기지 설정을 소태산에게 청하자 동산동 옛 신사 터에 올라 사방을 둘러본 후 '앞으로 이곳에서 대성(大聖)이 상주설법하고 천여래 만보살이 배출될 것'이라고 했다. 원기71년(1986)부터는 영산선원이 4년제 정규대학으로 발족함에 따라 교단의 공의에 의해 원광대학교 원불교학과와 영산선원을 졸업한 예비교무 훈련기관으로 그 성격이 바뀜에 따라 신입생 모집을 하지 않게 되었다

㊸ 교단의 체제 확립

대산 종사, 교단의 체제 확립에 대해 말씀하시기를 "중앙총부를 중심으로 교단의 체제가 확립되어야 교단 만대가 밝을 것이라. 근본이 서야 도가 살아나나니 근본을 바탕으로 힘써 행해야 하느니라[本立而道生 務本力行]. 교단의 근본은 대종사께서 밝혀 주신 일원의 교법이니 공부를 위주로 하여 교화가 따르도록 하고[工夫爲主敎化從], 교화를 위주로 하여 사업이 따르도록 하며[敎化爲主事業從], 사업을 위주로 하여 인류가 따르도록 하고[事業爲主人類從], 인류를 위주로 하여 사생이 따르도록 하라[人類爲主四生從]."

〈회상편 43장〉

| 출처 |

대각개교절 경축사

오늘 제71회 대각개교절을 맞이하여 영겁토록 법의 혜명을 이어 전할 교단의 바른 체제에 대하여 밝힘으로써 오늘을 기념하고자 합니다.

일원대도의 혜명을 받들어 지상에 낙원을 건설하기로 하면 우리 회상의 체제가 진리적으로 원만하게 확립되어야 할 것이니, 그 길은 근본을 먼저 세워 바

른 도가 생하도록 하는 것[本立而道生]입니다.

근본을 세우기로 하면 우주만유의 본원이요 제불제성의 심인인 일원의 원만한 진리[無極, 太極, 道, 自然, 하나님, 法身佛]와 삼학의 원만한 수행[戒定慧, 智仁勇, 見性 養性 率性]과 사은의 원만한 신앙 봉공과 사요의 원만한 치국 치평으로 출가 재가 전 교도가 먼저 공부를 위주하여 큰 실력을 기름으로써 도치(道治)와 덕치(德治)와 정치(政治)가 병행된 원만한 교화가 이루어지게 되고[工夫爲主教化從], 참다운 교화가 행해지므로 해서 교단의 모든 사업이 순서 있게 이루어지게 되며[教化爲主事業從], 교단의 모든 사업이 크게 이루어지므로 해서 인류가 귀의케 되고[事業爲主人類從], 전 인류가 참다운 구원을 얻으므로 해서 일체생령이 제도 받게 되는 것이니[人類爲主四生從] 이렇게 될 때 역사가 오래되어도 폐단이 생기지 아니하고 끊임없이 원천수가 솟아나 무위이화로 천하가 구원받게 될 것입니다.

대종사께서 회상 초기에 십인 일단의 교화단법을 가르쳐 주심은 진리에 근원한 대조직으로 공부를 위주해서 근본을 세워 도를 생하게[本立而道生] 하신 교단 체제의 기본을 일러 주신 것이니 우리는 이 뜻을 잘 받들어 실천해나가야 하겠으며 또한 중앙총부는 교단 만대의 기초 성적지이고 불일중휘(佛日重輝) 법륜부전(法輪復轉)의 법통을 이어 전하는 대법도량이며, 세계 도덕의 원천이 되는 대법생지이므로 중앙총부를 연원하여 전 교단이 일사불란하게 활동해 나갈 때 모든 일은 원만히 이루어질 것입니다.

〈『대산종사수필법문집』 2. pp.810~812. 원기71년 4월 28일〉

| 배경 및 상황 |

대산 종사는 원기71년(1986) 4월 28일 대각개교절 경축사에서 '교단의 체제' 확립에 대해 말씀하시기를 "중앙총부를 중심으로 교단의 체제가 확립되어야 교단 만대가 밝을 것이라, 근본이 서야 도가 살아나나니 근본에 바탕하여 힘써 행해야 하느니라. 교단의 근본은 대종사께서 밝혀 주신 일원의 교법이니 공부를 위주로 하여 교화가 따르도록 하고, 교화를 위주로 하여 사업이 따르도록 하며, 사업을 위주로 하여 인류가 따르도록 하고, 인류를 위주로 하여 사생이 따르도록 하라."고 하였다.

| 용어 풀이 |

○ **교단(教團)** ① 같은 교의(教義)를 믿는 사람이 모여 만든 종교단체. 종교의 목적을 달성하기 위해 교조·교리·제도·의식·기구·교역자·교도·교당[교회] 등 필요한 여러 가지 조건을 갖추고 교화 활동을 전개하는 종교 집단체를 의미한다. 원불교 종교단체를 줄여서 부르는 말로 주로 내부 원불교인이 많이 사용한다. ② 정신적 단련을 목적으로 공동생활을 하는 수양 단체.

○ **체제(體制)** 사회를 하나의 유기체로 볼 때에, 그 조직이나 양식, 또는 그 상태를 이르는 말.

○ **사생(四生)** 불교에서 모든 생명체를 출생방식에 따라 태·난·습·화 네 가지로 분류한 것. 이 사생은 모두 깨치지 못한 미혹(迷惑)의 세계에 존재하여 육도를 윤회하는 것으로 되어 있다

44 6대 기구의 조화

대산 종사 말씀하시기를 "나무뿌리가 서로 얽혀 조화를 이루며 큰 나무를 키우듯 우리도 교화·교육·자선·훈련·후원·생산의 6대 기구가 서로 조화를 이루어 교단을 키워야 하나니, 어느 기구에서 활동하든 전체를 자기 몸으로 알고 교단의 주인이 되어야 할 것이니라. 만일 한 기구에만 국한되어 다른 기구를 모르면 이는 부분 전무출신이요 전체 전무출신은

아닐 것이니, 교단이 발전하려면 전체가 발전하고 성공해야 하느니라."

〈회상편 44장〉

| 출처 |

나무뿌리가 서로 얽혀 조화를 이루었고 또 위에 가서 하나로 합하듯이, 우리 각자가 교단의 육대[교화, 교육, 자선, 훈련, 후원, 생산] 기구 중 어디에서 활동하든지 교단의 주인이 되어 육대 기구를 자기 몸으로 알아 그 직장에서 전체적인 주인이 되어야 한다. 만일 교화가 교육이나 자선 또는 총부의 한 부에만 국한되어 딴 기관이나 딴 부처를 모르는 체하면 이는 부분 전무출신이지 전체 전무출신은 아니다. 그러므로 우리 교단은 한둘만의 성공을 바라는 것이 아니라, 전체 성공이다. 한둘은 은(隱)하여 적공하여야 하며, 큰일을 할 사람은 간과 쓸개가 다 녹고 썩어서 냄새가 물컹물컹 나야 하며 썩어 무너져야 한다.

〈『대산종사수필법문집』 1. p.448. 원기55년 6월 27일〉

| 배경 및 상황 |

대산 종사는 원기55년(1970) 6월 27일 교단의 육대 기구의 조화에 대하여 말씀하시기를 "교화·교육·자선·훈련·후원·생산의 6대 기구가 서로 조화를 이루어 교단을 키워야 한다."라고 하였다. "만일 교화가 교육이나 자선 또는 총부의 한 부에만 국한되어 다른 기관이나 다른 부처를 모르는 체하면 이는 부분 전무출신이지 전체 전무출신은 아니다."라고 하며 교단이 발전하려면 전체가 발전하고 성공해야 한다고 하였다.

| 용어 풀이 |

○ **교화(敎化)** 원불교의 교법으로 사람을 가르쳐서 훌륭한 인격자가 되도록 인도하는 것. 범부가 변하여 성현이 되게 하고, 믿음이 없는 사람이 바른 믿음을 갖게

하며, 악한 사람이 변하여 착한 사람이 되게 하는 일.

○ **자선(慈善)** ① 남에게 은혜를 베풀어 착한 일을 하는 것. 원불교의 삼대사업 목표의 하나. 교화·교육·자선을 원불교의 삼대사업 목표라 한다. ② 불행·재해·사고 등으로 인하여 자활하기 어려운 사람을 구제하고 도와주는 일.

○ **후원(後援)** 뒤에서 도와줌.

㊺ 교단의 6대 기관

대산 종사, '교단의 6대 기관'에 대해 말씀하시기를 "우리는 반백 년 성업을 맞이해 교화·교육·자선의 기구에 다시 훈련·후원·생산을 더하여 6대 기구를 확립해야 하나니, 이를 뒷받침하기 위한 유지·육영·요양·교화·봉공 등 5대 재단을 확립하고 대선원·대학원·대병원·대농원·대공장·대기업 등 6대 기관을 설립하여 대종사의 정신을 구현하는 표준 도량이 되도록 해야 하느니라. 또한, 교화와 아울러 수도하는 교단, 교육하는 교단, 생산하는 교단, 훈련하는 교단, 봉공하는 교단으로 틀을 잡아야 하나니, 이 모든 것이 확립될 때 우리의 교화 활동은 더욱 큰 빛을 발하게 되리라." 〈회상편 45장〉

| 출처 |

종법사 취임 법설

다시 반백년사에 당면한 과제 몇 가지를 부연하자면, 종래의 교화·교육·자선의 기구에 다시 훈련·원호·생산 등을 가하여 육대 기구 원칙을 확립해 나아가고 이를 뒷받침하기 위하여 유지·육영·요양·교화·봉공 등의 기반을 계속 확립하며 대선원, 대학원, 대병원, 대농원, 대공장, 대기업 등 육대 기관을 설립하여 이를 통해서 대종사님의 정신을 구현하는 표준 도량이 되도록 함으로써 범교단이 교화와 아울러서 수도하는 교단, 교육하는 교단, 생산하는 교단, 훈련하는 교단, 봉공하는 교단의 틀을 굳혀 나아가야 하겠습니다.

그러므로 이러한 계획을 교단이 당면한 목표로 설정하고 우리 전체 출가 재가가 힘을 합하여 주어진 책임에 사 없이 전념한다면 이러한 문제의 해결은 차츰 가능해질 것이며, 따라서 이 문제의 해결과 함께 우리의 교화 활동은 더욱 큰 빛을 보게 될 것입니다.

〈『대산종사수필법문집』 1. p.514. 원기56년 3월 31일〉

| 배경 및 상황 |

대산 종사는 원기56년(1971) 3월 31일 제7대 종법사 취임 법설에서 '교단의 6대 기관'에 대해 말씀하시기를 "교화·교육·자선·훈련·원호·생산 등의 육대 기구 원칙을 확립하고 이를 뒷받침하기 위하여 유지·육영·요양·교화·봉공 등의 기반을 계속 확립하고 대선원, 대학원, 대병원, 대농원, 대공장, 대기업 등 6대 기관을 설립하여 대종사의 정신을 구현하는 표준 도량이 되도록 하자."라고 하였다.

| 용어 풀이 |

○ **삼대사업(三大事業)** 원불교 교단이 제생의세의 목적을 달성하기 위해 지향하는 세 가지 사업목표로 교화·교육·자선을 말한다. 소태산 대종사는 "우리의 사업목표는 교화·교육·자선의 세 가지니 앞으로 이를 늘 병진하여야 우리의 사업에 결함이 없으리라"[『대종경』 부촉품 15] 했다. 이 삼대사업 목표 이외에 원기61년(1976) 10월, 〈교헌〉을 개정하면서 산업·훈련·문화·복지·봉공 등 다섯 가지를 추가했다.

○ **원호(援護)** 돕고 보살펴 줌.

○ **재단(財團)** 일정한 목적에 바친 재산을, 개인 소유로 하지 아니하고 독립된 것으로 운영하기 위하여 법률적으로 구성된 법인. 비영리 법인만 인정되며 학교법인, 종교법인 따위가 있다.

○ **구현(具顯)** 어떤 내용이 구체적인 사실로 나타나게 함.

㊻ 교단 3대 설계 특별위원회 유시

대산 종사, 교단 3대 설계 특별위원회에 유시하시기를 "교단 2대를 청산하고 3대를 향한 계획을 수립하면서 대종사께서 예시하신 사오백 년 결복의 초석이 되길 염원하며 다음 몇 가지를 부탁하노라. 첫째, 개교의 동기는 우리 회상의 한결같은 목표니 항상 시대화·생활화·대중화로 하나의 세계, 보은의 세계, 균등의 세계를 건설하는 데 모든 힘을 기울일 것이요, 둘째, 일원의 원만한 신앙과 수행은 오직 훈련을 통해서만 이루어지는 것이니 훈련을 강화하기 위한 세밀한 방안을 수립할 것이요, 셋째, 사오백 년 결복은 개인·가정·사회·국가·세계·교단의 성역화 달성에 있으니 모든 제도와 조직과 행정은 무등등한 대각 도인과 무상행의 대봉공인이 많이 나와 제생 의세와 성불 제중의 이념을 실현할 것이요, 넷째, 교단 행정의 합리화, 조직화, 과학화와 함께 수도인의 본분인 신앙과 수행의 정진에 소홀함이 없도록 할 것이요, 다섯째, 모든 면을 개방하고 폭넓고 평등하게 수용하여 공생 공영 동고동락 합심 합력할 것이요, 여섯째, 중앙총부는 신앙의 중심체요 법륜 상전의 대성지니 총부 중심제와 교구 기관의 자치제를 잘 살리되 중심 체제를 확고히 할 것이니라. 지금까지는 초창기의 가족적 분위기를 수용했으나 이제는 이단치교의 법치 교단 체제를 확립해 나가야 하느니라." 〈회상편 46장〉

| 출처 |

유시[교단 제3대 설계특별위원회에 내리신 법문]

교단 2대를 청산하고 삼대를 향하는 교단사 제반에 대하여 교단 미래의 장을 여는 새롭고 밝은 계획을 수립하는 특별위원들에 대하여 기대가 크며 그간 각자의 신앙적 체험을 통한 교단생활[교화와 기관]에서 탁마하고 쌓은 경험과 교단 미래를 위하여 생각하였던 바를 사명감을 가지고 중지를 모아서 교단 2대의 문을 크게 열고 대종사께서 예시한 사오백 년 결복의 초석이 되길 염원하면서 다음 몇 가지를 부탁하는 바이다.

1. 대종사님이 밝혀 주신 개교의 동기는 우리 회상의 시종여일한 목적이요 목표이니 항상 시대화, 생활화, 대중화로 하나의 세계, 보은의 세계, 균등의 세계를 건설하는 데 모든 힘을 기울이자.
2. 일원의 원만한 신앙과 수행 생활은 오직 일원의 훈련을 통해서만 이루어지는 것이니 하나에서 열까지 훈련 강화의 길이 수립되게 하자.
3. 사오백 년 결복은 개인·가정·사회·국가·세계·교단의 대성역화 달성에 있으니 모든 제도와 조직과 행정이 천여래 만보살의 발아와 억조창생의 복문을 열어 무등등한 대각도인 무상행의 대봉공인이 많이 나와 제생의세와 성불제중의 대이념이 실현되도록 하자.
4. 교단 행정의 합리화, 조직화, 과학화와 더불어 수도인의 본분사인 신앙과 수행의 정진에 소홀함이 없도록 하자.
5. 모든 면에 개방과 평등과 폭넓은 수용으로 나아갈 것이요 좁히고 막히고 일방적으로 나아가는 일이 없도록 하여 공생공영, 동고동락, 합심 합력하도록 하자.
6. 총부 중심제와 교구, 기관 자치제를 잘 살리되 총부는 최초로 교화의 문을 연 곳으로 교단 신앙 중심체이고 법륜상전의 대성지이니 중심 체제를 확고히 수립해야 할 것이다.

그동안 초창기의 대가족적 분위기와 자수성가적인 면을 수용했으나 이제는 이를 지양해야 할 때이니 이 점에 유의해서 이단치교의 법치교단의 체제를 확립해야 할 것이다.

〈『대산종사수필법문집』 2. pp.1466~1467. 원기72년 3월 19일〉

| 배경 및 상황 |

대산 종사는 원기72년(1987) 3월 19일 법문을 통해 교단제3대설계특별위원회의 활동을, 첫째는 개교정신을 바탕으로 시대화·생활화·대중화로 하나의 세계 건설, 둘째는 대도 대덕을 갖춘 인재가 많이 배출될 수 있도록 하는 제도·행정, 셋째는 훈련 강화의 길 수립, 넷째는 개방과 수용, 평등과 조화로 공생공영, 다섯째는 교정의 조직화·합리화·효율화·원활화로 교화 결실, 여섯째는 중앙체제를 확고히 하되 교구·기관의 자율성을 살려 나가도록 하여 4~5백년 결복의 초석이 되기를 염원했다. 이 활동을 통해 교단의 현상과 역량, 운영의 방향 등을 점검하는 계기가 되었다.

| 용어 풀이 |

○ **교단제삼대설계특별위원회(教團第三代設計特別委員會)** 교단 창립 제3대에 해당하는 원기73년(1988)부터 원기108년(2023)까지의 발전계획 설계를 위해 조직한 특별기구. 원기71년(1986) 11월 교정위원회에서 구성을 결의하고, 이듬해 3월 종법사의 재가를 받아 발족한 범교단적 위원회이다. 교정원장을 위원장으로 하는 위원회는 체제·제도분과 등 6개 분과 90명의 위원을 선정하여 활동했으며, 원기73년(1988) 8월 수위단회에서 『교단제3대설계종합보고서』를 채택하고 해산했다.

○ **유시(諭示)** 관청 따위에서 국민을 타일러 가르침. 또는 그런 문서.

○ **예시(豫示)** 미리 보이거나 알림.

○ **사오백년 결복(四五百年結福)** 소태산 대종사가 교단의 장래를 언급하면서 '사오십 년 결실, 사오백 년 결복'이라는 상징적 용어를 사용한 말로 『법의대전』의 한 구절에서 유래했다. 원불교가 사오백 년이 지나면 전 세계에 널리 전파되어 불과(佛果)를 얻게 될 것이란 의미이다. 불법의 법종자가 세계에 널리 전파되어 일체 생령이 불법에 귀의한다는 뜻이기도 하다.

○ **초석(楚石)** 어떤 사물의 기초를 비유적으로 이르는 말.

○ **무등등한 대각도인(無等等-大覺道人)** 이 세상의 어떠한 사람과도 비교할 수 없이 진리를 크게 깨친 불보살.

○ **무상행의 대봉공인(無相行-大奉公人)** 무상보시하는 대봉공인이라는 뜻.

○ **공생공영(共生共榮)** 공생은 ① 서로 도우면서 함께 살아간다. ② 같은 곳에서 서로 도움을 주고받으며 산다는 의미이며, 공영은 ① 공적인 기관이 공공의 이익을 위해 경영 관리한다. ② 함께 번영한다는 의미이다.

○ **동고동락(同苦同樂)** 같이 고생하고 같이 즐김. 괴로움도 즐거움도 함께 더불어 하는 것을 말한다.

○ **법륜상전(法輪常轉)** 법의 수레바퀴가 늘 쉬지 않고 굴러감. 법륜은 이 법을 중생 건지고 세상 치료하는 제생의세(濟生醫世)의 수레바퀴에 비유한 것이다.

○ **이단치교(以團治教)** 10인 1단의 교화단을 조직하여 교단의 통치와 교도들의 교화 훈련을 능률적으로 수행하려는 방법. 이단치교는 원불교의 독특한 교화 방법이다. 원기2년(1917) 7월에 소태산 대종사가 구인제자들로 교화단을 조직한 데서 비롯되었다. 현재 전체 출가교도가 출가교화단에 소속되어 있으며 각 교당에서는 이단치교의 방법에 따라서 교도들을 관리·지도하며 교화·훈련하고 있다.

○ **법치교단(法治教團)** 법으로써 교단을 다스린다.

47 교단의 위대한 힘은 교역자들의 희생 봉공에서 나온다

대산 종사, 교역자들에게 말씀하시기를 "우리 교단의 위대한 힘은 재물이나 권력에 있는 것이 아니라 교역자들의 희생 봉공에서 나오는 것이므로, 우리의 한마음이 무너지면 교단이 무너지고 우리의 한마음이 살아나면 교단이 살아난다는 것을 명심하여, 투철한 서원과 신성과 공심으로 새롭게 무장하고 굳게 뭉쳐 교단의 앞날을 책임지는 주인공들이 돼라. 우리가 주세불이신 대종사를 만나 제도 받지 못하고 큰일을 이루지 못한다면 영생을 통하여 다시 일어설 수 없음을 깨달아, 큰 서원에 바탕을 둔 교리 훈련으로 더욱 용맹정진하여 영생을 일관할 보은자들이 돼라."

〈회상편 47장〉

| 출처 |

교역자 총회의 모임

우리 교단의 위대한 힘은 재물에서 나오는 것도 권력에서 나오는 것도 아닙니다. 이 무서운 힘은 바로 여러 교역자의 사심 없고 욕심 없는 순일한 희생 봉공의 힘이 합해져서 나오는 것입니다. 우리의 한마음이 무너지면 교단이 무너지고 우리의 한마음이 생생하고 꿋꿋하게 살아나면 이 교단도 생생하고 탄탄합니다.

그러므로 우리는 우리 자신이 먼저 투철한 대서원과 대신성과 대공심으로 우리의 각자 마음을 새롭게 무장하고 모두 다 한마음이 되어 굳게 뭉칠 때 우리 교단의 앞날은 더욱더 양양할 것입니다.

우리가 주세불이신 대종사님을 만나서 우리 자신이 제도 받지 못하고 이 회상 만나서 큰일 하지 못한다면 영생을 통하여 우리는 다시 일어설 수 없다는 사실을 자각하고 하나부터 백 천만까지 서원, 하루부터 백 천만년까지 서원으로, 교리적 훈련으로 용맹정진하고 용맹정진하여 각자의 부모님께 부끄럼이 없고, 후회함이 없는 보은자가 되고 스승님께 자랑스러운 법통 제자가 되며 우리가 영생 몸 바쳐 일할 이 회상과 사은께 대보은자가 되어야 하겠습니다.

〈『대산종사수필법문집』 2. pp.1127~1128. 원기72년 11월 16일〉

| 배경 및 상황 |

대산 종사는 원기72년(1987) 11월 16일 2대 말 '교역자 총회 모임'에서 말씀하시기를 "우리 교단의 위대한 힘은 재물에서 나오는 것도 권력에서 나오는 것도 아니다. 이 무서운 힘은 바로 여러 교역자의 사심 없고 욕심 없는 순일한 희생 봉공의 힘이 합해져서 나오는 것이다. 우리의 한마음이 무너지면 교단이 무너지고 우리의 한마음이 생생하고 꿋꿋하게 살아나면 이 교단도 생생하고 탄탄합니다."라고 하였다.

| 용어 풀이 |

○ **서원(誓願)** ① 불보살이 원(願)을 세우고 반드시 이루기를 맹세하는 것. ② 어떤 원을 발하여 그 원이 이루어지도록까지 간절한 마음과 정성을 바치는 것. ③ 모든 중생이 삼독 오욕심을 버리고 불보살이 되려고 간절히 맹세하고 소원하는 것. 원불교에서는 전무출신하기를 법신불 전에 올리는 맹세를 서원이라 한다.

○ **신성(信誠)** 믿음에 대한 지극한 정성. 정성스럽게 믿는 마음. 진리와 법과 스승과 회상에 대해 정성 다해 믿고 받드는 것.

○ **공심(公心)** ① 공정하고 편벽되지 않는 마음. 공익심의 준말. 원불교에서 신심과 아울러 가장 강조하는 마음. ② 자기 개인이나 자기 가족만을 위하는 마음이 아니라 사회나 국가나 인류 전체를 위하는 마음.

○ **정진(精進)** 일심(一心)으로 불도를 닦아 게을리하지 않음.

㊽ 성지 장엄에 대하여

대산 종사, 소태산기념관 건립에 관한 보고를 받으시고 말씀하시기를 "성지 장엄은 오랜 세월이 지나도 손댈 것이 없도록 긴 안목을 갖고 세밀한 계획을 세워 완벽하게 하라. 대종사께서는 '앞으로 큰 사업가들이 나와 백 년 이백 년 걸릴 일을 일시에 해낼 것이니 조불 조탑이나 허장성세에 힘쓰지 마라.'고 하셨나니, 외형적인 장엄보다는 교단을 이끌어 나갈 역량 있는 사람을 한 명이라도 더 배출하는 데 힘쓰라."

〈회상편 48장〉

| 출처 |

대종사님 유물관 건립에 대한 보고를 들으시고 말씀하시기를

이제는 총부나 영산성지를 긴 안목으로 가지고 개발해야 하겠다. 한번 해놓으면 몇백 년, 몇천 년이 지나도 다시 손댈 것 없는 세밀한 계획을 세워 완벽하게 해야겠다. 반백년기념사업으로 건립한 기념관을 얼마 되지도 않았는데 헐어 버리려 한다니 아쉬움이 많다. 이제 그런 사업은 하지 않아야 하겠다. 총부와 영산성지만은 시간이 걸리더라도 후회 없이해야 하겠다.

그리고 이제는 교단의 경제를 책임질 수 있는 사람이 있어야 하겠다. 70여 년이 지나는 동안 교리는 준비가 되었으니 이제는 경제를 책임질 수 있는 사람이 나와야 하겠다. 일시적 회의를 통하여 자기의 뜻에 맞으면 하고 틀어지면 하지 않아 버리는 책임자는 필요가 없고 끝까지 교단을 책임질 수 있는 사람이 맡아 가야 하겠다. 대종사께서도 교단을 책임질 수 있는 사람이 뒤에 바탕이 있어야 한다고 말씀하셨다.

이번 88올림픽이 그냥 이루어진 것이 아니다. 박 대통령 당시 많은 사람이 비난하였지만, 각 분야에서 책임을 지고 일을 해나가는 사람들이 있었다. 그들이 책임을 지고 새마을운동이나 경제개발계획을 이루어 냈기에 우리나라의 경제가 크게 향상되었다. 그 향상된 경제를 바탕으로 88올림픽을 성공적으로 이루어 낼 수 있었다. 우리 교단도 그렇다. 맡아서 책임질 수 있는 사람이 있어야 하겠다.

또한 대종사께서 조불조탑(造佛造塔)은 앞으로 큰 사업가들이 많이 생겨 100년, 200년 할 것을 일시에 할 사람이 많이 나올 것이니 조불조탑이나 허장성세에 힘쓰지 말라고 하셨다. 그러니 교단을 이끌어 나갈 역량 있는 사람을 한 명이라도 더 배출하는 데 힘을 써야 하겠으며 유물관을 건립하는 것도 신중을 기해서 간부회의 등 많은 의견을 충분히 수렴하여 결정하는 것이 좋겠다.

〈『대산종사수필법문집』 2. p.1320. 원기74년 5월〉

| 배경 및 상황 |

대산 종사는 원기74년(1989) 5월 '소태산기념관' 건립에 관한 보고를 받으시고 말씀하시기를 "이제는 총부나 영산성지를 긴 안목으로 개발해야 하겠다. 한번 해놓으면 몇백 년, 몇천 년이 지나도 다시 손댈 것 없는 세밀한 계획을 세워 완벽하게 해야겠다. 반백년기념사업으로 건립한 기념관을 얼마 되지도 않았는데 헐어 버리려 한다니 아쉬움이 많다. 이제 그런 사업은 하지 않아야 하겠다. 총부와 영산성지만은 시간이 걸리더라도 후회 없이해야 하겠다."라고 하였다. 원불교중앙박물관에서 소태산기념관으로 사용하다가 원기87년(2002) 4월 20일 '원불교역사박물관'으로 명칭 변경 승인하였다.

| 용어 풀이 |

○ **소태산기념관(少太山記念館)** 소태산대종사탄생100주년성업봉찬회 사업의 일환으로 원기74년(1989) 3월 30일 전북 익산시 신용동 344-2번지 중앙총부 경내에 소태산기념관을 신축 기공하고, 이를 독립 건물로 한 중앙박물관을 원기76

년(1991) 4월 27일에 이전 개관했다. 원기87년(2002) 신관을 증축하여 9월 10일 개관했다. 원기88년(2003) 문화관광부 1종 박물관으로 등록하였다. 현재는 원불교 역사박물관으로 사용하고 있다.

○ **장엄(莊嚴)** 좋고 아름다운 것으로 국토를 꾸미고, 훌륭한 공덕을 쌓아 몸을 장식하고, 향이나 꽃 따위를 부처에게 올려 장식하는 일.

○ **조불조탑(造佛造塔)** 불상이나 부처의 화상(畫像)을 만들고 탑을 조성함.

○ **허장성세(虛張聲勢)** 실속은 없으면서 큰소리치거나 허세를 부림.

○ **배출(輩出)** 인재를 길러서 사회에 내보냄.

㊾ 일원 문화

대산 종사 말씀하시기를 "일원 문화는 새로운 문명 세계를 열어갈 문화니 어두운 시대의 닫힌 문화가 아니라 밝은 시대의 열린 문화로, 종교·사상·정치·예술 등이 서로 넘나들고 하나의 정의(情誼)가 무르익는 문화며, 도학과 과학이 병진하고 영육이 쌍전하며 동정이 한결같고 이치와 일이 아우러져 은혜와 평등과 진화의 세계를 열어가는 문화니라. 이러한 천지 도수에 부응하는 문화라야 미래 세계에 존립할 수 있을 뿐 아니라 새 세상 건설에 크게 공헌할 수 있으므로, 일원 문화를 개척하고 창조하기 위해서는 먼저 일원 철학을 소유한 문화 예술인들이 많아야 시대를 앞서갈 수 있느니라. 우리의 법신불 일원상은 불멸 불후의 예술이요 문화 상징의 극치로서 이 자리를 깨달아 밝히신 대종사와 삼세제불 제성의 성전(聖典) 또한 불후의 창작품이니, 이 거룩함을 말과 글로, 노래와 춤으로, 그림과 극으로 꽃피워 일원 문화를 크게 발전시켜 나가기 바라노라." 〈회상편 49장〉

| 출처 |

소태산 대종사 탄생100주년 기념 특집으로 발간하는 "圓美"에 일원문화(一圓文化)에 대하여 법문을 내려주시기를

후천개벽의 문화는 일원문화.

지금 이 시대는 후천개벽의 새로운 대문명 세계가 도래하고 있다. 이 새로운 시대의 대문명 세계를 열어갈 문화가 바로 일원 문화이다.

이는 과거 어두운 시대의 닫힌 문화가 아니라 활짝 열어 가는 시대의 문화로서 동서남북 상하좌우와 원근친소 자타피차의 울을 넘어서서 종교, 사상, 정치, 예술 등이 서로 넘나들어 하나의 정의(情誼)가 무르익어 가는 문화이다. 또한 도학과 과학이 병진하고 영과 육이 쌍전하며 동(動)과 정(靜)이 일여하고 이(理)와 사(事)가 아우러져 은혜와 평등과 진화의 세계를 열어 가는 문화이다.

이러한 천지 도수에 부응한 문화라야 미래 시대에 존립할 수 있을 뿐만 아니라 새 세상 건설의 주역으로 크게 공헌할 수 있을 것이다. 따라서 이러한 일원문화를 개척하고 창조하고 가꾸기 위해서는 먼저 일원 철학을 소유한 문화 예술인들이 되어 시대를 앞서가야 하며 새 역사 창조에 크게 공헌하는 예술인들이 되어야 할 것이다.

우리의 법신불 일원상은 불멸불후(不滅不朽)의 예술이며 문화 상징의 극치이다. 이 자리를 깨달아 밝히신 대종사님과 삼세 제불제성의 성전(聖典) 또한 불후의 창작품들이다. 그러기에 우리는 이를 거룩하다고 찬송하는 것이다. 이 거룩함을 말과 글로 노래와 그림과 극으로 꽃피워 나툴 때 그 아름다움이 한량없을 것이며 밝은 새 시대를 열어 가는 큰 역사가 될 것이다.

〈『대산종사수필법문집』 2. p.1397. 원기75년 5월〉

| 배경 및 상황 |

대산 종사는 원기75년(1990) 5월 소태산대종사 탄생100주년 기념 특집으로 발간한 원미(圓美)에 '일원문화' 휘호를 내리시며 규산 권도원(權道圓) 교무에게 말하였다.

"지금 이 시대는 후천개벽의 새로운 대문명세계가 도래하고 있다. 이 새로운 시대를 열어갈 문화가 바로 일원문화이다. 이는 활짝 열어 가는 시대의 문화로 모든 울을 넘어 하나의 정의가 무르익어 가는 문화이며, 도학병진, 영육쌍전, 동정일여하여 은혜와 평등과 진화의 세계를 열어 가는 문화이다. 이러한 천지 도수에 부응하는 문화라야 미래 세계에 존립할 수 있을 뿐 아니라 새 세상 건설에 크게 공헌할 수 있다.

그러므로 일원문화를 개척하고 창조하고 가꾸기 위해서는 먼저 일원철학을 소유한 문화예술인들이 되어야 시대를 앞서갈 수 있다. 우리의 법신불 일원상은 불멸불후의 예술이요, 문화 상징의 극치라, 이 자리를 깨달아 밝히신 대종사와 삼세 제불제성의 성전(聖典) 또한 불후의 창작품이다. 그러기에 이를 거룩하다고 찬송하나니 이 거룩함을 말과 글로, 노래와 춤으로, 그림과 극으로 꽃피워 일원문화를 크게 발전하기를 바란다."

| 용어 풀이 |

○ **도수(度數)** 운도의 법수(法數). 천지가 한번 크게 바뀌는 것. 성·주·괴·공(成住壞空)이 한번 바뀌는 것. 선천(先天)과 후천(後天)이 바뀌는 것은 곧 도수가 한번 바뀌는 것이다.

○ **성전(聖典)** ① 종교상 신앙의 최고 법전이 되는 책. 기독교의 성경, 불교의 팔만대장경, 유교의 사서오경, 이슬람교의 코란 등이 있다. ② 성인들의 말씀으로 이루어진 책.

○ **불멸불후(不滅不朽)** 없어지거나 사라지지 아니하고 썩지 아니함이라는 뜻으로, 영원토록 변하거나 없어지지 아니함을 비유적으로 이르는 말.

50 도덕 발양 대회

대산 종사, 청운회 도덕발양대회에서 말씀하시기를 "우리는 큰 교화와 큰 활동과 큰 인격의 문호를 열어놓아야 하나니, 그러기로 하면 진리에 바탕을 둔 큰 조직으로 교화하고, 정정(定靜)에 바탕을 둔 넓은 활동으로 보은하고, 산업에 바탕을 둔 탄탄한 실력으로 큰 인격을 갖추어야 하느니라. 참다운 실력이란 영육을 쌍전하고 이사(理事)를 병행하는 것이니, 우리는 모두 정신·육신·물질 세 방면으로 두루 실력을 갖추어야 하느니라."

〈회상편 50장〉

| 출처 |

전국 청운회 제2차 도덕발양대회(道德發揚大會) 기념 법문

삼대법문(三大法門)

1. 대진리에 바탕해서 대조직으로 큰 교화를 하여 나가자[큰 교화의 문호를 열어 놓자].
2. 대정정(大定靜)에 바탕해서 대활동으로 보은하여 나가자[큰 활동의 문호를 열어 놓자].
3. 대산업에 바탕해서 대실력으로 큰 인격을 갖추자[큰 인격의 문호를 열어 놓자].

〈『정전대의』 수신강요 1. 129. 삼대법문〉

〈『대산종사수필법문집』 2. pp.607~613. 원기69년 10월 19일~21일〉

| 배경 및 상황 |

전국 청운회 제2차 도덕발양대회(道德發揚大會)가 원기69년(1984) 10월 21일 전주 덕진종합회관에서 전주 청운회[회장 황의도] 주관으로 개최되어 11개 지역 1천여 명이 참석한 가운데 성황을 이루었다.

이날 오후 1시 30분 대산 종법사가 임석한 가운데 개최한 본대회는 전국에서 모인 3백여 쌍의 청운회원을 비롯하여 원로수위단원과 교단 간부진, 심재홍 도지사. 최영복 전주시장 등 재가출가가 모여 단합과 질서 있는 대회를 보여주었다. 이때 대산 종사는 '삼대법문'으로 "진리에 바탕하여 대조직으로 교화의 문호를 열고, 정정에 바탕하여 대활동으로 보은의 문호를 열고, 산업에 바탕하여 대실력으로 인격의 문호를 열자고 하였다.

| 용어 풀이 |

○ **청운회(靑耘會)** 원불교의 교리정신을 사회에 구현함으로써 일원세계를 개척하는 데 앞장서기 위해 창립한 원불교 청·장년 교도 단체. 청운회는 원불교 학생회와 청년회를 통해 성장한 30~40대 청·장년 계층을 대상으로 교단의 발전에 이바지하며, 마음공부를 통하여 원불교 교법을 사회에 구현하도록 할 목적으로 조직되었다.

○ **발양(發揚)** 마음, 기운, 재주 따위를 떨쳐 일으킴.

○ **정정(定靜)** 마음이 안정되고 고요한 것. 안정됨은 마음이 확고하여 흔들리지 않음이고, 고요함은 마음속에 욕심이 가라앉고 청정한 일심을 간직함을 의미한다. 정(定)은 마음을 하나로 안정시켜 삼매의 경지가 되어 흩어지지 아니하는 것. 정(靜)은 천만 경계에도 마음이 끌려가지 아니하는 것.

○ **영육쌍전(靈肉雙全)** 영적인 삶 곧 정신의 고양을 추구하는 수도의 삶과 육신의 삶 즉 건강하고 건전한 현실 삶을 함께 온전히 완성해 가는 것을 추구하는 사상. 원불교 교리표어 중 하나로 『원불교교전』 맨머리에 실려 있으며, 공부와 사업을 병행하여 복과 혜를 원만하게 갖추자는 이사병행의 이념과도 상통한다.

○ **이사병행(理事竝行)** 이치와 일을 아울러 수행하자는 것으로 이 표어는 『원불교교전』에는 나타나 있지 않으나, 처처불상 사사불공, 무시선 무처선, 동정일여 영육쌍전, 불법시생활 생활시불법 등의 교리표어의 뜻을 종합해서 표현한 개념이다.

⑤① 3대 내에 여래위 몇 단 탄생시키자

대산 종사, 원기 73년 법위 사정 결과를 들으시고 말씀하시기를 "이번에 출가위와 대봉도 대호법이 사정된 것은 우리가 대종사와 정산 종사, 그리고 진리와 일체 동포에게 크게 보은을 한 것이니라. 이제 3대 내에 여래위 몇 단을 탄생시킬 기초가 탄탄해졌나니 2대 말에 법훈자들이 나오지 아니하였다면 한 대가 늦어졌을 것이므로 교운을 열고 대운을 받는 데 큰 차질이 있었을 것이니라. 나는 자나 깨나 내 몸의 병도 잊고 이 일이 이루어지도록 정성을 다했나니 이는 바로 대종사와 정산 종사와 삼세제불 제성이 영생 동안 올린 염원이요 일체중생이 손 모아 기도하고 기대하였던 까닭이니라. 이러한 일이 일대겁을 통하여 얼마나 큰일인 줄 알아야 법을 위해 몸을 잊고 공을 위해 사를 버리는 생활을 할 수 있느니라."

〈회상편 51장〉

| 출처 |

원기73년 9월 29일에 개최한 제122차 임시 수위단회에서 출가위, 대봉도, 대호법이 사정된 것은 우리가 대종사님과 선 종법사님 그리고 진리에 또는 일체 동포에게 대보은을 한 것이다. 이제 3대 내에 여래위를 몇 단 탄생시킬 기초가 탄탄해졌다. 2대 말에 출가위, 대봉도, 대호법의 대법훈자들이 나오지 아니하였다면 한 대가 늦어지는 불사가 되므로 교운을 열고 대운을 받는데 큰 차질이 있었을 것이다.

이러한 큰일은 어떻게 해서 이루어지는지를 다른 사람들은 알지 못한다. 그리하여 이 일에 직접 참여했던 사람들조차도 밖에서 시비하면 흔들린다. 이 일이 개인적으로나 개인적으로 일대겁을 통하여 얼마나 큰지를 알아야 위법망구(爲法忘軀) 위공망사(爲公忘私)할 것이다. 또한 밖에서 시비하는 사람들은 교단을 위해서 하는 일이나 전체적으로 보지 못하고 삼세를 통하여 보지 못하고 진리적인 안목으로 보지 못하니 탓할 것이 없으니라.

나는 자나 깨나 오나가나 앉으나 서나 내 몸의 병도 잊어버리고 이 일이 이루어지도록 정성을 다했었다. 이는 바로 대종사님과 정산 종법사님과 삼세 제불 제성이 영생을 통한 염원이요 일체중생이 손 모아 기도하고 기대하는 큰일이다. 그러므로 이 일을 놓고 무슨 다른 일을 할 것이냐. 너희들도 오직 이 일을 염원하고 이 일만하고 가도록 하라.

〈『대산종사수필법문집』 2. pp.1239~1240. 원기73년 10월 3일〉

| 배경 및 상황 |

대산 종사는 원기73년(1988) 10월 3일 말씀하시기를 "지난 9월 29일에 개최한 제122차 임시 수위단회에서 출가위, 대봉도, 대호법이 사정된 것은 우리가 대종사님과 선 종법사님 그리고 진리에 또는 일체 동포에게 대보은을 한 것이다. 이제 3대 내에 여래위를 몇 단 탄생시킬 기초가 탄탄해졌다. 2대 말에 출가위, 대봉도, 대호법의 대법훈자들이 나오지 아니하였다면 한 대가 늦어지는 불사가 되므로 교운을 열고 대운을 받는데 큰 차질이 있었을 것이다."라고 하였다.

| 용어 풀이 |

○ **법위사정(法位査定)** 원불교 교도의 법위등급을 조사하여 결정함. 법위등급 사정의 준말. 교단에서 3년에 한 번씩 재가·출가 전 교도의 법위등급이 각각 어느 수준에 해당하는지를 평가하는 일을 말한다.

○ **출가위(出家位)** 원불교 법위등급 가운데 다섯 번째 계위(階位). 『정전』 수행편 제17장 '법위등급'에서는 "법강항마위 승급 조항을 일일이 실행하고 예비출가위에 승급하여, 대소유무의 이치를 따라 인간의 시비이해를 건설하며, 현재의 모든 종교의 교리를 정통하며, 원근친소와 자타의 국한을 벗어나서 일체생령을 위해 천

신만고와 함지사지를 당하여도 여한이 없는 사람의 위이다."라고 했다

○ **대봉도(大奉道)** 일원대도(一圓大道)를 크게 받든 출가교도에게 드리는 법훈(法勳). 원불교에서는 출가교도 가운데에서 공부와 사업에 큰 업적을 쌓아 공부성적과 사업성적을 합한 원성적이 정특등에 해당되는 사람에게 대봉도의 법훈을 드린다.

○ **대호법(大護法)** 원불교의 정법(正法)을 크게 호위한 재가교도에게 드리는 법훈. 원불교에서는 재가교도 가운데에서 공부와 사업에 큰 업적을 쌓아 공부성적과 사업성적을 합한 원성적이 정특등에 해당되는 사람에게 대호법의 법훈을 드린다.

○ **여래위(如來位)** 대각여래위의 준말. 원불교 법위등급 중 여섯 번째, 최상계위. 석가모니불이나 소태산 대종사와 같은 부처님이 원만성취한 경지이다.

○ **법훈(法勳)** 원불교 교단의 창설과 발전에 많은 공적을 쌓은 분에게 드리는 훈장. 법훈은 종사·대봉도·대호법·대희사에 해당하는 분에게 드린다. 〈원불교교헌〉에서는 "출가위 이상된 이와 종법사를 역임한 이를 종사, 원성적 특등인 전무출신을 대봉도, 원성적 특등인 거진출진을 대호법이라 한다."[〈원불교교헌〉 제2장 23조]고 했으며, "① 대각여래위의 부모는 대희사, 출가위의 부모는 중희사, 법강항마위의 부모는 소희사라 하며… ② 대희사는 법훈으로 받든다."라고 규정하고 있다.

○ **삼세(三世)** 과거·현재·미래를 통칭하여 부르는 말. 삼제(三際)라고도 한다.

○ **제불제성(諸佛諸聖)** 시방 삼세를 통해 존재해 온 모든 불보살 및 세계의 모든 성현에 대한 총칭.

○ **일대겁(一大劫)** 영원한 시간. 매우 긴 시간. 일증겁(一增劫)과 일감겁(一減劫)을 합한 것을 일중겁(一中劫)이라 하고, 80중겁을 일대겁이라 한다. 일증겁은 사람의 수명을 10세부터 100년마다 1세씩 증가하여 8만 4천세에 이르는 동안을 말하고, 일감겁은 8만 4천세로부터 100년마다 1세씩 감하여 10세에 이르는 동안을 말한다. 겁이란 백 년 만에 한 살씩 더해서 팔만 사천 세까지 올라갔다가 거기에서 다시 백 년 만에 한 살씩 감(減)해 십 세에 이르는 수를 일소겁(一小

劫)이라 하나니, 이 일소겁의 스무 배가 일중겁(一中劫)이요 일중겁의 네 배가 일대겁(一大劫)이나, 팔십소겁이 지나서 새로운 세계가 돌아온다는 것이다. [大劫十二億七千九百八十四萬年. 中劫三億一千九百九十六萬年. 小劫千五百九十九萬八千年]

52 중생의 기질을 변화시켜 불보살이 되자

> 대산 종사 말씀하시기를 "천지를 뒤바꿀 능력을 갖췄다 하더라도 그것은 다만 재주에 불과할 뿐 중생의 기질을 변화시켜 산 불보살이 되도록 하는 일은 정법 회상과 정법이 아니고는 할 수 없느니라." 〈회상편 52장〉

| 출처 |

수위단회에서 법위사정이 마쳐져 출가위와 여래위가 많이 탄생하였다는 보고를 들으시고

대종사님의 이 회상과 이 법이 아니고는 할 수도 될 수도 없는 일이고 천지가 생긴 이후 참으로 큰 불사들이다. 중생들이 천지를 뒤바꿔 놓는 재주가 있다 하더라도 그것은 재주이지 중생이 기질 변화하여 산 불보살이 되게 하는 일은 못 한다. 이제부터는 교단 백주년을 준비하며 여래가 많이 탄생하도록 다 같이 노력하자. 〈『대산종사수필법문집』 2. p.1468. 원기76년 3월 28일〉

| 배경 및 상황 |

대산 종사는 원기76년(1991) 3월 28일 수위단회에서 법위사정 결과 출가위와 여래위가 많이 탄생하였다는 보고를 들으시고 말씀하시기를 "천지를 뒤바꿀 능력을 갖췄다고 하더라도 그것은 다만 재주에 불과할 뿐, 중생의 기질을 변화시켜 산 불보살이 되도록 하는 일은 정법 회상과 정법이 아니고는 할 수 없다.”라고 하였다. 또한, “이제부터는 교단 백주년을 준비하며 여래가 많이 탄생하도록 다 같이 노력하자.”라고 하였다.

| 용어 풀이 |

○ **기질(氣質)** 기력과 체질을 아울러 이르는 말.

○ **정법회상(正法會上)** 대도정법을 널리 펴서 일체중생을 구제하는 교단이라는 뜻. 허무맹랑한 사술(邪術)이나 황당무계한 신통 묘술이 아닌, 사실적이고 진리적인 바른 법을 가르치는 종교라는 말.

53 인농 법농의 산 터전

대산 종사, 수계농원을 왕래하시며 말씀하시기를 “이 땅을 대종사께서 마련해 주시고 정산 종사께서 지키라 하시며, 앞으로 이 땅에서 많은 불보살이 큰 서원을 세울 것이라 하셨으니, 장차 이곳을 교단 만대에 인농(人農)과 법농(法農)의 산 터전으로 삼도록 하라.” 〈회상편 53장〉

| 출처 |

원기79년 원광 3월호

수계농원을 다니면서 좋은 일이 많이 생기는 것 같다. 수계농원은 천·지·인 삼재(天地人 三才)가 응한 땅이다. 천은 최수운 신사, 지는 최혜월 신사, 인은 강증산 천사이다. 이곳 수계리를 이서구 감찰사가 말을 타고 지나다가 “성스러운 이 땅을 말을 타고 지날 수 없어 내려서 걸어가며 세 번 절을 하였다.” 하여 삼례(三禮)라 이름한다. 이는 법보화 삼보(法報化 三寶) 전에 절한 것이다. 이처럼 성스러운 땅 삼례 수계리에 대종사님과 선 종법사님의 성심(聖心)이 어리었으니 우리는 이 도량을 잘 가꾸어 교단 만대에 인농(人農)과 법농(法農)의 산 터전으로 삼아야 하겠다.

〈『대산종사수필법문집』 2. pp.1686~1687. 원기79년 원광 3월호〉

| 배경 및 상황 |

대산 종사는 원기78년(1993) 10월부터 대산 종사는 매일 일과적으로 왕궁 영모묘원에서 수계농원에 내왕했다. 새해 들어 연초 지시 사항으로 '수계농원을 훈련도량으로 적극 활용하라'고 권장하여 원기79년(1994)도에 연 24차의 정전마음공부를 실시했다. IMF로 인해 주력 사업인 육우 사료의 폭등, 대산의 열반으로 훈련은 물론 각지의 지원 중단으로 타격이 컸다. 수계농원은 공단 조성 이전만 해도 인재양성과 산업기관을 겸하여 영육쌍전을 체험하는 도량으로 반백년 역사를 통하여 80여 명의 교역자를 배출했다.

| 용어 풀이 |

○ **수계농원(岫溪農園)** 전북 완주군 삼례읍 수계리 417번지에 소재한 원불교 산업기관. 일제강점기 때는 삼례과원, 한국전쟁 이후에는 삼창과원으로 불리다가 삼창공사가 실패로 돌아가면서 원기37년(1952)부터 '수계농원'이라는 이름으로 산업기관으로서의 체제를 정비했다. 삼례과원은 각 지방 교당 및 총부 유지 대책의 한 방안으로 세운 기관이다.

○ **인농(人農)** 사람 농사. 사람을 양육하고 교육하는 일을 농사에 비유한 말. 정산 종사는 인재는 길러내는 일의 중요성을 강조하여 "나무도 심고 가꾸어야 자라듯이 사람도 잘 길러내야 한다'고 했다. 대산 종사는 '농사 중에는 사람 농사가 제일이다", "사람에게 공들이는 것 같이 큰 것이 없다. 우리는 농판이 되어 아는 듯 모르는 듯 인재육성에 중점을 두고 보면 교단 발전은 재기중(在其中)이다."[『대산종법사법문집』 3집]라고 했다.

○ **법농(法農)** 법 농사.

(54) 일원 대도의 세 가지 서원

대산 종사, 2대 말 총회와 대종사 탄생 100주년을 앞두고 말씀하시기를 "일원은 대도니 대도 원성(大道圓成)의 서원을 세우고, 깨치지 못하면 중생이니 여래 탄생의 서원을 세우며, 용광로에 들어 삼세 업장을 녹이고 기질을 변화시키는 서원을 세우라." 〈회상편 54장〉

| 출처 |

새벽에 삼동원 대중의 세배를 받으시고 내리신 법문

이런 회상에 참례한 재가출가 남녀 동지는 대서원을 세워 여유작작하게 2대 말을 준비하여야겠다.

그 서원이란 첫째 일원은 대도이니 대도원성(大道圓成)의 서원을 세우고 서원과 신심과 공부심으로 정진하여야 한다.

둘째는 여래 탄생 기간으로 정해야겠다. 여래가 등상불만이 아니라. 화현(化現)하신 인격불이므로 진리를 대각하면 바로 여래다. 깬 자리가 바로 여래이다. 그러나 깨치지 못하면 중생이다. 중생이라도 오늘 이 자리에서 깨면 여래가 탄생하는 것이다.

셋째는 대용광로에 들어 삼세업장(三世業障)을 녹이고 기질 변화시키는 기간으로 잡아야겠다. 우리가 다 세상에 났다가 100년 안에 다 죽는다. 그런데 죽으면 너 무엇하고 살다 왔느냐 하고 물었을 때 '예, 저는 밥 먹고 똥 싸고 죽었습니다.' 하면 그것참 허망하구나 한다.

〈『대산종사수필법문집』 2. pp.284~286. 원기67년 1월 1일〉

| 배경 및 상황 |

대산 종사는 원기67년(1982) 1월 1일 새벽에 삼동원 대중의 세배를 받고 내리신 법문이다. 대산 종사는 대중에게 "2대 말이 6년 남았고, 대종사님 탄생100주년이 9년이 남았다. 우리가 1대말 성업봉찬에는 참례하지 못하였으나 2대말인 72년 기념총회와 대종사님 탄생100주년에는 다 같이 참석하게 되었으니 얼마나 다행한 일이냐? 2대만 잘 넘기면 3대는 저절로 될 것이다. 여기에 원기108년 3대 말 총회를 맞이할 만한 불보살이 몇이나 있는가? 손들어 보아라."라고 하였다.

대산 종사는 당시 원기67년 새해 첫날을 맞아 교단 2대 말이나 소태산대종사 탄생백주년을 넘어 원기108년 3대말 총회에 불보살의 대열에 들자는 간절한 서원을 세 가지로 말씀하였다. 일원대도의 원성과 여래 탄생과 삼세업장을 녹이는 기질변화의 서원을 세우라고 하였다.

| 용어 풀이 |

○ **대종사탄생100주년(大宗師誕生百週年)** 소태산대종사탄생100주년기념사업이라 부른다. 소태산대종사의 탄생 100주년인 원기76년(1991)을 기해 전개한 보본(報本)사업. 원기68년(1983) '원불교창립 제2대 및 대종사탄생100주년 성업봉찬회'를 발족하여 거교적으로 관련사업을 전개했고, 원기73년(1988) '원불교 창립 제2대말 성업기념대회'를 마침에 따라, 명칭을 '소태산대종사탄생100주년성업봉찬회'로 바꾸었으며, 원기76년(1991) 5월 '소태산대종사탄생100주년기념대회'를 봉행했다. '자신에게 법력을, 동포에게 새 빛을, 스승님께 보은을'이라는 강령을 내걸고, 기획·재정·건설·행사·봉공·학술편찬·문화홍보의 각 분과를 두어, 총부 장엄건설·영산성지 장엄·문화편찬·사회교화 봉공·기념대회·특별사업 등을 추진했다.

○ **대도(大道)** 사람이 마땅히 지켜야 할 큰 도리. 넓고 바른길.

○ **원성(圓成)** 원만하게 이루어짐. 또는 그렇게 이룸.

○ **삼세(三世)** 〈회상편 51장〉 용어 풀이 참조.

○ **업장(業障)** 전생에 악업을 지은 죄로 인하여 받게 되는 온갖 장애, 마장(魔障)

55 숭덕존공의 정신을 진작하자

대산 종사, 시자에게 대사식(戴謝式) 법문 초안을 읽게 하신 후 말씀하시기를 "내가 요즘 몇 차례 밝힌 것 중에서 한 가지 중요한 뜻이 빠졌나니, 그것은 숭덕존공(崇德尊功)의 정신을 더욱 진작시키는 것으로 이는 새 종법사 추대 후 교단적으로 가장 중요한 일이니라. 따라서 신성과 서원이 나날이 살아나 일원 대도의 혜명을 온전히 받들고 이 법통을 누만대에 이어갈 큰 도인을 많이 배출하도록 법풍을 진작시켜서 교단의 정신적 지도 체제를 확립해야 하느니라." 〈회상편 55장〉

| 출처 |

대사식 법문 초안을 장산(藏山)에게 읽도록 하신 후 말씀하시기를

"내가 요즈음 몇 차례 밝힌 중요한 한 가지 뜻이 빠져 있구나. 그것을 꼭 삽입하도록 하여라. 그것은 숭덕존공의 정신을 더욱 진작시키는 일이다. 신종법사 추대 후 교단적으로 가장 중대한 일일 것이다. 모두가 진실하게 신성과 서원이 나날이 살아나서 대종사님의 일원대도의 혜명을 온전하게 받들어 법통을 만대에 이을 큰 도인이 배출되도록 법풍을 진작시켜야 할 일이다. 다시 말하면 교단의 정신적 지도 체제를 확립하여야 하겠다는 나의 깊고 깊은 염원이다. 앞으로 시간을 두어 교헌을 개정하여서라도 꼭 실현해야 할 것이다.

장산, 너는 수계농원에서 정전 마음공부 훈련을 오늘 다시 내 앞에서 큰 서원을 세우고 꼭 하여야 한다. 다른 곳에 가서 하지 말고 내가 왕래하는 이곳에서 하여라. 내가 신도안 삼동원에서 『교리실천도해』와 『정전대의』 교리 공부를 시켜 남녀 간 키우지 아니했더냐. 이는 대종사께서 일찍이 나에게 부촉하신 바가 있었기에 그렇게 했다. 그러나 그 후 교단 사정에 의하여 중지하였으나 이제 그 법맥을 부활시켜야 한다. 나와 너의 모든 역사는 뒷사람들에게 맡기고 오직 이 일에 정진하자. 나의 이 뜻을 새 종법사와 교정원장에게 꼭 전하여라." 라고 지시하시다. 〈『대산종사수필법문집』 2. p.1733. 원기79년 10월 15일〉

| 배경 및 상황 |

대산 종사는 원기79년(1994) 10월 15일에 장산 황직평 법무실장에게 대사식 법문 초안 읽게 한 후 "내가 요즘 몇 차례 밝힌 것 중에서 한 가지 중요한 뜻이 빠져있으니, 그것은 숭덕존공(崇德尊功)의 정신을 더욱 진작시키는 일이다." 라고 하였다. 숭덕존공의 정신이 교단 누만대로 이어갈 도인을 배출하는 법풍을 진작하여 교단의 정신적 지도체제를 확립하는 일이 더욱 중요함을 강조함이다.

| 용어 풀이 |

○ **대사식((戴謝式)** 종법사의 취임을 축하하고 퇴임을 사례하는 의례(儀禮). 대(戴)란 새 종법사의 취임을 봉대 축하한다는 뜻이며, 사(謝)란 종법사가 임기를 마치고 퇴임함을 의미한다. 따라서 대사식은 신·구 종법사의 취임과 퇴임이 동시에 거행될 경우에 있게 된다. 종법사 궐위로 인한 추대나 임기를 거듭할 때 추대식만 거행하게 된다. 원불교에 있어서 법통의 공전과 민주적 종권 이양의 상징적인 행사이다.

○ **숭덕존공(崇德尊功)** 〈회상편 51장〉 용어 풀이 참조.

○ **진작(振作)** 떨쳐 일어남. 또는 떨쳐 일으킴.

○ **추대(推戴)** 윗사람으로 떠받듦. 원불교에서 종법사를 새로이 모시는 것.

56 대사식 법문 1

대산 종사, 원기 79년 11월 6일 대사식에서 말씀하시기를 "우리 회상 초창기에 주세불이신 소태산 대종사를 이생에서 끝까지 모시고 새 세상 새 시대의 천지개벽을 이루는 일원 불사(一圓佛事)를 할 줄 알았는데 천지의 진리를 따라 거래하는 부처이신지라 생전에 뜻밖의 천붕지통(天崩之痛)의 열반상을 당하였고, 또한, 종통을 이으신 정산 종법사께서는 대종사의 경륜을 받들며 일사불란한 정통 법맥의 교단 전통을 정립하고 그 힘들고 어려운 생활 속에서도 교단의 제반 형세를 바로잡아 키우시다 뜻밖의 큰 병을 얻으시어 최후의 유게(遺偈)로 삼동윤리를 제창하시고 인류의 대동 화합을 염원하시며 열반에 드셨습니다. 나 또한 평생 소동(小童) 소자(小子) 소제(小弟)로서 오직 두 스승님의 경륜을 받들며 천여래 만 보살을 배출하는 일원 불사에만 신성과 서원을 다 하려고 하였는데 교단의 공의에 의하여 종통(宗統)을 계승하여 무능하고 부덕함에도 좌우 법 동지와 전 교도들의 간절한 신성에 힘입어 33년간 대임을 수행할 수 있었습니다. 오늘날 발전된 교단의 모습은 바로 여러분의 신성과 서원의 결정체로 나는 33년 동안 두 스승님의 화신(化身)이 되어 오직 큰 경륜과 포부를 받들어 그 뜻을 이을 그 마음 그 몸 그 행으로 전 교도님들과 더불어 같이하려는 마음뿐이었습니다." 〈회상편 56장〉

| 출처 |

대사식(戴謝式) 법문(法門)

(원문과 동일하여 생략함)

〈『대산종사수필법문집』 2. p.1738. 원기79년 11월 6일〉

| 배경 및 상황 |

대산 종사는 원기79년(1994) 11월 6일 좌산 이광정 종사에게 종법사직을 양위하고 상사(上師)로 추대되었다. 이날 대사식 법문에서 대산 종사는 '원불교에 출가하여 대종사와 정산 종사를 모시고 평생 일원불사만 할 줄 알았는데 대임을 맡아 33년간 종법사직을 수행하였다.'고 하였다. 이때 밝힌 감상은 "오늘날 발전된 교단의 모습은 바로 여러분들의 신성과 서원의 결정체로 나는 33년 동안 두 스승님의 화신(化身)이 되어 오직 큰 경륜과 포부를 받들어 그 뜻을 이을 그 마음 그 몸 그 행으로 전 교도님들과 더불어 같이하려는 마음뿐이었습니다."라고 말하였다.

| 용어 풀이 |

○ **천지개벽(天地開闢)** ① 하늘이 처음 열리고 땅이 처음으로 만들어짐을 의미. ② 우주의 물리적 큰 변화. ③ 인류 문명사적 일대 전환.

○ **일원불사(一圓佛事)** 일원의 진리를 널리 펴거나 원불교의 발전을 위해 행하는 모든 사업.

(3) 천붕지통(天崩之痛) 제왕이나 스승, 부모의 상사(喪事)를 당하여 겪는 하늘이 무너지는 듯한 슬픔. 하늘이 무너지고 땅이 꺼지는 것처럼 매우 큰 슬픔이라는 뜻.

○ **열반상(涅槃相)** 화신불이 열반의 모습을 중생들에게 나타내 보이는 것. 소태산 대종사가 53세를 일기로 원기28년(1943) 6월 1일에 열반한 것이 곧 열반상이다. 또 석가모니불이나 제불 제성이 열반하는 모양이 열반상이다.

○ **종통(宗統)** 종파의 계통. 한 종교의 법통(法統). 종문(宗門)의 전통. 원불교에서는 종통을 이은 최고지도자를 종법사라고 한다. 정산 종사는 소태산 대종사의 종통을 이어 후계 종법사가 되었고 이후 종법사들도 종통을 계승한 것으로 간주한다.

○ **정통법맥(正統法脈)** 바른 계통의 법[진리]이 끊임없이 전해지는 것을 사람의 맥박에 비유한 말로 스승에서 제자에게로 법이 이어지는 법의 계맥(系脈)을 뜻한다.

○ **유게(遺偈)** 최후 열반을 앞두고 남긴 게송.

○ **삼동윤리(三同倫理)** 〈회상편 25장〉 용어 풀이 참조.

○ **화신(化身)** 부처가 중생을 교화하기 위해 여러 모습으로 변화하는 일, 또는 그 불신(佛身). 좁은 의미에서는 부처의 상호(相好)를 갖추지 않고 범부·범천·제석·마왕 따위의 모습을 취하는 것을 뜻한다.

57 대사식 법문 2

대산 종사, 이어 말씀하시기를 "오늘 이 대사식의 자리를 빌려 나의 마음을 다음과 같이 밝히는 바입니다. 첫째, 우리 회상은 일대겁 만에 도래하는 새 회상으로 새 천지 새 역사를 창조하고 천 여래 만 보살을 배출하여 억조창생의 복문을 열어 줄 천명을 부여받은 전무후무한 큰 회상임을 믿고 깨달아 실행하였으며, 둘째 이 회상이 열린 이 시대는 일대겁 만에 도래하는 천지개벽의 시대, 원시 반본(原始反本)하는 시대, 선후천이 교역하는 시대임을 알았으며, 셋째, 대종사께서 새 천지 새 회상의 새 역사를 열어 제생 의세하기 위해 오신 주세불이심을 잊지 않았으며, 넷째, 일원 대도는 천하의 대도요 만고의 대법이며 사은 보은은 세계 평화의 원리요 대도며 사요 실천은 세계 균등의 원리요 대도며 삼학 수행은 만 생령 부활의 원리요 대도임을 깨달았으며, 다섯째, 우리 회상의 경륜은 원형이정(元亨利貞)의 순리에 따라 춘종 하육(春種夏育) 추수 동장(秋收冬藏)의 순서에 따라 교운이 무궁함을 믿었으며, 여섯째, 미래는 도학 문명과 과학 문명이 병행하는 원만한 세계가 건설되어 인류의 영(靈)과 육(肉)에 있어서 무지와 빈곤과 질병이 퇴치되어 이 지상에 하나의 세계, 평화의 세계, 균등의 세계, 선경의 세계, 낙원의 세계가 건설되는 일원주의가 실현될 것을 믿어 의심치 않으며 한결같은 마음으로 오늘에 이르렀습니다. 그리하여 나는 오늘 대임을 마치고 상사(上師)로서 대사식을 맞게 되었고, 또한, 나의 생전에 후계 종법사가 종통(宗統)을 잇게 되었으니 감회가 한량없습니다. 이 모든 영광과 성스러움과 자랑스러움을 재가 출가 전 교도들에게 돌리고 아울러 모든 분과 더불어 영생 영겁의 법연을 맺어 보답할 것을 약속드리며, 끝으로 대종사님과 정산 종사님의 경륜을 받들어 그동안 제창해 온 나의 염원을 다시 천명하는 바입니다. 진리는 하나 세계도 하나, 인류는 한 가족 세상은 한 일터, 개척하자 하나의 세계."

〈회상편 57장〉

| 출처 |

(원문과 동일하여 생략함)

〈『대산종사수필법문집』 2. pp.1738~1740. 원기79년 11월 6일〉

| 배경 및 상황 |

대산 종사는 이어서 말씀하시기를 "첫째, 우리 회상은 전무후무한 큰 회상임을 믿고 깨닫고 실행하였으며, 둘째, 이 회상이 열린 시대와 일대겁만에 도래하는 시대임을 알았으며, 셋째, 대종사님이 주세불임을 잊지 않았으며, 넷째, 일원대도임을 깨달았으며, 다섯째, 우리 회상의 경륜과 교운이 무궁함을 믿었으며, 여섯째, 일원주의가 실현될 것을 믿어 의심치 않았다. 그리고 상사로 대사식을 맞았고, 또한 나의 생전에 후계 종법사가 종통을 잇게 되었으니 감회가 한량없다. 이 모든 영광을 재가출가 전 교도에게 돌리고 영생영겁의 법연으로 보답한다."라고 약속하였다. 또한 "진리는 하나 세계도 하나, 인류는 한 가족 세상은 한 일터, 개척하자 하나의 세계."라고 그동안 제창한 나의 염원을 천명한다고 소회를 밝혔다.

| 용어 풀이 |

○ **원시반본(原始反本)** 처음 출발한 근본 원점으로 되돌아온다는 뜻. 무왕불복(無往不復)이라고도 한다. 우주의 진리가 무시무종, 불생불멸로 무한히 돌고 도는 것을 표현하는 말, 또는 우주의 성주괴공과 만물의 생로병사가 무한히 순환불궁하는 것을 나타내는 말.

○ **선후천교역(先後天交易)** 선천과 후천이 바뀐다는 의미. 선천의 낡은 세상에서 후천의 새로운 세상으로 크게 변화된다는 의미이다. 최제우·강일순 등 많은 신종교 창시자가 선천의 어두운 역사에서 후천의 낙원세상으로 교역되는 과정에서 인류가 겪어야 할 대환란(大患難)을 언급하고 있다. 최제우는 괴질(怪疾)에 의한 세상의 고통을, 강일순은 병겁(病劫)에 의한 인류의 어려움을 지적하고, 여기서 살아남은 사람들만 후천선경(後天仙境)에서 잘살게 된다고 했다.

○ **원형이정(元亨利貞)** ① 역학(易學)에서 말하는 천도(天道)의 네 가지 원리. '원(元)'은 봄이니 만물의 시초이며, '형(亨)'은 여름으로 만물이 자라고, '이(利)'는 가을로 만물이 이루어지며, '정(貞)'은 겨울로 만물을 거두어들이게 된다는 것이다. 1년이 춘하추동으로 바뀌듯이 인생도 원형이정으로 모든 일을 해야 한다는 것이다. 원을 인(仁), 형을 예(禮), 이를 의(義), 정을 지(智)로 설명하기도 한다. ② 사물의 근본 되는 도리.

○ **춘종하육(春種夏育)** 농사를 지을 때 봄철에 씨앗을 뿌리고 여름철에 가꾼다는 뜻으로, 교단의 발전을 위해서 인재를 양성하는 등 각종의 준비를 하는 것을 비유하는 말.

○ **추수동장(秋收冬藏)** 가을이 되면 거두어들이고 겨울이 되면 이를 저장한다는 뜻으로, 계절의 변화, 교운의 발전을 비유하는 말.

○ **영생영겁(永生永劫)** 영원한 세상, 세세생생. 무시무종의 영원한 세월. 겁(劫)은 이 세상이 한번 이루어졌다가 없어지는 긴 시간을 말하는데 그 겁이 영원히 계속된다는 의미.

제7 공심편 公心編

공심편은 재가출가가 공도 사업에 헌신하며 일원회상 영겁주인으로 살아 갈 수 있도록 공심을 키워 주고 북돋아 주며 전무출신과 거진출진의 근본 정신을 표준 삼도록 내린 지침과 교단 공심과 더불어 세계 인류에 대한 공심을 강조한 법문 총 38장을 수록하였다.

❶ 법인정신을 선양하자

대산 종사, 법인절을 맞아 말씀하시기를 "구인 선진들께서는 공을 위해 사를 버리고 법을 위해 몸을 잊는 살신성인의 정신으로 법인성사의 이적을 보여주셨나니, 스승에게는 두 마음 없는 신봉 정신을, 동지에게는 두 마음 없는 단결 정신을, 인류에게는 두 마음 없는 봉공 정신을 바친 분들이라. 우리는 모두 구인 선진들께서 보여주신 이 법인 정신을 널리 선양하는 데 힘써야 하느니라." 〈공심편 1장〉

| 출처 |

제48회 법인절 경축사

살신성인(殺身成仁)의 대성사(大聖事)

살신성인이란 곧 사사(私邪) 몸을 죽여서 인(仁)을 이룬다는 말인데 다시 말하면 공을 위해서 사를 놓고 법을 위해서 몸을 잊는다는 말이니, 우리 아홉 분 법인 대선진께서는 기미년 이날 이 모든 인을 한데 뭉쳐 발휘하시었으니 곧 스승님에게는 다시 두 마음 없는 신봉정신(信奉精神)을, 동지 상호 간에는 다시 두 마음 없는 큰 단결정신을, 천하 창생에게는 다시 두 마음 없는 봉공정신을 한데 뭉쳐 이루시어 천지 허공법계의 공인을 받으심으로써 우리 회상 창립에 두렷한 정신을 세워주시고 영천영지 무궁할 우리 교운에 늘 샘솟는 연원을 지어주신 것입니다. 우리는 이날을 맞아 아홉 분 대 선진의 살신성인의 대 법인정신을 더욱 선양하고 함께 득하여 끊임없는 법인정신을 구현함으로써 이 회상을 반석 위에 길이 발전시키며 천하 창생과 더불어 광대무량한 낙원 건설에서 길이 즐기도록 거듭 다짐하고 함께 나아가야 할 것입니다.

〈『대산종사수필법문집』 1. pp.245~246. 원기52년 7월 26일〉

| 배경 및 상황 |

대산 종사는 원기52년(1967) 7월 26일 제48회 법인절을 맞아 경축사에서 '살신성인(殺身成仁)의 대성사(大聖事)'라는 주제로 법문을 내렸다.

살신성인이란 곧 사사(私邪) 몸을 죽여서 인(仁)을 이룬다는 말인데 다시 말하면 공을 위해서 사를 놓고 법을 위해서 몸을 잊는다는 말이다.

구인선진의 두 마음 없는 신봉정신, 단결정신, 봉공정신으로 법인정신을 구현함으로써 이 회상을 반석 위에 길이 발전시키며 천하 창생과 더불어 광대무량한 낙원 건설에서 길이 즐기자고 하였다.

| 용어 풀이 |

○ **법인절(法認節)** 소태산 대종사가 대각을 이룬 후 표준제자 9인과 함께 창생을 구원할 서원을 세우고 기도를 올리도록 했다. 원기4년(1919) 8월 21일[(음)7. 26]에 '사무여한(死無餘恨)'의 결의로 마지막 기도를 올린 결과 백지에 혈인(血印)이 나타난 것을 보고 소태산은 기도의 정성에 천지신명이 감응한 증거라고 하면서 '그대들의 몸은 곧 시방세계에 바친 몸'이니, '순일한 생각으로 공부와 사업에 오로지 힘쓰라'고 했다[『대종경』 서품 14].

이를 '법인성사(法認聖事)'라 하며 이날을 기념하는 법인절을 제정했다. 초기에 음력으로 법인절을 삼았다가 양력으로 환산하여 매년 8월 21일에 기념한다. 법인절은 원불교가 새 종교로서 법계의 인증을 얻은 것을 기념하여 경축함과 동시에, 원불교의 창립정신, 곧 중생제도사업에 몸과 마음을 다 바쳐 봉공한다는 정신을 반조하는 날로서의 의의를 지닌다.

○ **구인선진(九人先進)** 소태산 대종사의 구인제자를 후진들의 입장에서 볼 때 구인선진이라고 한다.

○ **살신성인(殺身成仁)** 자기의 몸을 희생하여 인(仁)을 이룸. 『논어』의 〈위령공편(衛靈公篇)〉에 나오는 말이다.

○ **법인성사(法認聖事)** 원불교 초창 당시에 행한 기도에서 백지혈인(白指血印)의 이적이 나타난 일. 원불교 창립 당시 구인제자(九人弟子)가 소태산 대종사의 지도에 따라 새 회상 창립의 정신적 기초를 다지기 위해 천지신명(天地神明)에게 기도를 올린바 백지혈인이 나타난 것을 법계의 인증을 받은 성스러운 일이라 하여 법인성사라고 한다.

○ **신봉정신(信奉情神)** 사상이나 학설, 교리 따위를 옳다고 믿고 받드는 정신.

○ **선양(宣揚)** 명성이나 권위 따위를 널리 떨치게 함.

❷ 다섯 가지 요강

대산 종사 말씀하시기를 "아무리 탁한 연못이라도 한 줄기 생수만 솟아나면 자연히 맑아지듯 아무리 혼탁한 세상일지라도 새 성자가 나오면 다시 맑아지나니, 여러분은 시방세계를 정화하고자 이 법문에 들어온 이상 다음 다섯 가지 요강을 바탕으로 수행에 더욱 힘쓰라. 첫째, 사리사욕과 이기주의로 가득 찬 이 세상을 공도주의와 자리이타로 맑히는 데 힘쓸 것이요, 둘째, 명예욕으로 가득 찬 이 세상을 겸허와 양보의 세계로 돌리는 데 힘쓸 것이요, 셋째, 풍속과 질서가 문란한 이 세상을 절욕과 금욕으로 바로 세우는 데 힘쓸 것이요, 넷째, 물욕으로 가득 찬 이 세상을 청렴 담백한 세상으로 바꾸는 데 힘쓸 것이요, 다섯째, 안일과 향락에 물든 이 세상을 근로 수도하는 세상으로 돌리는 데 힘쓸 것이니라."

〈공심편 2장〉

| 출처 |

제10회 교역자 훈련결제 법문

아무리 탁한 못의 물이라 할지라도 한 줄기 솟아나는 원천만 있다면 그 못의 물은 자연히 맑아지는 것과 같이 아무리 혼탁한 세상일지라도 새 사람 새 성자가 나옴으로써 그 세상은 다시 새로워지는 것인즉 우리 교역자는 시방세계를 정화하기 위하여 나왔으니 그에 앞서 우리 자신이 새로워지는 수행을 하여야 하겠으며 그 수행을 하기 위해서는 우리가 먼저 실천할 다섯 가지 요강이 있으니 첫째, 이기주의로 사리사욕에 빠진 세상을 몸소 이타행(利他行)으로써 공도주의를 살려내고, 둘째, 명예욕에 가득하여 생사존망을 불고하는 세상을 몸소 겸허의 도를 실천해서 호혜(互讓)의 세계로 돌리고, 셋째, 풍기가 문란한 세상을 몸소 절욕(節慾)과 금욕으로써 예절을 지켜 새 세상의 풍기를 세우고, 넷째, 물욕이 천하를 덮어서 인간의 예의염치를 말살하는 세상을 몸소 절약하여 청렴 담백한 세상으로 돌리고, 다섯째, 각자의 안일과 향락만을 위주하는 세상을 몸소 근로하고 수도하는 세상으로 돌리자는 것입니다.

〈『대산종사수필법문집』 1. pp.37~38. 원기47년 9월〉

| 배경 및 상황 |

대산 종사는 원기47년(1962) 9월 제10회 교역자 훈련결제 법문에서 말씀하시기를 "정산 종사께서 열반한 지 1년이 가까워져 오고 있으나 우리 교단이 대내외로 별고 없이 지내왔고 따라서 이 교무선(教務禪)까지 맞이합니다. 아무리 탁한 못의 물이라 할지라도 한 줄기 솟아나는 원천만 있으면 물은 자연히 맑아지듯 아무리 혼탁한 세상일지라도 새 사람 새 성자가 나오면 다시 맑아집니다. 우리 교역자는 시방세계를 정화하기 위하여 나왔으니 실천할 다섯 가지 요강이 있습니다. 첫째, 이기주의로 사리사욕에 빠진 세상을 몸소 이타행(利他行)으로써 공도주의를 살려내고, 둘째, 명예욕으로 가득하여 생사존망을 불고하는 세상을 몸소 겸허의 도를 실천해서 호혜(互讓)의 세계로 돌리고, 셋째, 풍기가 문란한 세상을 절욕(節慾)과 금욕으로 예절을 지키고, 넷째, 물욕이 천하를 덮어서 인간의 예의염치를 말살하는 세상을 절약하여 청렴 담백한 세상으로 돌리고, 다섯째, 안일과 향락만을 물든 세상을 근로하고 수도하는 세상으로 돌리자는 것입니다."라고 하였다.

| 용어 풀이 |

○ **시방세계(十方世界)** 시방에 있는 무수한 세계. 시방에는 무량무변한 세계가 있기 때문에 시방세계라 한다. 시방은 동·서·남·북·사유·상·하의 열 가지 방향을 의미한다.

○ **정화(淨化)** ① 불순하거나 더러운 것을 깨끗하게 함. ② 정신 분석에서, 마음속에 억압된 감정의 응어리를 언어나 행동을 통하여 외부에 표출함으로써 정신의 안정을 찾는 일. 심리 요법에 많이 이용한다. ③ 비속한 상태를 신성한 상태로 바꾸는 일.

○ **요강(要綱)** 근본이 되는 중요한 강령

○ **사리사욕(私利私慾)** 사사로운 이익과 욕심.

○ **이기주의(利己主義)** 자기의 이익만을 꾀하고, 사회 일반의 이익은 염두에 두지 않으려는 태도

○ **공도주의(公道主義)** 자기와 자기 가족만을 위하려는 이기심(利己心)을 놓고 인류 전체 또는 일체생령을 위한 이타적(利他的) 주의.

○ **자리이타(自利利他)** 자신을 위할 뿐 아니라 남을 위하여 불도를 닦는 일.

○ **청렴(淸廉)** 성품과 행실이 높고 맑으며, 탐욕이 없음.

○ **담백(淡白)** 욕심이 없고 마음이 깨끗함.

○ **안일(安逸)** 편안하고 한가로움. 또는 편안함만을 누리려는 태도.

❸ 갑종 전무출신과 갑종 거진출진

대산 종사 말씀하시기를 "갑종 전무출신과 갑종 거진출진은, 우리 스승님 외에 더 높은 스승이 없고, 우리 동지님 외에 더 좋은 동지가 없고, 이 법 외에 더 크고 바른 법이 없고, 이 일 외에 더 즐거운 일이 없음을 알아 모든 동작이 다 이 공부 이 사업을 떠나지 않고 전 생령과 전 인류를 위하는 마음으로 사는 사람이니라." 〈공심편 3장〉

| 출처 |

신도 암용소 언덕에서

마음의 표준[갑종 전무출신, 갑종 재가 자격]

1. 우리 스승님 외에 더 높은 스승이 없고 법동지 외에 더 좋은 동지가 없으며
2. 어떠한 세상에 가더라도 물들지 않으며
3. 이 법 위에 더 크고 바른 법이 없으며
4. 이 일 이외에 더 즐거운 일이 없으며
5. 내 마음 하루 동작이 공부 사업하는 일뿐이며

전 생령과 전 인류가 내 몸이 되고 내 가족이 되며 내 동지가 되고 내 민족이 되어서 하나하나가 전 인류와 일체생령을 위하는 마음으로 일관하는 생애.

〈『대산종사수필법문집』 2. pp.1837~1838. 원기47년 12월 24일〉

| 배경 및 상황 |

대산 종사는 원기47년(1962) 12월 24일 신도안 암용소[동용추] 언덕에서 '마음의 표준[갑종 전무출신, 갑종 재가 자격]'이란 법문을 하였다. 갑종 전무출신이란 첫째가는 전무출신이란 말이다. 갑종 재가 자격이란 거진출진을 의미한다. 대종사께서 거진출진 15년이면 전무출신으로 간주한다고 말씀하셨다. 대산 종

사는 재가 거진출진, 출가 전무출신의 양견[어깨]이 대 회상을 이끌어가는 큰 주동이 된다고 하셨다. 또한 거진출진도 가정에 있으면서 가정에만 정성이 있지 않고 세계사업을 같이하며 오욕 경계 속에서 살아도 거기에 빠지거나 물들지 않으며 오직 공과 사를 병행하는 그 사람이 바로 갑종 거진출진이다. 다른 말로 재욕무욕(在欲無欲)이라, 욕심 경계에 살면서도 욕심에 물들지 않는다는 말이다. 그러므로 갑종 전무출신과 거진출진은 다름이 없다.

| 용어 풀이 |

○ **갑종(甲種)** 갑, 을, 병 따위로 차례를 매길 때에 그 첫째 종류.

○ **전무출신(專務出身)** 원불교 교단을 위해 몸과 마음을 다 바쳐 헌신 노력하는 사람을 가리키는 용어. 원불교의 출가 교역자를 총칭하는 개념인 '전무출신'은 원불교의 개교 초기부터 사용한 '전무주력자(專務主力者)', '전무노력자(專務努力者)'라는 용어에서 유래하여 '전무출신이라는 개념으로 발전되었다. 그 의미는 '오롯이 공도에 힘써 일하기 위해 원불교에 출가하여 헌신한다.'는 의미이다.

○ **거진출진(居塵出塵)** 원불교의 재가교도로서 공부와 사업에 노력하여 교단의 발전에 공헌한 사람. 진흙 속의 연꽃처럼, 세간 속의 불보살처럼 몸은 비록 세속에 처해 있으나 마음은 항상 청정법계에 자재하고, 생활은 비록 한 가정에 머물러 있으나 늘 공도사업에 앞장선다는 말.

○ **생령(生靈)** ① 살아있는 일체 생명. ② 살아있는 생명체의 영혼. ③ 국민·백성·민생.

❹ 전무출신의 도

대산 종사, '전무출신의 도'를 내리시니 "시방 삼계 육도사생의 전 생명이 나의 생명이요 전체 행복이 나의 행복임을 알라. 자신과 교단과 전 세계를 위하여 남김없이 심신을 바치라. 만일 무엇에든지 걸림이 있으면 영겁 대사가 무너지게 되리라. 삼학 팔조와 사은 사요를 몸소 실행하고 천하 만국 만민에게 전하여 줄 천직이 부여되었음을 명심하라. 몸은 천하의 뒤에 서서 일하고 마음은 천하의 앞에 서서 일할지니라. 성직은 누가 맡긴 직이 아니요 스스로 맡은 천직인 동시에 대도의 주인이요 하늘 마음을 대행하는 천지의 주인이니라. 전무출신을 하고서 후일에 바람이 있거나 후회함이 있다면 그는 남의 일을 해 준 사람이요 공도의 주인은 아니니라. 일생 동안 재색 명리의 낙을 이 공부 이 사업으로 바꾸고 보면 영생의 복락은 이루 말할 수 없느니라. 몸은 내놓았어도 마음을 내놓지 못한 사람과 마음은 내놓았어도 몸을 내놓지 못한 사람과 몸과 마음을 다 내놓은 3종의 구별이 있느니라. 교도는 일반 사회인의 모범이 되어야 하고 전무출신은 일반 교도의 모범이 되어야 하느니라. 천하 대사를 진정으로만 하고 보면 크고 작은 일이 자연히 다 이루어지느니라. 법을 위해서는 신명을 바치고 공을 위해서는 사를 버려야 하느니라. 각자의 맡은 바 직장에서 그일 그일에 힘과 마음을 다하면 곧 천지행을 함이 되느니라."

〈공심편 4장〉

| 출처 |

전무출신의 도

(원문과 동일하여 생략함)

〈『대산종사수필법문집』 1. p.63. 원기48년 편편 법문〉

| 배경 및 상황 |

대산 종사, 원기57년(1972) 3월 3일 김지원행(金志願行) 씨와 그 아들에게 '전무출신의 도'에 대한 법문을 내려주시면서 시자에게 거듭 읽도록 한 후 말씀하시기를 '내가 작년 여름에 신도안에서 산에 올라가서 앉아 있는데, 권세원(權世圓)이가 옆에서 전무출신의 도를 낭랑히 읽는 것을 듣고 있으니, 마치 천상에서 나오는 소리 같더라. 참으로 좋더라.' 하였다. 전무출신의 도는 기록상 이때가 처음이다. 그러나 권세원 교무가 법무실에서 원기55년과 56년에 근무하였으며, 여기서 '작년'이란 원기56년도이다. 이것으로 보아 그 이전에 전무출신의 도를 완성한 것으로 보인다.

한 제자가 "전무출신의 도를 수정 보완할 수 있습니까?" 하고 여쭈기를 대산종사 말씀하시기를 "할 수 있으면 하여야 한다. 법 자체에서 묘미가 있는 것보다도 인류를 구하는 데에서 그 묘미가 있는 것이니 인류를 어떻게 하여야 많이 구할 수 있을 것인가만 생각하라. 못 바꾸는 것이 아니니 실력을 배양하라."고 하였다.

| 용어 풀이 |

○ **전무출신의 도(專務出身-道)** 전무출신이라면 누구나 마땅히 지켜야 할 생활신조. 전무출신들의 정신적 결속과 투철한 천직 의식을 갖고 전념하도록 대산 종사가 설한 법문. 원기77년(1992)에 원불교 전무출신 제도를 개정하면서 '전무출신의 정신'으로 확정했고 생활신조로 12개 조항을 제시했다.

○ **시방삼계(十方三界)** 시방과 시방 속에 사는 전체 생명. 우주 전체를 표현하는 말. 삼계는 욕계·색계·무색계, 또는 천계(天界)·지계(地界)·인계(人界). 시방은 전우주의 공간적인 표현.

○ **육도사생(六道四生)** ① 육도 가운데에서 태(胎)·란(卵)·습(濕)·화(化)의 사생. 곧 일체의 유정(有情) 중생. ② 육도와 사생.

○ **영겁대사(永劫大事)** 영원한 세월을 넘나들며 살아가는 동안 해야 할 가장 크고 중요한 일. 사람이 살아가면서 해야 할 많은 일 중에 가장 크고 중요한 일은 생

사를 해탈하고 성불제중하는 일이다.

○ **공도(公道)** ① 순리 자연한 우주의 진리. 춘하추동의 변화는 천지자연의 공도, 생로병사는 인생의 공도. ② 모든 사람이 함께 진급하고 잘 살아가는 길. ③ 공중을 위하여 일하는 것, 곧 전무출신의 길. ④ 공평무사하고 바른길, 떳떳하고 당연한 이치. ⑤ 국가나 사회가 공중의 통행로로 정해 놓은 길, 국도·지방도 등.

○ **재색명리(財色名利)** 재물욕·색욕·명예욕·이욕(利欲)의 총칭. 인간이 갖는 모든 욕망을 통털어서 재색명리라 한다. 재색명리는 불보살과 중생의 갈림길이 된다. 재색명리를 항복받는다는 것은 모든 욕망을 끊어버린다는 뜻이다.

○ **신명(身命)** 사람의 몸과 목숨. 나라를 위해 신명을 다 바치면 충신이라 했고, 신명을 다 바치는 신성(信誠)이 있어야 도를 이룰 수 있다.

○ **천지행(天地行)** 천지가 행하는 일. 천지가 하는 일은 사사심(私邪心)이 없이 함. 천지팔도라고도 함.

❺ 육영장학회 총회

대산 종사, 육영장학회 총회에서 말씀하시기를 "인류의 한결같은 염원은 세계평화니, 세계평화를 위해서는 참된 도덕을 살려내야 할 것이요, 참된 도덕을 살려내기로 하면 무등등한 대각 도인과 무상행의 대봉공인을 많이 배출해야 하느니라. 이를 위해서는 스승님의 큰 경륜을 실현할 교역자를 양성하는 육영 사업이 가장 기본이 되나니, 오늘 발족하는 육영장학회가 장차 세계적인 장학재단으로 발전할 수 있도록 합심 합력해 주기를 바라노라. 그리하여야 스승님들께서 전해 주신 법륜을 길이 굴리고 부처님의 광명을 고루 밝히며 스승님들의 법은에 보답할 수 있느니라."

〈공심편 5장〉

| 출처 |

제1회 장학회원 총회에 보낸 치사

우리 인류가 다 같이 염원하는 바는 세계평화가 이룩되는 것이요, 세계평화가 이룩되는 근본은 무엇보다도 먼저 참된 도덕이 살아나는 것이요, 참된 도덕이 살아나가기로 하면 무등등한 대각도인과 무상행의 대봉공인이 많이 배출되어서 대종사님과 선 종법사께서 물려주신 일원 세계 건설의 대 경륜을 유감없이 실현하여야 할 것인바 이 대업을 실현하는 데 있어서 어느 사업이 중요하지 아니하리오마는 그중에 가장 기본이 되는 사업의 하나가 바로 이 교역자를 양성하는 육영 장학의 사업입니다. 근래에는 동서 각지에서 개인·가정·사회·국가가 대소의 많은 장학 기관을 세우고 상당한 인재들을 기르고 있어서 장차 교육이 크게 융통될 좋은 싹이 보이고 있기는 하나 전 인류와 만 생령의 장래를 책임지고 인도하며 국가와 세계의 평화를 책임지고 건설할 수 있는 참다운 일꾼들을 양성하는 장학 기관은 그리 많지 못하여 그 힘이 아직 미미한 실정입니다. 특히 현하 세계의 인심은 새로운 질서를 찾는 방향으로 전환되고 있으며 참다운 대도대덕을 갈망하기 시작해서 동서 각지에서 이 법을 요구하는 기운이 날로 짙어가고 있으니 이때를 당하여 전 세계 인류에게 복음을 전해 주고 우리의 새 일꾼을 양성해 내는 우리 장학회의 임무가 얼마나 중대한가를 더욱 절실히 느끼는 바입니다.

아직 우리 육영재단이 소기의 큰 재단을 이룩하기에는 더 많은 시일이 필요하나 선각(先覺)한 회원 여러분이 더욱 합심 노력하여 배전의 정성으로 더욱 많은 회원 동지를 맞아들여 장차 세계적인 대 장학재단으로 발전시켜서 밀려오는 대운에 지체 없이 응하도록 하여야 할 것입니다. 그리하여야 스승님들께서 끼쳐 주신 대 법륜을 길이 굴릴 수 있을 것이며, 세계만방에 불일(佛日)을 고루 밝힐 수 있을 것이며, 스승님들과 역대 불성의 법은에 만에 하나라도 보답할 수가 있을 것이며, 우리의 사명도 원만히 수행할 수 있을 것이니, 동지 여러분께서는 지금까지 이뤄놓은 성과에 만족하기보다는 앞으로 이 재단을 더욱 키워 나갈 일이 중하고 원대함을 더욱 명심하시고 힘써 주시기를 바라는 바입니다.

〈『대산종사수필법문집』 1. p.123. 원기50년 3월 25일〉

| 배경 및 상황 |

대산 종사는 원기50년(1965) 3월 25일 제1회 장학회원 총회에 보낸 치사에서 "우리가 염원하는 바는 세계평화이다. 이 근본은 먼저 참된 도덕이 살아나야 한다. 참된 도덕은 무등등한 대각도인과 무상행의 대봉공인을 많이 배출하여야 한다. 이를 위해 교역자를 양성하는 육영사업이 가장 근본이 된다."라고 하였다.

이에 앞서 원기47년(1962) 6월 5일 중앙총부 대각전에서 열린 육영재단 창립 총회에 임석하여 내린 치사에서 말씀하시기를 "장차 세계무대에 대비할 인재 양성은 어렵게 되었음을 일찍부터 느껴왔지만, 교단의 형편에 따라 지금까지 뚜렷한 대책을 세우지 못하다가 오늘에 비로소 이처럼 뜻있는 동지들이 모여 본 재단을 구성 발족하게 되었으니, 교단과 세계를 위하여 참으로 반가운 일이며, 앞으로 이사 여러분의 활동에 크게 기대하는 바입니다."라고 육영사업의 중요성을 강조하였다. 육영재단이 발족하고 육영장학회원들의 제1회 장학회원 총회가 열리게 되었다.

| 용어 풀이 |

○ **원불교육영재단(圓佛敎育英財團)** 원불교의 국내 교화 및 해외 교화를 위한 인재를 양성하기 위해 만들어진 재단. 원불교 육영재단은 원불교 육영사업회를 중심으로 운영 관리되고 있으며, 이 업무는 현재 원불교 교정원 교육부에서 주관하고 있다.

○ **무등등한 대각도인(無等等一大覺道人)** 이 세상의 어떠한 사람과도 비교할

수 없이 진리를 크게 깨친 불보살. 일원대도를 크게 깨친 사람은 이 세상의 그 어떠한 사람보다도 더 위대하고 훌륭한 사람이란 뜻에서 무등등한 대각도인이라 한다. 일원대도는 무등등한 대도 정법이요, 일원대도를 크게 깨친 사람은 이 우주의 주인이요, 생사 거래를 자유자재하기 때문에 이렇게 말한다.

○ **무상행의 대봉공인(無相行一大奉公人)** 무상보시를 하는 대봉공인이라는 뜻. 남을 위해 헌신 봉공하는 사람 중에는 유상보시를 하는 사람도 있다. 대각여래위가 되면 언제나 무상보시를 하고, 자신의 모든 것을 아낌없이 헌신 봉공하게 된다. 무등등한 대각도인이라야 무상행의 대봉공인이 될 수 있다.

○ **경륜(經綸)** ① 일정한 포부를 가지고 일을 조직적으로 계획함. 또는 그 계획이나 포부. 경험과 능력을 의미하는 말. ② 천하를 다스리는 일과 같이 중요하고 큰 일에 쓰는 말. 천하의 만 생령을 두루 제도해 가는 일.

❻ 네 가지 인보

대산 종사 말씀하시기를 "우리에게 네 가지 인보가 있으니, 그 하나는 '사람 인' 자 인보(人寶)요, 둘은 '어질 인' 자 인보(仁寶)요, 셋은 '참을 인' 자 인보(忍寶)요, 넷은 '인증할 인' 자 인보(認寶)니라. 그중에서도 가장 기본이 되고 바탕이 되는 보물은 바로 세상의 주인인 사람이니, 그 까닭은 크고 넓은 천지 가운데 헤아릴 수 없이 많은 심오한 진리와 무한한 사물이 있지만 사람이 없으면 한낱 껍데기에 불과하기 때문이니라. 하지만 인보(人寶)의 자격을 갖추기 위해서는 어짊과 참음과 인증의 보배를 얻어야 하나니, 첫째, 어짊의 보배를 갖추라 함은 수많은 사람이 있지만 인을 소유한 사람이 아니면 천지 만물 일체 생령을 책임지고 구제할 수 없는 까닭이요, 둘째, 참음의 보배를 갖추라 함은 참된 지도자가 되기 위해서는 어떠한 시비가 있다 하더라도 참고 참고 또 참아야 참된 인격을 이룰 수 있는 까닭이요, 셋째, 인증의 보배를 갖추라 함은 하늘과 땅과 스승과 대중의 인증을 받아야 마침내 성공을 거둘 수 있는 까닭이니라. 따라서 우리는 모두 이 네 가지 인보를 갖추어 스승님들께 보은하는 불보살이 되어야 할 것이니라." 〈공심편 6장〉

| 출처 |

대산 종사, 네 가지 인보[人寶·仁寶·認寶·忍寶]에 대하여 말씀하시기를 "사람이 보배[人寶]인 까닭은 사람이 세상의 주인이기 때문이다. 세상에 주인이 없으면 세상은 공각(空殼)이다. 그러므로 사람이 보배다. 그런데 인보(人寶)의 자격은 인보(仁寶)·인보(認寶)·인보(忍寶)를 갖추어야 한다."

이어서 말씀하시기를 "인(仁)은 부모님에게서 나오고 받는 것이다. 부모님은 자녀들을 끝까지 사랑하시고 기르시며 가르침과 동시에 용서하시고 이해하신다. 아무리 나쁜 짓을 하고 불효하더라도 오늘도 내일도 금년도 내년도 금생도 내생도 용서하시며 '다음은 좋아지겠지' 하고 끝까지 아끼며 챙기고 사랑하신다. 이것이 인이다. 천초만화(千草萬花)가 다 태양을 향하여 그 온정을 받으려 하는 것같이 일체생령은 도덕의 태양을 내놓으신 인의 생산자이신 삼세제불제성에게 그 빛을 받으려고 머리를 향한다. 그러니 다 같이 인보(仁寶)를 갖추기에 노력하자."

이어서 말씀하시기를 "인(忍)은 지도자의 인격이다. 죽음으로써 참고 또 참고 실천하라. 만 번 참고 만 한번 째 못 참으면 공든 탑이 무너지는 격이다. 그러나 만 번 못 참았다 하더라도 만 한번 째 참으면 새롭게 큰 인격을 이룰 수 있는 것이다. 남의 일하러 온 사람은 시비에 들면 못 참고 넘어지나, 우리는 내 일 하러 온 것이니, 어떤 시비도 참고 넘겨야 한다."

이어서 말씀하시기를 "인증(認證)은 내가 남을 인증하기도 해야 하겠으나 남이 나를 인증하여 주어야 한다. 인증은 하늘의 인증을 받고, 땅의 인증을 받고, 사람[大人]의 인증을 받아야 한다."

〈『대산종사법문집』 제3집 제7편 법훈 324~327. pp.412~413.〉

교역자

인보(人寶), 인보(仁寶), 인보(忍寶), 인보(認寶)

사람이 왜 보배냐? 사람이 세상의 주인이기 때문이다. 세상에 주인[성인]이 없으면 세상은 공각이기 때문이다. 고로 인이 보배이다. 인보(人寶)의 자격은 인보(仁寶), 인보(忍寶), 인보(認寶)를 얻어야 한다.

인(仁)은 부모님에게서 나오고 받은 것이다. 부모님은 자식들을 끝까지 사랑하시고 기르시며 가르치시고 용서하시며 이해하신다. 아무리 나쁜 짓을 하고, 여러분에게 불효하더라도 오늘도 내일도 금년도 내년도 금생도 내생도 용서하며, '다음은 좋아질 터이지' 하고 아끼고 챙기며 사랑하신다. 이것이 인(仁)이다.

인(忍)이다. 인(忍)은 지도자의 인격이다. 죽자 하고 참고 또 죽자 하고 참고 실천하라. 만 번 참자, 만 한 번 채 못 참으면 공든 탑 무너지고 말며 만 번 못 참다 만 한 번 끝에 죽자 하고 참으면 이기고 새롭게 바로 큰 인격자가 된다. 어떤 시비에도 내 일하러 온 것이니 참고 넘겨야 한다. 남의 일하러 온 사람은 시비 들으면 못 참고 넘어지거나 가거나 원망하고 만다.

인보(認寶)는 내가 남을 인증도 하여야 하거니와 남이 나를 인증하여 주어야 한다. 인증은 ① 하늘의 인증을 받고, ② 땅의 인증을 받고, ③ 사람[大人]의 인증을 받는 것이다. ④ 상하의 인증을 받아야 한다.

| 배경 및 상황 |

대산 종사는 원기55년(1970) 1월 11일 '네 가지 인보[人寶·仁寶·認寶·忍寶]'에 대하여 말씀하시기를 "사람이 보배[人寶]인 까닭은 사람이 세상의 주인이기 때문이다. 세상에 주인이 없으면 세상은 공각(空殼)이다. 그러므로 사람이 보배다. 그런데 인보(人寶)의 자격은 인보(仁寶)·인보(認寶)·인보(忍寶)를 갖추어야 한다."라고 하였다.

네 가지 인보 중 사람이 보배다. 인보(人寶)의 자격은 어짊과 참음과 인증의 보배를 얻어야 비로소 천지의 주인이 되고 자제함을 얻고 도덕적인 어진 사람이 되어 하늘과 땅과 스승과 대중의 인증을 받아야 마침내 성공[불보살]할 수 있다.

〈『대산종사수필법문집』 1. p.418. 원기55년 1월 11일〉

| 용어 풀이 |

○ **심오(深奧)** 아늑하고 융숭 깊음. 깊고 오묘함. 종교의 가르침은 쉽게 이해할 수 있는 것이 아닌 깊은 이치를 담고 있으므로 '심오한 교의'라고 함.

○ **일체생령(一切生靈)** 우주 전체에 존재하는 모든 생명체.

❼ 나의 가장 큰 기쁨과 슬픔

대산 종사 말씀하시기를 "나의 가장 큰 기쁨은 성불 제중의 서원을 가진 전무출신들이 많이 배출되는 것이요, 나의 가장 큰 슬픔은 지나가는 말이라도 전무출신의 앞길을 가로막는 말을 들을 때니라." 〈공심편 7장〉

| 출처 |

오수교당 교도에게

"나는 불보살 만난 기쁨과 불보살의 근기가 성불 제중의 기회를 얻을 때의 기쁨이 가장 크다."고 말씀하시다.

〈『대산종사수필법문집』 1. p.265. 원기52년 12월 3일〉

내 일생에 한(恨)이 있다면, 서운함이 있다면 지나가는 말이라도 전무출신 못 하게 하는 말을 들을 때일 것이다. 말이라도 그 길을 막으면 안 되느니라.

〈『대산종사수필법문집』 1. p.270. 원기52년 12월 20일〉

| 배경 및 상황 |

대산 종사가 원기50년(1965) 12월 3일과 12월 20일 말씀하신 법문을 합한 것이다. 전무출신 하는 일이 세상에서 가장 큰 기쁨이다. 반대로 전무출신 길을 가로막는 말이 세상에서 가장 한이 되고 서운하다는 말이다. 전무출신의 인재가 많이 배출되는 일이 이 회상의 가장 기쁜 일임을 강조한 법문이다.

| 용어 풀이 |

○ **성불제중(成佛濟衆)** 상구보리(上求菩提) 하화중생(下化衆生) 자각각타(自覺覺他)의 뜻. 모든 불교 수행자의 구경 목적. 원불교인이 공통적으로 목적하고 있는 최고의 가치 있는 삶. 삼학수행으로 삼대력을 얻어 무등등한 대각도인, 무상행의 대봉공인이 되어 세상을 구제하고 일체생령을 교화하는 것. 제생의세(濟生醫世)와 같은 뜻. 진리를 깨쳐 부처를 이루고 자비 방편을 베풀어 일체중생을 고해에서 구제하는 것.

○ **전무출신(專務出身)** 〈공심편 3장〉 용어 풀이 참조.

❽ 세상에 큰일

대산 종사 말씀하시기를 "세상에 큰일이 따로 없나니 그일 그일에 도를 찾아 실천하는 것이 가장 큰일이라. 이 회상에 들어와서 따로 큰일을 찾는 사람보다 어리석은 사람은 없느니라." 〈공심편 8장〉

| 출처 |

큰일이 따로 없다. 도를 실천하면 그것이 큰일이다. 천하에 제일 큰일 하는 회상에 와서 따로 큰일을 찾으니 그것이 크게 걱정되는 바이다.

〈『대산종사수필법문집』 1. p.261. 원기52년 11월 10일〉

| 배경 및 상황 |

대산 종사는 원기52년(1967) 11월 10일 '도를 찾아 실천하면 큰일이다. 천하에서 제일 큰일 하는 회상에 와서 따로 큰일을 찾으니 걱정된다.'라고 하였다.

| 용어 풀이 |

○ **회상(會上)** ① 불교에서 대중이 모여서 설법을 듣는 법회. 또는 그 장소. ② 석가모니불이 영취산에서 설법하던 모임을 영산회상이라 한다. ③ 원불교의 교단을 다른 말로 회상이라고도 한다.

❾ 전무출신을 서원한 숙겁의 동지

대산 종사, 전무출신들에게 말씀하시기를 "우리는 모두 같은 서원과 같은 목적을 가지고 전무출신을 서원한 숙겁의 동지들이니 혹 중한 병이 들거나 크게 잘못한 동지가 있더라도 끝까지 감싸고 보살펴야 하느니라."

〈공심편 9장〉

| 출처 |

우리가 한 목적을 가지고 전무출신 하지 않느냐?

그러니 동지 중 아무리 크고 몹쓸 병에 걸렸더라도 서로 끝까지 호념하여야 한다. 김서룡(金瑞龍)이가 폐병으로 피를 토할 때 내가 간호했었다. 또 다른 환자도 간호한 일이 있었다. 나는 그때 더러운 생각이나 비위 거슬러 밥을 못 먹거나 하는 일은 없었다. 오직 정성만 다했었다. 우리는 끝까지 호념하는 정신을 널리 포양해야 한다. 목숨은 우리에게 권리가 있는 것이 아니니 진리에 맡기고 우리 할 일만 정성 다하는 것이다. 그 동지가 일하다 큰 병을 얻어 끝까지 동지에 의지하여 치료하려는 것은 당연한 일이다. 사가가 치료하는 데 편하고 좋다고 해도 공가에서 동지의 손에 치료하려는 것은 우리의 정신이다. 그러니 간호하다 전염되고 또 그래서 생명을 잃게 된다고 생각되며 우리가 그런 일을 꺼린다면 동지의 도리도 아니거니와 진리가 또 우리에게 큰일을 안 맡긴다. 그런다면 우리가 무슨 일을 하겠느냐? 나도 큰 병 얻어 치료할 때 전무출신 동지에게 의지했었다. 〈『대산종사수필법문집』 1. p.271. 원기52년 12월 21일〉

| 배경 및 상황 |

대산 종사는 원기52년(1967) 12월 21일 전무출신들에게 말씀하시기를 "전무출신을 서원한 숙겁의 동지에게 혹 중한 병이 들거나 잘못한 동지가 있더라도 끝까지 호념하고 보살펴야 한다."라고 하였다. 그리고 "김서룡 교무가 폐병으로 생사를 헤맬 때 내가 간호하였다. 사가가 편하다고 해도 공가[대산 종사가 김서룡 동지를 간호하던 곳이 총부 대종사성탑 앞 송대다]에서 동지의 손에 치료받는 것이 당연한 일이다. 나는 그 일로 인해 폐결핵에 전염되었다. 그래서 생명을 잃더라도 동지로서 그런 일을 꺼린다면 동지의 도가 아니다. 나도 큰 병 얻어 치료할 때 전무출신 동지에게 의지했었다."라고 동지의 도를 역설하였다.

| 용어 풀이 |

○ **숙겁(宿劫)** 과거의 오랜 세월. 불교에서는 오랜 과거의 시간을 의미한다. 성불제중의 큰 서원을 세우고 대도정법에 귀의하는 것은 현생의 어느 한때의 인연으

로 결정한 일 같지만 실은 숙겁의 서원이 아니면 어려운 일이다.

○ **김서룡(金瑞龍, 1915~1943)** 법호는 진산(進山). 1915년 1월 1일 전남 영광군 불갑면 건무리에서 부친 치일(金致一)과 모친 남현수행(南玄受行)의 6남매 중 4남으로 출생했다. 어려서부터 천성이 근엄하고 침묵했으며 매사에 연구력이 강했다. 8세 시에 한문사숙에 입학하여 15세 시에는 사서, 사기, 예문 등을 대강 마쳤으며, 동년 10월에 불갑공립보통학교에 입학하여 18세 시 우수한 성적으로 졸업한 후 한의학 연구에 열중했다. 19세 시인 원기18년(1933) 친우 김도오(金道悟)의 인연으로 영광지부 동선(冬禪)에 참여 3개월 전문훈련을 받은 후 내심 전무출신을 작정했고, 부모 봉양과 가산 유지 등을 친형이 맡아 주기로 하자 동년 12월 24일 전무출신을 단행하여 일생을 헌신했다. 원기19년(1934)부터 이리보화당 약방 임원으로 3년 동안 근무하면서 의학을 독공하여 전북약종상 시험에 합격 면허를 취득했다. 이후 환자치료에 심혈을 경주하여 그 이름이 차차 드러나게 되어 장차 사업계의 촉망과 기대가 자못 컸다. 그러나 애석하게도 원기28년(1943) 11월 9일 29세를 일기로 열반에 들었다. 『정산종사법어』 응기편 12장에 관련 법문이 있는데, '욕심으로 구하여도 얻어지나이까' 하는 물음에 정산 종사가 '바라는 마음이 없어야 크게 와 지나니라'고 답하고, 또 '가장 크고 원만한 법을 가르쳐 주옵소서' 하는 물음에 '마음을 찾아서 잘 닦고 잘 쓰는 법이니라'고 답한 문답이 전하고 있다.

⑩ 혼자 드러나기를 바라지마라

> 대산 종사 말씀하시기를 "대종사를 받들면 받들수록 교단과 우리가 더욱 드러날 것이니 스스로 혼자 드러나기를 바라지마라. 나는 내가 드러나기보다 좌우 동지들의 법위가 오르고 스승님들이 더 드러나기를 바랄 뿐이니라."
>
> 〈공심편 10장〉

| 출처 |

대종사님을 받들면 받들수록 우리 교단과 우리가 드러난다. 스스로 혼자 드러나기를 바라지 말라. 나는 내가 드러나는 것보다는 좌우 동지가 큰 법위에 오르기를 바란다. 〈『대산종사수필법문집』 1. p.317. 원기52년 5월 28일〉

| 배경 및 상황 |

대산 종사가 원기53년(1968) 5월 28일 익산 금강리 신성마을에 주재하던 때 시자에게 한 말씀이다. 법문 말씀은 짧지만, '소태산 대종사를 받들수록 교단과 우리가 드러난다. 자기 혼자 드러나려고 바라지 말고 좌우 동지가 큰 법위에 오르기를 바라라.'는 동지애의 말씀이다.

| 용어 풀이 |

○ **동지(同志)** 제생의세·성불제중을 목적으로 원불교를 신앙·수행하는 법연의 형제간에 서로 부르는 호칭.

○ **법위(法位)** 법력을 갖춘 정도, 법력의 등급. 수행인의 법력을 보통급·특신급·법마상전급·법강항마위·출가위·대각여래위의 여섯 등급으로 나누어 법력의 정도를 평가한다.

⑪ 세 가지 제재

대산 종사 말씀하시기를 "사람이 큰일을 하려면 천명을 얻어야 하고, 천명을 얻으려면 대중의 신망을 받아야 하며, 대중의 신망을 받으려면 재색 명리를 맡기더라도 흔들림이 없어야 하느니라. 그러기 위해서는 바른 스승과 진리와 경전을 표준한 법도 있는 생활로 어떠한 재색 명리의 경계를 당하여도 흔들림이 없어야 하나니, 경계를 당하여 스스로 제재하면[自制] 사람이나 하늘의 제재를 받지 않으나, 만약 스스로 제재하지 않으면 사람의 제재를 받게 되고[人制], 사람의 제재를 받아들이지 않으면 하늘의 제재를 받게 되느니라[天制]." 〈공심편 11장〉

| 출처 |

활선(活禪), 활불(活佛), 활동의 시대이니 이를 표준으로 하라.

천명(天命)을 받아라. 사람이 큰일을 하기로 하면 천명을 얻어야 하며, 천명을 얻기로 하면 먼저 대중의 인망(人望)을 얻어야 하고, 대중의 인망을 얻는 것은 재색명리를 맡기더라도 범계함이 없이 신임받는 인증이 되어야 한다. 인망은 안으로 자기 스스로 법도 있는 생활을 끊임없이 하여야 한다. 법도 있는 생활을 하기로 하면 바른 스승과 진리와 경전으로 표준이 있어야 한다.

재색명리에 자제(自制)와 인제(人制)가 있는데 스스로 알아 자제하면 인제나 천제(天制)가 없고, 인제에 순수(順受)하면 천제가 없고, 천제를 순수하고 새로이 공부에 정진하게 되면 자연 법도 있는 생활이 시작되어 큰일을 하게 되는 것이다. 만일 순수할 줄 모르면 인제, 천제가 있는 것이 원칙이다. 그러므로 다 같이 천명을 받는 데 더욱 노력하라.

〈『대산종사수필법문집』 1. p.345. 원기53년 10월 31일〉

| 배경 및 상황 |

대산 종사는 원기53년(1968) 10월 31일 익산 금강리에서 주재하며 '활선, 활불, 활동의 시대이니 이를 표준으로 하여라.'라고 하며 '세 가지 제재'에 대해 말씀하시기를 "사람이 큰일을 하기로 하면 천명을 얻어야 하며, 천명을 얻으려면 먼저 대중의 인망(人望)을 얻어야 하고, 대중의 인망을 얻는 것은 재색명리를 맡기더라도 범계함이 없이 신임받는 인증이 되어야 한다. 경계를 당하여 스스로 제재하면 사람이나 하늘의 제재를 받지 않으나, 만약 스스로 제재하지 않으면 사람의 제재를 받게 되고, 사람의 제재를 받아들이지 않으면 하늘의 제재를 받게 되는 것이 세 가지 제재"라고 하였다.

| 용어 풀이 |

○ **천명(天命)** 하늘의 명령.

○ **신망(信望)** 믿고 기대함. 또는 그런 믿음과 덕망.

○ **인망(人望)** 세상 사람이 우러르고 따르는 덕망(德望).

○ **재색명리(財色名利)** 〈공심편 4장〉 용어 풀이 참조.

○ **자제(自制)** 자기의 감정이나 욕망을 스스로 억제하는 것. 자기 마음속에 일어나는 온갖 욕망을 스스로 물리치는 것.

○ **제재(制裁)** ① 일정한 규칙이나 관습의 위반에 대하여 제한하거나 금지함. 또는 그런 조치. ② 법이나 규정을 어겼을 때 국가가 처벌이나 금지 따위를 행함. 또는 그런 일.

○ **인제(人制)** 사람의 제재.

○ **천제(天制)** 하늘의 제재.

○ **순수(順受)** 순순히 받음.

⑫ 동지와 마음을 연하라

대산 종사 말씀하시기를 "동지들 사이에는 서로 마음을 연하고 기운을 합하여서 하나가 되어야 하나니, 서로 지견과 의견이 각각 다를지라도 교단과 법을 위하는 마음은 다름이 없으며, 각자가 맡은 바 책임은 다를지라도 그 목적과 공덕은 다 같은 까닭이니라. 그러므로 동지들 가운데 혹 실수가 있을 때 그 일은 바룰지언정 사람을 미워하지 말 것이며, 그 마음을 고쳐 주기로 노력할지언정 사람까지 버리는 일은 없어야 하느니라. 참다운 동지는 마음에 상대심과 승부심이 없이 다 같이 성공하기를 염원할 뿐이요, 동지의 잘한 점을 내가 잘한 것보다 더 기뻐하고 동지의 잘못을 나의 잘못으로 여길 줄 아는 심법을 가진 사람이니라."

〈공심편 12장〉

| 출처 |

제17회 교역자 훈련 해제 법설

공부하는 사업인과 일하는 공부인

우리는 대종사께서 원하신 대로 동지 간에 마음을 연하고 기운을 합하여 일단의 힘을 이루어야 하겠습니다. 동서남북에서 한 도문에 입참하여 같은 서원으로 고락을 같이하는 동지이지마는 그 수가 많아짐에 따라 동지의 소중한 마음이 적어지는 수도 있고, 또는 선후의 세대가 다르고 특성과 근기가 같지 아니하여 모든 일에 지견과 의견 또한 서로 다를 수 있기 때문에 때로 시비를 말하게 되고 자칫하면 잠시라도 정의가 성글어지는 수도 있을 것입니다. 많은 동지가 어울려 사는 만큼 비록 지견과 의견은 서로 다를지라도 누구나 교단의 법을 위하는 마음은 서로 다름이 없으며 맡은 바 책임은 각각 다르지마는 그 목적과 공덕은 다 같은 것이니 동지 간에 혹 어떠한 실수가 있을 때는 그 일은 바룰지언정 그 사람은 절대 미워하지 말 것이요. 그 마음은 고쳐 주기로 할지언정 그 사람까지 버리는 일은 결코 없어야 하겠습니다. 참다운 동지는 그 마음에 상대심과 승부심이 없이 오직 다 같이 성공하기를 염원할 뿐 아니라 한 동지의 잘한 점을 내가 잘한 것보다 더 기뻐하고 한 동지의 잘못을 나의 잘못같이 여길 줄 아는 것입니다.

〈『대산종사수필법문집』 1. pp.566~567. 원기56년 11월 26일〉

| 배경 및 상황 |

대산 종사는 원기56년(1971) 11월 26일 제17회 교역자 훈련 해제 법설에서 '공부하는 사업인과 일하는 공부인'에 대하여 말씀하시기를 "첫째, 원만한 인격을 갖추자. 둘째, 교단을 발전시키자. 셋째, 동지 간에 마음을 연하자."라고 하였다. 끝으로 "어느 곳에서 무슨 일을 하든지 이상에 밝힌 몇 가지를 마음에 새겨 오직 공부하는 사업인, 일하는 공부인으로서 일심동진(一心同進)하기를 간절히 심축하고 거듭 부탁하는 바입니다."라고 하였다.
그중 셋째에서 말씀한 동지 간에 마음을 연하고 기운을 합하여 일단의 힘을 이루자고 한 말씀이 이 법문이다.

| 용어 풀이 |

○ **지견(知見)** 지식과 견문을 아울러 이르는 말.
○ **도문(道門)** 도학(道學)이나 도술을 닦는 길. ① 도교(道教) 또는 도가(道家). 도교에 들어가는 문을 의미한다. ② 도법의 문호. 원불교의 진리 세계인 일원대도를 신앙하게 되는 것을 문에 비유하는 말. 곧 원불교의 진리로 들어오는 문이며, 수행의 길에 들어섬이다.
○ **입참(入參)** 궁중의 잔치나 제례에 참여하던 일.

⑬ 법 있는 후진과 선진

대산 종사 말씀하시기를 "법 있는 후진은 선진의 부족한 점을 보충하고 더욱 잘 받들기 위해 노력하는 사람이요, 법 있는 선진은 나보다 나은 후진의 배출을 염원하고 한 사람도 낙오하지 않도록 챙기고 감싸며 북돋아 키우는 사람이니라." 〈공심편 13장〉

| 출처 |

그러므로 알뜰한 후진은 선진의 부족한 점을 늘 받들 줄 아는 것이요. 법 있는 선진은 오직 나보다 나은 후진의 배출을 염원하고 기뻐할 뿐 아니라 한 사람도 낙오하는 분이 없도록 늘 챙기고 감싸주며 북돋아 키워 줄 줄 아는 것이요.

〈『대산종사수필법문집』 1. p.567. 원기56년 11월 26일〉

| 배경 및 상황 |

대산 종사는 원기56년(1971) 11월 26일 제17회 교역자 훈련 해제 법설에서 '공부하는 사업인과 일하는 공부인'에 대하여 말씀한 가운데 알뜰한[법 있는] 후진과 법 있는 선진의 심법에 대하여 설한 법문이다.

| 용어 풀이 |

○ **알뜰** 생활비를 아끼며 규모 있는 살림을 함. 다른 사람을 아끼고 위하는 마음이 참되고 지극함.

○ **배출(輩出)** 인재(人材)가 계속하여 나옴.

⑭ 세계 사업

대산 종사 말씀하시기를 "이제는 활동 시대이므로 활불이 되어야 하나니, 도통하러 왔다 하지 말고 세계 사업하러 왔다고 하라. 세계 사업을 잘하면 깨달음은 그 가운데 있느니라." 〈공심편 14장〉

| 출처 |

박진선(朴眞先)에게

출가할 때 도통하러 나왔다 하지 말라. 세계 사업하러 나간다고 하라. 세계 사업하면 도통은 그 가운데 있는 것인데 그것 도통 바라지 말라. 이제는 활동 시대이니 활불이 되어야 한다.

〈『대산종사수필법문집』 1. p.375. 원기54년 3월 17일〉

법훈편편

27. 전무출신 지원하여 출가할 때 도통하러 나온다고 하지 말고 세계 사업하러 나온다고 하라. 도통은 그 가운데 있다. 새 세상은 활불 시대임을 명심하라.

〈『대산종사수필법문집』 2. p.1942. 원기54년도 교무강습. 주성균 보관본〉

| 배경 및 상황 |

대산 종사는 원기54년(1969) 3월 17일 출가하려는 청년 박진선에게 말씀하시기를 "도통하러 왔다고 하지 말고 세계 사업하러 왔다고 하라. 이제는 활동 시대이므로 활불이 되어야 한다."라고 하였다. 도통이란 좁은 의미의 깨달음이고 활동 시대이므로 활불이 되라는 말씀이다. 활불은 세계 사업의 다른 뜻이다.

| 용어 풀이 |

○ **활불(活佛)** 살아서 숨 쉬고 일하며 움직이는 부처님이라는 뜻. 곧 부처님과 같은 인격과 역량을 갖추고서 시장 바닥에 나와서 중생 교화에 노력하는 사람, 또는 자비심이 많은 사람을 일컫는 말. 가만히 앉아 있는 좌불(坐佛)이 아니라 돌아다니며 일하는 부처님이라는 뜻.

○ **도통(道通)** 사물의 오묘 불가사의한 이치를 깨달아서 통하는 것. 대소유무의 이치와 시비이해의 일에 능통·통달하는 것.

⑮ 전무출신 서원하는 날

대산 종사 말씀하시기를 "후진들이 전무출신을 서원하는 날, 그날만은 온 천지의 복을 그들에게 돌리고 축하해 주자." 〈공심편 15장〉

| 출처 |

전무출신 서원하는 날, 그날만은 온 천지의 복을 그 사람들에게 돌리도록 하고 축하하자. 〈『대산종사수필법문집』 1. p.433. 원기55년 4월 26일〉

| 배경 및 상황 |

대산 종사는 원기55년(1970) 4월 26일 '전무출신 생활 표준'으로 ① 어릴 적에는 자녀가 되고, ② 청·장년기에는 형제가 되고, ③ 노년기에는 부모가 되라고 말씀하시며 전무출신 서원하는 날의 중요성을 강조하는 말로, "그날만은 천지의 복을 그들에게 돌리고 축하하자"는 말씀이다.

| 용어 풀이 |

○ **전무출신(專務出身)** 〈공심편 3장〉 용어 풀이 참조.

○ **서원(誓願)** ① 불보살이 원(願)을 세우고 반드시 이루기를 맹세하는 것. ② 어떤 원을 발하여 그 원이 이루어지도록까지 간절한 마음과 정성을 바치는 것. ③ 모든 중생이 삼독 오욕심을 버리고 불보살이 되려고 간절히 맹세하고 소원하는 것.

⑯ 교역자의 인격

대산 종사, 교역자의 인격에 대해 말씀하시기를 "물질에 청렴하자. 그리하여야 세계 살림을 할 자격이 있느니라. 남녀에 청백하자. 그리하여야 신임을 얻어 지도할 자격을 얻느니라. 명예를 양보하자. 그리하여야 세계의 명예가 돌아오느니라." 〈공심편 16장〉

| 출처 |

교역자 인격

1. 물질에 청렴하여야 한다.
   물질에 청렴하여야 세계 살림을 할 자격이 있다.
2. 남녀에 청백하여야 한다.
   남녀 자손에 신임을 얻어야 남녀 지도 능력[자격]을 얻는다.
3. 명예를 양보하여야 한다.
   명예를 양보하여야 세계의 명예가 돌아온다.

〈『대산종사수필법문집』 1. p.425. 원기55년 2월 24일〉

| 배경 및 상황 |

대산 종사는 원기55년(1970) 2월 24일 '교역자의 인격'에 대하여 말씀하시기를 "물질에 청렴하고 남녀에 청백하고 명예를 양보하여야 한다. 그러면 세계 살림의 자격과 남녀의 신임을 얻어 지도 자격을 얻고, 세계의 명예가 돌아온다."라고 하였다.

| 용어 풀이 |

○ **교역자(敎役者)** 각 종교의 종교 활동에 종사하는 사람 또는 종교의 지도자.

○ **청렴(淸廉)** 성품과 행실이 높고 맑으며, 탐욕이 없음.

○ **청백(淸白)** 재물에 대한 욕심이 없이 곧고 깨끗함.

⑰ 전무출신은 공중의 몸

대산 종사 말씀하시기를 "전무출신은 공중의 몸이므로 진리와 스승만 믿고 일하자. 법력만 갖추면 모든 일이 모두의 뜻으로 결정되나니 개인의 문제는 걱정할 것이 없느니라. 억지로 그 자리에 앉으려는 것이나 거짓으로 사양하는 것은 정당한 심법이 아니니, 대중의 뜻에 따라 나아가고 물러날 줄 알아야 하느니라." 〈공심편 17장〉

| 출처 |

스승과 진리만 믿고 일하라.

도가에서는 법대로만 아니 되니 손해도 본다. 전무출신은 공가의 몸이니 자기 개인 문제로 걱정할 것이 없으며, 법만 갖추면 공의에 의하여 모든 것이 결정되는 것이다. 아니게 그 자리에 앉으려는 것과 거짓 사양이나 거짓 아니하려는 것은 다 정당한 심법이 아니다. 공의에 따라 하게 생겼으면 하고, 물러서게 되면 물러나는 것이 바른 것이다.

대종사께서 "스승이 속에 있는 말 다 하고, 하고 싶은 말 다 해 줄 수 있는 제자 만나는 것도 복이 없으면 안 되는 일이라."고 자주 말씀하셨다.

〈『대산종사수필법문집』 1. pp.466~467. 원기55년 8월 6일〉

| 배경 및 상황 |

대산 종사는 원기55년(1970) 8월 6일 "전무출신은 공중[공가]의 몸이므로 진리와 스승만 믿고 일하자."고 했다. 정산 종사는 "공중의 도는 첫째, 공의(公議) 곧 공법(公法)과 공론을 존중해야 하는 것이며, 둘째, 지도자와 피지도자 그리고 남녀와 노소 그리고 지우와 강약이 서로 적당한 예를 지킬 것과 셋째, 공익을 위주로 하여 힘 미치는 대로 공익을 위해 노력하고 공용물을 아끼고 공도자를 숭배할 것과 넷째, 공(公)의 원리를 자각하여 공을 위한 길이 곧 자기를 위한 것이 되는 원리와 공도사업이 곧 사은에 보은하는 길임을 철저히 깨쳐 아는 것이다. [『세전』 공중의 도]"라고 하였다.

| 용어 풀이 |

○ **공중(公衆)** 여러 대중이 모여 사는 집단 또는 사회를 의미하는 말. 사회생활을 하게 되면 특정 단체나 조직에 소속하거나 직책을 수행하거나 하면서 자연히 각양각색의 여러 대중과 어울려 살아갈 수밖에 없다. 따라서 공중은 그 나름대로 질서를 유지하고 함께 살아가기 위해 도가 있게 마련이다. 그렇지 않으면 모두가 뿔뿔이 흩어져 공중이 이루어지지 않기 때문이다. 어느 사회에든 공중이 유지되고 발전되기 위해 원칙이 있어야 하는데 정산 종사는 이를 '공중의 도'라 했다.

○ **공가(公家)** 사가(私家)와 상대되는 말. 사가는 말 그대로 사적인 가정을 의미하며 그에 관련된 살림을 의미하는 말로서 주로 개인을 중심으로 혈연적 개인적 관계에 있는 가족 또는 친족관계 중심으로 이루어진 작은 집단 공동체를 의미한다. 이에 비해 공가는 개인적 혈연적 관계의 집단이 아니라 일반대중을 위한 또는 공적인 목적을 가진 공동체와 살림을 의미한다. 일반적으로 공가란 공공(公共)의 목적을 가진 종교단체나 사회단체 또는 그러한 일을 관장하는 기관을 이르는 것이다.

⑱ 정토는 부처님을 배양할 토양

대산 종사, 정토회(正土會) 회원들에게 말씀하시기를 "그대들은 우리 교단의 숨은 힘이고 많은 부처님을 배양할 토양이라. 인류를 개벽하려면 정토(正土)가 되어야지 잡토가 되어서는 안 되느니라. 잡토가 되고 보면 나라와 세계와 교단을 어둡게 하므로, 그대들은 정토가 되어 세계를 좋은 방향으로 이끌고 국가를 진급시키며 교단에 좋은 싹이 돋게 하라."

〈공심편 18장〉

| 출처 |

서용추에서 정토회원(正土會員)들에게 내려주신 법문

정토회원은 우리 교단의 선풍(禪風)을 드날리고 앞으로 많은 불조(佛祖)를 배양할 수 있는 정토회원이 돼라. 전 인류를 좋은 방향으로 개벽하려면 정토(正土)가 되어야 한다. 잡토(雜土)가 되어서는 안 된다. 잡토가 되면 나라를 망칠 것이요, 나라를 어둡게 할 것이요, 세계가 어둡게 될 것이며 교단이 어둡게 될 것이니, 우리 교단적으로 세계적으로 국가적으로 정토가 됨으로써 이 세계는 좋은 방향으로 나아 갈 것이고 국가는 진급이 될 것이고, 이 교단은 좋은 싹이 돋을 것이니 이 정토(正土) 하는 뜻을 토를 떼어야 할 것이다.

〈『대산종사수필법문집』 1. pp.768~769. 원기58년 8월 9일〉

| 배경 및 상황 |

대산 종사는 원기58년(1973) 8월 9일 신도안 삼동원 서용추에서 정토회원(正土會員)들에게 내려준 법문이다. 정토는 부처님을 배양할 토양으로 정토가 되어야지 잡토가 되어서는 안 된다.

대산 종사는 정토회 원훈을 내려주었다.
바루자 이 마음
받들자 이 회상
키우자 이 일꾼
나날이 보은 감사생활을 하고

나날이 자력으로 개척 생활하자.

정토회원의 교무는 앞으로 정토회원 중에 나와야 하니 간부들은 훈련을 잘 받고 교리 연마도 잘하도록 주의를 환기해 주었다.

| 용어 풀이 |

○ **정토회(正土會)** 원불교 남자 교무들의 부인으로 구성된 단체. 원불교에서는 전무출신을 할 수 있게 가정경제의 후원 및 책임을 지는 이를 권장부라고 부른다. 정토회는 이러한 권장부들의 신앙과 수행 친목을 위한 단체이다.

○ **선풍(禪風)** ① 선(禪)이 크게 유행하거나 흥성하는 것을 바람이 크게 부는 것에 비유하는 말. 마치 선풍(旋風)이 사회에 돌발적으로 큰 동요를 일으키듯이, 선이 크게 흥성하여 도량을 크게 변화시키는 것을 가리키는 말. ② 어떤 선승이나 그의 문하·문중의 독특한 선 수행법.

○ **배양(培養)** 인격, 역량, 사상 따위가 발전하도록 가르치고 키움.

○ **잡토(雜土)** 이것저것 마구 섞여 잡스러운 흙.

⑲ 정남 정녀들의 적공

대산 종사 말씀하시기를 "그대들은 정남 정녀들이 안으로 얼마나 큰 적공을 하며 항마를 하는 줄 아는가. 일시에 몸을 희생하는 순교(殉敎)도 어렵지만 일생을 재색 명리에 파묻혀 살면서 그것을 초월하기는 참으로 더 어려운 일이니, 지금 우리 회상과 사회는 이 같은 정남 정녀들의 혈성으로 점차 밝아지고 크고 있는 것이니라." 〈공심편 19장〉

| 출처 |

某 기자가 '원불교는 내로는 투쟁의 긴장이 없고[일사불란(一絲不亂)]**, 외로는 사회와 씨름을 아니 한다.'고 지적하더라는 보고를 학인이 올리니 종법사께서 말씀하시기를**

풍기가 문란하여질 대로 문란하여져 히피족이 등장하는 이 사회 속에서, 정녀(貞女)들이 안으로 얼마나 무서운 투쟁을 하며 항마를 하고 있는가. 그러므로 나는 예수님 열 분하고 우리 정녀 하나하고 안 바꾸겠다. 예수님은 성인이시니 십자가에 몸 던지실 때가 되어 던지셨지, 그 일이 큰일이 아니다. 헌신짝처럼 일시에 버리기는 쉬우나 우리 정녀처럼 재·색·명·리 속에 파묻혀서 초월하여 일생 지내기는 참으로 어려운 일이다. 그 혈성의 노력으로 우리 회상이 크는 것이다. 〈『대산종사수필법문집』 1. p.475. 원기55년 9월 6일〉

| 배경 및 상황 |

대산 종사는 원기55년(1970) 9월 6일 한 학인이 "어느 기자가 '원불교는 안으로 투쟁의 긴장이 없고 일사불란(一絲不亂)하게 교단을 잘 이끌어가지만, 밖으로는 사회문제에는 씨름하지 않는다.'"라고 보고 하니 말씀하시기를 "풍기가 문란하여질 대로 문란하여져 히피족이 등장하는 이 사회 속에서, 정녀(貞女)들이 안으로 얼마나 무서운 투쟁을 하며 항마를 하고 있는가. 나는 성인 열 분과 정녀 한 명과 바꾸지 않는다. 일시에 몸을 순교하기도 어려운 일이나 일생을 재색명리 속에 살면서 초월하기는 어려운 일이다. 그 혈성으로 우리 회상과 사회가 밝아진다."라고 하였다.

| 용어 풀이 |

○ **정남정녀(貞男貞女)** ① 원불교의 전무출신으로서 일생 결혼하지 않고 교단에 봉직하는 남자 교역자를 정남, 여자 교역자를 정녀라 한다. 교역자의 결혼은 교단

의 법으로 정하지 않고 각자의 자유의사에 맡기기 때문에, 스스로의 선택·결정에 의해서 정남·정녀가 될 수 있다. ② 동정(童貞)을 지키는 남자를 정남, 여자를 정녀라 한다. 정녀의 경우에는 동정녀라고도 한다.

○ **항마(降魔)** 악마를 항복시킴. 악마의 유혹을 극복함. 법강항마(法强降魔)의 준말. 악마를 무찌르거나 정복함을 의미하는 산스크리트 마라자야(māra-jaya)의 번역어이다. 불전(佛傳)에 의하면 석존(釋尊)이 성도(成道)하려고 보리수 아래에 앉아 있을 때 가지가지의 악마가 나타나서 혹은 유혹하고 혹은 위협하여 오도(悟道)를 방해하려 했지만, 석존은 이것을 모두 퇴치했다. 이것을 항마라고 말한다.

○ **순교(殉教)** 모든 억압과 박해를 물리치고 자기가 신앙하는 종교를 위해 목숨을 바치는 일.

○ **혈성(血誠)** 진심에서 우러나오는 정성.

○ **일사불란(一絲不亂)** 한 오리 실도 엉키지 아니함이란 뜻으로, 질서가 정연하여 조금도 흐트러지지 아니함을 이르는 말.

○ **히피족(hippie族)** 기성의 가치관·제도·사회적 관습을 부정하고, 인간성의 회복·자연과의 직접적인 교감 따위를 주장하며 자유로운 생활 양식을 추구하는 젊은이들. 1960년대 후반부터 미국을 중심으로 생겨나 전 세계로 퍼졌다.

⑳ 영겁을 물러나지 않을 서원

대산 종사 말씀하시기를 "천지가 생긴 이후 제일 큰 성인이신 대종사와 정산 종사께서 이 회상에 숨어 다녀가셨으나 그것을 누가 알겠는가! 나는 이 회상에 와서 빗자루 들고 청소 한 번 하는 것이 수백 겁 수행하는 것보다 더 가치가 있다고 생각하므로 영겁에 물러나지 않을 서원을 세우고 이 회상을 떠나지 않겠노라." 〈공심편 20장〉

| 출처 |

나는 이 회상에 와서 빗자루 들고 청소 한 번 하는 것이 수백 겁 수행하는 것보다 더 가치 있으므로 영겁 불퇴전의 서원을 세우고 이 회상을 떠나지 않을 것이다. 대종사님과 선 법사께서는 천지 생긴 이후 제일 무서운 어른으로 다녀가셨다. 그러나 숨어 다녀가셨으니 누가 알겠느냐?

〈『대산종사수필법문집』 1. p.673. 원기55년 11월 24일〉

| 배경 및 상황 |

대산 종사는 원기55(1970) 11월 24일 '영겁 불퇴전의 서원'을 말씀하였다. 나는 이 회상에 와서 빗자루 들고 청소 한 번 하는 것이 수백 겁 수행하는 것보다 더 가치 있으므로 영겁 불퇴전의 서원을 세우고 이 회상을 떠나지 않을 것이다.

| 용어 풀이 |

○ **영겁(永劫)** 무시무종의 영원한 세월. 겁(劫)은 이 세상이 한번 이루어졌다가 없어지는 긴 시간을 말하는데 그 겁이 영원히 계속된다는 의미.

○ **불퇴전(不退轉)** ① 한번 도달한 수행의 경지에서 물러서지 아니함. 불퇴(不退). 초기불교에서는 초급의 수행단계인 사선근(四善根)의 3번째 단계인 인위(忍位)에 오르면 더 이상 악도(惡道)의 세계에 떨어지지 않는다고 했다. 대승불교에서 보살의 계위(階位)에 대하여 논하며 보살이 수행해야 할 제2단계인 십주(十住)에서 7번째 자리로 총 52위(位) 가운데서는 17위에 해당하는 자리라고 했으나 경전과 논서에 따라서는 달리 설명하기도 한다. ② 원불교에서는 수행의 계위가 출가위 이상이 되면 불퇴전으로 본다. 그러나 소태산 대종사는 "불퇴전에만 오르면 공부심을 놓아도 퇴전하지 않는 것이 아니니, 천하의 진리가 어느 것 하나라도 그대로 머물러 있는 것이 없는지라 불퇴전 위에 오르신 부처님께서도 공부심은 여전히 계속되어야 어떠한 순역 경계와 천만 외도라도 그 마음을 물러나게 하지 못

할지니 이것이 이른바 불퇴전이니라."[『대종경』 변의품 39]라고 했다.

㉑ 교단 일이 세계 일

대산 종사, 봉사활동을 떠나는 학인들에게 말씀하시기를 "세계를 한 판국 삼아서 일을 하라. 세계를 한 판국 삼아 일을 하다 보면 모든 면에서 아쉽고 부족한 것을 알게 되어 모두를 포용하고 용서하는 법을 알게 되리라. 교단 일이 곧 세계 일이니 그대로 30년만 노력하면 교단과 세계가 하나 되어 마음대로 움직이고 마음먹은 대로 되어지리라. 일생을 손님으로 살면 손님이 되고 주인으로 살면 주인이 되나니, 주인은 원망하지 않고 감사하며 어디에서 무엇을 하나 항상 재미있게 살 뿐이요, 일의 좋고 나쁨을 따지지 않고 천심으로 그 일만 할 따름이니라." 〈공심편 21장〉

| 출처 |

선학원 2학년생들이 봉사대 활동 끝나고 보고 후 말씀하시기를

세계를 판국 삼아 일하라. 그러면 모든 면에 아쉽고 부족할 뿐이다. 그렇게 되면 모두를 포용하고 용서하게 된다. 교단 일이 곧 세계 일이니 안 되겠냐? 세계를 주먹에 넣고 30년간만 노력하라. 그러면 이 교단과 세계가 그 마음대로 움직이고 되어 가리라. 손님으로 살면 일생 손이 되고, 주인으로 살면 일생 주인이 된다. 그런데 주인 노릇을 하는 것이 더 편하고 좋더라. 주인은 원망할 때도 없고 그 일만 하여야 하니까. 너희들이 풀 매고 땅 고르러 나갈 때 그곳에서 같이 일하는 이들이 동료나 후배나 선배나 선생님들이라 하여도 각자가 이 일을 몇 사람이 며칠 걸리겠는가 연구하고 검토하며 그 일의 십장이 돼라. 그러면 주인이 되고 모두가 내 일을 하여 주니 감사할 뿐으로 누구에게 무엇을 요구하고 따지지 못하게 될 것이다.

어디에서 무엇을 하나 항상 태평히 지내고 아주 재미있게 매일매일 살라. 일의 크고 작음, 일의 높고 낮음에 뜻이 있는 것이 아니라, 그의 마음이 어디에 뿌리하고 일하느냐가 문제이다. 천심만 가지고 하면 역사는 그 속에 있다. 이순신 장군이 바로 그러했다. 〈『대산종사수필법문집』 1. p.540. 원기56년 8월 28일〉

| 배경 및 상황 |

대산 종사는 원기56년(1971) 8월 28일 선학원 2학년생들이 봉사대 활동 끝나고 보고 후 말씀하시기를 "세계를 판국 삼아 일하라. 그러면 모든 면에 아쉽고 부족할 뿐이다. 그렇게 되면 모두를 포용하고 용서하게 된다. 교단 일이 곧 세계 일이니 그대로 30년만 노력하면 교단과 세계가 하나 되어 마음대로 움직이고 마음먹은 대로 된다."라고 하였다.

여기서 '봉사활동을 떠나는 학인들에게 말씀하였다.'라고 하였지만, 원문과 비교하면 '봉사대 활동 끝나고 보고하니 대산 종사 말씀하였다.'라고 하였다. 내용에는 차이가 없지만, 전체 원문을 보면 다를 수밖에 없다.

| 용어 풀이 |

○ **판국(판局)** 일이 벌어진 사태의 형편이나 국면.

○ **십장(什長)** 일꾼들을 감독·지시하는 우두머리.

○ **천심(天心)** 하늘의 뜻. 하늘의 마음. 선천적으로 타고난 마음씨. 천도교에서 한울님의 마음을 이르는 말.

㉒ 인화와 단결로 총화의 지침을 세우라

대산 종사 말씀하시기를 "인화와 단결로 총화가 되도록 지침을 세우라. 시비는 결국 지내고 나면 큰일이 아니니 평화의 마음으로 상대하여 다 좋게 만들어야 하느니라. 어느 한쪽만 성공시키고 다른 한쪽을 버리면 안 되나니 중도로써 모두를 성공시키라. 동지 중에는 합의 동지와 충고 동지가 있는바, 의견이 같은 동지는 합의 동지로 알고 의견이 다른 동지는 충고 동지로 알아 잘 활용하면 그것이 음덕이 되어 영생의 좋은 인연이 되리라." 〈공심편 22장〉

| 출처 |

1. 인화와 단결로 총화가 되도록 지침을 세우라.
2. 시비는 결국 지내고 나면 별것 아니니 이쪽에서는 무저항 비폭력으로 대하여 다 좋게 만들어야 한다.
3. 대종사님의 일은 전 세계를 좋게 하고 영생을 좋게 하자는 것이니, 어느 한쪽은 성공시키고 어느 한쪽은 성공시키지 않으면 안 된다. 중도로 하여 어느 한쪽도 실패 없이 전부 성공시켜야 한다.
4. 합의동지(合意同志)와 충고동지(忠告同志)가 있는 줄 알고 선연(善緣)의 동지는 합의동지로 좀 사나운 동지는 충고동지로 알아 잘 받아 활용하여야 한다. 그러면 그것이 음덕이 되어 영생이 좋다. 결국 영생을 놓고 보면 선연과 맞지 않는 인연이 있는 것이니 은생어해(恩生於害), 해생어은(害生於恩)의 이치를 알아 불공을 가까운 데서부터 잘하여라.

〈『대산종사수필법문집』 1. p.699. 원기57년 3월 14일〉

| 배경 및 상황 |

대산 종사는 원기57년(1972) 3월 14일 교단의 한 간부에게 일곱 가지 내용으로 말씀하시기를 "① 인화 단결로 총화의 지침을 세우라. ② 무저항 비폭력으로 대하라. ③ 중도로 전부 성공하라. ④ 합의동지와 충고동지를 활용하라. ⑤ 스승이 키운 제자를 모두 성공하게 하자. ⑥ 큰 회상에는 노인도 있고 일없는 사람도 있으니 잘 활용하자. ⑦ 모든 일은 원형이정으로 하지 권모술수는 안된다."라고 하였다.

| 용어 풀이 |

○ **인화(人和)** 여러 사람이 서로 화합함.

○ **총화(總和)** 전체의 화합.

○ **중도(中道)** 치우치지 아니하는 바른 도리.

○ **선연(善緣)** 좋은 인연. 서로가 좋은 관계로 발전 진급하게 되는 좋은 인연.

○ **음덕(陰德)** 남모르게 좋은 일을 하거나 숨어서 베푸는 은덕. 사람들이 알지 못하게 선을 행하고, 무념보시(無念布施)의 덕을 쌓는 것을 말한다.

○ **은생어해 해생어은(恩生於害害生於恩)** 『정전』의 '일원상서원문' 중에 나오는 중요개념의 하나로서, 직역하면 은생어해는 은혜가 해에서 나온다는 뜻이며, 해생어은은 해가 은혜에서 생겨난다는 뜻이다. 인간은 누구나 은혜받기는 좋아하고 해 받기는 싫어한다. 또한 우리는 흔히 은이나 해를 고정적으로 생각하기 쉽다. 그러나 상대적 현상세계에 있어 모든 존재와 현상은 음양상승의 원리에 따라 한시도 쉬지 않고 변화하고 있으므로, 영원한 은과 영원한 해란 있을 수 없는 것으로 은과 해는 서로 반복되고 순환되지 않을 수 없다. 그리하여 은생어해 해생어은의 현상이 야기될 수 있는 것이다.

㉓ 정화단의 도

대산 종사, '정화단의 도'를 내리시니 "첫째, 정화단원은 희생적 봉공으로 교단 만대의 거울이 되고 세계 정화의 원천이 되자. 둘째, 고결한 뜻으로 시방세계를 두루 밝혀 주는 태양이 되고 순일한 공심으로 일체 생령을 길러주는 바탕이 되자. 셋째, 한 생을 바쳐 숙업을 청산하고 영겁대사를 해결하며 스승님의 일원 대도로 천하를 불은화하자. 넷째, 이 한 생은 특별히 대서원기, 대훈련기, 대보은기로 정하고 이 공부 이 사업에 대적공하자. 다섯째, 작은 탐착을 놓아야 큰 것을 이루게 되나니 개인의 기쁨을 돌려 전 생령의 복문을 열어 주고 한 가정의 행복을 돌려 전 세계의 복지를 마련하자. 여섯째, 서원은 챙겨야 굳어지고 대업 성취는 합력으로 더욱 빨라지나니 늘 스스로 본원을 챙기며 서로서로 권면하여 다 같이 대결실하자. 일곱째, 큰 원력으로 순일하게 헌신할 인물을 끊임없이 배출하고 다 같이 성불 제중의 대원을 성취할 때까지 일마다 불공으로 대정진하자." 〈공심편 23장〉

| 출처 |

정화단(貞和團)의 도

1. 정화단원은 희생적 봉공으로 교단 만대의 거울이 되고 세계 정화의 원천이 되자.
2. 고결한 뜻으로 시방세계를 두루 밝혀 주는 태양이 되고 순일한 공심으로 일체생령을 길러주는 바탕이 되자.
3. 한 생을 무아봉공하여 숙업을 청산하고 영겁대사를 해결하며 스승님의 일원대도로 천하를 불은화하자.
4. 이 한 생은 특별히 대서원기 대훈련기 대보은기로 정하고 이 공부 이 사업

에 간단없이 대적공하자.

5. 작은 탐착을 놓아야 큰 것을 이룩하나니, 일신의 세간락을 돌려 전 생령의 혜복 문로를 열어 주고 한 가정의 영화를 돌려 전 세계의 복지를 마련하자.

6. 서원은 챙겨야 굳어지고, 대업 성취는 합력으로 더욱더 빨라지나니, 늘 스스로 본원을 챙기며 서로서로 권면하여 다 같이 대결실하자.

7. 큰 원력으로 순일하게 헌신할 인물을 끊임없이 배출시키고 다 같이 성불제중의 대원을 성취할 때까지 불석신명(不惜身命) 금욕난행(禁慾難行) 희사만행(喜捨萬行)의 불공으로 대정진하자.

〈『대산종사수필법문집』 1. pp.655~656. 원기57년 10월 15일〉

| 배경 및 상황 |

대산 종사는 원기57년(1972) 10월 15일 '정화단의 도'를 밝혔다. 이때 여자정화단이 조직되었다. "1. 정화단원은 희생적 봉공으로 교단 만대의 거울이 되고 세계 정화의 원천이 되자. … 7. 큰 원력으로 순일하게 헌신할 인물을 끊임없이 배출시키고 다 같이 성불제중의 대원을 성취할 때까지 불석신명(不惜身命) 금욕난행(禁慾難行) 희사만행(喜捨萬行)의 불공으로 대정진하자."

대산 종사는 "정화단원은 세계 정화의 원천으로" 시작하여 끝으로 "다 같이 성불제중의 대원을 성취할 때까지 삼대불공법으로 대정진하자."라고 염원하며 '정화단의 도'를 내렸다.

| 용어 풀이 |

○ **정화단(貞和團)** 원불교의 전무출신으로서 일생 결혼하지 않고 교단에 봉직하는 정남 정녀들의 친목 단체. 단원 상호 간의 서원을 확고히 하고 정의를 두터이 하며, 이 공부와 사업을 권면하는 것을 목적으로 창립되었다. 원불교에서 교역자의 결혼은 교단의 법으로 정하지 않고 각자의 자유의사에 맡기기 때문에, 자기의

선택·결정에 의해서 정남·정녀가 될 수 있다. 동정(童貞)을 지키는 남자를 정남, 여자를 정녀라 한다. 정녀의 경우에는 동정녀라고도 한다.

○ **숙업(宿業)** 과거의 업, 아득히 오랜 옛날부터 짓고 쌓아 온 선악의 업, 정산 종사는 "일념이 청정하면 숙업이 자멸하고, 상생상화하면 만복이 흥륭하리라."[『정산종사법어』 생사편 18]라고 했다.

○ **불은화(佛恩化)** 부처님의 가르침이 세상에 널리 퍼져 그 은혜가 일체중생에게 미쳐가는 것.

24 정남 정녀 선서식

대산 종사, 정남 정녀 선서식에서 말씀하시기를 "오늘 정남 정녀를 서원하는 여러분들은 살신성인 전신불사(殺身成仁 全身佛事)의 삶을 살아가기 바라노라. 온 정신, 온 몸, 온 명예를 이 공부 이 사업에 오롯이 바치는 전무출신이 되어야 자연히 여래위에 오를 수 있나니, 큰 서원을 세우고 일심 정진하여 만 생령이 길이길이 숭앙하는 영광을 누리도록 하라." 〈공심편 24장〉

| 출처 |

정화단 선서식 법문

살신성인(殺身成仁)이라, 이 몸을 죽인다는 것은 이 몸 가운데에는 사(私)가 많이 있기 때문에 사를 멸살시킨다는 것이다. 그러기 때문에 예전에 종사위 되신 어른들이 대종사께 '유가의 인(仁)이 뭔 자리입니까' 하고 사뢰니까 대종사께서 '인무사욕(仁無私慾)이니라.' 인이 사욕이 없는 자리라고 하셨다.

그러기 때문에 그 사(私)를 죽임으로써 바로 인(仁)이 된다는 것이다. 또 그것이 바로 불(佛)이 된다는 것이다. 전신불사(全身佛事)라. 온 정신, 온 명예, 온몸을 오롯이 불사하는 데 바친다는 것이다. 이것이 영겁다생에 불보살들의 서원이고 정남정녀의 서원이기 때문에 온 정신, 온 명예, 온몸을 이 공부 이 사업에 바치는 것이 불사이다. 오직 해야 할 것은 일심 정진해서 이 법에, 스승님께, 인류에 남김없이 일심 정진해서 하고 보니 등여래위(登如來位)라. 여래위에 올라간다. 내가 여래위를 올라가기 위해서 하는 것보다 내가 공부와 사업과 모든 면에 일심 정진하고 보니 여래위에 올랐더라. 그 여래위에 올라서 이 세상에 영천영지 수억 만겁 무량겁을 지내더라도 부처님 족보에 올라 만 생령에게 숭앙을 받을 수 있는 자리니라. 〈『대산종사수필법문집』 2. pp.457~458. 원기68년 11월 6일〉

| 배경 및 상황 |

대산 종사는 원기68년(1983) 11월 6일 정화단 선서식에 법문하시기를 "살신성인(殺身成仁) 전신불사(全身佛事) 전무출신(專務出身) 거진출진(居塵出塵) 일심정진(一心靜進) 등여래위(登如來位) 영천영지(永天永地) 숭앙불보(崇仰佛譜)"라고 하였다.

| 용어 풀이 |

○ **살신성인(殺身成仁)** 〈공심편 1장〉 용어 풀이 참조.

○ **전신불사(全身佛事)** 온몸으로 일원의 진리를 널리 펴거나 원불교의 발전을 위해 행하는 모든 사업.

○ **인무사욕(仁無私慾)** 어짊은 자기 한 개인의 이익만을 꾀하는 욕심이 없음.

㉕ 전무출신이란

대산 종사, 전무출신 지원자들에게 물으시기를 "전무출신의 '전' 자와 '무' 자가 무슨 자인 줄 아느냐." 답하기를 "오롯 전(專), 힘쓸 무(務) 자입니다." 말씀하시기를 "누가 돈 전(錢) 자, 없을 무(無) 자라고 말하기에 그렇겠다고 하였노라. 돈을 알되 돈을 모르고 명예를 알되 명예를 모르며 남녀를 알되 남녀를 모르는 사람이 되어야 천하의 돈을 차지하고 천하의 명예를 차지하고 천하의 남녀를 지도할 수 있나니, 이 일을 하는 사람이 곧 전무출신이니라." 〈공심편 25장〉

| 출처 |

전무출신 지원자 심사에 온 사람들에게 내리신 법문

"전무(專務)가 무슨 자, 무슨 자이냐?"

"오롯 전 자, 힘쓸 무 자입니다."

"누가 돈 전(錢) 자, 없을 무(無) 자라 하더라."

돈을 알되 돈을 모르고, 명예를 알되 명예를 모르고, 남녀를 알되 남녀를 모를 때 천하의 돈을 다 차지하고 천하의 명예가 돌아오고 천하의 남녀를 지도할 수 있으니 이것 하는 것이 전무출신이다. 대학과 선원에서 불합격하였다고 물러서면 전무출신은 아니다. 학무출신(學務出身)이다. 대학과 선원은 도구를 장만하는 곳인데 거기에 들어가지 못했다고 물러서면 전무가 아니다. 불합격하여도 전무할 때가 200여 개소가 있으니 나를 쫓아내지는 않겠지 하고 그냥 전무출신 하는 것이 참 전무이니라.

〈『대산종사수필법문집』 1. p.855. 원기59년 2월 10일〉

| 배경 및 상황 |

대산 종사는 원기59년(1974) 2월 10일 전무출신 지원 심사에 온 사람들에게 전무출신 개념에 대해 말씀하시고 돈을 알되 "돈을 모르고, 명예를 알되 명예를 모르고, 남녀를 알되 남녀를 모를 때 천하의 돈을 다 차지하고 천하의 명예가 돌아오고 천하의 남녀를 지도할 수 있으니 이 일을 하는 사람이 전무출신이다. 불합격하여도 전무할 곳이 많으니, 그곳에서 공도를 위하여 일하면 이것이 참 전무"라고 하였다.

| 용어 풀이 |

○ **전무(專務)** 어떤 일을 전문적으로 맡아봄. 또는 그런 사람.

㉖ 간사들은 새 역사를 준비하는 싹

대산 종사, 간사들에게 말씀하시기를 "9인 선진님들이 모두 간사 출신이셨고 나도 처음 총부에 와서 목욕물을 데우고 이발을 해 주며 보화당에서 약재를 써는 간사 생활을 하였느니라. 너희들은 지금 새 역사를 준비하는 귀한 싹이므로 대서원·대신심·대공심·대공부심·대활동을 기본 양식으로 삼아 회상의 큰 일꾼들이 되기 바라노라." 〈공심편 26장〉

| 출처 |

총부 및 기관 근무 간사 일동이 간사회를 조직하고 인사차 삼동원에 와서 종법사님을 뵈니 말씀하시기를

이 조직을 더 확대하여 범교단적으로 간사연합회를 조직도록 하라. 귀한 싹이니 잘 자라도록 하라. 너희들은 지금 역사를 준비하는 과정이다. 그러니 전체 사진들도 촬영해 두도록 하라. 10년 후에 너희들 역사를 두고 보라.

대종사께서 영산에서 언답 막으실 때 선 법사께서는 그때 간사로서 밥도 하셨으며, 또 대종사께서 변산에 계실 때는 주산 종사께서 역시 간사로 일하셨다. 8, 9인 선진님들이 모두 간사 출신이셨다. 나도 처음 총부에 와서는 총부 구내 목욕물을 데워서 3전씩 받았고, 이발해 주고 3전씩 받았다. 1년간을 구매원으로 시내에 다녔으며 보화당에 가서도 약 반년간 약도 썰고 했었다. 이 싹이 텄으니 이 싹이 잘 자라고 잘 커나가기 위해서 다음과 같은 선물을 주니 잘 받아라.

대서원(大誓願), 대신심(大信心), 대공심(大公心), 대공부심(大工夫心), 대활동(大活動) 이것이다. 그러니 이것을 기본 양식으로 삼아서 잘해 보라.

〈『대산종사수필법문집』 1. pp.1024~1025. 원기59년 12월 15일〉

| 배경 및 상황 |

대산 종사는 원기59년(1974) 12월 15일 총부 및 기관 근무 간사 일동이 '간사회'를 조직하고 인사차 삼동원에 와서 보고 하니 말씀하시기를 "이 조직을 더 확대하여 범교단적으로 간사연합회를 조직도록 하라. 이제 싹이 텄으니 이 싹이 잘 자라고 잘 커나가기 위해서 다음과 같은 선물을 주니 잘 받아라. 대서원, 대신심, 대공심, 대공부심, 대활동이다. 이것을 기본 양식으로 삼아서 회상의 큰 일꾼들이 되어라."라고 격려하였다.

| 용어 풀이 |

○ **간사(幹事)** ① 단체나 기관의 사무를 담당하여 주도적으로 사무를 맡아 처리하는 사람. 총무. ② 원불교 교역자를 지망하고 총부 부서나 지방 교당과 기관에 일정 기간 근무하는 예비교역자. 원기52년(1967) 총부 임직원명단에 청년회 간사[총무]라는 직명을 사용한 예가 보인다. 원기56년(1971) 반백년기념대회부터 총부 사무실에 사환 등 사무 보조업무를 보는 예비전무출신자를 간사라고 했다.

○ **구인선진(九人先進)** 〈공심편 1장〉 용어 풀이 참조.

○ **보화당(普和堂)** 원불교의 삼대 사업 목표인 교화·교육·자선사업을 뒷받침하기 위해 설립한 산업기관의 하나. 소태산 대종사 당대인 원기19년(1934) 전북 익산에 설립한 한약방으로, 이후 한의원·제약사 등으로 발전했다.

27 모원회

대산 종사, 모원회(慕源會) 회원들에게 말씀하시기를 "사람이 영생을 두고 볼 때 항상 한 마음 새 출발이 중요하므로 지난 일은 마음에 두지 말고 오늘 이 모임의 출발이 영겁에 가장 보람된 일이 되기를 당부하노라. 우리 회상은 재가 출가가 둘이 아니나 되도록 다시 출가하기 바라며 형편에 따라 재가로 있어도 영겁에 물러나지 않을 신성을 다져서 이 회상과 세계의 주인이 될 것을 거듭 부탁하노라." 〈공심편 27장〉

| 출처 |

모원회(慕源會) 발족에 대한 법문

선 종법사께서 여러분들을 알뜰히 챙기시며 세속에 살더라도 항상 본원을 반조하여 철저한 거진출진(居塵出塵) 생활을 하며 본인이 재출발을 못 할 형편이면 자녀라도 공도를 받들게 하여 법계에 큰 빚이 되지 않게 하라고 하시고 모원회 조직을 당부하셨으나 지금까지 그 단체 조직이 안 되어 퍽 아쉬운 생각을 가졌던바 선 종법사님의 유촉을 받들어 흩어진 동지들이 오늘 한자리에 모여 옛 법연과 법정을 그리며 영생사를 서로 다짐하기로 하고 서원반조의 새 계기를 마련할 모원회 발족을 보게 되니 내 마음 흐뭇하고 기쁩니다. 사람이 영생을 두고 볼 때는 항상 한 마음의 새 출발이 가장 중요한 것이니, 지난 일은 괘념치 말고 오늘의 이 모임의 출발을 영겁에 가장 보람되게 할 것을 당부하는 바입니다. 우리 회상은 재가·출가가 둘이 아님을 여러분은 잘 알고 있으니, 앞으로 되도록 출가를 다시 하기 바라며 형편 따라 재가로 있을 때는 거진출진(居塵出塵) 재욕무욕(在慾無慾)의 대호법지성(大護法之誠)으로 대종사님과 선 종법사님과 삼세 제불제성님들과 심심상련(心心相蓮)하여 영겁 불퇴전의 신성을 다져 이 회상과 이 세계의 주인이 될 것을 거듭 부탁하는 바입니다.

〈『대산종사수필법문집』 1. p.1131. 원기60년 5월 3일〉

| 배경 및 상황 |

대산 종사는 원기60년(1975) 5월 3일 모원회 발족에 대한 법문을 내린다. 5월 4일 서울지역 모원회가 결성되었다. "우리 회상은 재가·출가가 둘이 아님을 여러분들은 잘 알고 있으니 앞으로 되도록 출가를 다시 하기 바라며 형편 따라 재가로 있을 때는 거진출진 재욕무욕의 대호법지성으로 대종사님과 선 종법사님과 삼세 제불제성님들과 심심상련하여 영겁 불퇴전의 신성을 다져 이 회상과 이 세계의 주인이 될 것을 거듭 부탁한다."라고 당부하였다.

| 용어 풀이 |

○ **모원회(慕源會)** 전무출신 도중에 환속한 사람들의 친목 수양 단체. 정산 종사는 모원회를 조직하라 하며 전무출신을 그만두고 세속에 살더라도 항상 본원을 반조하여 철저한 거진출진 생활을 하며, 본인이 재출발을 못 할 형편이면 자녀라도 권면하여 공도를 받들게 하여, 법계에 큰 빚이 되지 않게 하라고 했다. [『정산종사법어』 경륜편 30]

○ **거진출진(居塵出塵)** 〈공심편 3장〉 용어 풀이 참조.

○ **재욕무욕(在慾無慾)** 욕심 경계에 살면서도 욕심에 물들지 않는다는 말. 인간의 현실세계에 살면서도 텅 비고 청정한 마음으로 수행 정진하는 것을 말한다. 거

진출진(居塵出塵)·제세출세(在世出世)와 같은 뜻이다.

○ **대호법지성(大護法之誠)** 원불교 교단의 대도정법 곧 일원의 진리를 보호하고 발전시켜 가는 정성을 말함.

㉘ 병으로 고생하는 학인에게 당부함

대산 종사, 병으로 고생하는 학인에게 말씀하시기를 "네 몸은 자기만의 몸이 아니요 교단과 세계와 스승의 몸이라. 그 몸을 네가 관리를 할 따름이니 작게는 네가 관리하는 것이나 크게는 교단과 세계와 스승이 관리하는 것이니라. 그러므로 염려하지 말고 치료에 정성을 다하기 바라노라."

〈공심편 28장〉

| 출처 |

병으로 고생하는 학생에게

"네 몸이 너의 몸이 아니다. 교단과 세계와 스승의 몸이다. 그 몸을 네가 관리할 따름이다. 작게는 네가 관리하나 크게는 교단과 스승이 관리하여야 하니 염려 말고 치료하라. 그리고 일요일에는 인근 교당에 연락하도록 하고 관리를 잘해 주자."라고 하시다. 〈『대산종사수필법문집』 1. p.1242. 원기60년 10월 6일〉

| 배경 및 상황 |

대산 종사는 원기60년(1975) 10월 6일 병으로 고생하는 학인에게 말씀하시기를 "네 몸이 너의 몸이 아니다. 교단과 세계와 스승의 몸이다. 그 몸을 네가 관리할 따름이다. 크게는 교단과 스승이 관리하여야 하니 염려 말고 치료하라." 고 격려하였다.

| 용어 풀이 |

○ **학인(學人)** ① 선방에서 참선 수행하는 사람. ② 대도 정법을 배우는 사람. 아직 더 배울 것이 남아있는 사람이라는 뜻으로, 수행자가 자기를 겸손해서 사용하는 말. ③ 학자나 문필가가 아호로 흔히 쓰는 말.

㉙ 당신의 배경이 무엇이오

대산 종사 말씀하시기를 "계룡산 상봉은 뒤에 뭇 봉우리가 버티어 감히 넘어트릴 수 없듯이 사람도 배경이 있어야 걱정이 없나니, 누가 '당신의 배경이 무엇이오.' 하고 묻는다면 그대들은 자신 있게 '법신불 사은입니다.' 하고 대답할 수 있어야 하느니라. 사은 전체가 배경이 되어 나를 지켜 주시니 천하에 겁낼 것이 무엇이겠는가. 그러므로 한 사람 한 사람이 여래가 되고 회상의 기점이 되어야 이 회상이 어떠한 경우를 당해도 일어나고 또 일어날 수 있나니, 그대들은 이 회상에 천하를 대표하는 내가 있어 걱정 없고 든든하다는 자긍심과 자부심으로 살아가도록 하라."

〈공심편 29장〉

| 출처 |

서용추(西龍湫) 계곡에서 시자에게 계룡산이 가지고 있는 특징과 우리 회상에 대한 예증을 말하게 하신 후

"주봉을 이룰 때 3백 리 밖에서 기점 하여 계룡산 상봉을 이루기까지 끊길 듯 끊길 듯 안 끊기고 면면히 이어오다 양정에서 꽉 끊기었다, 다시 살아서 이었다."라는 대목에서 부연해 주시기를

계룡산 상봉은 뒤에 뭇 봉우리가 버티어 배경해 주고 있다. 무엇으로나 누가

감히 상봉을 넘어트릴 수 없게 되어 있다. 사람이 배경이 있어야 한다. 접 사람이 되어야지 홑 사람이 되면 뒤끝이 없게 된다. 누가 당신 배경이 무엇이오 하고 물으면 없다고 하면 못난 사람이다.

'당신 배경이 무엇이오' 하면 자신 있게 '법신불 일원상입니다.'라고 하지. 바로 사은 전체가 배경이 되어 나를 지켜 주니 천하에 겁낼 것이 무엇이 있겠느냐? 그러므로 우리 하나하나가 여래가 되어 이 회상의 기점 노릇을 해야 한다. 그래야 이 회상이 어떠한 경우를 당하나 또 이어 나가고 또 이어 나간다. 한 사람이 항상 천하를 대표하고 있어야 한다. '이 회상에 천하를 대표하는 내가 있으니 걱정 없다. 튼튼하다.' 하고 살라.

〈『대산종사수필법문집』 1. p.1205. 원기60년 8월 23일〉

| 배경 및 상황 |

대산 종사는 원기60년(1975) 8월 23일 삼동원 신도안 서용추 계곡에서 시자 이병은에게 계룡산이 가지고 있는 특징과 우리 회상에 대한 예증을 말하게 하신 후 말씀하시기를 "계룡산 상봉은 뒤에 뭇 봉우리가 버티어 배경해 주고 있다. 무엇으로나 누가 감히 상봉을 넘어트릴 수 없게 되어 있다. 사람이 배경이 있어야 한다. 접 사람이 되어야지 홑 사람이 되면 뒤끝이 없게 된다. 누가 당신 배경이 무엇이오 하고 물으면 없다고 하면 못난 사람이다. '당신 배경이 무엇이오' 하면 '자신 있게 법신불 일원상입니다.'라고 하지. 바로 사은 전체가 배경이 되어 나를 지켜 주니 천하에 겁낼 것이 무엇이 있겠느냐?"라고 하였다.

| 용어 풀이 |

○ **계룡산(鷄龍山)** 충청남도 공주시와 계룡시, 대전광역시에 걸쳐 있는 산. 갑사, 신원사, 동학사가 있다. 국립공원의 하나이다. 높이는 845미터.

○ **예증(例證)** 어떤 사실에 대하여 실례를 들어 증명함.

○ **주봉(主峯)** 어느 지방이나 산맥 가운데 가장 높은 봉우리.

○ **법신불 사은(法身佛四恩)** 일원상 진리의 본체와 현상을 합칭한 말. 이 가운데 '법신불'은 일원상 진리의 본체론적 파악인 절대의 체성에 중점을 둔 근원성 내지 대체상(大體相)을 의미한 것이라면, '사은'은 그 일원상 진리의 현상론적 파악인 묘유의 작용에 역점을 둔 현현 작용 내지 구체상을 의미한 것이라 할 수 있다.

30 공중사 단독 처리하지 말며

대산 종사 말씀하시기를 "공중 일을 할 때 제일 조심해야 할 일은 단독 처리를 하는 것이니, 살생이나 도둑질이나 간음은 그 영향이 개인에게 미치지만 공사를 단독 처리하는 것은 그 해독이 대중에게 미치는 까닭이니라. 아무리 훌륭하고 좋은 일이라도 공의를 거치지 않으면 개인적인 일이 되고 개인의 일이라도 공의를 거치게 되면 공중의 일이 되느니라. 교단 초창기에 한 선진께서 논값이 싸다고 공사(公事)도 없이 절반값에 샀을 때 사람들이 다 좋다고 하였으나 대종사께서는 이를 당장 물리라 하셨나니, 우리의 몸도 마음도 하는 일도 다 공중의 것이므로 우리는 매사를 공사로 처리해야 하느니라." 〈공심편 30장〉

| 출처 |

출가식을 마치고 인사 온 교역자들에게 내린 법문

"공사를 하는 데 있어서 제일 조심해야 할 것이 무엇인가?"

대중 가운데 한 사람이 대답하기를

"공중사를 단독 처리하는 것입니다."

"왜 그런가?"

"공중사를 단독 처리하면 그 해독이 대중에게 미치기 때문입니다."

"맞았다. 박수 치자."

살도음은 그 영향이 개인에게 미치지마는 공중사를 단독이 처리하는 것은 전 교단과 대중 전반에 그 영향이 미치기 때문에 아주 무서운 계문이다. 자기에게 분담이 된 것이라도 혼자 하지 말고 세 명이 의논하여서 하면 단독 처리가 아니다. 출가한 전무출신은 개인 몸이 아니기 때문에 세 명은 의논해서 해야 한다. 내가 잘못되었다 하더라도 세 명만 알고 있으면 제재할 수 있기 때문에, 숨어서 하면 해독이 있으므로 최소한도로 셋은 의논해서 해야 공사가 된다. 그러니 아무리 훌륭하고 좋은 일이라도 공사 안 하고 한 것은 사사(私事)가 되고 사사라도 공의를 해서 하면 공사가 된다. 예전에 대종사님 당시 팔산장(八山長)이 서무부장으로 있을 때 논을 싸게 샀다. 값이 싸니까 공사도 없이 사 버렸다. 그때 천 원짜리면 오륙백 원에 싸게 샀는데, 와서 보니 다른 사람은 다 좋다고 하는데 대종사께서는 사지 말고 당장 나가서 바꾸어 오라고 하셨다. 아, 이렇게 싸고 좋습니다. 아니다. 물러오너라 하셔서 물렀다. 저쪽에서 잘 안 물려주니까 법정까지 일이 번져서 어려운 일이 있었다.

〈『대산종사수필법문집』 1. pp.1356~1358. 원기61년 2월 27일〉

| 배경 및 상황 |

대산 종사는 원기61년(1976) 2월 27일 출가식을 마치고 인사 온 교역자들에게 말씀하시기를 "공사를 하는 데 있어서 제일 조심할 것은 공중사를 단독 처리하는 것이다. 살생이나 도둑질이나 간음은 그 영향이 개인에게 미치지만, 공사를 단독 처리하는 것은 그 해독이 대중에게 미친다. 교단 초창기에 팔산 김광선 선진이 논값이 싸다고 공사도 없이 절반 값에 샀다. 대종사님은 당장 물리라"고 하였다. 이것이 공중사의 표본이다. 『정전』 제3 수행편 제11장 계문 중 특신급 '1. 공중사를 단독히 처리하지 말며'라는 계문을 범한 실례이다.

| 용어 풀이 |

○ **공중사(公衆事)** 원불교에서 교화·교육·자선·봉공 등 사회 구제를 위해서 전개하는 모든 사업. 한 개인이나 한 가정만의 행복을 추구하기 위한 것이 아니라, 사회·국가·세계·전체 인류의 행복과 평화를 추구하기 위한 일. 공사(公事)라고도 함.

○ **공의(公議)** 공론과 같은 뜻. 대중의 공통된 의견·여론·공평정대한 의론. 대중 속에 살면서는 공의에 따르는 것이 공부가 된다.

○ **공중(公衆)** 〈공심편 17장〉 용어 풀이 참조.

㉛ 이공주 선진의 공사 정신

한 제자가 "이공주 선진이 서울회관과 중앙훈련원 일을 처리할 때 '수도원 일과 교단 일이 따로 있느냐?' 하시며 대의를 잡아 처리하시는 것을 보면서 크게 감명을 받았나이다." 하고 사뢰자, 대산 종사 말씀하시기를 "잘 기록하여 공사(公事)하는 사람이 다 본받도록 하라. 각 기관이 서로 돕고 양보하는 풍토가 교단뿐 아니라 국가 세계를 경영하는 데 있어서도 반드시 필요하나니, 그렇게 하면 자연히 평화와 발전이 올 것이니라."

〈공심편 31장〉

| 출처 |

항타원(恒陀圓) 이경순(李敬順) 법사께서 훈련원 대지에 관해 총부에서 수도원 운영위원회의를 개최했던 결과를 말씀드리면서

"모두 수도원과 훈련원을 둘로 안 보고 원만한 합의를 봤습니다. 특히 구타원(九陀圓) 이공주(李共珠) 법사께서 수도원 일이 훈련원 일이고 훈련원 일이 수도원 일이니 어디 따로 있겠느냐고 하시며 최종 결정을 내려주시어 그 대의에 감복되었습니다. 이번만 그런 것이 아니라, 남한강 기념관 일로도 교단에 큰불이 났으니 어찌 수도원 일을 따로 볼 수 있겠는가 하시고 내 일로 알고 처리하실 때도 그 대의에 감복했었는데, 이번에도 또 그런 심법을 가지고 결정을 내려주셨다."라고 하시니 시자에게 기록해 두도록 명하시었다.

〈『대산종사수필법문집』 1. p.1532. 원기61년 8월 27일〉

| 배경 및 상황 |

대산 종사는 원기61년(1976) 8월 27일 항타원 이경순 법사가 훈련원 대지에 관해 총부에서 수도원 운영위원회의를 개최했던 결과 "이공주 선진이 '수도원 일과 교단 일이 따로 있느냐?' 하며 대의를 잡아 처리하는 것을 보고 감명받았다."라고 사뢰자 대산 종사 말씀하시기를 "잘 기록하여 공사(公事)하는 사람이 다 본받도록 하라."고 하였다.

| 용어 풀이 |

○ **이경순(李敬順, 1915~1978)** 본명 경화(慶和), 법호 항타원(恒陀圓). 경북 금릉에서 출생하여 7세때 부친 이춘풍을 따라 전 가족이 부안 봉래정사 부근으로 이사했다. 이때 소태산 대종사를 처음 뵙고 직접 가르침을 받기 시작했다. 원기14년(1929)에 출가하여 처음에는 제사공장에 여러 해 다니기도 했다. 어려서부터 성리연마에 관심이 깊었고, 소태산 대종사로부터 '사기(邪氣)가 떨어진 도인'이라고 칭찬받기도 했다. 영산학원에서 수학할 때부터 뛰어난 법력과 굳센 신성이 대중들로부터 인정받았다. 일선 교당에서는 항상 솔선수범하여 교도들을 감화시켰고 '관음보살'이라 칭송을 들었다. 개성교당에서 많은 교도를 길러내었고, 이들이 뒤에 월남하여 여러 개 교당의 창립요인이 되었다. 대구지방의 교세 발전에도 크게 기여했고, 부산회관 신축에도 결정적 역할을 했다. 소태산 대종사·정산 종사·대산 종사를 한결같이 받들었고, 뛰어난 교화력을 발휘했으며, 언제나 법통과 대의를 밝

혔다. 종사위 법훈을 받았다.

○ **이공주(李共珠, 1896~1991)** 본명 경자(慶子), 법호 구타원(九陀圓). 서울 출생. 원기9년(1924)에 박공명선의 인도로 입교하고, 원기15년(1930)에 출가하였다. 교단 초창기에 소태산 대종사의 법문을 가장 많이 수필(受筆)하여 법낭(法囊)이라는 칭호를 들었다. 또한 초창기 교단의 구석구석에 그의 손길이 미쳐 만화보살(萬化菩薩)이라고도 불리었다. 이공주는 부유한 가정경제로 인하여 초기 교단에 많은 사업을 하였다. 초기 교서의 대부분이 그의 물질적 후원으로 출판되었고, 영산 방언공사의 부채정리, 익산 총부 대각전 준공, 제1대 성업봉찬사업, 하섬 수양원 개발, 그리고 서울 수도원·서울 보화당·영산성지 개발사업·서울회관 건립·소태산 기념관 건립 등이 그의 경제적 후원에 크게 의지하였다. 또한 가난한 전무출신의 가정 돕기, 가난한 초창 교당 돕기, 원광고등학교와 서울회관의 위기 수습에도 크게 기여하였다. 공부면에 있어서도 소태산 대종사의 법설을 가장 많이 기록하였고, 교단 최초의 특신급 6인 중의 한 사람이며, 소태산 대종사의 정신을 잘 계승하여 검소한 생활과 수행에 철저하였다. 인생을 통하여 공부와 사업의 병행에 큰 모범을 보여주었다. 종사위 법훈을 받았다.

㉜ 돌을 쌓는 것이 아니라 우리 회상을 쌓는다

대산 종사, 신도안에서 돌담을 쌓으며 말씀하시기를 "나는 지금 돌을 쌓는 것이 아니라 우리 회상을 쌓는다는 마음으로 일을 하고 있나니, 아무리 주위에 돌이 많이 있어도 쓰일 곳과 놓일 곳을 고르지 않고 먼저 좋은 돌만 골라 쌓다 보면 뒤에는 쌓기가 힘들 뿐 아니라 잘못하면 무너질 수 있나니, 나는 기초를 튼튼히 한 후 쓰일 곳과 놓일 곳을 골라 순서 있게 서로 맞물려 쌓느니라." 〈공심편 32장〉

| 출처 |

이정은(李正恩), 김응현(金應現), 유승인(柳承仁), 김혜신(金慧信) 교무들과 학생들에게 "이제부터 오후에는 담쌓는 작업을 해야 하겠다."라고 하시고, 그에 대한 법문을 내려주시다.

나는 담을 쌓을 때 돌을 쌓는 것이 아니라, 우리 회상을 쌓는다. 나는 돌 하나 하나를 교도로 알고 아끼어 정성스럽게 영생을 개척해 주는 마음으로 쌓는다. 그러므로 담을 쌓을 때 법으로 철학으로 진리로 차서 따라 순서 있게 쌓는다. 담이 무너지는 것은 나에게 큰 법을 가르쳐 준다. 나가 보면 담쌓는 원리 원칙에 입각하지 않았기에 무너졌다고 가르쳐 주더라. 돌이 많이 있으나 쓰일 때와 놓일 곳에 놓여야 하는데 제멋대로 놓이기 때문에 무너지는 것이다. 또 손쉽다고 잔돌만 쌓고, 크고 나쁜 것은 가려서 버리는 사람이 있다. 좋은 돌만 가려서 쌓으려고 한다.

차서 있게 하는 것이다. 담을 쌓을 때 기초를 든든히 해야 올라가도 안 흔들린다. 큰 돌을 제일 아래에 박고 다음 큰 것 그러면서도 서로 물리게 하고 엎히게 하고 가운데는 둥글둥글한 것을 박아서 쌓고, 제일 위는 잔자갈로 끝맺음하여야 한다. 둥글둥글한 돌이 가장자리에 나와 쌓이면 둥글기 때문에 튕겨 나오기 쉽고 그러면 담이 무너진다. 가운데 넣어 목을 굵게 하면 큰 몫을 하는 것이다. 그러니 너희들 일할 때 담을 쌓는다고 말고 영겁을 쌓는다고 생각하고 일하라. 차분한 마음으로 내가 만대를 통해 어떻게 나아갈 것인가 하고 생각하라.

〈『대산종사수필법문집』 1. pp.1586~1587. 원기61년 12월 19일〉

| 배경 및 상황 |

대산 종사는 원기61년(1976) 12월 19일 이정은, 김응현, 유승인, 김혜신 교무들과 학생들에게 "이제부터 오후에는 담쌓는 작업을 해야 하겠다."라고 하며 '돌담 쌓는 법'에 대해 법문을 하였다. "나는 담을 쌓을 때 돌을 쌓는 것이 아니라, 우리 회상을 쌓는다. 나는 돌 하나하나를 교도로 알고 아끼어 정성스럽게 영생을 개척해 주는 마음으로 쌓는다."라고 하였다.
대산 종사는 신도안에 오히려 돌이 모자란다고 하였다.

| 용어 풀이 |

○ **신도안(新都-)** 충청남도 논산시 두마면과 대전시 대덕군 진잠면의 접경시대에 위치해 있는 종교 취락(聚落). 계룡산의 남동쪽 기슭에 있는데, 이곳은 도참사상과 풍수지리설에서 말하는 이상적 지형이다. 특히 조선 태조 이성계가 계룡산을 답사하고 이곳에 새 왕도를 건설하기로 하고 공사를 시작했다가 반대 의견이 나와 1년 만에 중단하였다. 그때부터 이곳의 이름이 신도안이 되었고, 이곳 일대는 조선시대 이후 신비스러운 땅으로 알려졌으며, 『정감록』에 의해 세계의 통일정부가 세워진다는 말이 널리 퍼지게 되었다. 그리하여 많은 유사·신흥종교 단체가 이곳에 터를 잡고 새 세계의 전개를 기다리게 되었다. 그러나 많은 유사·신흥종교들의 폐단이 많아 정부에서는 종교단체들을 철거시켰고, 1980년대에는 이곳에 군사기밀시설을 설치하게 되었다. 과연 앞으로도 이곳이 많은 신흥종교가 기대하고 있는 세계의 중심지가 될 것인지는 아직도 큰 관심거리로 남아있다.

33 교도 수가 적다고 낙심하지 마라

대산 종사, 교역자들에게 말씀하시기를 "교도 수가 적다고 낙심하지 마라. 한 사람에게라도 법을 어떻게 전할 것인가에 정성을 다하면 되나니, 일이 크고 작고, 성과가 있고 없고, 처지가 좋고 나쁨에 마음 쓰지 말고, 오직 법과 도를 표준으로 차분하고 착실하고 순서 있게 일하라."

〈공심편 33장〉

| 출처 |

각 교구 사무장들의 계획과 현황 보고를 받으신 종법사께서 아래와 같은 법문을 내려주셨다.

교당에 교도 수가 적다고 낙망하지 말고 단 한 사람이라도 법을 어떻게 전할 것인가에 너희들 정성을 대라. 너희들이 이제 역사적인 사업을 하고 역사적인 사무장이 되는 중요 시점에 있다. 그러니 일이 크고 작고, 성과가 나타나고 안 나타나고, 지금 처지가 어렵고 고단하고 쉽고 평안한 것에 관심 말고 오직 교구를 처음 시작하여 역사적 사무장들이 되었으니 법에 맞느냐, 안 맞느냐, 도냐, 비도(非道)냐를 가려서 차분하게 착실하게 차서 있게 일을 해 나가되 내실, 세근, 저력의 세 방침으로 나가기를 바란다.

〈『대산종사수필법문집』 1. p.1710. 원기62년 6월 29일〉

| 배경 및 상황 |

대산 종사는 원기62년(1977) 6월 29일 각 교구 사무장들의 계획과 현황 보고를 받은 후 아래와 같은 법문을 내려주셨다.

"교당에 교도 수가 적다고 낙망[낙심]하지 말고 단 한 사람이라도 법을 어떻게 전할 것인가에 너희들 정성을 대라. 오직 법과 도를 표준으로 차분하게 착실하게 차서 있게 일을 해 나가되 내실, 세근, 저력의 세 방침으로 나가기를 바란다."라고 하였다.

| 용어 풀이 |

○ **낙심(落心)** 바라던 일이 이루어지지 아니하여 마음이 상함.

○ **낙망(落望)** 희망을 잃음.

○ **내실(內實)** 내적인 가치나 충실성.

○ **세근(細根)** 풀이나 나무 따위의 굵은 뿌리에서 돋아나는 작은 뿌리. 양분과 수

분을 직접 흡수한다.

○ **저력(底力)** 속에 간직하고 있는 든든한 힘.

㉞ 큰일은 선후를 보아 순서 있고 여유 있게 처리하라

대산 종사 말씀하시기를 "큰일은 천·지·인이 합해서 되는 것이니 항상 선후를 보아서 순서 있고 여유 있게 처리하라. 대종사께서는 방언공사를 할 때 한 달 전부터 '모든 생령들은 다 자리를 옮겨 가거라.' 하고 미리 통보해 다치지 않도록 하신 일이 있나니, 여기에는 만 생령을 하나도 빠짐없이 제도하기 위한 성자의 큰 뜻이 담겨 있느니라. 그러므로 우리는 무슨 일이든지 급하게 서두르지 말고 공사(公事) 중 부득이한 경우를 제외하고는 어느 누구에게도 해가 미치지 않도록 해야 하나니, 일할 때는 열 가지 계획을 세워두고 첫 번째가 안 되면 두 번째, 두 번째가 안 되면 세 번째로 이어질 수 있도록 항상 여유를 가지고 법 있고 순서 있게 처사하라."

〈공심편 34장〉

| 출처 |

큰일은 천·지·인(天地人)의 공사가 있어야 한다. 하늘의 도움과 땅의 도움과 사람의 도움을 얻어야 한다. 완도 봉불식 때 만불전에 벌집이 있었다. 봉불식을 앞두고 그 벌을 없애야겠는데 죽일 수는 없고 해서 3일의 여유를 줄 테니 다른 곳으로 옮겨가라 하면서 염원을 했더니 비가 오고 나서 가보니 벌이 없어졌더라.

항시 우리가 선후를 보아서 큰일을 할 때는 차서 있게하고 급하게 하지 마라. 또 무슨 일이든지 혼자 해서는 안 된다. 천·지·인이 합해서 되는 것이기 때문에 큰일은 여유를 두고 해야 한다. 대종사님은 영산 방언공사 시 한 달 전부터 다니면서 '모든 생령은 다 자리를 옮겨서 가거라. 만일 못 간 놈은 공도에 희생이 되어서 바칠 것이니 알아서 해라.' 하시면서 모든 생령에게 미리 통보해서 다치지 않도록 하셨다. 우리는 수만 대를 할 사람들이다. 도 있게 법 있게 철학으로 살아가야 한다.

나는 일을 계획할 때 10가지의 계획을 세우고 실행한다. 한 가지가 안 되면 두 번째, 두 번째가 안 되면 세 번째로 계속 이어져야 일에 실패가 없다. 그래야 마음이 넉넉해지고 여유가 생기는 것이다. 항상 일을 여유 있게 넉넉하게 처사해야 한다. 〈『대산종사수필법문집』 2. p.573. 원기69년 7월 23일〉

| 배경 및 상황 |

대산 종사는 원기69년(1984) 7월 23일 완도 소남훈련원에서 훈련교무들에게 말씀하시기를 "큰일은 천지인 삼재(三才)의 도움이 있어야 한다. 항시 선후를 보아서 큰일을 할 때는 순서 있고 여유 있게 처리하라. 대종사님은 영산 방언공사를 할 때 한 달 전부터 '모든 생령은 다 자리를 옮겨서 가거라.' 하고 미리 통보해서 다치지 않도록 하였다. 나는 일을 계획할 때 열 가지 계획을 세워두고 첫 번째가 안 되면 두 번째, 두 번째가 안 되면 세 번째로 이어질 수 있도록 항상 여유를 가지고 법 있고 순서 있게 처사한다."라고 하였다.

| 용어 풀이 |

○ **삼재(三才)** ① 중국의 고대 사상에서 우주의 세 가지 근원을 뜻하는 말로서, 하늘(天)·땅(地)·사람(人)을 가리킨다. 중국사상의 특징은 인간이란 천지자연과 대립해서 이를 정복하는 존재로 생각하지 않는다. 인간은 자연에 순응해야 하는 존재이며, 또한 스스로 만물을 기르는[和育] 천지의 작용에 참가해야 하는 존재이다. 그렇게 함으로써 인간의 존엄성을 발견할 수 있다. 삼극(三極)·삼원(三元)이라고

도 한다. ② 중국의 천지인 사상에서 근거하여 우리나라에서 위대한 인물을 천·지·인에 비유하기도 한다. 가령 원불교에서 소태산 대종사(天)·정산 종사(地)·대산 종사(人), 천도교에서 최수운(天)·최해월(地)·손의암(人) 등과 같은 경우. ③ 역(易)에서 천도(天道)·지도(地道)·인도(人道).

○ **방언공사(防堰工事)** 원불교 교단 초기인 원기3년(1918)부터 1년간 소태산 대종사와 제자들이 전남 영광군 백수면 길룡리 앞 해안 갯벌을 막아 농토로 만든 공사. 이 공사로 교단 창립의 물질적 토대 마련, 영육쌍전의 정신 실현과 무시선 무처선의 수행 정신 확립, 단결과 화합의 정신 구현, 공익정신 배양 등 원불교의 정신적·물질적 기본 터전을 닦는 계기가 되었다.

○ **생령(生靈)** 〈공심편 1장〉 용어 풀이 참조.

㉟ 동지들이 하는 일을 놓고 시비하지 마라

대산 종사 말씀하시기를 "동지들이 하는 일을 놓고 자기의 생각에 맞춰 시비하지 마라. 이 혼탁한 세상에 세속으로 흐르지 않고 정법 회상을 찾아와 정법 수행하는 데 정성을 다하고 있으니 얼마나 장한 일이며, 강급의 길로 들어서지 않고 감사 보은 생활을 하고 있으니 얼마나 경사스러운 일이며, 중생의 길로 흐르지 않고 불보살 될 길을 찾아 일하고 있으니 얼마나 성스러운 일인가." 〈공심편 35장〉

| 출처 |

선보하시면서 시자에게 말씀하시기를

이 회상에 들어와서 같이 생활하는 사람들을 자기의 생각에 맞추어서 시비하지 말라. 이 혼탁한 말세에 세상에 흐르지 않고 정법 회상을 찾아온 것만도 얼마나 장한 일이냐. 봉사가 문고리 잡기보다도 더 어려운 혼란한 세상이 아니겠느냐. 이 말세에 정신을 잃지 아니하고 미치지 아니하고 정법을 수행하는 데에 정성들을 나름대로 하니 얼마나 거룩하냐. 이 말세에 강급될 일만 가득한데 진급될 일을 하게 되니 얼마나 다행스러우냐. 이 말세에 배은할 일만 가득한데 지은보은하고 감사할 줄을 아니 얼마나 경사스러운 일이냐. 이 말세에 중생 될 일만 벌어지고 있는데 불보살 될 길을 찾아서 그 일을 벌이고 만드니 이 얼마나 성스러운 일이냐. 이런 일을 네 마음, 네 몸이 그렇게 하니 네가 얼마나 거룩한가를 항상 잊지 말고 가기를 바란다.

〈『대산종사수필법문집』 2. p.1434. 원기75년 12월 9일〉

| 배경 및 상황 |

대산 종사는 원기75년(1990) 12월 9일 왕궁 영모묘원에서 선보하며 시자에게 말씀하시기를 "이 회상에 들어와서 같이 생활하는 사람들을 자기의 생각에 맞추어서 시비하지 말라. 이 혼탁한 말세의 세상에 흐르지 않고 정법 회상을 찾아온 것만도 얼마나 장한 일이다."라고 하였다. 동지들에게 시비하지 말고 감사하며 같이 불보살의 길을 가라는 자비스러운 말씀이다.

| 용어 풀이 |

○ **세속(世俗)** ① 중생들이 사는 세상. 속세 또는 세간이라고도 한다. 티끌세상, 삼독 오욕과 약육강식의 현실 세계. 일반적으로 인간의 현실 세계를 세속이라 하고, 교당·사찰·수도원 등을 청정 도량이라고 한다. ② 중생심을 가진 사람들이 사는 세상. 보살심을 가진 사람들이 살면 시장 바닥도 청정 도량이 되고, 중생심을 가진 사람들이 살면 교당·사찰·수도원도 세속이 된다.

○ **정법회상(正法會上)** 대도 정법을 널리 펴서 일체중생을 구제하는 교단이라는 뜻. 허무맹랑한 사술(邪術)이나 황당무계한 신통 묘술이 아닌, 사실적이고 진리적

인 바른 법을 가르치는 종교라는 말. 소태산 대종사는 원불교를 정법회상이라 했다. 정법회상은 편벽된 신앙과 수행을 원만한 신앙과 수행으로 이끌고, 시대화·생활화·대중화한 교리와 제도를 가지며, 신통 묘술과 기행 이적을 앞세우지 않고, 인도정의를 중심 하여 원만한 문명사회를 개척하고 선도해 간다고 한다.

○ **강급(降級)** 수행자의 법위등급이 승급하지 못하고 오히려 퇴전하는 것. 심신작용·육근동작이 향상하지 못하고 타락하는 것. 마음 사용하는 것이 그 전보다 더 못해지는 것. 지혜가 어두워지고 복이 줄어드는 것.

㊱ 나는 삼계의 손님이 되리라

대산 종사 말씀하시기를 "일을 할 때는 주인이 되고 일을 한 뒤에는 손님이 되라. 옛 부처님도 '나는 삼계의 손님이 되리라.' 하셨나니 모든 것을 이루어놓고도 흔적 없이 흘러가는 저 물처럼 일했다는 상도 없이 놓아버릴 줄 알아야 참 주인이고 참 여래니라." 〈공심편 36장〉

| 출처 |

여래 주인과 객의 법문을 소개 후

일할 때는 주인이 되고 일한 뒤에는 손이 되어 내던져야 한다. 그러나 내던져도 어디로 가지 않고 다시 돌아온다. 옛 부처님 말씀에 '나는 삼계의 손이 되련다.' 하셨다. 일해 놓고 내던지는 이가 세계의 참 주인이요 여래라. 눈앞에서 여래를 보느냐, 여래가 법문하고 있다. 흐르는 물이 바로 여래위이다. 모든 것을 성공시켜 놓고 흔적 없이 빠져 내려간다. 물이 안 들어가는 곳 없고, 안 들어가서 되는 것 없다. 이것 본받으면 여래다.

〈『대산종사수필법문집』 1. p.631. 원기57년 7월 20일〉

| 배경 및 상황 |

대산 종사는 원기57년(1972) 7월 20일 '여래 주인과 객의 법문'을 소개 후 부연하시기를 "일을 할 때는 주인이 되고 일을 한 뒤에는 손님이 되라. 옛 부처님도 '나는 삼계의 손님이 되리라.'라고 하였다."

대종사 말씀하시었다. "다생 겁겁 한없는 세상 가운데 한 생 동안 한 가정을 이루고 산다는 것이 마치 여행 중에 하룻밤 한 여관에 동숙하는 것밖에 못 되는 것인데 철없는 사람들은 그것밖에 모르고 애착하나니, 어찌 단촉한 생활이 아니리요. 부처님은 복도 족족하시고 혜도 족족하신 어른이지마는 나는 삼계(三界)의 객이 되어 마음 가는 대로 발 닿는 대로 시방 삼계를 주유하다가 혹 인연을 만나면 쉬고 인연이 없으면 날아다녀서 주착 없이 헌거롭게 살리라고 원을 세우신 것이다." [『대종경선외록』 주세불지장 6]

| 용어 풀이 |

○ **삼계(三界)** 불교의 세계관으로 중생들이 생사 윤회하는 미망의 세계를 3단계로 나누어 욕계(欲界)·색계(色界)·무색계(無色界)의 세 가지로 설명하며 삼유(三有)라고도 한다.

○ **여래(如來)** 석가모니의 십호(十號) 가운데 하나. 원불교 대각여래위의 준말.

㊲ 대산 종사 기원문

대산 종사, 기원문을 지으시니 "영겁 다생에 만나기 어려운 이 회상의 동지님들! 나날이 때때로 신근의 뿌리가 더욱 내리고 두터워지도록, 나날이 때때로 공심이 더욱 두루 커지도록, 나날이 때때로 공부심이 더욱 살아나도록, 나날이 때때로 자비심이 더욱 크게 살아나도록, 영겁 다생에 만나기 어려운 이 회상의 동지님들! 다시 법신불과 대종사님과 삼세 제불 제성 전에 대서원을 올리고 대정진을 하며, 대불공을 올려 대불과를 얻으며, 대자유를 얻어 대합력하는 영세의 잊지 못할 동지가 되기를 일심으로 기원하는 바입니다." 〈공심편 37장〉

| 출처 |

[3]

永劫多生에 만나기 어려운 이 회상의 同志님들.

나날이 때때로 信根의 뿌리가 더욱 내리고 두터워지도록

나날이 때때로 公心이 더욱 두루 커지도록

나날이 때때로 工夫心이 더욱 살아서 솟아나도록

나날이 때때로 慈悲心이 더욱 크게 살아나도록

永劫多生에 만나기 어려운 이 會上의 同志님들

다시 法身佛과 대종사님과 三世諸佛諸聖 前에

大誓願을 올리고 大精進을 하며

大佛果를 얻도록 大佛供을 올려서

大自由를 얻어 大合力하는

永世의 잊지 못할 同志가 되기를 一心으로 祈願하는 바입니다.

〈『대산종사수필법문집』 2. pp.633~634. 원기70년 1월 1일〉

| 배경 및 상황 |

대산 종사는 원기70년(1985) 1월 1일 새해를 맞이하여 신년법문과 함께 네 가지 기원문을 대중들에게 공개하며 다 함께 "진리는 하나 세계도 하나 인류는 한 가족 세상은 한 일터 개척하자 하나의 세계"[원기55년 반백주년 기념대회에서 선포]를 건설하자고 선포하였다. 원기77년(1992) 6월경 기원문을 다시 '기원문 결어'로 함축하여 대중들에게 소개하였다. 네 가지 기원문이 심고와 기원문의 전형이자 원론적인 것으로 일생 법신불 사은 전에 법동지와 함께 성불제중하여 불국토 건설을 염원한 원력의 서원문이라면, 기원문 결어는 기원문을 함축하여 강조한 핵심으로 전 교도와 함께 일원세계 건설의 화두를 제시한 공안(公案)적인 성격을 내포한 서원문이라고 할 수 있다.

이 기원문 〈3〉은 나날이 때때로 영생을 함께하는 동지로 합의 동지와 충고 동지가 있는 줄 알고 선연의 동지는 합의 동지로, 좀 사나운 동지는 충고 동지로 알아 잘 받아 활용해야 한다고 하였다. 참으로 영생의 동지, 도반, 심우는 서로 창자를 잇는다고 하였다.

| 용어 풀이 |

○ **영겁다생(永劫多生)** 영원한 세월 동안 몸을 받아 살아온 수많은 생. 세세생생과 같은 말이며, 다생겁래와 비슷한 말. 육신은 죽어 없어져도 영혼은 없어지지 아니하고 끊임없이 새 몸을 받아 생을 이어가게 되는데 그러한 생을 통틀어 영겁다생이라고 한다.

○ **신근(信根)** 종교적 신앙심의 깊이를 측정하고 평가하는 주관적 준거를 신근(信根)이라고 한다. 또는 불교의 오근(五根) 중 하나로서 ① 신근(信根)은 삼보(三寶)와 사제(四諦)를 믿는 것 ② 정진근(精進根)은 용맹하게 정법을 수행하는 것 ③ 염근(念根)은 정법을 생각하는 것 ④ 정근(定根)은 마음을 한곳에 머물러서 흩어지지 않게 하는 것 ⑤ 혜근(慧根)은 진리를 생각하는 것. 원불교에서는 법신불을 믿고 모시고 받드는 신앙적 태도를 말하며 믿음이 있어야 진리를 깨칠 수 있는 근본이 된다는 뜻.

○ **삼세제불제성(三世諸佛諸聖)** 과거세·현재세·미래세에 출현하는 모든 불보살과 모든 성현에 대한 총칭.

38 교단 3대를 시작하며

대산 종사, 원기 73년 교단 3대를 시작하며 말씀하시기를 "후천개벽의 새 시대를 맞으면서 한 사람이라도 이 회상과 인연이 끊어지는 과보를 받아서는 안 되나니, 내가 먼저 대참회를 하고 성자들의 살신성인하신 심법을 표준 삼아 나아가고자 하노라. 그 표준은 부처님의 자비심이요 노자님의 겸양심이요 공자님의 인의심이요 예수님의 사랑이요 이차돈의 법흥이라. 진리는 뺏고 주고 주고 뺏는 이치가 있으니 이를 체받아 법을 위하여 몸과 마음을 다 바치면 다 받을 수가 있으니라. 이 회상에 수많은 큰 도인들이 다녀가며 각 분야를 따라 일을 할 때 역경과 고난이 없지 않을 것이나, 어떤 경우를 당하더라도 모든 성인의 정신을 체받아 그 심법으로만 하면 고비를 넘길 수 있느니라." 〈공심편 38장〉

| 출처 |

전탈전여(全奪全與)

성자들의 살신성인(殺身成仁)하신 심법에 대한 법문.

一. 부처님의 무유진한(無有嗔恨)의 대자비.

二. 노자님의 대겸양(大謙讓).

三. 공자님의 불원천(不怨天) 불우인(不尤人)의 큰 인(仁).

四. 예수님의 십자가의 큰 사랑.

五. 이차돈의 백유(白乳)의 법흥(法興).

삼대의 첫 출발점에 당하여 우리는 모두 서로서로 대참회, 대해원, 대사면, 대정진, 대보은, 대진급이 되어야 한다.

과거의 1대겁을 마무리하고 새로운 1대겁을 오고 가면서 한 사람이라도 만일 이 회상을 드나들지 못할 과보를 받는 일이 있게 된다면 안 될 것이므로 내가 먼저 대참회를 하고 대해원, 대사면, 대정진, 대보은, 대진급을 염원하면서 나는 이런 표준으로 나가고자 한다.

이처럼 법을 위하여 신명을 바치는 대희생이 있었으므로 진리가 이차돈에게 뺏고 주고, 주고 뺏는 이치가 있다. 진리에 다 바치면 다 받게 될 것이고 주지 않고 받는 이치는 없는 것이니 부처님의 대자대비 정신과 노자님의 대 겸양과 공자님의 큰 인과 예수님의 큰 사랑과 이차돈의 법흥 정신을 체 받아야 할 것이다.

이 회상에 수많은 큰 도인들이 다녀가는 중에 분야 따라 역경과 고난이 없지 않을 것인즉 그런 경우를 당하여 이러한 심법으로 고비를 넘겨 나가야 할 것이며 우리가 역겁난우(歷劫難遇)의 이 회상을 만나서 성불 제중하려는 여래의 대서원을 성공 못 하면 허망한 인생이 될 것이니 대서원, 대정진, 대불과, 대불공, 대자유, 대합력하는 대노력으로 여래의 큰 원을 이루어 나가야 하겠다.

〈『대산종사수필법문집』 2. pp.1256~1258. 원기73년 11월 28일〉

| 배경 및 상황 |

대산 종사, 원기73(1988)년 11월 28일 교단 3대를 시작하며 말씀하시기를 "교단 3대의 첫 출발점에 당하여 우리는 모두 서로서로 대참회, 대해원, 대사면, 대정진, 대보은, 대진급이 되어야 한다. 부처님의 무유진한의 대자비, 노자님의 대겸양, 공자님의 불원천 불우인의 큰 인(仁). 예수님의 십자가의 큰 사랑, 이차돈의 백유의 법흥을 본받아야 한다.

이 회상에 수많은 큰 도인들이 다녀가는 중에 분야 따라 역경과 고난이 없지 않을 것인즉 그런 경우를 당하여 이러한 심법으로 고비를 넘겨 나가야 할 것이며 우리가 역겁난우의 이 회상을 만나서 성불 제중하려는 여래의 대서원을 성공 못 하면 허망한 인생이 될 것이니 대서원, 대정진, 대불과, 대불공, 대자유, 대합력하는 대노력으로 여래의 큰 원을 이루어 나가야 하겠다."라고 교단 3대의 희망찬 출발을 선언하였다.

| 용어 풀이 |

○ **창립한도(創立限度)** 원불교의 창립을 위해 설정한 시기. 매대(每代)를 36년씩으로 하고, 이를 매회(每回)를 12년씩으로 헤아려 목표를 설정하고 추진하는 제도이다. 원기3년(1918) 10월, 소태산 대종사는 새 회상의 창립한도를 발표하여 36년씩을 1대로 환산하도록 했다. 이는 장기에 해당하므로 그중에 중단기를 나누어 12년씩을 1회로 계산하게 된다. 창립 제1대 36년의 제1회 12년은 교단창립의 정신적 경제적 기초를 세우고 창립의 인연을 만나는 기간으로, 제2회 12년은 교법을 제정하고 교재를 편성하는 기간으로, 제3회 12년은 법을 펼 인재를 양성 훈련하여 포교에 주력하는 기간으로 했다.

○ **후천개벽(後天開闢)** 새로운 문명세계가 열리게 된다는 말. 이 말의 유래는 동학의 창시자 최수운이 1860년 4월 5일에 동학을 창시하면서 그 이전의 낡은 세계를 선천이라 하고, 그 이후를 새 세계 곧 후천이라 하면서 새로운 세계가 열리게 될 것을 주장하면서부터 후천개벽이라는 말이 나오게 되었다. 이후로 한국의 신흥종교들이 대개 후천개벽을 내세우면서 서로가 후천개벽의 주역이라 주장하였다. 원불교에서도 후천개벽이라는 말을 쓰는데, 이는 물질문명의 발달에 대하여 정신문명이 발달하는 시대를 의미한다. '물질이 개벽되니 정신을 개벽하자'라는 개교표어와 같이 정신개벽의 시대가 곧 후천개벽 시대이다.

○ **살신성인(殺身成仁)** 〈공심편 1장〉 용어 풀이 참조.

○ **인의심(仁義心)** 어짊과 의로운 마음.

○ **이차돈(異次頓)** 신라 법흥왕 때의 승려(506~527). 성은 박(朴). 일명 거차돈(居次頓). 자는 염촉(厭觸). 신라 십성의 한 사람으로, 불교의 공인을 위해 순교를 자청하였는데, 그가 처형되자 피가 하얀 젖으로 변하는 이적을 보여 불교가 공인되었다고 한다.

○ **불원천 불우인(不怨天不尤人)** 자기의 뜻이나 포부가 시대와 사회에 맞지 않아 뜻을 펴지 못하고 어렵게 살아간다고 할지라도, 하늘을 원망하거나 다른 사람을 미워하지 않고 늘 스스로 반성하여 향상과 발전을 도모하며, 안분하고 편안한 마음으로 살아가는 생활 태도. 곧 진리에 순응하는 생활.

○ **역겁난우(歷劫難遇)** ① 아무리 오랜 세월을 지내고서도 만나기가 매우 어렵다는 말. ② 불법 만나기가 어렵다는 의미. ③ 원불교적으로는 소태산 대종사를 만나거나 원불교 교법을 만나기가 어렵다고 말을 할 때 자주 쓰는 말이다.

제8
운심편
運心編

운심편은 대산 종사가 교단과 정계와 각계각층의 많은 사람을 만나며 운심 처세하신 표준과 지도자들이 갖추어야 할 심법과 교단이 대사회에 대처할 운심과 진퇴의 도를 제시한 총 46장의 법문을 수록하였다.

❶ 온화한 기운을 풍기자

대산 종사 말씀하시기를 "화분의 방향을 아무리 돌려놓아도 꽃은 결국 해를 향하게 되나니 내가 먼저 따스한 남쪽이 되어야 일체 생령이 여기에 응하여 무슨 일이든 성공을 보게 되느니라. 말을 잘하고 글을 잘 쓰고 행동을 잘하는 것도 중요하나 먼저 온화한 기운이 몸에서 풍겨야 상대가 감응하는 법이라 아무리 훌륭한 사람이라도 찬 기운이 풍기면 주위에서 응감하지 않느니라. 그러므로 온갖 식물들이 태양을 향하듯 일체 생령도 도덕의 태양이요 인(仁)의 생산자인 주세불을 향하므로 우리는 먼저 인을 갖추기에 힘써야 하느니라." 〈운심편 1장〉

| 출처 |

내 방에 화분을 갖다 놓은 후부터 나는 무시 법문을 보고 듣고 있다. 너희들 그 뜻을 아느냐? 저 꽃이 고개는 창문을 향해 있더라. 그 이유를 알아본즉 실내 공기가 아무리 따스하더라도 태양 기운을 받으려고 그러더라. 천 초 만 초가 다 태양을 향하여 그 온정을 받으려 하는 것과 같이 인류와 일체생령은 도덕의 태양을 내놓으신 인(仁)의 생산자이신 주세불에게 그 온정을 받으려 머리를 돌린다.

그러니 우리는 인보(仁寶)만 갖추면 되나니 다 같이 인보 갖기에 더욱 노력하자.

〈『대산종사수필법문집』 1. pp.423~424. 원기55년 2월 7일〉

내가 양주에서 기도 생활을 하고 사는데 뒷산에 가면 동물들이 내가 옆에 가도 안 날아가고 내게로 오더라. 내 마음에 사(邪)가 없기 때문이다. 그러기 때문에 내 마음에 사사(邪私)가 떨어지고 참되고 바르면 돌아온다. 또 금강리 있을 때 방 앞에 화분 하나를 갖다 놨는데 꽃을 내게로 돌려놓으면 돌아가고 또 돌려놓으면 돌아가고 하여 그 이유를 알아봤더니 나에게는 따스한 기운이 없고 태양이 따습고 밝기 때문에 태양을 쫓아 꽃이 따라가더라. 내가 거기서 또 한 가지를 배웠다. 빛과 따스함이 없으면 간다고 하는 것을 알았다. 그러니 우리가 전 생령, 전 인류를 향해 사은의 뜨거운 정의를 건네줄 것 같으면 우리 한국이 부모국이 되고 만다. 〈『대산종사수필법문집』 1. p.1301. 원기60년 12월 31일〉

내가 이리 금강리에 있을 때 겨울철에 꽃핀 화분을 누가 갖다주기에 그 꽃핀 방향을 나 있는 데로 해 두었더니 며칠 있다 그 방향이 전부 창 쪽으로 향해 있었다. 그래서 또 돌려놓았더니 또 그렇게 방향을 돌렸다. 알고 보니 창 쪽에 비치는 태양열을 받으려고 그러하더라. 그래서 그 법문을 배웠다. 모든 식물이 자연히 태양 있는 쪽으로 바라보고 있게 되는 것은 진리이다.
이와 같이 진리의 태양으로 성인이 나시면 모두 그쪽을 향하는 것은 당연한 이치이다. 그러니 세계의 광명은 한국, 한국의 광명은 영광, 영광에서도 우리의 머리에서 광명이 솟아나야 한다. 그러기로 하면 삼대력 얻는 빠른 길에 관한 공부를 잘해야 한다. 〈『대산종사수필법문집』 1. p.1877. 원기63년 2월 17일〉

| 배경 및 상황 |

대산 종사가 원기55년(1970) 2월 7일 익산 금강리에 주재할 때 화분의 꽃을 보고 느낀 감각 감상이다. "내 방에 화분을 갖다 놓은 후부터 나는 무시 법문을 보고 듣고 있다. 너희들 그 뜻을 아느냐? 저 꽃이 고개는 창문을 향해 있더라. 그 이유를 알아본즉 실내 공기가 아무리 따스하더라도 태양 기운을 받으려고 그러더라."
대산 종사는 "온갖 식물들이 태양을 향하듯 일체 생령도 도덕의 태양이요 인(仁)의 생산자인 주세불을 향하므로 우리는 먼저 인을 갖추기에 힘써야 한다." 라고 하였다.

이 법문을 자주 인용하여 "진리의 태양으로 성인이 나시면 모두 그쪽을 향하는 것은 당연한 이치이다."라고 하여 온화한 기운이 내 몸에서 풍겨야 상대가 감응한다고 하였다.

| 용어 풀이 |

○ **일체생령(一切生靈)** 우주 전체에 존재하는 모든 생명체.

○ **감응(感應)** 어떤 느낌을 받아 반응을 일으키거나, 마음이 따라 움직임.

○ **응감(應感)** 마음에 응하여 느낌.

○ **주세불(主世佛)** 말세에 출현하여 새로운 정법회상을 열어 세상을 바로잡고 모든 중생을 구제하는 부처님. 영산회상(靈山會上)을 열어 법륜을 굴러온 석가모니불과 말세에 새 회상 일원대도(一圓大道)를 열어 정법을 새로 굴린 소태산 대종사를 가리킨다. 주세성자(主世聖者) 또는 구세주라고도 하며, 교법이 일반 성자들의 가르침보다 뛰어난 바가 있는 성자이다.

❷ 자비의 도

대산 종사 말씀하시기를 "자비는 곧 여래요 여래는 곧 자비니 이는 부처님의 제일 큰 자본이요 제일 큰 무기라. 부처님은 어떠한 중생일지라도 스스로 버리지 않나니, 이는 일체중생의 고통을 풀어 주고 업력을 녹여 주는 큰 위덕을 갖추고 있기 때문이니라. 어머니의 자비는 사랑으로 길러준 것이요, 아버지의 자비는 엄격한 절제로 가르쳐준 것이며, 성웅의 자비는 만민에게 기회를 주고 상벌을 내리고 또는 세상을 혁신 개조하여 준 것이요, 성현의 자비는 모든 중생에게 죄복의 원리를 알게 하여 스스로 죄를 짓지 않게 한 것이니, 이러한 큰 자비에는 상이 없느니라.

그러므로 이해를 초월한 천지님은 진리의 세계, 평화의 세계, 영원한 세계를 이루는 것이요, 이해를 초월한 제불 제성은 대각의 세계, 부활의 세계, 구원의 세계를 이루는 것이요, 이해를 초월한 모든 부모님은 사랑의 세계, 은혜의 세계, 낙원의 세계를 이루는 것이니라." 〈운심편 2장〉

| 출처 |

자비의 도

1. 자비는 곧 여래요, 여래는 곧 자비니라.
2. 자비는 부처님의 제일 자본이요, 제일의 무기이니라.
3. 부처님은 어떠한 중생일지라도 스스로 버리지 아니하시니라.
4. 부처님의 자비는 일체 중생의 무서운 고통을 풀어 주시고 업력을 녹여 주시는 대위덕(大威德)이 계시니라.
5. 대각을 하고서 전 생령을 사랑하지 아니할 수 없고 전 생령을 고루 사랑하고서 대각을 이루지 아니할 수 없나니라.
6. 어머님의 자비는 사랑으로써 잘 길러주신 것이요, 아버지의 자비는 엄격한 절제로써 가르쳐 주시는 것이요, 대성웅(大聖雄)의 자비는 만민에게 기회를 잃지 않고 상벌을 내리고 혹은 세상을 혁신 개조하여 주심이요, 대성현의 자비는 모든 중생에게 죄복의 원리를 알게 해서 스스로 죄를 짓지 않게 하심이니라.
7. 큰 자비는 상(相)이 없나니라.

〈『정전대의』 p.153. 수신강요 2. 1. 자비의 도〉

원기78년 신년법문

자비는 곧 여래(如來)요 여래는 자비입니다. 즉 사랑이고 인(仁)입니다. 사생의 자비 부모로서 중생이 악을 범하면 마음 아파하고, 선을 행하면 즐거워하시어 끝까지 사랑하고 제도하십니다.

그러므로 자비는 부처님의 제일 자본이요 제일 무기입니다. 우리 인류는 서로 이 세계를 지배하고 강탈하고 패권(覇權)으로 남의 나라를 지배하기 위하여 핵탄(核彈)을 제일 무기로 하나, 부처님께서는 삼계의 대도사요 삼계의 스승이기 때문에 자비를 영원한 자본과 무기로 삼아 은(恩)의 핵을 터트려서 어떠한 중생일지라도 감싸고 버리지 않으십니다.

또한, 부처님의 자비는 일체중생의 무거운 고통을 풀어 주시고 업력을 녹여 주시는 대위덕(大威德)이 있습니다. 우리 중생은 삼세를 통하여 평탄한 낙원을 버리고 험악한 고해로 들어가려고만 하나, 부처님은 삼계의 대권능을 소유하고 계심으로 중생의 업력을 자비훈풍으로 녹여 주시는 대위덕으로 고해의 바다에서 건져 주십니다.

그러므로 대각을 하고서 전 생령을 사랑하지 않을 수 없고 전 생령을 고루 사랑하고서 대각을 아니 이룰 수 없습니다. 어머님의 자비는 사랑으로써 잘 길러 주신 것이요, 아버지의 자비는 엄격한 절제로써 가르쳐 주시는 것이요, 대성웅(大聖雄)의 자비는 만민에게 기회를 잃지 않고 상벌을 내리고 혹은 세상을 혁신 개조(革新改造)하여 주심이요, 대성현(大聖賢)의 자비는 모든 중생에게 죄복의 원리를 알게 해서 스스로 죄를 짓지 않게 하십니다.

부처님의 큰 자비는 남음 없이 베풀어주고도 영원한 세월에 길이 유전되어 만중생에게 덕화(德化)를 입게 하는 것은 상(相)이 없기 때문입니다. 부처님의 대자대비심은 상이 없는 고로 무루(無漏)의 복(福)과 혜(慧)가 다함이 없지만 항상 거기에 머무르지 아니하시므로 큰 자비라 합니다.

이해(利害)를 초월(超越)하신 천지(天地)님
진리(眞理)의 세계·평화(平和)의 세계·영원한 세계
이해를 초월하신 제불제성(諸佛諸聖)님
대각(大覺)의 세계·부활(復活)의 세계·구원(救援)의 세계

이해를 초월하신 모든 부모님

사랑의 세계·은혜(恩惠)의 세계·낙원(樂園)의 세계

〈『대산종사수필법문집』 2. pp.1573~1574. 원기78년 1월 1일〉

| 배경 및 상황 |

대산 종사는 원기78년(1993) 새해를 맞아 '자비의 도'를 신년법문으로 내렸다. '자비의 도' 일곱 가지를 기초로 하여 시방일가·사생일신의 큰 집안, 큰 식구, 큰 살림, 큰 마음의 진리와 철학과 사상을 기르도록 다음 세 가지 큰 자비를 천명하였다.

이해를 초월하신 천지님. 진리의 세계·평화의 세계·영원한 세계

이해를 초월하신 제불제성. 대각의 세계·부활의 세계·구원의 세계

이해를 초월하신 모든 부모님. 사랑의 세계·은혜의 세계·낙원의 세계

그러므로 이해를 초월하신 천지님과 제불제성님과 부모님들께서는 영원한 세상에 의무와 책임만 다하심으로 늘 자비 충만하사 만 중생이 보호를 받는 휴식처요, 휴양처요, 안식처이다.

우리는 모두 계유년(癸酉年) 한 해를 이 자비무량 법문을 생활 표준으로 삼아 시비이해를 초월하여 당하는 곳마다 자비훈풍을 불리시기를 기원한다.

| 용어 풀이 |

○ **자비(慈悲)** 중생에게 즐거움을 주고 괴로움을 없게 함. 자(慈)는 일체중생에게 행복과 기쁨을 주는 것[與樂], 비(悲)는 일체중생의 괴로움을 없애주는 것[拔苦]이다. 부처님의 자비를 대자대비라 한다. 부처님의 자비는 중생들의 괴로움을 자신의 괴로움으로 하므로 동체대비(同體大悲)라고도 한다.

○ **위덕(威德)** 위엄과 덕망을 아울러 이르는 말.

○ **성웅(聖雄)** 지덕(知德)이 뛰어나 많은 사람이 존경하는 영웅.

❸ 부처님의 원만한 10대 인격

대산 종사, '부처님의 원만한 10대 인격'에 대해 말씀하시기를 "첫째는 서원이 지극히 크심이요, 둘째는 대자대비하심이요, 셋째는 지극한 정성을 쉬지 않으심이요, 넷째는 지공무사하심이요, 다섯째는 언행일치하심이요, 여섯째는 동정 일여하심이요, 일곱째는 원만 평등하심이요, 여덟째는 응용 무념하심이요, 아홉째는 복과 혜를 아울러 갖추심이요, 열째는 자유자재하심이니라." 〈운심편 3장〉

| 출처 |

1. 서원이 지대(至大)하심이요. 대도를 각득하사 일체 생령에게 복리를 끼쳐 주실 한 생각 지대한 원이 서셨음이요.
2. 대자대비하심이요. 육도사생을 한 몸 지친으로 알고 호렴하여 주시므로 물의 어룡(魚龍)과 산의 금수(禽獸)와 일체 동포를 감응케 하여 건져 주심이요.
3. 지성무식(至誠無息)하심이요. 천지같이 간단이 없는 정성을 행하심이요.
4. 지공무사하심이요. 이 몸이 사은에서 나온 공물(公物)인 것을 아시사 항상 사(私)가 없으심이요.
5. 언행이 일치하심이요. 오직 몸소 실천하시므로 그 거짓 없는 진실과 일관하신 신성에 대중이 믿고 법 받음이요.
6. 동정일여하심이요. 고요한 가운데 동하시고 동하는 가운데 고요해서 항상 동정이 둘이 아니심이요.
7. 원만평등하심이요. 저 법계성(法界性)을 체받으사 항상 원만평등하심이요.
8. 응용에 무념하심이요. 천지같이 조금도 상(相)이 없는 대덕(大德)을 나투심이요.
9. 복혜양전하심이요. 덕과 지혜를 같이 병진하사 항상 무루혜(無漏慧)를 닦고

무루복을 지으시므로 복혜가 원만구족하심이요.

10. 자유자재하심이니라. 탐진치를 조복(調伏) 받으셨으므로 삼계대권을 가지셔서 고(苦)에서 해탈을 얻고 여의자재하신 만능을 얻으심이니라.

부처님께서는 이상의 인격을 갖추셨으므로 전생령이 귀의하여 마음을 바치고 스승으로 신봉하는 것이다.

이상 열 가지 부처님의 원만하신 인격을 이루기로 큰 서원을 세우고 오늘부터 부지런히 불도를 닦아서 대불과를 증득하도록 하리라.

〈『정전대의』 수신강요 1. 22. 부처님의 원만하신 십대인격 pp.73~74.〉

원기59년 신년법문

인권을 회복하자

부처님의 십대인격(十大人格)

첫째는 서원(誓願)이 지대하심이니 부처님은 대도를 각득(覺得)하사 일체생령에게 복리(福利)를 끼쳐 주실 한 생각 지대한 원이 서셨습니다. 그러므로 우리도 구천(九天)이 사무치는 대서원을 세워 그 한마음이 삼세(三世)를 일관하고 시방에 충만하도록 하여야 할 것입니다.

둘째는 대자대비(大慈大悲)하심이니 사생(四生)을 내 몸으로 아시고 늘 호념하여 주시므로 물의 어별(魚鼈)과 산의 금수와 일체동포를 감응케 하여 건져 주셨습니다. 그러므로 우리도 이와 같이 원근친소(遠近親疏)와 자타(自他)의 국한을 벗어나서 일체생령에게 지친(至親)의 정을 베풀고 살아야 할 것입니다.

셋째는 지성무식(至誠無息)하심이니 제생의세(濟生醫世)의 큰 서원을 위하여서는 천지와 같이 간단없는 정성을 행하셨습니다. 그러므로 우리도 정당한 입지를 하였거든 다시 의심과 주저로 흔들림이 없이 꾸준하여야 할 것입니다. 만일 중도에 쉬고 보면 대소사간(大小事間)에 한 일도 이루지 못할 것입니다.

넷째는 지공무사(至公無私)하심이니 이 몸이 사은(四恩)에서 나온 공물(公物)

인 것을 아시사 언제나 공(公)에 앞서셨으니 우리도 항상 지공무사의 공부를 본받아 행하여야 하겠습니다.

다섯째는 언행(言行)이 일치하심이니 부처님은 오직 몸소 실천하사 거짓 없는 진실과 일관하신 신의(信義)에 대중이 믿고 법 받는 것입니다. 그러므로 우리도 거짓 없는 진실에 바탕을 두어 항상 하늘과 남과 자기를 속이지 않아 내외(內外)가 공명정대(公明正大)하고 일관하는 신의를 지켜나가야 할 것입니다.

여섯째는 동정일여(動靜一如)하심이니 부처님은 고요한 가운데 동(動)하시고 동하시는 가운데 고요해서 항상 동정(動靜)이 둘이 아니셨습니다. 그러므로 우리도 동할 때나 정할 때나 보은하고 공부하여 동하여도 분별에 착(着)이 없고 정하여도 분별이 절도에 맞아서 동과 정이 항상 자성(自性)을 여의지 않도록 하여야 하겠습니다.

일곱째는 원만평등(圓滿平等)하심이니 부처님께서는 저 법계성(法界性)을 온통 체 받으사 항상 원만평등하셨습니다. 그러므로 우리도 빈부귀천, 고락영고와 원근친소, 희로애락에 구애됨이 없이 일체처(一切處) 일체시(一切時)에 중도행의 원만평등한 심성(心性)을 잃지 않아야 할 것입니다.

여덟째는 응용(應用)에 무념(無念)하심이니 부처님께서는 만 생령을 살려주시고도 천지같이 상(相) 없는 대덕(大德)을 쓰셨으니, 우리도 안으로 무상(無相)의 덕(德)을 갖추고 밖으로 정신 육신 물질로 끊임없는 보은을 하되 무념행(無念行)을 하여야 할 것입니다.

아홉째는 복혜양전(福慧兩全)하심이니 부처님께서는 덕(德)과 지혜를 병진하사 항상 무루혜(無漏慧)를 닦고 무루복(無漏福)을 지으심으로 복혜(福慧)가 원만구족하시고 복혜가 다하면 다시 오게 하는 능력까지 갖추셨으며 일체생령의 복혜까지도 계발해 주십니다. 그러므로 우리도 진공묘유(眞空妙有)의 수행(修行)과 인과보응(因果報應)의 신앙(信仰)을 병진하여 무루의 복과 혜를 끊임없이 장만해야 할 것입니다.

열째는 자유자재(自由自在)하심이니 부처님께서는 삼독심(三毒心)을 조복 받으셨으므로 삼계대권(三界大權)을 가지셔서 고(苦)에서 해탈을 얻고 여의자재하신 만능으로 중생을 제도하셨으니 우리도 안으로는 삼독오욕(三毒五慾)을 조복 받고 밖으로는 정의어든 기어이 실천하고 불의어든 기어이 아니하는 결단력을 얻도록 까지 정진에 정진을 거듭하여야 하겠습니다.

〈『대산종사수필법문집』 1. pp.841~842. 원기59년 1월 1일〉

| 배경 및 상황 |

대산 종사는 원기59년(1974) 새해를 맞아 '인권을 회복하자'를 제목으로 신년법문을 내렸다. 여기에 '부처님의 원만한 십대인격'으로 인권을 회복하자고 하였다. 이와 같은 인격을 부처님께서는 갖추셨으므로 전 생령의 귀의처가 되고 삼계대도사(三界大導師)로 신봉 받게 된 것이다. 따라서 부처님을 신봉하고 닮아 가면 갈수록 본인의 영겁 전로에 한량없는 복조가 열리게 되는 것이니 우리는 새해에 더욱 부처님의 이러한 인격을 표준 삼아 불보살의 크고 참된 인격을 갖추며 불국정토(佛國淨土) 건설에 앞장서는 알뜰한 역군들이 되자고 하였다.

| 용어 풀이 |

○ **대자대비(大慈大悲)** 한없이 크고 넓은 부처님의 자비. 한없이 크고 끝없이 넓어서 끝이 없는 불보살의 자비. 대원정각을 한 불보살이 중생을 아끼고 사랑하는 마음. 특히 관세음보살이 중생을 사랑하고 불쌍히 여기는 마음. 적극적으로 즐거움을 주는 것을 자(慈)라 하고, 소극적으로 괴로움에서 벗어나게 해주는 것을 비(悲)라고 한다.

○ **지공무사(至公無私)** ① 지극히 공평하여 사사로움이 전혀 없는 것. ② 일원상의 진리의 한 측면. 곧 일원상의 진리를 공·원·정(空圓正)으로 파악할 때의 정(正).

인과보응의 이치를 알고, 애욕과 탐착을 끊으며, 모든 일에 과 불급이 없이 행동하는 것. ③ 중용·중도.

○ **언행일치(言行一致)** 말과 행동이 하나로 들어맞음. 또는 말한 대로 실행함.

○ **동정일여(動靜一如)** 원불교 표어의 하나. 동과 정이 한결같음. 동정간(動靜間) 불리자성(不離自性) 공부. 일이 있을 때나 없을 때나 끊임없이 참된 마음을 지키는 공부를 말한다.

○ **원만평등(圓滿平等)** 성격이나 인품이 둥글고 너그러워 결함이나 부족함이 없는 무차별의 세계.

○ **응용무념(應用無念)** ① 아무런 생각이나 관념 또는 상(相)이 없이 응용하는 것. 해와 달이 무심으로 운행하듯이 사람도 무위(無爲)·무주(無住)·무작(無作)·무심(無心)으로 천만사물·천만경계에 대응하고 활용하는 것. ② 큰 은혜를 베풀고도 은혜를 베풀었다는 관념과 상(相)을 놓아버리는 것.

○ **복혜(福慧)** 복덕과 지혜. 복덕은 공익사업을 많이 한 결과로 얻게 되고, 지혜는 마음공부를 많이 한 결과로 얻게 된다.

○ **자유자재(自由自在)** ① 천만 경계에 유혹되거나 삼독 오욕에 물들지 않고, 자기 마음을 자기 마음대로 사용하는 것. 육근 동작이 잠시도 자성을 떠나지 아니하는 것. 생사 죄복을 자기 마음대로 하는 것. ② 어떤 범위 안에서 구속·제한됨이 없이 자기 마음대로 할 수 있는 것.

❹ 중도가 천하의 큰 도다

대산 종사 말씀하시기를 "중도(中道)가 천하의 큰 도이니 그대들은 중도 생활을 하라. 천지는 원형이정(元亨利貞)과 춘하추동과 성주괴공이 있고, 인간은 흥망성쇠와 길흉화복과 빈부귀천이 있나니, 언제나 때와 곳과 일과 사람에 치우치거나 끌리지 않고 과불급이 없도록 주의하라. 흥함이 있으면 쇠함이 있고 강해지면 약해지는 때가 있나니, 진리가 흥망성쇠와 길흉화복과 부귀영화를 주었다 뺏었다, 뺏었다 주었다 하는 것에 속지 말고 중도 생활에 힘쓰라." 〈운심편 4장〉

| 출처 |

동산선원 2년생과 임피교당 교도들에게 '중도가 천하의 대도이니 중도 생활을 하라.'고 하시면서

천지에는 원형이정, 춘하추동, 성주괴공, 생로병사가 있고, 인간계에는 흥망성쇠, 길흉화복, 빈부귀천, 고락영고가 있으니, 언제나 한편에 끌리지 말고 오직 때와 곳과 사람과 그 일에 불편불의(不偏不倚), 무과불급(無過不及)하는 중도 실천의 생활을 하여야 한다.

흥하면 망이 바로 따르고 성(盛)하면 쇠(衰)하는 것이 바로 따른다. 그러니 흥할 때 다 차지하지 말고 반만 차지하며 반은 나누어 써야 한다. 여름과 겨울도 제일 덥고 제일 추울 때가 있으면 바로 그 세력이 꺾이어서 쇠하여지니 역시 중도로 하라. 전부 그와 같다.

천지와 진리에 둘려 살지 말라. 흥(興), 성(盛), 길(吉), 복(福), 부(富), 귀(貴), 낙(樂), 영(榮)을 주었다가는 금방 빼앗아 가고 만다. 주었다 뺏었다, 뺏었다 주었다 한다. 그러니 둘려 살지 말고 반반으로 중도 생활을 하라.

〈『대산종사수필법문집』 1. pp.1046~1047. 원기60년 1월 6일〉

| 배경 및 상황 |

대산 종사는 원기60년(1975) 1월 6일 동산선원 2년생과 임피교당 교도들에게 "중도가 천하의 대도이니 중도 생활하라."고 하며 말씀하였다.

천지와 인간계에는 각각 법칙이 있다. 언제나 한편에 끌리지 말고 오직 때와 곳과 사람과 그 일에 불편불의, 무과불급하는 중도 실천의 생활을 하여야 한다. 흥하면 망이 바로 따르고 성(盛)하면 쇠(衰)함이 바로 따른다. 그러니 흥할 때 다 차지하지 말고 반만 차지하며 반은 나누어 써야 한다.

천지와 진리에 둘려 살지 말라. 주었다가는 금방 빼앗아 가고 만다. 주었다 뺏었다, 뺏었다 주었다 한다. 그러니 속지 말고 반반으로 중도 생활을 하라고 하였다.

| 용어 풀이 |

○ **중도(中道)** 두 극단을 떠나 한편에 치우치지 않는 공명한 길. 불교에서는 유(有)나 공(空)에 치우치지 않는 진실한 도리, 또는 고락의 양편을 떠난 올바른 행법을 중도라고 한다.

○ **원형이정(元亨利貞)** ① 역학(易學)에서 말하는 천도(天道)의 네 가지 원리. '원(元)'은 봄이니 만물의 시초이며, '형(亨)'은 여름으로 만물이 자라고, '이(利)'는 가을로 만물이 이루어지며, '정(貞)'은 겨울로 만물을 거두어들이게 된다는 것이다. 1년이 춘하추동으로 바뀌듯이 인생도 원형이정으로 모든 일을 해야 한다는 것이다. 원을 인(仁), 형을 예(禮), 이를 의(義), 정을 지(智)로 설명하기도 한다. ② 사물의 근본 되는 도리.

○ **춘하추동(春夏秋冬)** 봄·여름·가을·겨울의 네 계절.

○ **성주괴공(成住壞空)** 불교의 시간관인 사겁(四劫)으로, 성겁(成劫)·주겁(住劫)·괴겁(壞劫)·공겁(空劫)을 줄여서 말할 때 쓰는 말. 불교에서 우주가 시간적으로 무한하여 무시무종(無始無終)인 가운데 생성소멸 변화하는 것을 설명하는 개념으로 사겁(四劫)을 말하며 그것을 줄여서 성주괴공이라고 한다.

○ **생로병사(生老病死)** ① 일체생명, 우주만물, 모든 사람의 한평생을 시간적으로 넷으로 분류해서 설명하는 말. ② 사람이라면 누구나 반드시 받아야 할 네 가지 고통. 태어나고, 늙어가고, 병들고, 죽고 하는 모든 일이 고통이라는 말. 원불교에

서는 이 생로병사를 피할 수 없이 겪어야 할 고통으로 보지만, 이 고통을 극복하는 정도에 따라서 공부의 등위가 정해진다고 본다.

○ **흥망성쇠(興亡盛衰)** 흥하고 망하고 성하고 쇠함. 사람의 운수와 나라의 운명이 고정되어 있지 않고 돌고 돌아 늘 변한다는 말.

○ **길흉화복(吉凶禍福)** 길흉과 화복. 길흉은 좋은 일과 언짢은 일, 화복은 재앙(災殃)과 행복으로 인간 세상에서 흔히 일어나는 일이다. 사람들은 좋은 일과 행복을 원하고, 화를 가져오는 일과 흉한 일은 싫어한다.

○ **빈부귀천(貧富貴賤)** 가난함과 부유함이나 귀함과 천함.

○ **과불급(過不及)** 개인 단체의 능력 따위가 때로는 지나치거나 일정한 수준에 미치지 못한 상태를 의미.

○ **고락영고(苦樂榮枯)** 괴롭고 즐거운 일과 번영하고 쇠망하는 일. 인생살이의 변화무쌍한 일을 말한다. 사람이 살아가는 데 있어서 괴로운 일과 즐거운 일이 교차하며, 오르막이 있으면 내리막이 있는 것처럼 번영하기도 하고 쇠퇴하기도 하는 일이 반복되므로 즐겁고 번영할 때 안일에 빠져서는 안 되며, 괴롭고 쇠망할 때 절망에 떨어져도 안 된다.

○ **불편불의(不偏不倚)** 어느 한 편에 치우치지도 않고, 어느 무엇에 의지하지도 않으며, 육근 동작을 바르게 하는 것. 즉 중도행·원만행을 말한다.

❺ 항상 신의를 지키라

대산 종사 말씀하시기를 "상대가 신의를 저버리더라도 우리는 항상 신의를 지키고 살려야 하나니 진리는 언제나 살리는 자에게 인(仁)을 주고 큰일을 맡기기 때문이니라. 그러므로 상대가 나에게 비법(非法)으로 상대해 오더라도 한 걸음 물러나 정법으로만 대하다 보면 결국은 상대도

참회하고 자각하여 새사람이 되고 내 일도 성공하게 될 것이니라."

〈운심편 5장〉

| 출처 |

저쪽에서 신의를 저버리더라도 이쪽은 항상 신의를 이어줘서 살려야 한다. 진리는 살리는 자에게 인(仁)을 맡기고 큰일을 하도록 한다. 비법으로 상대해 오더라도 후퇴, 후퇴를 계속하면서 정법으로만 대해 나가면 결국 비법자도 죽지 않고 자각할 기회를 얻어 참회하여 새사람이 되고, 이편도 일이 성공되고 마는 것이다. 결국 다 성공하는 길이지. 이것이 간디의 무저항, 비폭력주의이다. 아닌 소리 듣고 욕설을 먹으며 당하는 것이 다 밑거름이 되는 것이다.

〈『대산종사수필법문집』 1. p.350. 원기53년 11월 9일〉

| 배경 및 상황 |

대산 종사는 원기53년(1968) 11월 9일 말씀하시기를 "상대가 신의를 저버리더라도 우리는 항상 신의를 지켜야 한다. 진리는 살리는 자에게 인(仁)을 맡기고 큰일을 맡긴다."라고 하였다.

"그러므로 상대가 비법으로 대하더라도 한 걸음 물러나 정법으로 대하면 결국은 상대도 참회하고 자각하여 새사람이 되고 내 일도 성공한다. 이것이 바로 간디의 무저항 비폭력주의"라고 하였다.

| 용어 풀이 |

○ **신의(信義)** 믿음과 의리를 아울러 이르는 말.

○ **간디(Gandhi, Mohandas Karamchand)** 인도의 정치가·민족 운동 지도자(1869~1948). 런던 대학에서 법률을 배운 후 남아프리카 원주민의 자유 획득을 위하여 활동하였고, 1915년에 귀국하여 무저항·불복종·비폭력·비협력주의에 의

한 독립운동을 지도하였다. 제2차 세계 대전 후 힌두·이슬람 양 교도의 융화에 힘썼으나 실패하고 한 힌두교 청년에게 암살되었다. 대성(大聖)의 의미를 지닌 '마하트마(Mahatma)'라고도 부른다.

○ **무저항 비폭력주의(無抵抗非暴力主義)** 정치적·사회적 압박이나 학대에 대하여 폭력을 쓰지 않고, 인도주의적으로 감화시켜 자기의 주장을 이루려는 사상. 제정 러시아의 톨스토이와 인도의 간디가 주창하였다.

❻ 내생을 준비하자

대산 종사 말씀하시기를 "이생이 고통스럽고 불행하다 하더라도 영생의 진리와 인과의 이치를 알아서 내생을 잘 준비하는 것이 중요하니라. 그러기로 하면 먼저 상처 주는 말을 하지 말 것이요, 해치는 행위를 하지 말 것이요, 시기 질투를 하지 말아야 할 것이니라." 〈운심편 6장〉

| 출처 |

세상 사람들이 다 같다면 진리나 인과가 구차히 있을 필요가 없다. 만상으로 이루어진 것들이 바로 진리를 설하고 있다. 사회에서 이루어지는 모든 일이 인과를 설하고 있다. 이것을 보고 듣는 자, 산 경전을 보는 자는 산 교훈을 받는 자이다.

이생에 선연이 많지 않고 복이 적다고 하여 걱정만 하고 있을 때가 아니다. 이미 영생과 인과보응의 이치를 알았으나 이생은 설혹 그렇다 하더라도 후생 일이나 준비해 두자.

① 말에 촉을 두지 말자. ② 남을 해치는 행위를 하지 말자. ③ 남을 시기 질투하지 말자. ④ 삼학공부로 삼대력을 얻는 데 힘쓰자. ⑤ 보은 감사생활에 힘쓰

자. ⑥ 세상을 늘 호념하고 이끄는 데 주력하라.

〈『대산종사수필법문집』 1. p.27. 원기47년 편편법어〉

| 배경 및 상황 |

대산 종사는 원기47년(1962) '편편법어'에서 말씀하시기를 "세상 사람들이 다 같다면 진리나 인과가 구차히 있을 필요가 없다. 만상으로 이루어진 것들이 바로 진리를 설하고 있다. 사회에서 이루어지는 모든 일이 인과를 설하고 있다. 이것을 보고 듣는 자, 산 경전을 보는 자는 산 교훈을 받는 자이다."라고 하였다. 영생과 인과보응의 이치를 알았다면 이생이 불행하더라도 다음과 같이 후생 일을 준비하자고 했다. "① 말에 촉을 두지 말자. ② 남을 해치는 행위를 하지 말자. ③ 남을 시기 질투하지 말자. ④ 삼학공부로 삼대력을 얻는 데 힘쓰자. ⑤ 보은 감사생활에 힘쓰자. ⑥ 세상을 늘 호념하고 이끄는 데 주력하라."

| 용어 풀이 |

○ **이생(이生)** '이승'을 달리 이르는 말. 지금 살고 있는 세상, 현재 우리가 살고 있는 현실 세계를 이른다.

○ **후생(後生)** 삼생(三生)의 하나. 죽은 뒤의 생애를 이른다. 내생(來生).

❼ 잘못을 나에게 돌리자

대산 종사 말씀하시기를 "잘못을 나에게 돌릴 때가 참으로 평안하나니, 머리로만 생각하지 말고 마음에 비쳐 보아서 지금 나에게 잘못이 없더라도 어느 생에서인가 잘못이 있었구나 하고 돌려 버리라."

〈운심편 7장〉

| 출처 |

잘못을 나에게 돌릴 때가 참으로 좋으니라. 회광반조(廻光返照)하라. 눈을 감고 눈과 머리로부터 마음에 돌려 잘못을 나에게 돌려라. 그때가 제일 평안하고 좋으니라. 가만히 회광반조하여 나에게 잘못이 없으면, 전생에 또 전생에 어느 생엔가 나에게 잘못이 있었구나 하고 나에게 돌려라.

〈『대산종사수필법문집』 1. p.265. 원기53년 8월 8일〉

| 배경 및 상황 |

대산 종사가 원기53년(1968) 8월 8일 말씀하시기를 "잘못을 나에게 돌릴 때가 참으로 좋다. '회광반조'하라. 나에게 잘못이 없으면 전생, 전생에 어느 생엔가 나에게 잘못이 있었구나."라고 하며 나에게 돌리라고 하였다.

| 용어 풀이 |

○ **회광반조(廻光返照)** 빛을 돌이켜 거꾸로 비춘다는 뜻. 불교의 선종(禪宗)에서 언어나 문자에 의존하지 않고 자기 마음속의 영성(靈性)을 직시하는 것을 의미함. 사람이 죽기 직전에 잠시 온전한 정신이 돌아오는 것을 비유하기도 한다. 원불교에서는 매일 매 순간 온전한 정신을 가지고 자신의 행위와 삶을 돌아 비추어 보라고 가르치고 있다.

❽ 복 지을 기회를 놓치지 말자

대산 종사 말씀하시기를 "복 지을 기회가 주렁주렁 매달려 있건만 보통 사람들은 복 지을 기회를 다 놓치고 난 뒤에 후회하느니라. 복도 지을 때 지어야 하나니 남이 복 받는 것만 부러워하고 스스로 짓기는 싫어하

니 안타까울 따름이니라.” 〈운심편 8장〉

| 출처 |

보통 사람들은 복 지을 기회를 다 놓치고 뒤에 후회하느니라. 복도 지을 때 지어야지 남 복 받을 때 부러워하고 싫어하니 어둡고 갑갑한 그 마음이 안타깝구나. 회상이 열리면 복 지을 기회가 주렁주렁 매달려 있는데 그것을 모른다. 내가 촌 할아버지 같이 보이느냐? 이젠 온화(溫和)로 해야 하겠다. 아닌 점이 있으면 그 기운을 눌렀으나 이젠 자력을 얻도록 해야 하겠다.

〈『대산종사수필법문집』 1. p.267. 원기52년 12월 5일〉

| 배경 및 상황 |

대산 종사는 원기52년(1967) 12월 5일 ‘복 지을 기회를 놓치지 말자’라고 하였다. “회상이 열리면 복 지을 기회가 주렁주렁 매달려 있는데 보통 사람들은 복 지을 기회를 놓치고 뒤에 후회한다.”라는 말씀이다.

이어 말씀하시기를 “이젠 온화해야 하겠다. 아닌 점이 있으면 그 기운을 눌렀으나 이젠 자력을 얻도록 해야 하겠다.”라고 하였다.

대산 종사는 “교역자는 말도 잘하고 글도 잘하고 행동도 잘하여야 하지만 ‘온화한 기운’이 내 몸에서 풍겨야 한다.”라고 평소 말씀하였다.

| 용어 풀이 |

○ **회상(會上)** ① 불교에서 대중이 모여서 설법을 듣는 법회. 또는 그 장소. ② 석가모니불이 영취산에서 설법하던 모임을 영산회상이라 한다. ③ 원불교의 교단을 다른 말로 회상이라고도 한다.

○ **온화(溫和)** 성격, 태도 따위가 온순하고 부드럽다.

9 최대의 행복은 최대의 불행을 넘어서야 한다

대산 종사 말씀하시기를 "최대의 행복은 최대의 불행을 넘어서야 오나니 십자가에 못 박히신 예수님의 마음으로 살아야 할 것이니라. 부처님이 인욕선인이었을 때 가리왕에게 팔다리가 찢기는 고통을 당하며 넘기신 그런 공덕이 없었다면 어찌 부처가 될 수 있었겠는가? 장차 우리도 그런 경계가 수없이 있으리니 단단히 각오하고 넘기지 않으면 진리가 자격이 없다 하여 남김없이 빼앗고 마느니라." 〈운심편 9장〉

| 출처 |

최대의 행복은 최대의 불행을 넘어서야 한다. 최저 예수님의 마음은 갖고 살아야 한다. 어느 생을 통하든지 수없이 큰 경계가 있는데 그때 크게 튀고 크려면 예수님과 인욕선인(忍辱仙人)의 마음이 있어야 하며, 그래야 그분들과 같이 불과(佛果) 성과(聖果)를 얻을 것이다. 석가불이 인욕선인으로 있을 때 가리왕에게 당한 일은 한때 폭 잡히어 나타난 바지, 그 외에도 무수히 그런 일을 당하시며 넘기셨다. 그런 공덕이 없이 어찌 부처가 되겠냐? 해친 사람들이 해를 당할까 발표 안 할 일이 수 없다. 우리도 수없이 그런 경계가 있을 것이니 각오하고 넘자. 진리가 가만히 보며 다 맡겨 주려 하다 못 넘기면, '에이 못난 놈, 자격이 없는 놈' 하여 남김없이 걷어 빼앗아 버리느니라.

〈『대산종사수필법문집』 1. p.332. 원기53년 8월 16일〉

| 배경 및 상황 |

대산 종사는 원기53년(1968) 8월 16일 익산 금강리에서 주재할 때 말씀하시기를 "최대의 행복은 최대의 불행을 넘어서야 한다. 예수님이 십자가에 못 박히신 희생과 석가불이 과거 생에 인욕선인으로 수행할 때 가리왕에게 절절지

해(截截肢解)를 당하였다. 우리도 수없이 그런 경계가 있을 것이니 각오하고 넘자. 진리가 가만히 보며 다 맡겨 주려 하다 못 넘기면, '에이 못난 놈, 자격이 없는 놈' 하여 남김없이 걷어 빼앗아 버리느니라."라고 하였다.

| 용어 풀이 |

○ **인욕선인(忍辱仙人)** 인선(忍仙)이라고도 한다. 석가모니불이 과거세에 오백 생을 닦을 때, 특히 인욕 수행을 할 때의 이름. 이때 석가모니불은 인욕선인의 이름으로 수행 정진하는데 극악무도한 가리왕이 인욕선인의 팔과 다리를 끊었다고 한다. 이에 근거하여 인욕 수행을 잘하는 사람을 인욕선인이라고도 한다.

○ **가리왕(迦利王)** 석가모니불이 과거세에 인욕선인의 몸으로 수행할 때 팔과 다리를 끊었다고 하는 극악무도한 왕을 말한다. 악세무도왕(惡世無道王)이라고도 한다.

○ **불과(佛果)** ① 삼학을 수행하여 얻은 결과, 곧 법강항마위·출가위·대각여래위의 법위를 얻는 것. ② 불도 수행으로 얻는 부처의 경계. 소승불교에서는 일불설(一佛說)을 주장하여 제자들의 수행 결과는 무루지가 생기는 수다원과(須陀洹果)·사다함과(斯陀含果)·아나함과(阿那含果)·아라한과(阿羅漢果)의 소승사과(四果)만 말할 뿐 불과는 말하지 않는다. 대승불교에서는 다불설(多佛說)을 주장하여 법신불·보신불·화신불의 삼신불을 다 갖추어 화현한 존재를 불과라 한다. 따라서 보살행을 닦아 불성(佛性)을 개현(皆現)한 사람은 누구나 다 부처가 될 수 있다고 한다.

⑩ 인과의 철칙

대산 종사 말씀하시기를 "내가 사랑받고자 하거든 먼저 남을 사랑할 것이요 내가 미움받지 않고자 하거든 먼저 남을 미워하지 않아야 하나니,

이것이 바로 인과의 철칙이니라. 과거에는 인과가 시간과 공간을 두고 먼 인연으로 찾아와 해원에 어려운 점이 많았으나 앞으로는 시간과 공간을 두지 않고 가까운 인연으로 찾아오게 되므로 해원하는 일이 한결 쉬워졌으니, 오직 달게 받을 뿐 갚지는 말라." 〈운심편 10장〉

| 출처 |

김복지행(金福智行), 윤도원(尹道元)에게

대종사께서 과거에는 인과 관계가 오래 두고 상연(相緣)되었으나, 앞으로는 가장 가까운 사이가 되어 갚는다고 하셨다. 그러니 멀리 미루어지는 법이 없는 것이라 하시었고, 교단 자체에도 과거 성인들은 정객이나 타 종단으로부터 박해받아 왔으나, 앞으로는 교단 내로 모여 기운이 막히는 수가 있다고 하셨다. 그러니 가까이 와서 갚는 것이니 달게 받고 갚지 말라. 얼마나 좋으냐? 두고두고 멀리 떨어져서 갚아 오게 되면 곤란하나 가족, 한 단체 내로 모여 와서 갚고자 할 때 다시없이 좋은 기회이다. 받아 버려라. 나를 아끼고 사랑받고자 하거든 먼저 남을 아끼고 사랑하고, 남에게 미움과 싫어함을 받지 않으려면 먼저 남을 미워 말고 싫어하지 마라. 이것이 인과이다.

〈『대산종사수필법문집』 1. p.317. 원기55년 1월 28일〉

| 배경 및 상황 |

대산 종사가 원기55년(1970) 1월 28일 익산 금강리 신성마을에서 주재하며 대신교당 김복지행 교도와 아들 윤도원의 인사를 받으시며 한 말씀이다. "나를 아끼고 사랑받고자 하거든 먼저 남을 아끼고 사랑하고, 남에게 미움과 싫어함을 받지 않으려면 먼저 남을 미워 말고 싫어하지 마라. 이것이 인과이다."라고 하였다. 이는 인과의 철칙에 대한 법문이다.

| 용어 풀이 |

○ **김복지행(金福智行, 1934~)** 1934년 11월 11일 일본 오사카에서 부친 경산 김경운 선생과 모친 정타원 이정면화 여사의 자녀로 출생하였다. 원기48년 6월 8일 모친 이정면화의 연원으로 영도교당에서 입교하였다. 대신교당 주무와 교도회장 역임, 호는 공타원(共陀圓)으로 원기76년 법강항마위 승급하였다. 부군 용산 윤용덕과 결혼하여 아들 윤도원 등이 있다. 여러 교당이나 기관에 녹음기, 와이셔츠 21벌, 양말 10켤레, 오르겐, 원불교신문 보내기, 경종 등을 희사하였고, 특히 총부 영모전을 비롯하여 11곳에 일원상을 봉안하였다. 교단 사업에도 육영 특별회원과 법은 특별회원이기도 하다. 공타원은 부산원음합창단 성가대의 창립의 주역으로 합창단 단장을 역임하였고 '원불교는 법을 생활에 활용함으로써 더욱 신앙이 돈독해지는 진리적 종교'라고 하였다. 평소 부러움을 받던 가정이 사업을 하다 사기를 당해 하루아침에 남의 전세방을 전전했으나 사기를 한 사람에게 원망심이 없이 오직 기도와 참회 생활을 하면서 최초 법어의 '재가의 요법'을 생활에 그대로 실천하여 가정을 일으켰다. 대산 종사와의 인연으로 공부심을 놓지 않았으며 양산 김중묵 종사와 항산 김인철 종사 등을 스승으로 모셨다.

○ **상연(相緣)** 서로 인연이 되다.

○ **철칙(鐵則)** 바꾸거나 어길 수 없는 중요한 법칙.

○ **해원(解冤)** 서로 맺혔던 상극의 원망과 원한을 풀어 버림.

⑪ 빛을 갚는 마음으로 선을 행하라

대산 종사 말씀하시기를 "이 몸은 사은의 빚이니 선행을 했더라도 복을 지었다 생각하지 말고 과거에 가져다 쓴 빚을 갚았다고 생각하라. 선을 행하고 그것을 복이라 생각해 상대가 몰라주면 원망이 나오기 쉽나니

빚을 갚는 마음으로 오롯이 선을 닦는 데에만 힘쓰라." 〈운심편 11장〉

| 출처 |

이 몸은 사은의 빚이니 내가 선(善)을 행하고도 복(福)을 지었다고 생각하지 말고 전생(前生) 차생(此生)에 많이 얻어다 쓴 빚을 갚았다고 생각하라. 복을 짓고 이것을 복이라 생각할 때 저편에서 그 은혜를 몰라주면 거기에서 원망이 나오는 것이니 우리는 조금이라도 복을 짓는다는 생각을 떼어버리고, 오롯이 빚을 갚는다 하고 모든 선을 닦아나갈 것이다.

〈『대산종법사법문집』 제2집 p.61. 제1부 교리 원만평등한 세계건설[四恩四要]〉

| 배경 및 상황 |

대산 종사는 『대산종법사법문집』 제2집 p.61 제1부 교리 '원만평등한 세계건설[四恩四要]'이란 제목으로 사은 사요를 설하였다. 그중 사은에 대해 말씀하시기를 "이 몸은 사은의 빚이니 내가 선(善)을 행하고도 복을 지었다고 생각하지 말고 전생 차생에 많이 얻어다 쓴 빚을 갚았다고 생각하라. 네가 복을 베풀었다고 생각하면 상대편이 그 은혜를 몰라주면 원망이 나온다. 오로지 빚을 갚는다는 마음으로 모든 선을 닦아나가는 데 힘쓰자."라고 하였다.

| 용어 풀이 |

○ **사은(四恩)** 원불교의 중요한 기본 교리의 하나. 일원상의 진리를 구체적·현실적으로 네 가지로 분류해서 설명하는 말. 궁극적인 진리를 일원상이라 하고, 그 진리가 현실적으로 나타날 때는 천지은·부모은·동포은·법률은의 사은으로 전개된다고 한다.

○ **선행(善行)** 착하고 어진 행실.

⑫ 남의 복을 넘보고 간섭하지 말라

대산 종사 말씀하시기를 "자기에게 주어진 복도 다 차지하지 못하면서 남의 복까지 넘보고 간섭하는 사람이 많나니, 주어진 복을 알아 온전히 차지하려는 사람은 남에게 해도 끼치지 않으려니와 자기 일이 바빠서 남의 일을 간섭할 여유도 없느니라." 〈운심편 12장〉

| 출처 |

분복(分福)을 다 차지하고 누리지도 못하는 데 남의 복까지 넘어다보고 간섭하는 사람이 많으니 걱정이구나. 분복을 알아 자기 것을 온전히 차지하려는 사람은 남의 해도 아니 하려니와 자기 일에 바쁘므로 남의 일 간섭할 정신이 없다. 그 반대로 다른 사람의 복까지 넘어다보는 사람은 자기 일도 못하고 남의 일까지 해를 주므로 크게 걱정이구나.

〈『대산종사수필법문집』 1. p.587. 원기57년 2월 10일〉

| 배경 및 상황 |

대산 종사는 원기57년(1972) 2월 10일 '분복(分福)'에 대해 말씀하시기를 "각자 타고난 복도 다 차지하고 누리지도 못하면서 남의 복을 복까지 넘보고 간섭하는 사람이 많으니 걱정이다. 자기 일도 못 하고 남의 일까지 해(害)를 주므로 크게 걱정이라."라고 하였다.

| 용어 풀이 |

○ **분복(分福)** 각자 타고난 복. 분지복(分之福).

○ **간섭(干涉)** 직접 관계가 없는 남의 일에 부당하게 참견함.

⑬ 말은 마음의 소리요 행동은 마음의 자취니라

대산 종사 말씀하시기를 "말은 마음의 소리요 행동은 마음의 자취니, 말을 좋게 하면 그것이 나에게 복이 되어 돌아오고, 말을 나쁘게 하면 그것이 재앙이 되어 나에게 돌아오느니라. 그러므로 혹여 터무니없는 욕됨을 당할지라도 남을 원망하지 말고 스스로 몸을 살피는 데 힘쓰라."

〈운심편 13장〉

| 출처 |

말은 마음의 소리요 행동은 마음의 자취다. 말을 좋게 하면 그것이 복이 되어 점점 그 복이 내 몸에 이르고, 말을 나쁘게 하면 그것이 재앙이 되어 점점 그 재앙이 내 몸에 이른다.

만약 패욕(悖辱)을 당할지라도 그를 원망하지 말고 스스로 몸을 살피라. 허물이 나에게 있을 때는 그 허물이 다 풀릴 것이요, 허물이 나에게 없을 때는 그 독기가 본처로 돌아가리라.

〈『대산종사수필법문집』 1. p.85. 원기49년 편편법어〉

| 배경 및 상황 |

대산 종사는 원기49년(1964) 편편법어에 "말은 마음의 소리요 행동은 마음의 자취다. 만약 패욕(悖辱)을 당할지라도 그를 원망하지 말고 스스로 몸을 살피라. 허물이 나에게 있을 때는 그 허물이 다 풀릴 것이요, 허물이 나에게 없을 때는 그 독기가 본처로 돌아가리라."라고 하였다.

| 용어 풀이 |

○ **패욕(悖辱)** 거슬리는 치욕. 모욕을 당함. 터무니없는 욕됨.

○ **독기(毒氣)** 독의 기운.

○ **본처(本處)** ① 태어나서 자라난 고장. 또는 본디부터 살아온 고장. ② 어떤 활동이나 생산이 이루어지는 본디의 중심지.

⑭ 해를 차지하고 도덕만 잘 갖추라

대산 종사 말씀하시기를 "급한 일을 당했을 때는 시비를 가리기 전에 먼저 그 일이 원만히 처리될 수 있도록 힘쓰라. 시비를 가릴 때는 도를 갖춘 이가 먼저 해를 차지해야지 만일 도가 없는 사람에게 해가 되면 이는 도덕가에서 할 일은 아니니라. 해를 다 차지하고도 도덕만 잘 갖추면 결국은 바르게 돌아오는 이치가 있느니라." 〈운심편 14장〉

| 출처 |

시비하지 말라. 일단 급한 일은 그 일만 원만히 처리하도록 해야 한다. 도를 갖춘 이가 해를 차지해야 한다. 만일 도가 없는 사람에게 해가 가면 이는 도덕가에서 할 일은 못 되느니라. 해를 다 차지하고 도덕만 더욱 갖추어 나가면 결국 바르게 돌아오는 것이나, 나는 지금까지 무슨 시비에도 변명하려고 한 일은 한 번도 없었으며 산송장 노릇을 해 왔다.

〈『대산종사수필법문집』 1. p.324. 원기53년 7월 17일〉

| 배경 및 상황 |

대산 종사가 원기53년(1968) 7월 17일 익산 금강리에서 주재할 때 내린 법문이다. "도를 갖춘 이가 해를 차지해야 한다. 해를 다 차지하고 도덕만 더욱 갖추어 나가면 결국 바르게 돌아오는 것이나, 나는 지금까지 무슨 시비에도 변명하려고 한 일은 한 번도 없었으며 산송장 노릇을 해 왔다."라고 하였다.

| 용어 풀이 |

○ **시비(是非)** 옳음과 그름. 옳고 그름을 따지는 말다툼.

○ **도덕가(道德家)** 도덕을 가르치고 베푸는 종교가를 이른다.

⑮ 자기 일만 하면 고독을 면치 못한다

대산 종사 말씀하시기를 "돌아오는 시대는 내 일이 남의 일이고 남의 일이 내 일이므로 약삭빠르게 자기 일만 하는 사람은 결국 고독을 면치 못하게 되느니라." 〈운심편 15장〉

| 출처 |

어제의 말씀을 상기시키면서 종법사님 말씀하시기를

선 종법사께서도 항상 말씀하시기를 "해(害)를 당하는 편에 서신다."라고 하셨다. 이는 대종사님의 뜻이요, 선 법사님의 뜻이며, 나도 그러하겠다. 시비를 가려내는 일은 사회인들이 하는 일이요, 우리는 그 잘못을 고치도록 돌리고 새 사람 만드는 일을 해야 하니 나로 인해 잘못되는 사람이 없어야 하겠다. 그것이 바로 일원(一圓)의 역군이니라. 앞으로는 내 일 남의 일이 없다. 내 일이 남의 일이고 남의 일이 내 일이다. 약삭빠르게 살면 고독해진다.

〈『대산종사수필법문집』 1. pp.326~327. 원기53년 7월 29일〉

| 배경 및 상황 |

대산 종사는 원기53년(1968) 7월 29일 어제의 말씀을 상기시켰다. "시비는 대중이 다 알고 인증할 것이다. 시비를 내가 가리려 드는 것은 어리석은 일이니 아예 시비 속에 들지도 말며, 들었거든 대중에게 맡겨 버리고 다만 심고로써 한 동지라도 버림 없이 그 잘못을 고치고 새사람 되도록 해야 하며, 그 일의 해는 내가 차지해 버려라. 나는 개인 문제나 어떠한 일에도, 내가 해본 일이 두고 보면 몇 배 더 이로움이 있더라."고 하였다.

대산 종사는 "앞으로는 내 일 남의 일이 없다. 내 일이 남의 일이고 남의 일이 내 일이다. 약삭빠르게 살면 고독해진다."라고 하였다.

| 용어 풀이 |

○ **역군(役軍)** 일정한 부문에서 중요한 역할을 하는 일꾼.

⑯ 한 사람의 기운이 천지 기운을 막을 수 있다

대산 종사 말씀하시기를 "대종사께서는 '앞으로는 한 사람의 기운이 천지 기운을 막을 수 있으므로 개미에게라도 기운이 막히면 안 된다.'고 하셨나니, 혹 누가 나에게 불평을 하거나 비난을 한다 해도 나의 덕이 부족함을 탓할 뿐 상대심을 갖지 말고 내가 먼저 합력하고 길을 터야 하느니라." 〈운심편 16장〉

| 출처 |

불평불만을 하거나 나에 대해 공격을 하면 그는 내 이불이 작아 미치지 못하기 때문인 줄 알라. 내 덕이 부족한 줄을 알아야 한다. 이불이 너무 크고 뜨거워도 차고 나가는 것이다. 대종사께서 앞으로는 한 사람의 기운이 천지의 기운을 막을 수 있으니 개미에게라도 기운이 막히면 안 된다고 하셨다. 그러니 아무리 어리고 하찮은 사람이라도 내가 먼저 그 밑에 들어가 합력해 주고 피어나도록 길을 터 주어야 한다. 〈『대산종사수필법문집』 1. p.327. 원기53년 7월 29일〉

| 배경 및 상황 |

대산 종사는 원기53년(1968) 7월 29일 "대종사께서는 '앞으로는 한 사람의 기운이 천지 기운을 막을 수 있으므로 개미에게라도 기운이 막히면 안 된다.'" 라고 하였다. 증산 천사는 해원공사를 하며 "개미 기운 하나라도 막히면 안 된다."라고 하였다.

| 용어 풀이 |

○ **기운(氣運)** ① 생물이 살아 움직이는 힘. ② 하늘과 땅 사이에 가득히 차서 만물이 나고 자라는 힘의 근원. 오관(五官)으로 느끼기는 하나 눈에 띄거나 보이지 않는 어떤 힘을 말한다.

○ **합력(合力)** 흩어진 힘을 한데 모음. 또는 그렇게 모은 힘.

⑰ 여의찮으면 본원으로 즉시 돌아오라

대산 종사 말씀하시기를 "인간의 일이란 뜻대로 되지 않는 일이 많나니 일이 풀리지 않거나 실패하면 곧바로 본원으로 돌아오라. 용이 하늘로 오르다가 더 이상 오르지 못하고 힘이 다하여 떨어지게 되면 본래 살았던 물로 돌아가야지 산이나 밭으로 떨어지게 되면 죽고 만다는 옛이야기를 교훈 삼아, 모든 일을 처리할 때는 항상 여유롭게 처사를 하되 혹 여의찮으면 본래 자리로 즉시 돌아오는 것이 바른 처사니라."

〈운심편 17장〉

| 출처 |

전무출신의 도는 처사를 하다가 일이 뜻대로 되지 않거나 혹은 실패하더라도 본원으로 돌아와야 한다. 꼭 되어야 한다고 했다가 안 되면 어떻게 하겠느냐? 인간의 일이란 일이 여의 성취되지 않을 때도 있다. 우리 전무출신도 마찬가지로 꼭 성공만 하라는 법은 없다. 용이 등천하다가 힘이 다하여 떨어지면 어디로 돌아와야 하는가. 본래 잠룡(潛龍)하고 있는 물로 돌아와야 한다. 그렇지 않고 산으로 떨어지면 죽고 만다. 그러므로 항상 여유작작하게 모든 일을 처리해야 하고 혹 여의찮을 때는 본원에 회향해야 한다.

〈『대산종사수필법문집』 2. p.1593. 원기78년 1월 30일〉

| 배경 및 상황 |

대산 종사는 원기78년(1993) 1월 30일 왕궁 영모묘원 조실에서 말씀하시기를 "인간의 일이란 일이 여의 성취되지 않을 때도 있다. 우리 전무출신도 마찬가지로 꼭 성공만 하라는 법은 없다. 용이 등천하다가 힘이 다하여 떨어지면 어디로 돌아와야 하는가. 본래 잠룡(潛龍)하고 있는 물로 돌아와야 한다. 그렇지 않고 산으로 떨어지면 죽고 만다."라고 하였다.

| 용어 풀이 |

○ **전무출신의 도(專務出身-道)** 전무출신들의 정신적 결속과 투철한 천직 의식을 갖고 전념하도록 대산 종사가 설한 법문. 원기77년(1992)에 원불교 전무출신 제도를 개정하면서 '전무출신의 정신'으로 확정했고 생활신조로 12개 조항을 제시했다

○ **본원(本源)** 사물(事物)의 근원(根源)이자 근본. 『정전』 '일원의 진리'에서는 '일원은 우주만유의 본원'이라고 정의하고 있다. 이는 진리의 근본을 일원(상)에 두고 있는 것을 말한다.

○ **등천(登天)** 하늘에 오름.

○ **잠룡(潛龍)** 아직 하늘에 오르지 않고 물속에 숨어 있는 용.

○ **여유작작(餘裕綽綽)** 말이나 행동이 너그럽게 침착함.

○ **여의찮다(如意찮다)** 일이 마음 먹은 대로 되지 않다.

○ **회향(廻向)** ① 얼굴이나 몸을 돌려 다른 쪽으로 향함. ② 자기가 닦은 선근 공덕을 다른 중생이나 자기 자신에게 돌림. 중생회향, 보리회향, 실제회향의 세 가지, 또는 왕상회향과 환상회향의 두 가지로 나뉜다.

⑱ 후진들을 어떻게 지도해야 합니까

한 제자 여쭙기를 "후진들을 어떻게 지도해야 합니까?" 대산 종사 말씀하시기를 "백천 법문과 천만 방편과 무량 자비로 지도하라. 여래 밑에서 여래가 나오고 중생 밑에서 중생이 나오나니, 우리 회상은 천 여래 만 보살의 회상이므로 툭툭 터서 키워야 하느니라." 〈운심편 18장〉

| 출처 |

여 사감이 학생 지도 문제로 상의 말씀 여쭙는 중 말씀하여 주시기를

백천법문(百千法門) 천만방편(千萬方便) 무량자비(無量慈悲)로 지도하라. 여래 아래 여래가 나오고 중생 밑에서 중생이 나오는 것이니 우리 회상은 천여래 만보살의 회상이다. 툭 터서 키워라.

〈『대산종사수필법문집』 2. p.247. 원기66년 6월 23일〉

| 배경 및 상황 |

대산 종사는 원기66년(1981) 6월 23일 정화원 여기숙사 사감 최세진 교무가

학생 지도 문제로 상의하여 여쭈니 말씀하시기를 "백천법문 천만방편 무량자비로 지도하라. 여래 아래 여래가 나오고 중생 밑에서 중생이 나오는 것이니 툭 터서 키워라."라고 하였다.

| 용어 풀이 |

○ **정화원(貞和院)** 총부 대각전 아래 오른쪽 과원에 건축되었던 원불교학과 여학생 기숙사. 총부 여학원들의 숙소가 일정치 않아 양잠실[유일학림 강의실]과 총부식당[현 청춘원], 정진사[1960년 11월 재무부가 인수한 전음광의 집]에 분산되어 있었다. 원기51년(1966) 교역자 강습 중 반백주년기념을 위한 재정 및 건설 연석회의에서 여학원 기숙사를 짓기로 결의하고, 원기52년(1967) 5월에 각 기관·교당의 협력으로 총부과원에 190평 숙소를 착공한 바 있었다[《원기52년 사업보고서》].
원기53년(1968) 3월 신학기에 입주하고 1981년 4월에 2층 다다미방을 연탄보일러로 개수하고, 1983년에는 부속 강당을 지었다. 사생의 증가로 1986년 9월에는 강당을 헐고 그 자리에 방 12개와 강당 45평, 연건평 225평의 신정화원을 신축했다. 정화원은 원기53년(1968)부터 원기92년(2007) 2월까지 39년간 여학생 숙소로 사용하고 서원관으로 합쳤다. 정화원 신구관은 2009년 3월에 철거되었다.
○ **백천법문(百千法門)** 헤아릴 수없이 많은 법문을 말함.
○ **천만방편(千萬方便)** ① 불보살이 중생을 교화하는 한량없는 자비 방편. 이때 불보살은 중생이 모르게 방편을 사용한다. 만약 방편을 알게 사용하면 권모술수가 되기 쉽다. ② 무량법문을 말한다. 법문 하나하나가 그대로 자비 방편에서 나온 것이므로 무량법문이 곧 천만방편이 된다. 천만방편은 대기대용의 큰 힘을 얻고, 살인도 활인검을 마음대로 쓸 수 있어야 한다.
○ **무량자비(無量慈悲)** 헤아릴 수없이 많은 자비와 무한한 자비를 의미한다.

⑲ 역경보다 순경을 더 무섭게 알라

대산 종사 말씀하시기를 "바다에 가면 크고 작은 파도들이 쉬지 않고 밀려드는 것을 볼 수 있듯이 공부인에게는 넘어서야 할 크고 작은 경계의 파도들이 많이 있나니, 정법 회상 만났을 때 무서워하지 말고 헤쳐나가야 마침내 불보살의 대열에 오를 수 있느니라. 진리는 불보살을 만들기 위해 온 세상 마군을 다 동원하여 여러 가지로 시험을 하나니, 서원이 크고 신심이 있는 사람은 역경보다 순경을 더 무섭게 알고 대처하고, 성현들께서는 생사의 위험과 천만 경계를 당할지라도 서원과 신심과 공부심이 일관하느니라." 〈운심편 19장〉

| 출처 |

1. 파도는 대파(大波), 중파(中波), 소파(小波)의 순서대로 출렁거리는 법이다. 상훈, 너는 대파 다 지냈느냐? 아직 파도가 있을 것이다. 파도는 누구나 다 당하여야 하는 일인데 그 파도를 헤쳐 못 나가면 아무것도 아니다. 대종사께서도 천파만파가 있으셨으나 다 넘기고 넘기셨기 때문에 삼세의 주세불이 되신 것이다. 무서워 말고 무난히 넘겨라.

2. 복이 있는 분은 순역 간에 헤쳐 못 나갈 때 좋은 인연들이 많아 구제받을 기연이 되는 것이다. 그렇지 아니한 사람은 구렁에 빠지고 말더라.

3. 대종사께서 '이 정법 회상이 아니면 1,000명 중 999명은 다 떨어지고 구렁에 빠지고 만다. 이 회상 만났을 때 아니면 구제받기 어려우니 잘 넘기라.'고 못 박아 말씀하였느니라. 왜냐하면 천여래 만보살이 모여 일하는 회상이기 때문에 스승이 많기 때문이다.

4. 불보살 만들기 위하여 삼천대천세계가 동원하여 시험을 갖가지로 하노라. 그때 외우 내환으로 겹치는데 외우(外憂)는 아무리 많고 커도 무난하나 내환

(內患)이 크나큰 문제가 된다. 즉 가장 가까운 부모, 형제, 처자, 동지간의 유혹[순경적인 것, 역경적인 것]이 제일 무섭다. 이때 서원이 크고 신심이 있는 사람은 그 유혹 경계들을 역경적인 것보다 순경적인 것을 더 무섭게 알고, 넘기기까지는 악마로 보고 대치했느니라.
석가모니 부처와 원효가 아닌들 어찌 그런 유혹을 넘기었겠느냐? 불보살 하나 만들기가 그렇게 쉽겠냐. 잘못하였다고 하여 불보살 못 되는 것이 아니다. 누군들 잘못이 없겠느냐. 그러나 고치고 공부하는 데 차이가 있다. 너무 염려 말고 새로운 한마음을 쉬지 말고 챙겨 가져라.

〈『대산종사수필법문집』 1. p.406. 원기54년 12월 1일〉

| 배경 및 상황 |

대산 종사는 원기54년(1969) 12월 1일 정상훈[鄭常薰. 恕陀圓]에게 "파도는 대파(大波), 중파(中波), 소파(小波)의 순서대로 출렁거리는 법이다. 상훈, 너는 대파 다 지냈느냐? 아직 파도가 있을 것이다. 파도는 누구나 다 당하여야 하는 일인데 그 파도를 헤쳐 못 나가면 아무것도 아니다. 대종사께서도 천파만파가 있으셨으나 다 넘기고 넘기셨기 때문에 삼세의 주세불이 되신 것이다. 무서워 말고 무난히 넘겨라."라고 하였다.
불보살 만들기 위하여 삼천대천세계를 동원하여 시험을 한다. 즉 진리가 마군을 동원하여 역경과 순경으로 시험하는데 역경보다는 순경이 무서우니 서원과 신심과 공부심으로 일관하라는 말씀이다.

| 용어 풀이 |

○ **마군(魔軍)** 대도 정법의 수행을 방해하는 무리. 악마의 군사, 공부·사업을 못하게 방해하는 무리라는 말로, 요란·파괴·장애·살인자·악마라는 뜻. 마왕 파순이 마군을 거느리고 와서 석가모니불의 성불을 방해했다는 데에서 유래한 말.

○ **역경(逆境)** 정법 수행을 방해하는 힘들고 어려운 경계. 자기의 원하는 일이 뜻대로 안 되는 어려운 환경. 순경(順境)에 상대되는 말. 역경은 바깥으로부터 오는 경우[外境]도 있고, 자기 마음의 내부로부터 오는 경우[內境]도 있다. 역경이 비록 온갖 어려움을 가져다주지만 수행인은 역경을 극복해야만 도를 깨칠 수 있다.

○ **순경(順境)** 모든 것이 자기에게 맞는 좋은 경계. 마음먹은 일이 뜻대로 되어 가는 순조로운 환경. 역경에 상대되는 말로서, 수행에 방해되는 일이 없고 모든 일이 자기의 계획과 희망대로 잘 풀려가는 경계. 그러나 수행인에게는 순경이 오히려 나태심·교만심·자만심 등의 번뇌를 일으키게 하고, 중근기에 떨어지기 쉽다. 그러므로 수행인은 역경보다 순경을 더 경계해야 하는 것이다.

⑳ 병중에 대담·안정·원만을 표준 삼아라

대산 종사, 치병 중인 제자에게 말씀하시기를 "병중에 있을 때는 마음이 약해질 수 있나니 자기 마음이라도 믿지 마라. 병중에는 대담·안정·원만을 표준 잡고 살아야 하나니 대담은 넘어서고 해탈하는 마음이요, 안정은 누르고 굴복시키는 마음이요, 원만은 두루 감싸 안아 성공시키는 마음이니라." 〈운심편 20장〉

| 출처 |

병 치료 차 온 한 제자에게 말씀하시길

"병중에나 마음이 약할 때는 자기 마음이라도 믿지 마라."고 주의시키시다.

대담·안정·원만 하라.

대담(大膽)은 넘어서고 [해탈]

안정(安靜)은 누르고 [굴복시킨다]

원만(圓滿)은 두루 안아 싼다. [성공]

〈『대산종사수필법문집』 1. p.248. 원기52년 8월 7일〉

| 배경 및 상황 |

대산 종사는 원기52(1967) 8월 7일 신도안 삼동원으로 치병 차 정양하러 온 제자에게 말씀하시기를 "병중에나 마음이 약할 때는 자기 마음이라도 믿지 마라."고 주의하며, 병중에는 대담·안정·원만을 표준 잡고 살아야 한다고 하였다.

| 용어 풀이 |

○ **치병(治病)** 병을 다스림.

○ **대담(大膽)** 담력이 크고 용감함.

○ **안정(安靜)** ① 육체적 또는 정신적으로 편안하고 고요함. ② 병을 치료하기 위하여 몸과 마음을 편안하고 고요하게 함.

○ **원만(圓滿)** 성격이 모난 데가 없이 부드럽고 너그러움.

21 여유 있는 마음과 해탈

대산 종사 말씀하시기를 "해탈은 여유 있는 마음으로 살고 여유 있는 마음으로 처사하는 것이니, 곧 죽을 줄 알면서도 아무 일 없는 마음으로 여유 있게 일을 처리하는 심경을 말함이라. 대종사께서는 일제 강점기에 감시하러 파견 나온 일경을 알뜰히 챙기셨고, 예수께서는 자기 제자 중에 당신을 부정할 제자가 있음을 미리 알았으나 더욱 아끼고 사랑하며 중책을 맡기셨나니, 이것이 여유 있는 마음이요 해탈이니라."

〈운심편 21장〉

| 출처 |

해탈은 여유 있는 마음으로 살고 처사하는 것이다. 금방 죽을 줄 알면서 아무 일 없는 마음으로 저 일, 이 일을 여유 있게 다하는 심경.

대종사께서 일제의 압정에 계실 때 감시 차 파견되어 나온 황이천(黃二天) 순경을 아들같이 챙기셨고, 예수님께서 자기 제자 중에서 당신을 팔 사람과 불리하면 나는 예수를 모른다고 할 제자가 있음을 미리 다 아시되 그 제자들을 더욱 아끼고 사랑하며 중책을 주어 권리를 더 많이 부여하셨으니 얼마나 여유가 있으셨느냐? 알고 속아 주셨으니 ….

〈『대산종사수필법문집』 1. p.330. 원기53년 8월 16일〉

| 배경 및 상황 |

대산 종사는 원기53년(1968) 8월 16일 '여유 있는 마음과 해탈'이라는 주제로 말씀하시기를 "해탈은 여유 있는 마음으로 살고 처사하는 것이다. 금방 죽을 줄 알면서 아무 일 없는 마음으로 저 일, 이 일을 여유 있게 다하는 심경이다." 라고 하였다.

대산 종사는 실례를 들어 대종사께서 일제 강점기에 교단을 감시 차 파견 나온 황이천 순경을 아들같이 챙기셨다. 이것이 여유 있는 마음이요 해탈이라고 하였다.

| 용어 풀이 |

○ **해탈(解脫)** 번뇌의 얽매임에서 풀리고 미혹의 괴로움에서 벗어남. 본디 열반과 같이 불교의 궁극적인 실천 목적이다. 유위(有爲) 해탈, 무위(無爲) 해탈, 성정(性淨) 해탈, 장진(障盡) 해탈 따위로 나누어진다.

○ **처사(處事)** 일을 처리함. 또는 그런 처리.

○ **일경(日警)** 일본의 경찰.

○ **압정(壓政)** '압제 정치'를 줄여 이르는 말.

○ **황이천(黃二天, 1910~1990)** 본명 가봉(假鳳). 일제 강점기에 원불교를 전담하여 수사하던 순사. 1910년 1월 20일 전북 완주군 조촌면 구증리에서 부친 준서와 모친 강상품행의 아들로 출생. 소태산 대종사의 인품과 가르침에 감복, 제자가 되어 교중 일을 도왔다. 황이천은 초등학교를 졸업하고 19세에 결혼, 장래가 막연하자 주위의 권고로 20세(1931년)되던 봄에 순사 시험에 합격했다. 1931년 5월 1일 경찰 교습소에 입소 훈련을 받고 10월 1일에 이리경찰서에 부임했다. 이후 이리 역전파출소, 황등주재소를 전전 1936년 10월 익산총부 구내에 신설된 북일주재소에 파견, 민족종교 박멸의 구실을 찾기 위해 이후 5년간 불법연구회 사찰을 전담했다.

㉒ 동지의 도

대산 종사, 원기 68년 6월 수위단회에서 '동지의 도'에 대해 말씀하시기를 "새 나라, 새 세계, 새 회상, 새 역사를 창조하는 동지들에게 늘 감사하라. 어떠한 경우에도 생사고락을 같이하는 동지들을 미워하지 말고 놓아버리지 말고 보살펴 주고 깨우쳐 주고 이끌어 주는 마음의 스승, 마음의 벗이 돼라. 그러기 위해서는 천기를 누설해도 안 되고, 천직을 남용해도 안 되고, 천언이 땅에 떨어져도 안 되고, 매사에 신용이 없어서도 안 되느니라." 〈운심편 22장〉

| 출처 |

제2대 제102회 임시 수위단회 개회사

"새 나라 건설 새 세계 건설 새 회상 건설 새 역사 창조하는 동지들에 감사하라. 이 일을 위해서 공생공영 동고동락 동진동퇴 생사고락을 같이하는 동지들을 어떠한 경우에 처하더라도 끝까지 싫어하지도 말고 미워하지도 말고 놓아 버리지도 말고 다 믿어 주고 다 받아 주고 다 바쳐서 늘 보살펴주고 늘 깨우쳐 주고 늘 이끌어 줘서 일생과 영생을 의무와 책임을 갖고 능력을 갖춰서 상부상조 상신상락하는 심사 심우가 돼라."

一. 천기를 누설해서도 아니 되고

一. 천직을 남용해도 아니 되고

一. 천언이 땅에 떨어져도 아니 되고

一. 매사에 부도가 나도 아니 되니라.

〈『대산종사수필법문집』 1. p.394. 원기68년 6월 29일〉

| 배경 및 상황 |

대산 종사는 원기68년(1983) 6월 28일 완도소남훈련원 준공 봉불식에 임석하고 다음 날 29일 도선원 대법당에서 제2대 제102회 임시 수위단회를 맞이하여 개회사를 하였다. 끝으로 유인물 법문을 내리고 "새 나라 건설 새 세계 건설 새 회상 건설 새 역사 창조하는 동지들에게 감사하라."고 하였다.

이어서 "천기를 누설해도 안 되고, 천직을 남용해도 안 되고, 천언이 땅에 떨어져도 안 되고, 매사에 신용이 없어서도 안 된다."라고 하였다.

| 용어 풀이 |

○ **천기(天機)** 하늘의 기밀 또는 조화(造化)의 신비.

○ **누설(漏泄)** 비밀이 새어 나감.

○ **천직(天職)** 타고난 직업이나 직분.

○ **남용(濫用)** 권리나 권한 따위를 본래의 목적이나 범위를 벗어나 함부로 행사함.

○ **천언(天言)** 하늘의 말씀. 진리의 말.

○ **공생공영(共生共榮)** 공생은 ① 서로 도우면서 함께 살아간다. ② 같은 곳에서

서로 도움을 주고받으며 산다는 의미이며, 공영은 ① 공적인 기관이 공공의 이익을 위해 경영 관리한다. ② 함께 번영한다는 의미이다.

○ **동고동락(同苦同樂)** 같이 고생하고 같이 즐김. 괴로움도 즐거움도 함께 더불어 하는 것을 말한다.

○ **동진동퇴(同進同退)** 함께 나아가고 함께 물러남.

○ **생사고락(生死苦樂)** 삶과 죽음, 괴로움과 즐거움을 통틀어 이르는 말.

○ **상부상조(相扶相助)** 서로서로 도움.

○ **상신상락(相信相樂)** 서로 믿고 서로 즐김.

○ **심사(心師)** 마음속에 모시는 스승. 인격적 감화를 주거나 수행의 표준이 되며 구도의 길을 열어 주는 스승.

○ **심우(心友)** 마음과 마음으로 깊이 믿고 의지하며 서로 이해하여 함께하는 벗.

○ **부도(不渡)** 어음이나 수표를 가진 사람이 기한이 되어도 어음이나 수표에 적힌 돈을 받지 못하는 일.

㉓ 양의 죽음에 천도를 기원하자

대산 종사, 기르던 양이 죽었다는 보고를 듣고 말씀하시기를 "다 같이 심고로 천도를 기원하자. 그간 우리가 은혜를 많이 입어서 서운하기는 하나, 그동안 많은 보은을 하였으므로 반드시 진급이 될 것이니, 되도록 사람 몸을 받도록 기원하자." 〈운심편 23장〉

| 출처 |

젖 짜는 양이 죽었다는 보고를 들으시고

"'심고로 천도 기원을 하고 기념식수를 하라' 지시하시며 '그간 양젖을 많이 먹었으니 은혜 많이 입었다. 우리가 좀 서운해서 그러지 양이 우리에게 보은했으니 진급될 것이다. 그러니 한편 안심된다.'라고 하시고 '사람 몸을 받아 전무출신하면 안 좋겠느냐.'"라고 하시다.

〈『대산종사수필법문집』 1. p.182. 원기51년 9월 21일〉

| 배경 및 상황 |

대산 종사는 원기51년(1966) 9월 21일 신도안 삼동원에서 젖 짜는 양이 죽었다는 보고를 듣고 말씀하시기를 "심고로 천도 기원을 하고 기념식수를 하라. 양이 우리에게 보은했으니 진급될 것이다. 그러니 한편 안심된다. 사람 몸을 받아 전무출신하면 좋겠다."라고 하였다.

| 용어 풀이 |

○ **심고(心告)** 마음속으로 사은(四恩) 전에 고[告, 또는 기원]하는 것. 하루의 시작과 마침의 시간에 그날의 계획, 한 일을 부모님께 고하듯이 사은 전에 고하는 조석심고, 특별한 원을 세우고 수시로 올리는 심고, 의식에서 순서에 따라 올리는 심고 등이 있다. 혼자서 하는 경우에는 대개 묵상으로 심고를 올린다.

○ **천도(薦度)** 죽은 사람의 영혼을 바른길로 인도하고, 악한 사람을 선한 사람으로 전환하며, 자기 자신을 진급시키는 노력을 하는 것.

○ **진급(進級)** 등급·계급·학급(學級)이 오름. 법위등급이 오름. 수행을 열심히 하여 중생 세계로부터 불보살 세계로 나감.

㉔ 비밀을 책임지고 지켜 주자

대산 종사 말씀하시기를 "비밀을 지켜 주기가 참으로 어렵나니 비밀을 책임지고 지켜 주는 것이 항마니라. 부득이 남의 잘못을 누군가에게 말해야 할 경우 열 번 이상 더 생각하고 영생을 책임진다는 생각으로 하라. 나는 한때 내 처소에 한 짐승이 조용히 다녀간 것을 보았으나 혹여 동네 사람에게 해를 당할까 염려하여 지금까지 비밀에 부쳤노라."

〈운심편 24장〉

| 출처 |

전주 황도영(黃道永) 지부장 왔을 때

화합의 열쇠는 나에게 있다. 내가 조금만 해보면 되는데 사람들은 그것을 못 한다. 한 수만 높으면 되는 것이다. 짐승도 비밀히 하산하여 인가를 도는 것은 비밀을 지켜 주어야 한다. 나는 일찍부터 내 처소에 무슨 짐승이 조용히 왔다가 다녀간 것을 보고 지금까지 비밀에 부쳐 두었다. 이 짐승이 이 산을 다닌다고 소문을 내지 말라. 귀신같은 사람들이 잡으러 올 것이다.

〈『대산종사수필법문집』 1. p.328. 원기53년 8월 4일〉

남의 비밀을 지켜 주기는 참으로 어렵다. 비밀을 책임지고 지켜 주는 것이 항마다. 만일 부득이 그 비밀을 스승에게 말씀드려야 할 경우 10번 이상 더 생각하며 영생을 책임지고 하여라. 비밀 지켜 주기가 참으로 어렵다. 말할 때 이자나 안 쳐서 이야기해도 좋은데 이자까지 쳐서 이야기하는 사람이 많더라.

〈『대산종사수필법문집』 1. p.328. 원기53년 8월 8일〉

| 배경 및 상황 |

대산 종사는 원기53년(1968) 8월 6일 익산 금강리에 주재할 때 전주교당 황도영(黃道永) 교도회장이 방문하니 "화합의 열쇠는 나에게 있다. 내가 조금만 해보면 되는데 사람들은 그것을 못 한다. 한 수만 높으면 되는 것이다."라고 화

답하며 말씀하시기를 "나는 일찍부터 내 처소에 한 짐승이 조용히 왔다 간 것을 보고 지금까지 비밀에 부쳐 두었다. 이 짐승이 이 산을 다닌다고 소문을 내지 말라. 귀신같은 사람들이 잡으러 올 것이다."라고 하였다.
또한 "남의 비밀을 지켜 주기는 참으로 어렵다. 비밀을 책임지고 지켜 주는 것이 항마다. 만일 부득이 그 비밀을 스승에게 말씀드려야 할 때 10번 이상 더 생각하며 영생을 책임지고 하여라."라고 하였다.

| 용어 풀이 |

○ **황도영(黃道永, ~1974)** 본명은 진영. 호는 현산(玄山)으로 정산 종사의 연원으로 원기42년 1월 1일 입교하였다. 현타원(玄陀圓) 조추연(趙秋淵)과 결혼하였고 독자 해룡이 서울대학교 법대 재학 중 불국사 부근 등산 중에 열반하였다. 그 기연으로 해룡중·고등학교 설립에 공헌하였고, 전 중앙교의회부의장이며 해룡중·고등학교 설립 이사를 역임했고 오랫동안 법조계에 몸을 담은 원로로 목포지검지청장을 역임했다. 현산은 광주, 전주, 목포 지부장을 역임, 육영, 법은 양재단의 이사로서 활약, 교단 발전에 많은 공로를 끼쳤다.
○ **항마(降魔)** 악마를 항복시킴. 악마의 유혹을 극복함. 법강항마의 준말.
○ **영생(永生)** 영원한 생명. 또는 영원히 삶.

㉕ 어려움에 처한 사람에게 심고와 기도로 기원하자

대산 종사, 열반에 든 동지나 병환 중이거나 어려움에 처한 동지, 큰 사업가나 중요 인사들의 사진을 늘 가까이 걸게 하시고 매일 심고와 기도로 그들의 앞날을 기원하며 말씀하시기를 "그 사람이 멀리 있어도 더욱 더 존경하는 마음을 가져야 하나니, 그 사람이 없다고 하여 소홀히 하거

나 정성을 다하지 않으면 기운이 막히게 되어 뜻하는 일을 원만히 이룰 수 없느니라." 〈운심편 25장〉

| 출처 |

종법사께서는 큰 사업을 하는 사람이거나 중요 인사들의 사진을 가깝게 걸게 하고 매일 심고와 기도로써 그들의 사업 번창을 기원하고 맡은 바 책임을 다하여 어려운 시국을 풀어 가는 데 큰 역할을 하도록 기원하여 주시다.

그 사람이 지금은 없고 사진만 있다고 하여도 더욱더 존경하는 마음을 가져야 한다. 그 사람이 없다고 하여 사진을 소홀히 하거나 정성을 다하지 않으면 기운이 막히게 된다. 그렇게 되면 어떤 일이든지 이루어지지 않는 것이다. 그러니 없을 때는 더욱 정성을 들이고 존경하는 마음을 가져야 한다.

〈『대산종사수필법문집』 2. p.1326. 원기74년 6월 28일〉

종법사님 기원문[대중 접견 시]

죄악의 고통에서 신음하는 분들과 국가적으로 세계적으로 병환 중에 있는 모든 분과 요양하고 있는 교무들과 교도님들의 건강이 나날이 회복되옵기를 비옵고 지은 업에 따라 산에서 땅에서 바다에서 허공에서 희생당한 영혼들이 천도를 받게 하여 주시오며, (　　　　)의 완전한 해탈 천도를 비옵고, 각 기관, 교구, 교당의 건축과 교도님들의 하시는 사업들이 사은님의 은혜 속에서 원만히 이루어지기를 기원하오며 ….

〈『대산종사수필법문집』 2. p.1445 원기76년 1월 1일〉

| 배경 및 상황 |

대산 종사는 원기74년(1989) 6월 28일 큰 사업을 하는 사람이거나 중요 인사들의 사진을 가깝게 걸게 하고 매일 심고와 기도로써 그들의 사업 번창을 기원하고 맡은 바 책임을 다하여 어려운 시국을 풀어 가는 데 큰 역할을 하도록 기원하며 말씀하시기를 "그 사람이 멀리 있어도 더욱더 존경하는 마음을 가져야 하나니 그 사람이 없다고 하여 소홀히 하거나 정성을 다하지 않으면 기운이 막히게 되어 뜻하는 일을 원만히 이룰 수 없다."라고 하시며 "열반에 든 동지나 병환 중이거나 어려움에 처한 동지, 큰 사업가나 중요 인사들에게 대중 접견 때 기원문을 올리라."라고 하였다.

| 용어 풀이 |

○ **시국(時局)** 현재 당면한 국내 및 국제 정세나 대세.

㉖ 한 집안 한 식구가 되자

대산 종사, 봉사활동을 떠나는 학인들에게 말씀하시기를 "남의 불행을 나의 불행으로 알아 같이 슬퍼하고 아파하며, 남의 행복을 나의 행복으로 알아 함께 좋아하고 기뻐하라. 어른을 만나면 자녀가 되어 주고, 청년을 만나면 친구가 되어 주며, 어린이를 만나면 형제자매가 되어 주어 한 집안 한 식구가 되도록 하라." 〈운심편 26장〉

| 출처 |

만덕산농원으로 봉사활동 가는 교학과 1년생들을 접견하시고

너희들 인류의 불행을 나의 불행으로 알아 동지들의 또는 타인의 가정에 어떤 불행이 생겼을 때는 같이 슬퍼하고 아파하여 위로해 주고 안아 주고 아물게 하는 데 같이 노력하고, 또 경사를 당할 때는 좋아하며 기뻐해 주라. 또한 어릴

적에는 자녀, 좀 크면 형제, 다음은 부모, 다음은 조부모가 되어서 살도록 하라.

〈『대산종사수필법문집』 2. p.145. 원기65년 11월 17일〉

| 배경 및 상황 |

대산 종사는 원기65년(1980) 11월 17일 만덕산농원으로 봉사활동 가는 원불교학과 1학년생들을 접견하고 말씀하시기를 "너희들 인류의 불행을 나의 불행으로 알아 동지들의 또는 타인의 가정에 어떤 불행이 생겼을 때는 같이 슬퍼하고 아파하여 위로해 주고 안아 주고 아물게 하는 데 같이 노력하라."라고 격려하였다.

| 용어 풀이 |

○ **만덕산농원(萬德山農園)** 전북 진안군 만덕산에 있는 원불교의 산업·훈련·휴양 도량. 전북 진안군 성수면 중길리 상달 산 14-1에 소재한다. 원기15년(1930) 마령교당 인재양성단에서 성수면 중길리 상달의 만덕산 너부농골 산판 17만여 평을 매입했다. 동년 여름에 농업부가 폭우로 실농하여 부원들이 각처로 분산하게 되었는데 최도화의 주선으로 김병철과 이준경이 만덕산에 와서 식당 채와 헛간을 신축했다. 원기16년(1931) 이공주가 임야 50정보의 매입대료 20원을 희사하여 이보국은 1년, 정일지는 3년, 이준경은 7년간 만덕산 개간을 했다. 원기17년(1932) 전구일이 와서 5년간 만덕산 개간에 동참, 감나무 5,000주를 심었으며, 원기21년(1936)에는 15,000평을 개간하여 다시 감나무를 심었다. 그 뒤 만덕산은 별 투자 없이 지내 오다가 동전주지부장 박낙천이 표고버섯을 재배하며 원기52년(1967)에 25평의 흙벽돌 기와집을 짓고 수호했다. 원기58년(1973) 양제승이 원장으로 부임하여 표고버섯, 사슴사육, 후박나무 식수 등 고등농장으로 변모에 노력함과 아울러 정기 동선도 개설했다. 첩첩 두메산골 오지에 전기와 전화도 가설하고 시외버스도 개통하여 일대 변모를 했다. 만덕산농원은 일과 공부를 통한 사상

선과 표고버섯을 생산하여 오다 영농법인을 설립하여 만덕산 푸른생명효소와 각종 자연식품을 생산하며, 훈련도량과 산업도량을 겸하고 있다.

㉗ 법을 갖출수록 마음가짐을 조심하자

> 대산 종사 말씀하시기를 "지금은 천지가 한 번 크게 바뀌는 시대라. 법 있는 사람이 귀신도 모르게 미워하더라도 상대에게 해가 미칠 수 있나니, 법을 갖추면 갖출수록 마음가짐을 더욱 조심해야 하느니라."
>
> 〈운심편 27장〉

| 출처 |

시자에게 말씀하시기를 [황직평(黃直平)]
지금은 천지가 한번 바뀌는 시대라, 법 있는 사람들이 비심법자에 대하여 귀신도 모르게 가만히 하더라도 해와 벌을 받는 것이니 마음가짐을 아주 조심하여야 한다. 〈『대산종사수필법문집』 1. p.590. 원기57년 3월 5일〉

| 배경 및 상황 |

대산 종사는 원기57년(1972) 3월 5일 시자 황직평에게 말씀하시기를 "지금은 천지가 한 번 크게 바뀌는 시대이니 법 있는 사람이 귀신도 모르게 미워하더라도 상대에게 해가 미칠 수 있으니 마음가짐을 조심하라."고 하였다. 천지개벽하는 시기에는 심법 즉 법력을 갖춘 사람이 마음속으로 미워하더라도 상대방에게 해가 미친다는 것이다.

| 용어 풀이 |

○ **비심법(非心法)** 마음을 사용하는 법이 도리에 어긋남.

㉘ 주인 만드는 심법

대산 종사 말씀하시기를 "내가 열여섯 살 되던 해에 영광 신흥을 다녀오매, 대종사께서 부르시어 '신흥과원의 금년도 수지 대조가 어떠하며 교당 농사는 어떠하더냐?' 하고 물으셨으나 대답을 못 하였더니 '너는 머슴으로 사는 것 같구나. 주인이라면 어찌 그리 무관심할 수 있느냐. 우리는 이제 늙어가니 너희들이 주인이다.' 하시며 크게 꾸중하셨나니, 이것이 대종사께서 주인을 만드시는 심법이니라." 〈운심편 28장〉

| 출처 |

한 제자[범산] **대종사님 일화를 말씀드리니 들으시고 말씀하시기를**

대종사께서 대중을 지도하실 때 좋은 일이 있는 후에는 반드시 대중의 인심을 다시 법에 한 번 매어 두셨다. 주인의 자격을 연마시키기 위하여 어디 다녀오면 항상 그 지방 보고를 상세히 물으시고 들으셨다.

한번은 내가[15세 시] 고향과 신흥(新興)을 갔다 왔더니 신흥과원 금년도 수지 대조가 어떠며 교당 농사는 어떠하더냐? 물으시는데 능히 대답을 못 하여 올리니, '야, 야! 너는 머슴 사는 것과 같다. 주인이라면 어찌 그렇게 무관심할 수 있느냐? 우리는 이제 늙어 가니 너희들이 주인이다.' 하시며 크게 꾸중하시었다. 이것이 대종사께서 주인 만드시는 심법이시니라.

〈『대산종사수필법문집』 1. p.1242. 원기51년 3월 4일〉

| 배경 및 상황 |

대산 종사는 원기51년(1966) 3월 4일 한 제자[범산 이공전]가 대종사님 일화를 말씀드리니 들으시고 말씀하시기를 "한번은 내가 고향과 신흥(新興)을 갔다 왔더니 신흥과원 금년도 수지대조가 어떠며 교당 농사는 어떠하더냐? 물으시는데 능히 대답을 못 하여 올리니, '야, 야! 너는 머슴 사는 것과 같다. 주인이라면 어찌 그렇게 무관심할 수 있느냐? 우리는 이제 늙어가니 너희들이 주인이다.' 하시며 크게 꾸중하시었다. 이것이 대종사께서 주인 만드시는 심법이시니라."고 하였다.

대산 종사는 원기14년(1929) 3월 2일에 정식으로 입회하고 출가하였다. 열여섯 살에 신흥과원에 다녀왔다고 하였다. 그러나 원기14년(1929) 9월에 소태산 대종사가 처음 신흥교당을 방문할 때 이흥사 옛터를 둘러보고 수양지로 하면 좋겠다고 했다. 이 절터를 과수원으로 만들자는 발의는 신흥교당 이호춘이 했고 총부에서는 이 일을 영산지부에 일임했다. 원기19년(1934) 봄, 영산지부장 정산 종사는 해마다 가을걷이 때 임원들이 이삭을 주워 저축해놓은 것으로 이흥사 옛터를 매입했다.

신흥과원[이흥과원]의 개원은 원기19년(1934)이고 대산 종사의 출가 시기는 원기14년(1929)이니 대조하면 맞지 않는다. 대산 종사가 신흥에 다녀온 것은 사실이지만, 당시 묘량수신조합을 이어받은 신흥출장소의 오기이거나 아니면 그 후에 다녀왔다는 말이다. 법어에 명확히 표기된 열여섯은 착오인 것 같다. 그러나 법문의 요지는 '대종사님의 주인 만드는 심법'이니 그 뜻만 취하여야 할 것 같다.

| 용어 풀이 |

○ **신흥과원(新興果園)** 이흥과원(驪興果園)이라 한다. 교단 산업기관의 하나. 초기교단 산업기관은 총부 산업부를 비롯하여 삼례과원, 이흥과원, 금산과원 네 곳뿐

이었다. 이흥과원은 영광읍 동편 4km 지점의 불덕산 이흥사지(驪興寺址)에 위치하며 조선 중엽까지만 해도 사찰이 있었던 곳이다. 지금은 3층 석탑과 부도와 석등이 남아있는데[보물 제504호] 주봉인 불덕산 중턱에 올라서면 서해 낙조를 조망할 수 있고, 아래 산비탈로 1.5㎞쯤 내려가면 신흥교당이다. 원기14년(1929) 9월에 소태산 대종사가 처음 신흥교당을 방문할 때 이흥사 옛터를 둘러보고 수양지로 하면 좋겠다고 했다. 이 절터를 과수원으로 만들자는 발의는 신흥교당 이호춘이 했고 총부에서는 이 일을 영산지부에 일임했다. 원기19년(1934) 봄, 영산지부장 정산 종사는 해마다 가을걷이 때 임원들이 이삭을 주워 저축해놓은 것으로 이흥사 옛터를 매입했다. 4정보[12,000평]의 땅에 이해 가을 초막을 짓고 신흥지부 요인 이호춘이 주무가 되고 김도오가 부원을 맡아 과수원[사과나무]을 개척하면서 사업 기초를 세우게 되었다. 이로써 익산총부 직할 과원으로 26년간 운영되었다.

과원이 산마루에 자리한 까닭으로 거친 바람의 피해를 많이 받아 해마다 수확이 감소하였다. 원기39년(1954) 이후로 교도에게 위탁 운영하며 과원과 양계장을 겸하기도 했으나 별 성과를 거두지 못했다. 원기45년(1960) 10월 이흥과원을 신흥지부에 인계하여 운영했으나 과목이 노후화되어 과수원으로는 폐원할 지경에 이르러 교당 인력으로 농장 운영을 감당할 수 없으므로 임대를 내주어 유지했다.

○ **수지대조(收支對照)** 수입과 지출을 대조하는 일. 신분검사의 한 방법. 신분검사는 당연등급, 부당등급, 수지대조를 통해 자기가 자기를 성현 만드는 법으로 자신이 얼마나 복을 장만하고 살았는가 아니면 빚만 지고 살았는가를 대조하는 일. 수지대조는 혜시와 혜수, 수입과 지출, 대부와 차용을 대조하고 비교하는 것으로 혜시·수입·대부가 많으면 흑자생활이요, 혜수·지출·차용이 많으면 적자 생활이다.

㉙ 숨어 있는 공을 사장하지 말라

대산 종사, 한국전쟁 때 열반한 박창기와 강필국에게 법훈을 내리시며 교단 간부들에게 말씀하시기를 "사람들이 현실만 보고 법만 주장하여 숨어 있는 공을 사장시키는 것은 인간의 윤리를 끊고 막아 버리는 처사라. 교단의 지도자는 교단의 역사를 깊이 알고 먼 앞날을 내다보며 일을 처리해야 모두를 성공시킬 수 있느니라." 〈운심편 29장〉

| 출처 |

교단의 지도자는 누구든 자기의 관견(管見)으로 판단하고 처리하면 실수가 따를 것이다. 교단의 역사를 깊이 알고 먼 앞날을 내다보며 일을 해야 모두를 다 성공시킬 수 있다.

구타원(九陀圓) 이공주(李共珠) 대봉도님이나 팔타원(八陀圓) 황정신행(黃淨信行) 대호법님은 대종사께서 대각을 이루시고 익산총부를 건설할 당시 서울 명문가의 여자분들로, 우리 회상을 알아보고 귀의하여 생명과 전 재산을 아낌없이 바쳤다. 지금에야 우리 교세가 사회적으로나 국가적으로 무시 못 하게 커져 있고 인증을 받으니까 문제가 없지만, 그 당시야 누가 알며 누가 이 회상을 믿고 생명과 재산을 다 바칠 수 있었겠느냐. 그것도 고등교육을 받고 경성에서 사는 분들로 생각해 봐라. 보통 어려운 일이 아니다. 그때 대종사께서 하고자 하신 일과 갑갑하게 여기신 일을 풀어 드리고 받든 분들이 그 두 분이다. 그러므로 우리는 지금 대종사님이 안 계시지만 그 심정을 헤아려 묵산(默山) 박창기(朴昌基) 정사와 경산(京山) 강필국(康弼國)을 어떤 면으로든지 그 공을 살려 드러내서 대중이 다 알고 사표가 되도록 만들어 주어야 한다. 더욱이 6·25 당시 충격적인 경악의 희생을 당했으니 이 일을 우리가 대종사님 입장으로 돌아가서 해결해야 할 것이다.

사람들은 현실만 보고 또는 법만 주장해서 숨어 있는 그 공과 아름다운 역사를 다 사장해 버리고 만다. 이는 인간의 윤리를 끊어버리고 막아 버리는 좋지 않은 행동이다. 그러므로 지도자들은 모름지기 멀리 보고 숨어 있는 사실을 찾아 인정을 이어주고 윤기를 살려서 나가야지 법만 주장해서는 안 된다.

〈『대산종사수필법문집』 2. p.652. 원기70년 2월 13일〉

| 배경 및 상황 |

대산 종사는 원기70년(1985) 2월 13일 한국전쟁 때 열반한 박창기와 강필국에게 법훈을 내리기 전 교단의 지도자에게 말씀하시기를 "교단의 지도자는 누구든 자기의 관견(管見)으로 판단하고 처리하면 실수가 따를 것이다. 교단의 역사를 깊이 알고 먼 앞날을 내다보며 일을 해야 모두를 다 성공시킬 수 있다. 사람들은 현실만 보고 또는 법만 주장해서 숨어 있는 그 공과 아름다운 역사를 다 사장해 버리고 만다. 이는 인간의 윤리를 끊어버리고 막아 버리는 좋지 않은 행동이다. 그러므로 지도자들은 모름지기 멀리 보고 숨어 있는 사실을 찾아 인정을 이어주고 윤기를 살려서 나가야지 법만 주장해서는 안 된다."라고 하였다. 그 후 3월 수위단회에서 묵산 박창기는 대봉도, 경산 강필국은 대호법으로 법훈을 추서하였다.

| 용어 풀이 |

○ **박창기(朴昌基, 1917~1950)** 본명은 남기(南基). 법호는 묵산(默山). 법훈은 대봉도. 1917년 10월 23일 서울에서 부친 장성(將星)과 모친 이공주(李共珠)의 2남 중 장남으로 출생했다. 원기27년(1942) 전무출신했으며 중앙총부학원 교무, 전재동포구호사업, 중앙총부 교감을 역임했다. 박창기의 업적을 크게 몇 가지로 나누어 보면, 첫째 소태산의 시봉, 둘째 후진 양성, 셋째 원불교 문화와 해외 교화 개척, 넷째 초기교단 운영의 기여 등이다. 그는 10여 년간 소태산을 시봉하면서 정

신적으로 물질적으로 아낌없이 바쳤다. 그는 총부 학원생들의 교육비로 1백 마지기의 논을 희사하기도 했으며, 서울 유학생들에게도 상당한 경제적 후원을 했다. 이러한 박창기를 기리기 위해 그의 사후 '묵산장학회'가 설립되었고, 이는 후에 '창필재단'으로 발전했다. 그는 부친으로부터 1천여 마지기의 논을 물려받았는데, 이 재산은 자신과 모친의 최소한 생활비 외에는 초기 교단 경제에 그때그때 필요 적절하게 사용되었다. 그와 그의 모친은 소태산과 숙겁의 소중한 인연이었다. 박창기는 원기35년(1950) 9월 27일, 한국전쟁 중 서울 수복을 하루 앞두고 양주에 남아있던 강필국[황정신행의 아들]을 데리러 갔다가 피살되었다. 원기70년(1985) 3월 제103회 수위단회에서는 그의 높은 공덕을 추모하면서 대봉도의 법훈을 추서하기로 결의했다.

○ **강필국(康弼國, 1931~1950)** 법호는 경산(京山). 법훈은 대호법. 1931년 7월 17일 서울특별시 종로구 이화동 1번지에서 부친 강익하(康益夏) 선생과 모친 팔타원 황정신행(八陀圓 黃淨信行) 종사의 1남 2녀 중 장남으로 출생하였다. 원기35년(1950) 5월 19살 되던 해 경산은 서울대학교 문리과대학 중국어과에 입학했다. 그러나 6·25전쟁으로 서울은 순식간에 점령됐다. 당시 모친은 영국에 유학 중일 때였다. 경산 대호법은 마침 당시 가까이 따르며 지내던 묵산 박창기 대봉도와 경기도 양주에 있는 양주농장으로 피난했다. 그러나 피난지인 양주농장에서 묵산 대봉도와 함께 북괴군에게 납치된 뒤 생사를 알 수 없게 되었다. 원기70년(1985) 3월 제103회 수위단회에서는 그의 호법 공덕을 추모하면서 대호법의 법훈을 추서하기로 결의했다.

○ **법훈(法勳)** 원불교 교단의 창설과 발전에 많은 공적을 쌓은 분에게 드리는 훈장. 법훈은 종사·대봉도·대호법·대희사에 해당하는 분에게 드린다.

○ **관견(管見)** 대롱 구멍으로 사물을 본다는 뜻으로, 좁은 소견이나 자기의 소견을 겸손하게 이르는 말. 『장자』의 「추수편(秋水篇)」과 『사기』의 「편작창공열전(扁鵲倉公列傳)」에 나오는 말이다.

㉚ 공덕을 잊지 말자

대산 종사 말씀하시기를 "종교가에서 헌공금을 받아 사용한 후 공적인 일에 썼다고 하여 쉽게 그 공덕을 잊거나 책임감을 느끼지 않는 경우가 더러 있나니 이는 우리가 크게 경계해야 할 바라. 그들의 공덕을 자세히 기록하고 책임 있게 사용하는 것은 물론 그들의 앞날까지도 책임지고 인도할 수 있어야 정의가 넘치고 훈훈한 교단을 만들어갈 수 있느니라."

〈운심편 30장〉

| 출처 |

나에게 특별히 올리는 시봉금은 특별 장부에 기재해서 교단의 중요 사업에 책임 있게 써 주어야 하니 잘 관리하도록 하라. 그리고 그분들의 앞날을 책임지고 인도해야 한다. 봉명이 부모가[김광서(金光瑞)] 20년 전에 나에게 특별히 쓰시라고 올린 시봉금을 나는 선 종법사님께 말씀드려 동산선원 유지답을 사서 내놓았다. 봉명이네 집이 그때는 아주 유복했었다. 그러나 부친이 병고로 갑자기 열반하므로 그 후부터 가세가 기울기 시작하므로 나는 책임감을 느끼고 그 가족의 앞날을 지도했었다.

지금까지 나는 경제, 정신 양 방면으로 지도하고 있다. 이런 단체에서는 그 당시만 지나면 잊어버리기 쉽고 무의식중에 책임을 잘 안 느낄 수 있으니 그래서는 안 된다. 그들의 공적을 끝까지 이어주고 살펴주어야 정의가 넘치는 교단이 될 것이다. 〈『대산종사수필법문집』 2. p.433. 원기68년 9월 7일〉

| 배경 및 상황 |

대산 종사는 원기68년(1983) 9월 7일 시봉진에게 말씀하시기를 "나에게 특별히 올리는 시봉금은 특별 장부에 기재해서 교단의 중요 사업에 책임 있게 써 주어야 하니 잘 관리하도록 하라. 그 당시만 지나면 잊어버리기 쉽고 무의식중에 책임을 잘 안 느낄 수 있으니 그래서는 안 된다. 그들의 공적을 끝까지 이어주고 살펴주어야 정의가 넘치는 교단이 될 것이다."라고 하였다.

| 용어 풀이 |

○ **헌공금(獻貢金)** 법신불 사은에 대한 보은의 도리로서 바치는 금전이나 물품. 원불교의 각종 예식에 헌공하여 공익사업에 활용하는 금품.

○ **시봉금(侍奉金)** 부모나 법 높은 스승을 모시고 받드는데 필요한 돈.

○ **공덕(功德)** 착한 일을 하여 쌓은 업적과 어진 덕.

○ **공적(功績)** 노력과 수고를 들여 이루어 낸 일의 결과.

○ **정의(情誼)** 서로 사귀어 친하여진 정. 사람과 사람 사이에 서로 인정·의리·은혜·사랑 등을 느끼게 되는 기본 정서.

31 밑자리는 교단의 저력이다

대산 종사 말씀하시기를 "어디 가나 밑자리가 되어 일하라. 밑자리는 남들이 알아주지 않는 자리요 남들보다 힘든 일을 하는 자리지만 그것이 곧 교단의 저력이니라." 〈운심편 31장〉

| 출처 |

교학대학 1, 2학년 봉사활동의 보고를 받으신 후 내려주신 법문

누구나 밑자리가 되어라. 그것은 저력이다. 개인, 가정, 국가, 단체가 저력이 있어야 한다. 세계의 저력은 성인들이 나와서 이룩하고 굴린다. 누구나 밑자리 되어라. 고흥권 씨 학사도 박사도 아닌 무식쟁이다. 그러나 밑자리가 되었다.

우리 교단은 이 밑자리가 법을 맥맥(脈脈)히 이어 전법(傳法)의 광명이 만대에 비친다. 이 흥권 씨로 인하여 교단의 복조와 흥법의 기운이 되었다. 밑자리가 돼라. 〈『대산종사수필법문집』 1. p.932. 원기59년 7월 25일〉

| 배경 및 상황 |

대산 종사는 원기59년(1974) 7월 25일 교학대학 1, 2학년생들의 수계농원 봉사활동의 보고를 받은 후 말씀하시기를 "누구나 밑자리가 되어라. 그것은 저력이다. 개인, 가정, 국가, 단체가 저력이 있어야 한다. 세계의 저력은 성인들이 나와서 이룩하고 굴린다."라고 하였다.

| 용어 풀이 |

○ **밑자리** 여러 자리 가운데 아래쪽에 있는 자리.

○ **저력(底力)** 속에 간직하고 있는 든든한 힘.

○ **맥맥(脈脈)** 역사·전통·문화 등이 끊어지지 않고 끊임없이 이어져 오는 것을 형용하는 말.

○ **전법(傳法)** ① 스승이 제자에게 법을 전해 주는 것. ② 대도 정법을 세상에 널리 전파하는 것.

○ **복조(福祚)** 복(福)과 같은 말.

㉜ 숨은 것과 나타난 것을 잘 조절하라

대산 종사 말씀하시기를 "큰 회상을 운영할 때는 반드시 음과 양이 있나니, 숨은 것과 나타난 것을 잘 조절할 줄 알아야 발전이 있느니라. 큰 인물들이 한꺼번에 드러나면 더 이상 여지가 없을 것이니, 앞에서 일하는 사람이 있는가 하면 뒤에 숨어서 힘을 기르는 사람도 있어야 하느니라. 특히 병을 얻었거나 어려운 경계를 당했을 때는 한 걸음 뒤로 물러나 적공할 필요도 있나니, 때가 아닐 때 드러나려 하면 자기 일도 안될 뿐 아니라 큰일도 그르치게 되느니라." 〈운심편 32장〉

| 출처 |

예산(禮山) 이철행(李喆行)과 인산(仁山) 조정중(趙正中)에게 말씀해 주시기를

이런 큰 회상을 운영할 때는 음과 양이 숨은 것과 나타난 것을 잘 조절해서 해나가야 한다. 인물이 다 한꺼번에 나타나서 한 대에 다 하게 되면 여진(餘進)이 없는 것이다. 앞에서 나가 일하는 사람이 있는가 하면 숨어서 힘을 기르는 사람도 있어야 한다. 특히 병을 얻었다든지 어려운 경계로 물러서야 할 때 준비하며 적공을 하는 것이 교단을 위해서 큰일이다. 그런데 자기 나타날 때가 아니고 자기 때가 아닌데 나타나서 출렁출렁하는 것은 고해 인물밖에 안 되고 다 까불러서 결국 큰일 못하는 것이다.

〈『대산종사수필법문집』 2. p.622. 원기69년 12월 21일〉

| 배경 및 상황 |

대산 종사는 원기69년(1984) 12월 21일 벌곡 삼동원에서 예산(禮山) 이철행(李喆行)과 인산(仁山) 조정중(趙正中)에게 말씀해 주시기를 "큰 회상을 운영할 때는 음과 양이 숨은 것과 나타난 것을 잘 조절해야 한다. 앞에서 나가 일하는 사람이 있는가 하면 숨어서 힘을 기르는 사람도 있어야 한다. 특히 병을 얻었거나 어려운 경계를 당했을 때는 한 걸음 뒤로 물러나 적공할 필요도 있다."라고 하였다.

| 용어 풀이 |

○ **여진(餘進)** 앞으로 나아가는 여유.

○ **여지(餘地)** 어떤 일을 하거나 어떤 일이 일어날 가능성이나 희망.

○ **이철행(李喆行, 1928~2007)** 법호는 예산(禮山). 법훈은 종사. 1928년 10월 16일 전남 영광군 묘량면 신천리 신흥 부락에서 부친 동안(東安)과 모친 전정관옥(全貞觀玉)의 5남 4녀 중 차남으로 출생했다. 원기19년(1934) 12월 8일 부친의 연원으로 신흥교당에서 입교, 원기29년(1944) 숙부 이완철의 인도로 전무출신을 발원, 이리보화당에서 2년간 근무하다가 원기31년(1946) 유일학림이 개설되자 입학, 가정 형편상 졸업을 8개월 남겨 두고 고향 영광으로 내려가 영산계림중학교·낙월초등학교·백수초등학교에서 교직생활을 했다. 세속에서 교직생활을 하면서도 마음속에는 항상 '전무출신'이라는 생각을 놓지 않고 출가할 기회를 찾다가 원기38년(1953) 4월 다시 출가했다. 한국전쟁 중 부모를 잃은 아이들을 수용한 이리보육원 총무로 3년간 봉직하면서 관리권만 있던 보육원을 시청으로부터 불하를 받고, 교단에서 운영권을 인수받아 운영했다. 원기42년(1957)에는 이리보육원 부원장에 임명되어 대외적으로 원장의 역할을 대행하면서 당시 전후 부랑인 문제가 사회적인 문제가 되어 전북 부랑인 수용소장을 겸하여 사회정화사업의 일익을 했다. 원기48년(1963) 이리보화당 부이사에 봉직하면서 선친이 창설한 보화당을 크게 발전시켰으며, 원기55년(1970) 1월 서울보화당, 원기57년(1972) 역전보화당, 원기61년(1976) 전주보화당 설립의 주역을 담당했다. 또한 서울회관 건립과정에서 파생되었던 '남한강사건'을 원만히 수습하여 오히려 전화위복의 계기로 만들었으며, 교단의 명예와 경제를 지켜낸 주역으로 빛나는 공적을 쌓았다. 그는 자선기관인 이리보육원에서 10년, 산업기관인 보화당에서 28년을 봉직하면서도 공부심을 놓지 않는 수도인의 모습으로 귀감이 되었으며, 산업기관의 책임자로 있으면서 '일하며 공부하고 공부하며 일하자'는 신념으로 영육쌍전의 표본적인 삶을 살았다. 주요 공직으로는 수위단원, 총부 서울사무소장, 교정원장, 감찰원장 등

을 역임했다. 원기82년(1997) 1월 퇴임 후 원로원에서 수양에 전념하다가 원기92년(2007) 5월 21일 80세로 열반했다.

㉝ 여유를 갖고 준비해야 성공한다

대산 종사 말씀하시기를 "불보살은 일을 처리함에 있어 한편만을 고집하지 않느니라. 왼쪽이 막히면 오른쪽으로 오른쪽이 막히면 왼쪽으로, 앞이 막히면 뒤로 뒤가 막히면 앞으로 사통오달하므로 모든 일을 원만히 이루나니, 반드시 되리라 기약했던 일도 뜻하지 않은 변고가 생길 수 있으므로 무슨 일이든 여유를 갖고 준비를 해야 성공할 수 있느니라."

〈운심편 33장〉

| 출처 |

학생들에게 말씀하시길

큰 불보살들이 다른 분이 아니라 세계주의 일을 하고 물러서는 분들이다. 대인은 무기필(無期必)한다. 좌색(左塞)하면 우통(右通)하고 우색(右塞)하면 좌통(左通)하고 전색(前塞)하면 후통(後通)하고 후색(後塞)하면 전통(前通)해서 사통오달의 여유를 가지고 하라. 그러면 이루어지느니라.

기필(期必)하다 안 되면 병통이 생기는 것이다. 다음다음의 여유 있는 준비를 해서 나가면 안 되는 것이 없다. 나는 조부님 열반하셨을 때, 인식 없는 집안 어른들의 반대를 무릅쓰고 우리 식으로 일체 장례를 치렀었다. 그리고 나는 조부님의 천도만 목적하고 하지 아니했었다. 그 어른의 지은 바에 따라 받으실 것이니 49재의 공력이 온 가족과 친척들에 미치어 대종사님과 선 법사님과 인연이 맺어지고 회상 일에 조금이라도 사업이 되니 유익할 뿐이라, 나는 일체

반대를 무릅쓰고 했었다.

〈『대산종사수필법문집』 1. pp.256~257. 원기52년 9월 26일〉

| 배경 및 상황 |

대산 종사는 원기52년(1967) 9월 26일 학생들에게 말씀하시기를 "불보살들이 다른 분이 아니라 세계주의 일을 하고 물러서는 분들이다. 대인은 무기필[無期必, 반드시 이루어진다고 기약하지 않음]한다. 좌색[左塞, 왼쪽이 막힘]하면 우통[右通, 오른쪽으로 통함]하고 우색(右塞)하면 좌통(左通)하고 전색[前塞, 앞이 막힘]하면 후통[後通, 뒤로 통함]하고 후색(後塞)하면 전통(前通)해서 사통오달의 여유를 가지고 하라. 그러면 이루어지느니라."라고 하였다.

| 용어 풀이 |

○ **기필(期必)** 꼭 이루어지기를 기약함.

○ **사통오달(四通五達)** ① 도로나 교통망, 통신망 따위가 이리저리 사방으로 통함. ② 사람의 능력이나 지혜가 커서 어떠한 일도 못 하는 일이 없고, 모르는 일도 없다는 말. ③ 참된 진리는 어느 것에도 막히고 걸림 없이 두루 통한다는 말. 궁극적 진리를 밝힌 일원상의 진리는 가장 근본적이고 큰 진리라 이 세상의 어떠한 진리와도 서로 막히거나 걸림이 없이 두루 통한다는 말.

㉞ 대인과 중인과 소인의 차이

대산 종사 말씀하시기를 "대인은 상대의 잘못까지도 자기의 책임으로 알고 포용하는 사람이요, 중인은 자기 책임을 깊이 반성할 줄 아는 사람이요, 소인은 모든 책임을 상대방에게 전가하는 사람이니라." 〈운심편 34장〉

| 출처 |

대인은 어떤 일을 하다 잘못이 저편에 있더라도 자기가 그 책임을 안고 자기가 요리하고, 다음 사람은 책임에 대한 반성을 깊이 하고, 소인은 전체 책임을 상대방에게 전가시키느니라. 이것이 자기에게 가장 큰 해가 되는데도 모르니까 그런다. 안타까운 일이니라.

〈『대산종사수필법문집』 1. p.233. 원기52년 5월 5일〉

| 배경 및 상황 |

대산 종사는 원기52년(1967) 5월 5일 '대인과 중인과 소인의 차이'에 대해 말씀하였다. 대인은 남의 잘못도 책임을 지고, 중인은 책임에 대해 반성하고, 소인은 책임을 상대방에게 전가하는 사람이라고 하였다.

| 용어 풀이 |

○ **포용(包容)** 남을 너그럽게 감싸 주거나 받아들임.

○ **전가(轉嫁)** 잘못이나 책임을 다른 사람에게 넘겨씌움.

35 가뭄 끝에 단비가 내리다

대산 종사, 오랜 가뭄 끝에 단비가 내리는 것을 보고 말씀하시기를 "좋은 비가 온다, 좋은 비가 온다! 이제는 밥을 먹어도 미안하지 않겠구나. 지난 몇 년간 계속된 가뭄을 겪으면서 내 마음이 고르지 못한 탓인가 하여 꾸준히 큰 정성을 들였는데, 이제는 국가도 세계도 천지도 어느 정도 골라진 듯하구나." 〈운심편 35장〉

| 출처 |

가뭄 끝에 단비가 내리는 것을 보시고

희우래(喜雨來) 희우래(喜雨來) 좋은 비가 온다. 이제는 밥 먹어도 미안치 않다. 요 몇 년간 가뭄이 하도 심하여 나는 남의 일 같지 아니하였다. 내 마음이 고르지 아니하여 천지도 고르지 아니한 것이라 생각하여 무척이나 애썼고 정성들였다. 이제는 국가도 세계도 천지도 골라진 것 같다. 원평에 있을 때 흉년이라 굶주리는 사람들이 많아 참으로 밥상을 받기가 미안하고 마음 아프더라.

〈『대산종사수필법문집』 1. p.173. 원기51년 6월 25일〉

| 배경 및 상황 |

대산 종사는 원기51년(1966) 6월 25일 신도안 삼동원에서 주재하고 있을 때 오랜 가뭄 끝에 단비가 내리는 것을 보고 말씀하시기를 "희우래(喜雨來) 희우래(喜雨來) 좋은 비가 온다. 이제는 밥 먹어도 미안치 않다."라고 하였다.

대산 종사는 단비가 내리기 3일 전에 "천지도 비 오게 하려면 저렇게 공을 들이는데 사람이 어찌 공을 안 들이고 살겠느냐? 공 안 들이면 죄인이다. 시로 일로 월로 되므로 적공하여야 한다."라고 하였다. 드디어 단비가 내리니 "내 마음이 고르지 아니하여 천지도 고르지 아니한 것이라 생각하여 무척이나 애썼고 정성들였다."라고 소회를 밝혔다.

| 용어 풀이 |

○ **희우(喜雨)** 가뭄 끝에 내리는 반가운 비. 또는 농사철에 알맞게 내리는 반가운 비.

㊱ 소송을 취하하고 상대를 설득하라

대산 종사, 교단에서 구입한 토지에 대해 이웃 사람이 부당한 요구를 하므로 실무자가 소송을 제기했다는 보고를 듣고 말씀하시기를 "소송을 취하하라. 옛말에 사람이 있은 후에 땅도 있다 하였듯이 사람을 얻는 것이 우선이지 이익을 먼저 생각하면 안 되나니, 아무리 이기는 조건이라도 먼저 소송을 취하하고 상대를 설득하는 데 더욱 힘쓰라." 말씀을 받들어 그대로 처리하였더니 며칠 후 그들 부부가 찾아와 감사의 인사를 올리는지라, 법명을 내리시며 말씀하시기를 "그대들은 앞으로 원불교의 큰 일꾼들이 되라." 〈운심편 36장〉

| 출처 |

"공익부에서 구입한 시내 대지가 이웃의 부당한 요구로 실무자들이 소송을 제기했다."는 당무자의 보고를 듣고 종법사 말씀하시기를

상대가 황등 사회에서 덕인으로 드러났느냐. 나쁘다고 들었느냐. 덕인으로 드러났으면 소송을 취하하라.

"교당에 입교는 아니 했으나 일찍부터 내외가 나와 활동하고 있습니다."

그러면 소송을 당장 취하하라. 그 사람 놓치면 안 된다. 예부터 유인유토(有人有土)라 하였다. 이해를 막론하고 사람을 잃으면 안 된다. 그리고 사람을 얻어야 하지 돈을 먼저 생각하면 안 된다. 그들이 원한을 가지면 황등 교화가 두고두고 문제가 생길 것이다. 남북한도 대화하고 있으며 이스라엘과 이집트도 화해되고 있는데 우리가 막으면 안 된다. 아무리 이기는 조건이라도 바로 취하하고 상대자를 잘 설득하여 앞으로 교도 노릇 잘하도록 하라.

〈『대산종사수필법문집』 1. p.631. 원기64년 4월 5일〉

공익부와 소송 관계자인 황등면의 최동철 내외가 인사차 왔다. 종법사께서 말씀하시기를

잘 왔다. 서로 막히면 안 된다. 앞으로 큰 일꾼 될 사람이다. 입교하여 도덕 사업 잘하라. 우리 교단은 최초부터 통하고 터지게 하는 것이 목적이었다. 그러므로 나는 나라에 어려운 일 있을 때마다 여야 국회의원을 만나 국가를 위해 먼저 화해시키어 난국을 타개시켰다.

오늘이 강산(剛山) 윤정운(尹正運) 법사 종재식인데, 이런 화해의 좋은 일이 생기니 경사다. 동철은 앞으로 큰일 할 사람이니 큰일 하여라. 큰일 할 사람이 큰일 아니하면 안 된다고 하시고, 내외에게 법명을 내려주셨다.

〈『대산종사수필법문집』 1. pp.2037~2038. 원기64년 4월 30일〉

| 배경 및 상황 |

대산 종사는 원기64년(1979) 4월 5일 "공익복지부에서 구입한 시내 대지가 이웃의 부당한 요구로 실무자들이 소송을 제기했다."라는 당무자의 보고를 들으시고 말씀하시기를 "상대가 황등 사회에서 덕인으로 드러났느냐, 나쁘다고 들었느냐. 덕인으로 드러났으면 소송을 취하하라. 예부터 유인유토(有人有土)라 하였다. 이해를 막론하고 사람을 잃으면 안 된다. 그들이 원한을 가지면 황등 교화가 두고두고 문제가 생길 것이다."라고 하였다.

그 후 공익부와 소송 관계자인 황등면의 최동철 내외가 감사 인사차 와서 법명을 내리시며 말씀하시기를 "그대들은 앞으로 원불교의 큰 일꾼들이 돼라. 입교하여 도덕 사업 잘하라. 우리 교단은 최초부터 통하고 터지게 하는 것이 목적이었다."라고 하였다.

| 용어 풀이 |

○ **유인유토(有人有土)** 사람이 있고 난 뒤에 땅도 있다는 말로 춘추전국시대 관

자(管子)는 '유인차유토(有人此有土), 사람이 있으면 땅이 있게 된다'는 말에서 유래하였다.

○ **소송(訴訟)** 재판으로 원고와 피고 사이의 권리나 의무 따위의 법률관계를 확정하여 줄 것을 법원에 요구함. 또는 그런 절차. 민사 소송, 형사 소송, 행정 소송, 선거 소송 따위가 있다.

㊲ 수행하고 실천하는 정성으로 법문을 전하라

대산 종사 말씀하시기를 "법문에 힘이 있고 없는 것은 평소 대조하고 실천하는 공부를 얼마나 잘하느냐에 달려 있나니, 수행하고 실천하는 정성이 없이 어떻게 전할지에만 정신을 쏟다 보면 아무런 힘도 없고 감명도 주지 못할 뿐 아니라, 그것은 남을 위한 공부는 될지언정 자기를 위한 공부는 되지 못하느니라." 〈운심편 37장〉

| 출처 |

법문은 항상 내가 수행하는 데 대조하고 실천하려는 데에서 나오는 것이니, 너희들도 내가 어떻게 수행하고 실천할까 하는 데에 주로 삼지, 어떻게 전할까 하여 전하는 데에만 정신을 쓰면 안 된다. 그러하면 힘도 없고 감명도 못 받는 것이다. 나는 내가 수행하고 실천하려는 데서 법문화한다. 전하려고 하는 것은 위인지학(爲人之學)이 되어 아는 데에만 급하여지고 말아 위기지학(爲己之學)이 못 된다. 제이종학(第二種學)이 된다. 그러니 제일종의 위기지학(爲己之學)이 되도록 하라. 〈『대산종사수필법문집』 1. p.611. 원기57년 5월 3일〉

| 배경 및 상황 |

대산 종사는 원기57년(1972) 5월 3일 말씀하시기를 "법문은 항상 내가 수행하는데 대조하고 실천하려는 데에서 나오는 것이니, 너희들도 내가 어떻게 수행하고 실천할까 하는 데에 주로 삼지 어떻게 전할까 하여 전하는 데에만 정신을 쓰면 안 된다. 그러다 보면 아무런 힘도 없고 감명도 주지 못한다. 남을 위하는 학문보다 자기의 인격 수양을 위한 학문이 되어야 한다."라고 하였다.

| 용어 풀이 |

○ **위인지학(爲人之學)** 남을 위하여 학문을 함. 공자(孔子)가 한 말. 위기지학(爲己之學)에 대가 되는 말.

○ **위기지학(爲己之學)** 자기의 인격 수양을 위한 학문.

○ **제이종학(第二種學)** 두 번째 종류의 학문을 말함.

38 인화의 도

대산 종사, '인화의 도'에 대해 말씀하시기를 "대종사께서 천하의 제일가는 기술은 인화의 기술이요, 교단의 큰 자본은 화합 단결이라 하셨나니, 우리는 인화의 도로써 참다운 평화와 교단 발전의 역군이 되어야 할 것이니라. 그러기로 하면 첫째, 잘못이 있어도 관대하게 용서해 줄 것이요, 둘째, 내가 먼저 정의를 건넬 것이요, 셋째, 남의 뜻을 맞추는 데 노력할 것이요, 넷째, 더 배우고 더 실천할 것이요, 다섯째, 남의 부족보다는 장점을 드러낼 것이요, 여섯째, 선은 상을 주고 악은 벌을 주되 벌은 되도록 적게 줄 것이요, 일곱째, 인격을 존중하며 주권을 세워 줄 것이요, 여덟째, 미움과 사랑에 끌리지 말고 원만한 처사를 할 것이니라." 〈운심편 38장〉

| 출처 |

인화(人和)의 도(道)

대종사께서 말씀하시기를 "천하의 제일가는 기술은 인화의 기술이요, 교단의 큰 자본은 화합 단결"이라고 하셨으니, 우리는 다 같이 이 '인화의 도'를 실천궁행하여 가는 곳마다 참다운 평화와 건전한 발전의 역군이 되어야 하겠습니다.

1. 크게 잘못하는 사람이 있거든 열 번만 관대히 용서해 주면 열한 번째는 잘하리라.
2. 무엇보다도 먼저 정의(情誼)가 건네야 한다.
3. 남의 뜻을 맞추기에 노력하라.
4. 몸소 더 배우고 더 실천하라.
5. 남의 부족을 말하는 것보다 그 장점을 말해 주기에 노력하라.
6. 선은 상주고 악은 벌주되 벌은 조금 적게 주라.
7. 항상 남의 인격을 존중하고 주권을 세워주라.
8. 미움과 사랑에 끌리지 말고 항상 원만하라.

〈『대산종사수필법문집』 1. p.203. 원기52년 신년법문〉

| 배경 및 상황 |

대산 종사는 원기52(1967)년 새해를 맞이하여 '인화의 도'를 주제로 신년법문을 내렸다. "대종사께서 천하의 제일가는 기술은 인화의 기술이요 교단의 큰 자본은 화합 단결이라 하셨나니 우리는 인화의 도로써 참다운 평화와 교단 발전의 역군이 되어야 할 것이니라."라고 하시며 인화의 도 여덟 가지를 소개하였다.

| 용어 풀이 |

○ **인화(人和)** 여러 사람이 서로 화합함.

○ **실천궁행(實踐躬行)** 실제로 몸소 이행함.

○ **역군(役軍)** 일정한 부문에서 중요한 역할을 하는 일꾼.

○ **정의(情誼)** 〈운심편 30장〉 용어 풀이 참조.

39 만사 실패의 원인 세 가지

대산 종사 말씀하시기를 "누구나 성공을 바라나 성공하는 사람은 적고 실패하는 사람이 많은 까닭은 탐·진·치와 오욕에 끌려서 조동(早動)하고 경동(輕動)하고 망동(妄動)하기 때문이니라. 조동은 때에 맞지 않게 성급히 움직이는 것이요, 경동은 신중하지 않고 가볍게 움직이는 것이요, 망동은 거짓과 허식으로 움직이는 것이니, 실패하지 않으려면 경계를 당해 멈추고 생각하고 취사할 줄 알아서 천천히 순서 있게 참되고 바르게 움직여야 하느니라." 〈운심편 39장〉

| 출처 |

서울회관 건축 2백일 달성 기도 법회[종로교당]

만사 실패의 삼대원인[삼부동(三不動) 계문]

우리 전 국민이나 43억 인류가 다 성공은 바라고 실패는 바라지 않는 데 성공하는 이는 손을 꼽을 수 있고 실패하는 사람은 허다한 것은 어떤 원인에서인가 생각해 봅시다. 성공하려고 하는 데 성공은 오지 않고 실패가 되는 원인은 다 같습니다. 여기 모인 5백 명의 수가, 여기 중앙인 서울에서 실패를 안 하면 이 사회는 명랑한 사회가 될 것입니다. 실패하는 원인 세 가지를 알아서 실패만 안 하도록 하면 성공은 될 것입니다.

실패의 원인은 탐진치, 오욕의 욕망에 끌려서

첫째는 조동(早動)하기 때문입니다. 산모가 아기를 배면 열 달이 차야 낳는데 급히 아기를 보고 싶어서 넉 달, 다섯 달에 낳으려고 하면 조동입니다. 또 곡식은 대개 봄에 심어서 가을에 거두는 것인데 쌀밥도 먹고 싶고 보리밥 먹기 싫으니 속히 키우고 싶어 거름을 한꺼번에 많이 주어 버리는 것도 조동입니다. 또 도가의 영구히 잘 살 수 있는 보물이 수양력, 연구력, 취사력인데 이 삼대력을 얻어 나가다가 방심해 버리는 것도 조동입니다. 조동, 이것이 실패의 제일 원인인데 명예나, 재물이나, 색에 끌려서 조동해 버리면 실패 안 할 수 없습니다.

둘째는 경동(輕動)인데 무슨 일을 해 나갈 때 무겁게 정중하게 하지 않고 가볍게 하면 실패가 됩니다.

셋째는 망동(妄動)인데 망령되어 동하면 실패가 됩니다. 이 세 가지 조동, 경동, 망동을 가지고 있으면 만사 만패가 됩니다. 각자 일생 중에 실패한 일을 더듬어 봅시다.

그래서 조동하지 말고 천천히 차서있게 모든 일을 해 나가고 또 모든 일을 당해서 가볍게 하지 않고 무겁고 정중하게 하고 또 동하지 말고 참되고 바르게 하면 실패했던 것도 다시 성공할 수가 있을 것입니다.

〈『대산종사수필법문집』 2. p.113. 원기65년 9월 2일〉

| 배경 및 상황 |

대산 종사는 원기65년(1980) 9월 2일 종로교당에서 서울회관 건축 2백일 달성 기도 법회에 임석하여 '만사 실패의 삼대원인[삼부동(三不動) 계문]'을 내려주었다. "누구나 성공을 바라나 성공하는 사람은 적고 실패하는 사람이 많은 까닭은 탐·진·치와 오욕에 끌려서 조동(早動)하고 경동(輕動)하고 망동(妄動)하기 때문이니라."라고 하였다.

| 용어 풀이 |

- **조동(早動)** 남보다 먼저 움직임.
- **경동(輕動)** 경솔하고 가볍게 행동함. 신중하지 못한 행동을 말한다.
- **망동(妄動)** 아무 분별없이 망령되이 행동함. 또는 그 행동.

40 만사에 성공하는 세 가지

대산 종사 말씀하시기를 "만사에 성공하기 위해서는 정직(正直)·중직(中直)·도직(道直)을 갖추어야 하나니, 첫째, 정직은 정심(正心)·정도(正道)·정행(正行)을 하자는 것이요, 둘째, 중직은 중심(中心)·중도(中道)·중화(中和)를 하자는 것이요, 셋째, 도직은 도심(道心)·도행(道行)을 하자는 것으로 실패와 성공은 생각할 것 없이 원리원칙과 원형이정을 생활신조로 삼고 나가자는 것이니라." 〈운심편 40장〉

| 출처 |

종로교당에서 거행하는 서울기념관 10만인 동참 천일기도 200일 합동 회향기도 법회에 임석하시어 만사성공의 삼대요인에 대한 법문 내려주시다.

영겁다생에 만사성공의 삼대원인은 숙제로 두겠다.

정직(正直), 중직(中直), 도직(道直)으로 하라. 정직은 심신을 정심(正心) 정행(正行)하는 것이고, 중직은 심신을 중심(中心) 중도(中道) 중화(中和)로 하는데 이가 원행(圓行)이다. 도직은 심신을 도심(道心) 도행(道行)으로 하여 이도진퇴(以道進退)하는 것으로 원리원칙[원형이정(元亨利貞)]으로 해야 한다.

〈『대산종사수필법문집』 2. pp.113~114. 원기65년 9월 2일〉

| 배경 및 상황 |

대산 종사는 원기65년(1980) 9월 2일 종로교당에서 거행하는 서울기념관 10만인 동참 천일기도 200일 합동 회향기도 법회에 임석하여 기념법문을 시자가 대독하고 부연법문으로 '만사성공의 삼대요인'에 대한 법문을 내렸다. 정직은 심신을 정심[正心, 올바른 마음. 정의로운 마음] 정행[正行, 정의롭고 정당한 행동. 바른 깨달음에 의한 실천. 정각 정행의 준말]하는 것이고, 중직은 심신을 중심[中心, 확고한 주관이나 줏대] 중도[中道, 어느 한쪽으로 치우치지 아니하는 바른길] 중화[中和, 치우침이 없고 올바른 상태. 덕성(德性)이 중용을 잃지 아니한 상태]로 하는 데 이가 원행[圓行, 원만한 행]이다. 도직은 심신을 도심[道心, 바르고 착한 길을 따르려는 마음] 도행[道行, 도덕적 행실을 갈고닦음]으로 하여 이도진퇴[以道進退, 도로써 앞으로 나아가고 뒤로 물러남]하는 것으로 원리원칙[원형이정(元亨利貞)]으로 해야 한다.

| 용어 풀이 |

○ **정직(正直)** 마음에 거짓이나 꾸밈이 없이 바르고 곧음.

○ **중직(正直)** 마음이 어느 한쪽으로 치우치지 아니하는 바르고 곧음.

○ **도직(正直)** 마음에 바르고 착한 길을 따르려는 곧은 마음.

○ **영겁다생(永劫多生)** 영원한 세월 동안 몸을 받아 살아온 수많은 생. 세세생생과 같은 말이며, 다생겁래와 비슷한 말. 육신은 죽어 없어져도 영혼은 없어지지 아니하고 끊임없이 새 몸을 받아 생을 이어가게 되는데 그러한 생을 통틀어 영겁다생이라고 한다.

○ **원형이정(元亨利貞)** 〈운심편 4장〉 용어 풀이 참조.

41 승부의 도

대산 종사 '승부의 도'에 대해 말씀하시기를 "첫째, 남을 이기는 것이 참으로 이기는 것이 아니라 나를 이기는 것이 참으로 이기는 것이다. 둘째, 이기지 아니할 자리에 이기면 반드시 지는 날이 있고 져 주어야 할 자리에 지면 반드시 이기는 날이 있다. 셋째, 최상의 승리는 실력에 있고 실력은 곧 진실한 노력에 있다. 넷째, 가장 큰 양보는 가장 큰 전진이 된다. 다섯째, 무쟁삼매(無諍三昧)의 진경은 승부심을 초월할 때이다. 여섯째, 참은 반드시 이기고 거짓은 반드시 진다. 일곱째, 성현의 마음은 상대가 끊어진 절대의 일원에 늘 합해 있고 중생의 마음은 상대 있는 사량 계교로 늘 다투고 있다. 여덟째, 성현의 마음 가운데에는 적이 없나니 적이 있으면 성현의 마음이 아니다. 아홉째, 중생은 적을 이김으로써 승리를 삼으려 하나 성현은 마음 가운데 적의 그림자까지 두지 아니함으로써 승리를 삼는다. 열째, 남의 앞길을 막기 좋아하는 사람은 영원한 세상에 열리는 일이 적을 것이요, 남의 앞길을 열어 주기를 좋아하는 사람은 영원한 세상에 막히는 일이 적을 것이다. 열한째, 허위와 불의와 투쟁보다 오직 진실과 정의와 평화의 주인공이 되기에 힘쓰라. 온 세상 사람이 이기기는 좋아하고 지기는 싫어하나니 그것은 이와 같은 승부의 도를 모르거나 안다고 할지라도 실행이 없는 까닭이라, 그러므로 천하의 모든 사람이 상대심과 경쟁심을 돌려 감화와 감복으로 참된 진화의 도를 실현하여야 개인이나 세계가 다 같이 영원한 평화와 참다운 번영을 가져올 수 있느니라." 〈운심편 41장〉

| 출처 |

개교경축사

승부의 도에 대하여

1. 남을 이기는 것이 참으로 이기는 것이 아니요, 나를 이기는 것이 참으로 이기는 것이 되는 것이니라.
2. 이기지 아니할 자리에 이기면 반드시 지는 날이 있고, 져주어야 할 자리에 지면 반드시 이기는 날이 있느니라.
3. 최상의 승리는 실력에 있고, 실력은 곧 진실한 노력에 있느니라.
4. 가장 큰 양보는 가장 큰 전진이니라.
5. 무쟁삼매(無諍三昧)의 진경은 승부심을 초월할 때이니라.
6. 참은 반드시 이기고 거짓은 반드시 지느니라.
7. 성현의 마음은 상대가 끊어진 절대의 일원에 늘 합해 있고 범인의 마음은 상대가 있는 사량 계교에 늘 다투고 있느니라.
8. 성현의 마음에는 적이 없나니 마음에 적이 있으면 성현은 아니니라.
9. 범인은 적의 그림자까지도 두지 아니함으로써 승리를 삼느니라.
10. 남의 앞길을 막기 좋아하는 사람은 영원한 세상에 열리는 일이 적을 것이요, 남의 앞길을 열어 주기 좋아하는 사람은 영원한 세상에 막히는 일이 적을 것이니라.
11. 허위의 불의와 투쟁을 버리고 오직 진실과 정의와 평화로써 영원한 승리의 주인공이 될지니라.

온 세상 사람이 다 이기기는 좋아하고 지기는 싫어하되 그 법을 모르거나 설사 안다고 할지라도 실행이 없으므로 이기려 하되 이기지 못하고 지지 아니하려 하되 결국 지게 되는 고로, 천하 모든 사람이 철없는 상대심과 경쟁심을 돌려, 감화의 감복으로 참된 진화의 도를 실현하여야 개인·가정·사회·국가·세계가 다 같이 영원한 평화와 참다운 번영을 가져올 것이니, 우리는 55주년 성업을 앞두고 이에 특별히 각성하여 대외의 모든 활동에 더욱 신중히 처리하며 오직 참다운 도와 올바른 법에 표준으로 하여 각기 원만한 인격을 이루며, 제생의세의 원만한 성직 수행에 최선의 노력을 다해야 하겠습니다.

〈『대산종사수필법문집』 1. p.164. 원기51년 3월 26일〉

| 배경 및 상황 |

대산 종사는 원기51년(1966) 3월 26일 대각개교절 경축사에서 '승부의 도'에 대해 11개 조목으로 밝히고 있다. 원문과 동일하나 '9. 범인은 적의 그림자까지도 두지 아니함으로써 승리를 삼느니라.' 법어에서 '아홉째, 중생은 적을 이김으로써 승리를 삼으려 하나 성현은 마음 가운데 적의 그림자까지 두지 아니함으로써 승리를 삼는다.'라고 윤문하였다. 원문의 '범인(凡人)'을 '범상(凡常)한 사람'으로 해석하였으면 굳이 긴 문장으로 만들 필요는 없었을 것이다. 범상하다는 '중요하게 여길 만하지 아니하고 예사롭다.'라고 풀이한다. '아홉째, 범상한 사람은 적의 그림자까지도 두지 아니함으로써 승리를 삼느니라.'로 간단하게 원문을 살릴 수 있었을 것이다.

| 용어 풀이 |

○ **무쟁삼매(無諍三昧)** ① 우주 만물이 모두 텅 비어 영원한 실상이 없음을 깨달아, 그것에 의지하고 집착하여 자기의 소유로 만들기 위하여 다투고 싸우는 일이 없이 편안한 마음으로 안심입명을 얻는 것. 석가모니불의 십대제자 중에서 수보리가 공(空)의 진리를 가장 깊이 깨쳤기 때문에 해공제일(解空第一) 또는 무쟁삼매제일이라고도 한다. ② 분별심을 떠나 다른 사람과 옳고 그름을 다투지 않고 항상 편안한 마음을 갖는 것.

○ **진경(眞境)** 본바탕을 가장 잘 나타낸 참다운 경지.

○ **감화(感化)** 좋은 영향을 받아 생각이나 감정이 바람직하게 변화함. 또는 그렇게 변하게 함.

○ **감복(感服)** 감동하여 충심으로 탄복함.

○ **진화(進化)** 일이나 사물 따위가 점점 발달하여 감.

㊷ 준비하는 청년들이 지녀야 할 심법

대산 종사, '준비하는 청년들이 지녀야 할 심법'에 대해 말씀하시기를 "첫째, 혈기와 감정으로 처사하지 말고 냉철한 이성으로 상대를 이해하고 용서하며 살 것이요, 둘째, 바른 법도와 철학으로 미래를 내다보고 영생의 설계를 세우고 살 것이요, 셋째, 사치와 허영과 나태를 버리고 근면과 검소한 생활로 사은의 은혜에 보은하며 살 것이니라."

〈운심편 42장〉

| 출처 |

원청 30주년 기념 법설

나는 오래전부터 원청인에게 '준비하는 청년이 지녀야 할 심법'을 세 가지로 당부하였습니다. 오늘 다시 간략히 소개합니다.

첫째, 침착에 바탕을 두어 자기를 이기고 살아야 하겠습니다.

혈기와 감정대립으로 처사하지 말고 냉철한 이성으로 일보 후퇴해서 저편을 이해하고 용서하여 절대(絕對)와 지선(至善)으로 살아야 합니다.

둘째, 생각에 바탕을 두어 바른길로 가야 하겠습니다.

사람들은 길이 아닌 곳으로, 의롭지 못한 곳으로, 법 아닌 것으로 살려고 하므로 불만이 쌓이고 불행하며 낙망하게 됩니다. 도가 아닌 것은 만사를 이루지 못하고 탈선합니다. 진리와 도와 철학으로 멀리 앞을 내다보면서 일생과 영생의 설계를 세워야 하겠습니다.

셋째, 근면에 바탕을 두어 사은에 보답하여야 하겠습니다.

사치와 허영과 나태는 타락과 빈곤을 낳고 근면과 검소는 행복과 부강을 낳습니다. 이를 명심하여 사은의 근원적인 은혜에 각성하여 보은하는 노력인이 됩시다. 〈『대산종사수필법문집』 2. p.1710. 원기79년 7월 3일〉

| 배경 및 상황 |

원기79년(1994) 7월 3일 원불교 청년회 창립 30주년 기념대회가 7월 2일, 3일 서울 KBS 88체육관에서 열렸다. 대산 종사는 기념 법설로 '준비하는 청년이 지녀야 할 심법'을 내렸다. "개벽이여! 통일이여! 환경이여! 개벽의 나라, 통일의 나라, 아름다운 나라를 건설하는 역군인 원불교 청년 여러분 … 첫째, 침착에 바탕하여 자기를 이기고 살자. 둘째, 생각에 바탕해서 바른길로 살자. 셋째, 근면에 바탕해서 사은에 보답하자."라고 천명하였다. 준비하는 심법으로 자세하게 "첫째, 혈기와 감정으로 처사하지 말고 냉철한 이성으로 상대를 이해하고 용서하며 살 것이요, 둘째, 바른 법도와 철학으로 미래를 내다보고 영생의 설계를 세우고 살 것이요, 셋째, 사치와 허영과 나태를 버리고 근면과 검소한 생활로 사은의 은혜에 보은하며 살자."라고 하였다.

| 용어 풀이 |

○ **침착(沈着)** 행동이 들뜨지 아니하고 차분함.

○ **절대(絕對)** 어떤 대상과 비교하지 아니하고 그 자체만으로 존재함.

○ **지선(至善)** 선악을 초월한 최고의 선(善) 최상의 선. 유교에서는 천지의 밝은 덕을 이어받은 선한 본성을 가리킨다. 불교에서는 일체 번뇌가 사라진 자성청정심(自性淸淨心)을 지선이라 할 수 있다. 소태산 대종사는 "선과 악을 초월한 경지를 지선"[『대종경』 성리품 2]이라고 말한다. 여기서도 성품의 본연 청정한 상태를 가리킨다.

○ **사은(四恩)** 〈운심편 11장〉 용어 풀이 참조.

㊸ 화동의 도

대산 종사 말씀하시기를 "다 같이 잘 살 수 있는 대동 화합의 세계를 건설하려면 화동의 도가 있어야 하나니, 첫째, 항상 중심을 잃지 않고 양면을 두루 살펴 과하거나 부족함이 없는 원만한 행을 할 것이요, 둘째, 정성으로 하되 어쩔 수 없는 경우에는 인위로 하지 말고 진리에 맡길 것이요, 셋째, 성함과 쇠함의 이치를 알아서 있을 때는 겸손하고 없을 때는 분발할 것이요, 넷째, 큰 것은 작은 것처럼 하고 아는 것은 모르는 것처럼 하는 것이 참으로 능한 것임을 알아서 걸림 없는 행을 할 것이요, 다섯째, 매사에 과한 것보다는 조금 부족한 것이 좋으니 항상 마음의 안정과 여유를 가지고 심사숙고해 올바른 판단을 얻은 후에 실행할 것이니라."

〈운심편 43장〉

| 출처 |

화동(和同)의 도

첫째, 화동하는 도는 중도(中道)가 최상이니 항상 원만한 행을 해야 하겠습니다. 천지의 중간에 인간이 있고 부모, 동포, 법률 사이에서 우리가 살고 있으며 또한 현실 세계는 서로 다른 입장이 양립(兩立)되어 상대하고 있습니다. 그러므로 항상 중심을 잃지 않고 양면을 두루 살펴 과(過)하거나 불급(不及)함이 없는 중도행(中道行)이 필요한 것입니다. 대종사께서는 생활은 영육(靈肉)을 쌍전(雙全)하고 대인접물(待人接物)에는 자리이타(自利利他)를 행하며 세상을 운전해 가는 데는 과학과 도학을 병진케 하시는 등 일체 법도를 일원의 진리에 입각해서 양면을 다 활용케 하셨으니 이는 중도라야 능히 천하를 고르고 개인, 가정, 사회, 국가, 세계를 다같이 잘 살게 하는 천하의 대도가 되기 때문입니다.

둘째, 정성을 다하다가 어찌할 수 없는 경우에는 인위(人爲)로써 하려 하지 말고 진리에 맡겨야 하겠습니다. 사람이 천지의 주인으로서 정성이면 만사를 다 이룬다고 하나 어디까지나 천지가 할 일은 천지가 하고 사람이 할 일은 사람이 해야 하는 것이며 숙업(宿業)은 졸지에 면하기 어려운 것입니다. 그러므로 이러한 이치를 알아서 해야 할 도리와 정성은 충분히 다하고 그 결과는 진리에 맡겨서 달게 받을 일은 달게 받아넘기고 다시 개척할 일은 더욱 노력하여 앞길을 열어나가야 하겠습니다.

셋째, 전성(全盛) 뒤에는 전쇠(全衰)가 따르는 이치가 있으니 항상 넘치지 말고 길이 다 같이 화통(和通)하여 가는 길을 열어나가야 하겠습니다. 그러므로 달인은 다 피어버린 꽃보다 반쯤 벌어진 꽃을 좋게 여기고 가득 차버린 달보다 반달을 더 사랑하는 것입니다. 진리는 늘 순환 무궁하여 양지가 음지가 되고, 음지가 양지가 되며, 가득 차면 다시 이지러지고 비면 다시 차는 이치가 있는 것이니, 우리는 있으되 더욱 겸허하여 넘치지 아니하고 없으되 더욱 분발해서 발전의 계기로 삼을지언정 목전의 이익에만 탐착하여 앞날의 재앙을 불러들여서는 아니 되겠습니다.

넷째, 크고도 능히 작은 것 같이 하는 것이 참으로 큰 것이요, 알고도 능히 모르는 것같이 하는 것이 참으로 아는 것이며, 능(能)하고도 불능(不能)한 것같이 하는 것이 참으로 능한 것인 줄을 알아서 걸림 없는 행을 하여야 하겠습니다. 보통 사람은 항상 사실보다 과장해서 크게 나타내려 하므로 마침내 그 있는 것까지도 잃어버리나 달인은 큰 것은 작은 것으로서 지키고 아는 것은 모르는 것으로서 지키고 능한 것은 불능한 것으로 지켜서 능대능소(能大能小)하므로 그 있는 것은 보존하고 날로 더욱 크고 두렷하게 이루어 항상 넉넉하고 편안한 생활을 하는 것입니다.

다섯째, 병맥타진(病脈打診)이 확실치 못 하거든 약을 쓰지 않는 것이 중도(中道)가 되고 정확히 모르는 것과 필요치 않는 말은 오히려 침묵하는 것이 옳으니 매사에 과한 것보다 차라리 불급하더라도 여유 있는 행을 하여야 하겠습니다. 그러므로 일을 당하여서는 항상 마음에 안정과 여유를 가지고 심사숙고하여 올바른 판단을 얻은 후 실행할 것이요, 조급한 마음이나 단촉한 생각으로는 그 일을 그르칠 뿐만 아니라 자타간에 큰 잘못을 범하고 장래를 그르치는 수가 있으니 크게 조심해야 하겠습니다.

〈『대산종사수필법문집』 1. pp.685~686. 원기58년 신년법문〉

| 배경 및 상황 |

대산 종사는 원기58년(1973) 신년법문으로 '화동의 도'를 설하였다. 화동의 도 다섯 가지는 다 같이 잘 살 수 있는 대동화합의 세계를 건설하자는 것이다.

| 용어 풀이 |

○ **대동화합(大同和合)** 큰 세력이 합동하여 화목하게 어울림.

○ **화동(和同)** 두 사람 사이가 멀어졌다가 다시 뜻이 잘 맞게 됨.

○ **전성(全盛)** 형세나 세력 따위가 한창 왕성함.

○ **전쇠(全衰)** 형세나 세력 따위가 극히 쇠함.

○ **심사숙고(深思熟考)** 깊이 잘 생각함.

44 인생 5대 철학

대산 종사 말씀하시기를 "온 인류가 서로 잘 살려면 인생 5대 철학을 갖춰야 하나니, 첫째, 인생(人生)이니 금수초목까지라도 모두 살리는 활생(活生)으로 살 것이요, 둘째, 인간(人間)이니 일체 만물과 상생 상화하며 중도(中道)로 살 것이요, 셋째, 인도(人道)이니 삼학 공부로 일원 대도에 합일하는 정도(正道)로 살 것이요, 넷째, 인정(人情)이니 사은 보은으로 정의(情誼)로 살 것이요, 다섯째, 인본(人本)이니 시방 일가 사생 일신하는 무본(務本)으로 살 것이니라." 〈운심편 44장〉

| 출처 |

온 인류가 서로 잘 사는 길 다섯 가지

첫째는 인생(人生)이니 활생 위주로 다 같이 살리고 살아보자. (活生爲主)

둘째는 인간(人間)이니 중도를 잡아 알맞게 살아보자. (中道爲主)

셋째는 인도(人道)이니 삼학공부의 바른길로 살아가자. (正道爲主)

넷째는 인정(人情)이니 사은에 보은하는 것으로써 정답게 살자. (情誼爲主)

다섯째는 인본(人本)이니 주인이 되어 책임지고 일하자. (務本爲主)

첫째는 인생(人生)이니 활생 위주로 다 같이 살리고 살아보자. 사람이나 모든 생령은 나면서부터 근본적으로 다 같이 살기를 좋아하고 원한다. 그러므로 모두 다 잘살기 위해서는 개인·가정·사회·국가마다 봉공 기관을 설치하고 실질적인 공익활동을 하면 온 세계 인류와 일체생령이 서로 평안하게 잘살게 될 것이다. 우리는 생명을 살리는 것을 제일주의로 하는 사상을 확립하고 전 인류와 일체생령으로 하여금 마음 놓고 살 수 있도록 하는 데 앞장서야 할 것이다.

둘째는 인간(人間)이니 중도를 잡아 알맞게 살아보자. 사람은 천지만물 사이에서 태어나고 부모 형제와 동포 사이에서 삶을 유지하는지라 아무도 그 중간을 벗어나서 생존할 수는 없다. 그러므로 우리는 이 원리를 알아 중도를 제일주의로 하는 사상을 확립하고 누구나 원만히 사는 중도를 실천하여 전 인류와 일체생령이 다 같이 상생상화(相生相和)할 수 있도록 하는 데 앞장서야 하겠다.

셋째는 인도(人道)이니 삼학공부의 바른길로 살아가자. 사람이 세상을 살아가는 데에는 반드시 올바른 길이 필요하다. 그 바른길이 없다면 누구나 마음 놓고 살아갈 수 없는 것이다. 그러므로 우리는 이 도리를 알아서 바른길을 제일주의로 하는 사상을 확립하여 동정 간에 항상 삼학공부의 바른길로 솔선 수도하여 전 인류와 일체생령이 다 같이 일원대도에 동참할 수 있도록 하는 데 앞장서야 하겠다.

넷째는 인정(人情)이니 사은에 보은하는 것으로써 정답게 살자. 사람이 사는 것은 천지·부모·동포·법률의 큰 은혜 속에서 뜨거운 인정으로 얽혀 살아가는 것이니, 그 은혜와 정의가 없이는 아무도 생을 지탱할 수 없다. 그러므로 우리는 은혜와 정의를 제일주의로 하는 지은보은의 사상을 확립하고 가는 곳마다 항상 은혜를 찾아 보은하여 전 인류와 일체생령이 다 같이 은(恩)의 윤기로 새로운 정의가 소통하는 한 집안을 이룩하는 데 앞장서야 할 것이다.

다섯째는 인본(人本)이니 주인이 되어 책임지고 일하자. 사람은 우주만물의 주인이요, 만물은 사람으로 인해서 가치를 나타내는 것이라, 그 주인 된 사람이 없으면 우주는 한낱 빈 껍질에 불과하고 만물은 그 가치를 나타내지 못한다. 그러므로 우리는 이 관계를 알아 주인 된 책임을 제일주의로 하는 인본사상을 확립하고 스스로 세상의 주인이 되어 책임과 의무를 다함으로써 전 인류가 정당한 권리를 갖는 주인이 되고 일체생령과 우주만물이 다 함께 제구실을 다 할 수 있도록 하는 데 앞장서야 할 것이다.

〈『대산종사수필법문집』 1. pp.415~416. 원기55년 신년법문〉

| 배경 및 상황 |

대산 종사는 원기55년(1970) 신년법문으로 '온 인류가 서로 잘 사는 길'을 설하였다. 이를 다시 인생 오대 철학이라 했다. 인생은 활생위주, 인간은 중도위주, 인도는 정도위주, 인정은 정의위주, 인본은 무본위주라고 하였다.

| 용어 풀이 |

○ **금수초목(禽獸草木)** 날짐승과 길짐승, 그리고 풀과 나무를 아울러 이르는 말로 온갖 생물을 지칭하는 단어.

○ **상생상화(相生相和)** 사람이나 물건이나 일의 인과 관계가 서로를 살리고 조화를 이루는 관계. 화합 융통하는 관계.

○ **시방일가(十方一家)** 시방세계가 한량없이 넓고 많지만, 불보살들은 우주 전체를 한집안 삼는다는 말. 광대무량하고 대자대비한 불보살의 마음을 시방세계에 비유하는 말이다.

○ **사생일신(四生一身)** 시방세계 일체중생을 모두 내 몸같이 아끼고 사랑하는 마음. 곧 불보살의 대자대비심을 말한다. 여기에서 사생은 태·란·습·화 사생 또는 동서남북 사방에 사는 모든 사람이라는 뜻이다.

○ **무본(務本)** 본말(本末)·주종(主從)·선후(先後)·주객(主客) 등을 알아서 근본에 힘써야 함을 강조함.

45 같으신 여섯 마음

대산 종사 말씀하시기를 "이순신 장군이 삼도수군통제사로 있다가 백의종군을 하면서 하늘을 원망하지 않고 사람을 허물하지 않으며 마부의 직에 충실하신 충성된 마음과, 우왕이 비바람 속에서 9년 동안 치수 사업을 하면서도 세 번이나 집 앞을 지났으나 들르지 않으신 공심과, 부설거사가 부부 동거 15년 동안 정진하고 다시 5년 동안 능히 금욕하시어 물병을 깨트려도 물은 쏟아지지 않는 증득심을 보여 주신 도심(道心)과, 증자께서 천하의 가난을 홀로 맛보시며 한 끼 식사로 3일을 지내시고 옷 한 벌로 10년을 보내시며 유가 2천5백 년의 도맥을 전하신 마음과,

원효 대사가 요석 공주에게 장가든 것을 참회하는 의미에서 소성 거사를 자처하고 세상에 들어 물들지 않고 활불의 행을 펼치신 마음과, 강태공이 천하의 경륜을 가졌으나 때를 기다린 10년 동안 더할 수 없는 곤궁을 지키다가 드디어 문왕·무왕·성왕 등 3대 왕의 국사가 되신 성웅심이 다 같은 마음이니, 이처럼 일심을 집중해서 정력을 쏟으면 결국 허공법계가 다 응하게 되느니라." 〈운심편 45장〉

| 출처 |

같으신 여섯 마음

1. 이순신 장군이 삼도통제사의 높은 직에 있다가 삭탈관직하고 일개 마부로서 백의종군을 하면서 불원천(不怨天) 불우인(不尤人)하며 말을 살찌게 먹여 마부의 직에 충실하신 그 충심(忠心).

2. 우왕이 구년치수를 하시면서 즐풍목우(櫛風沐雨)하시고 팔 년 동안 세 번이나 집 앞을 지나셨으나 들리지 않은 그 공심(公心).

3. 부설거사가 십오 년 동안 남매의 자녀를 두고 다시 부부동거우오추간(夫婦同居又五秋間)에 대정력을 쌓으시며 병쇄수현(瓶碎水懸)의 증득심을 보여주신 도심(道心).

4. 증자께서 삼순에 구식(九食)하시고 십 년을 불의(不衣)하여 천하의 가난을 홀로 맛보시면서 유가의 이천오백 년의 도맥을 전하신 점.

5. 원효대사께서 요석궁에 장가든 것을 참회하는 의미하에 소성거사(小性居士)로 자처하고 세상에 들어 물들지 않고 일생에 활불의 행을 나투신 점.

6. 강태공이 천하의 경륜을 가졌으나 때를 기다린 10년 동안 더할 수 없는 곤궁을 지키다가 드디어 문왕·무왕·성왕의 삼대 성왕의 국사가 되신 대성웅이신 점. 〈『정전대의』 pp.162~163. 수신강요 2. 12〉

| 배경 및 상황 |

대산 종사는 원기62년(1977) 6월 4일 동산선원생들에게 '같으신 여섯 마음'이란 법문을 설하였다. 이순신[충심], 우임금[공심], 부설거사[증득심과 도심], 증자[도맥], 원효대사[활불행], 강태공[성웅심] 등 여섯 분의 마음이 같다고 하였다.

| 용어 풀이 |

○ **이순신(李舜臣, 1545~1598)** 조선 선조 때의 무신. 자는 여해(汝諧). 시호는 충무(忠武). 32세에 무과에 급제한 후에 전라좌도 수군절도사가 되어 거북선을 제작하는 등 군비 확충에 힘썼다. 임진왜란이 일어나자 한산도에서 적선 70여 척을 무찌르는 등 공을 세워 삼도수군통제사가 되었다. 노량해전에서 적의 유탄에 맞아 전사하였다. 저서에 『난중일기』가 있다.

○ **삼도수군통제사(三道水軍統制使)** 임진왜란 때에, 경상·전라·충청 세 도의 수군을 통솔하는 일을 맡아보던 무관 벼슬. 또는 그 벼슬아치. 선조 26년(1593)에 설치하여 이순신을 임명하였다.

○ **백의종군(白衣從軍)** 벼슬 없이 군대를 따라 싸움터로 감.

○ **마부(馬夫)** 말을 부려 마차나 수레를 모는 사람.

○ **우왕(禹王)** 우임금. 중국 하나라의 시조 우를 임금으로 부르는 말.

○ **치수(治水)** 수리시설을 잘하여 홍수나 가뭄의 피해를 막음. 또는 그런 일.

○ **즐풍목우(櫛風沐雨)** 머리털을 바람으로 빗질하고 몸은 빗물로 목욕한다는 뜻으로, 오랜 세월을 객지에서 방랑하며 온갖 고생을 다 함을 이르는 말.

○ **부설거사(浮雪居士)** 신라 선덕여왕 시대의 거사. 성은 진(陳)씨, 이름은 광세(光世). 어려서 출가하여 불국사 원정(圓淨)에게 득도했는데, 도반인 영희(靈熙)·영조(靈照)와 함께 오대산으로 수행하러 가던 길에 전북 김제의 구무원(仇無怨)댁에 머물렀다가 그 여식 묘화(妙花)와 혼인하여 망해사(望海寺)에서 수행했다. 후일 영희·영조가 찾아왔을 때 부인과 함께 도를 이루고 있었고, 아들 등운(登雲)은

공주 계룡산 등운암, 딸 월명(月明)은 부안 변산 월명암에 각각 출가하여 도를 이루었다. 흔히 인도의 유마(維摩)거사와 중국의 방(龐)거사와 함께 대표적인 거사로 불린다. 17세기에 필사된 한문소설 『부설전(浮雪傳)』이 전라북도유형문화재 140호로 부안면사무소에 전하는데, 이에는 세 도반이 주고받은 게송(偈頌)과 부록으로 팔죽시(八竹詩) 등이 수록되어 있다.

○ **우오추(又五秋)** 다시 다섯 번의 가을을 지낸다는 말로 5년간의 세월을 말함.

○ **병쇄수현(瓶碎水懸)** 물병을 깨트려도 물이 매달려 있다는 말.

○ **증득심(證得心)** 올바른 지혜로써 진리를 확실히 깨달아 얻는 마음.

○ **증자(曾子, B.C.506~B.C.436?)** '증삼'을 높여 이르는 이름. 중국 노나라의 유학자. 자는 자여(子輿). 공자의 덕행과 사상을 조술(祖述)하여 공자의 손자인 자사(子思)에게 전하였다. 후세 사람이 높여 증자(曾子)라고 일컬었으며, 저서에 『증자』, 『효경』 따위가 있다.

○ **삼순구식(三旬九食)** 삼순은 서른 날이라는 뜻. 서른 날에 아홉 끼니밖에 먹지 못한다는 뜻으로, 집안의 경제 사정이 매우 가난함을 이르는 말.

○ **십년불의(十年不衣)** 옷 한 벌로 10년 동안 입음.

○ **원효대사(元曉大師, 617~686)** 신라의 승려. 속성은 설(薛). 신라 십성의 한 사람으로 꼽히며, 해동종(海東宗)을 제창하여 불교의 대중화에 힘썼으며, 불교 사상의 융합과 그 실천에도 노력하였다. 저서로 『금강삼매경론소(金剛三昧經論疏)』, 『십문화쟁론(十門和諍論)』, 『화엄경소(華嚴經疏)』 따위가 있다.

○ **소성거사(小性居士)** 원효대사의 호. '소성'은 '마음이 작다'는 뜻이다. 복성거사(卜性居士)라고도 부른다. '복성'은 '아래 하(下) 자도 못 된다'는 뜻으로 둘 다 자신을 낮추어 붙인 칭호.

○ **강태공(姜太公)** 중국 주나라 초엽의 조신(朝臣)인 '태공망'을 그의 성(姓)인 강(姜)과 함께 이르는 말.

○ **곤궁(困窮)** 가난하여 살림이 구차함.

46 복전을 계발하자

대산 종사 말씀하시기를 "복전을 계발하고자 하면 첫째, 사은이 영생의 복전임을 알아 보은하는 생활을 해야 할 것이요, 둘째, 부처는 중생의 복전이 되고 중생은 부처의 복전이 됨을 알아야 할 것이요, 셋째, 항상 복을 장만하기에 힘쓰되 한번 지은 복은 아껴 쓰고 나눠 쓰고 크게 쓸 줄 알아야 하나니, 가정과 사회와 국가만 복전을 삼을 것이 아니라 사생을 내 몸 삼고 시방을 내 집 삼는 사람이 되라." 〈운심편 46장〉

| 출처 |

동용추 계곡에서 중앙훈련원 수료자와 같이 온 대학생들에게 내린 법문

복전(福田), 복족족(福足足)

(1) 사은(四恩)은 영생의 대복전(大福田)

(2) 불타는 중생의 복전이 되고 중생은 불타의 복전이 된다.

(3) 복을 늘 생산해야 늘 복족족이 된다.

(4) 복을 아껴 쓰고 나눠 쓰고 크게 쓰자.

(가) 가정만 복전 삼는 이. (나) 동리, 사회, 국가만 복전 삼는 이. (다) 세계, 전생령을 복전 삼는 이. 사생이 내 몸, 시방이 내 일.

〈『대산종사수필법문집』 1. p.915. 원기59년 6월 16일〉

| 배경 및 상황 |

대산 종사, 원기59(1974)년 6월 16일 삼동원 동용추 계곡에서 중앙훈련원 수료자와 대학생들에게 내린 법문이다.

대산 종사는 "사람이 제일 무엇을 많이 구하는가? 우리가 살아가는 데 무엇이 있어야 잘 살 것인가?"

"복과 혜입니다. [박수]"

대산 종사는 "복과 혜는 어디서 오는 것인가?"

이현도 교무가 답하기를 "복의 원천은 사은사요이고 혜의 원천은 삼학팔조입니다."

대산 종사는 "그러면 부처님께서 두 가지 크게 원하시는 바가 무엇인가?"

"대공심(大空心) 대공심(大公心)입니다."

대산 종사는 "부처님이나 우리 인류가 다 같이 소망하는바 두 가지가 있는데 그것은 자타 간에 복족족(福足足) 혜족족(慧足足)이다."라고 하고 '복전'에 대해 말씀한 것이다.

| 용어 풀이 |

○ **복전(福田)** 복을 심고 가꾸어 수확하는 밭. 농부가 밭에 씨를 뿌려 수확하는 것과 같이 복도 심고 가꾸는 터전이 있다. 처처불상 사사불공의 교리에 의하면, 사은은 우리 모두의 복전이 된다. 곧 사은의 은혜를 알아 보은하는 것은 복전을 잘 가꾸는 것이고, 반대로 배은하면 그것이 죄전(罪田)이 된다. 만나는 모든 대상, 행하는 모든 일들이 복전이다. 또한 중생들은 불보살을 복전으로 삼고, 불보살들은 중생을 복전으로 삼는다[『대종경』 요훈품 43].

○ **복족족 혜족족(福足足慧足足)** 복덕과 지혜가 모두 갖추어져 있다는 말. 선업을 많이 지어서 복덕을 장만하고, 지혜를 부지런히 밝혀서 지혜가 밝다는 말. 복족혜족, 복혜양족이라고도 한다. 부처님을 양족존(兩足尊)이라 하는데, 복과 지혜를 다 갖춘 가장 존귀한 분이기 때문이다.

제9 동원편 同源編

동원편은 대산 종사가 교단을 운영할 때 각 종교의 교리를 두루 섭렵하고 동원도리(同源道理)의 대의를 설한 법문과 종교 간의 교류와 대화를 이끌며 우리나라뿐 아니라 전 세계 종교인 간의 모임을 후원하고 세계평화를 염원하였던 총 35장의 법문을 수록하였다.

❶ 세계 4대 성자의 근본정신

대산 종사 말씀하시기를 "세계 4대 성자의 근본정신은 불타의 대평등 자비주의와 대각주의(大覺主義), 노자의 대해탈 자연주의와 무위주의(無爲主義), 예수의 대희생 박애주의와 유화주의(柔和主義), 공자의 대실천 중도주의와 인의주의(仁義主義)니라. 그러므로 대종사께서는 대원만 일원주의와 세계주의(世界主義)를 드러내 세계 모든 종교의 교지를 통합 활용하게 하셨느니라." 〈동원편 1장〉

| 출처 |

* 세계 오대성자의 근본정신

불타(佛陀) = 대평등의 자비주의 = 대각주의(大覺主義)

노자(老子) = 대해탈의 자연주의 = 무위주의(無爲主義)

예수(jesus) = 대희생의 박애주의 = 유화주의(柔和主義)

공자(孔子) = 대실천의 중도주의 = 인의주의(仁義主義)

대종사(大宗師) = 대원만의 일원주의 = 세계주의(世界主義)

〈『정전대의』 p.25. III. 정전해의 1. 개교의 동기〉

| 배경 및 상황 |

대산 종사, 『정전』 '개교의 동기' 해의(解義)를 "대종사께서 대각을 이루시고 천지개벽의 일대 변역기(一大變易期)에 다다랐음을 간파하사 정신문명의 터전으로서 진리적 종교의 신앙과 사실적 도덕의 훈련을 내세우신 것이다. 첫째, 하늘만 높이던 사상을 땅까지 숭배하게 하시고, 아버지만 위하던 사상을 어머니도 같이 위하게 하시며, 선비만 숭상하던 정신을 농공상도 아울러 평등하게 하시고, 입법자만 숭배하던 정신을 치법자까지 평등하게 하게 할 뿐만 아니라,

천지·부모·동포·법률을 차등 없이 신봉하게 하셨다. 그리고 의뢰 생활하던 정신을 자력 생활하는 정신으로, 불합리한 차별제도를 지우차별(智愚差別)로 돌리셨으며, 자기 자녀만 가르치던 정신을 남의 자녀까지 가르치는 정신으로, 자기만 잘살려던 정신을 온 인류가 다 같이 잘살 수 있는 공도주의 정신으로 돌리셨다. 둘째, 과거의 편벽된 개체 신앙을 원만한 전체신앙으로, 자력 편중이나 타력 편중의 신앙을 자타력 병진 신앙으로, 또는 편벽된 일방적 수행을 삼학병진의 원만한 수행으로 돌려, 신앙과 수행을 함께 밝히셨고, 영육을 쌍전하게 하시며, 공부와 생활을 아울러 닦게 하시고, 동과 정을 따라 공부를 여의지 않는 길을 밝히셨다. 이것이 바로 병든 세상을 구원하여 광대무량한 낙원을 건설하는 대도요, 천지개벽의 문을 열어 놓으신 것이다."라고 설하기를 마치고 '세계 오대성자의 근본정신'을 소개하며 모든 종교의 교지를 통합 활용하는 것이 4대 성자의 근본정신이라고 말하였다.

| 용어 풀이 |

○ **불타(佛陀)** 석가모니불. 인도 카필라국에서 출생하여 태자의 지위를 버리고 출가수행을 통해 일체의 번뇌를 끊고 우주의 참 진리를 알아서 깨달음을 이루어 중생을 위해 설법하고 깨우쳐 주었던 석가세존을 존경하여 일컫는 말. 여래십호(如來十號)의 하나.

○ **노자(老子)** 중국 춘추시대의 사상가로 도가(道家)의 시조이다. 성은 이(李), 이름은 이(耳), 자는 담(聃). 초(楚)나라에서 태어나 주(周)왕실의 신하가 되었다. 주나라 수장실(守藏室)의 관리로 근무하다가 만년에 서쪽으로 은거하러 가다가 함곡관(函谷關)의 관령인 윤희(尹喜)의 청에 의하여 『도덕경(道德經)』 5천언(五千言)을 썼다고 한다. 도를 인간과 우주의 근본으로 내세우고 도에 따르는 삶을 제창했기 때문에 그의 사상을 도가라 부른다.

○ **예수그리스도(Jesus Christ, B.C. 4?~A.D. 30)** 그리스도교의 개조(開祖).

예수라는 이름은 히브리어로 '하느님은 구원해 주신다'라는 뜻이며, 그리스도는 '기름부음을 받은 자', 즉 '구세주'를 의미한다. 그리스도교에서 예수그리스도는 '살아계신 하느님의 아들'이다.

○ **공자(孔子, B.C. 552~B.C. 479)** 유가(儒家)의 시조. 이름은 구(丘). 자는 중니(仲尼). 춘추전국시대 사람이며, 유교의 창시자로 알려져 있다.

❷ 종교인이 갖춰야 할 세 가지 기운

대산 종사 말씀하시기를 "종교인으로서 갖춰야 할 세 가지 기운이 있나니, 첫째, 항상 훈훈하고 화기로운 기운이 넘쳐흘러야 할 것이요[和氣], 둘째, 항상 높고 넓고 깊고 슬기로운 기운이 밝게 비쳐야 할 것이요[슬기], 셋째, 항상 바르고 침착하고 정의로운 기운이 바탕해야 하느니라[正氣]." 〈동원편 2장〉

| 출처 |

종교인으로서 갖추어야 할 세 가지

첫째는 종교인들에게는 항상 훈훈한 화기(和氣)가 넘쳐 흘려야 할 것이니, 자기의 비위에 거슬리면 닥치는 대로 헐고 뜯으려는 잔인한 살기(殺氣), 횡포한 기운들을 포근히 삭히어 봄 동산에 화기가 감돌듯 당하는 일마다, 대하는 사람마다 항상 인자한 마음으로 맞이하며 가정, 국가, 전 세계에 모든 살기를 깨끗이 씻고 육도사생(六道四生)이 다 같이 화기애애한 일가지친이 되도록 화기에 넘치는 세계를 이룩하여야 할 것입니다.

둘째는 종교인들은 항상 높고 깊으며, 넓고 냉철한 슬기로 주위를 밝게 비쳐 줄 수 있어야 할 것이니, 하찮은 사이와 소소한 일에도 상대를 지어서 툭하면 다투어 승부를 결하여 빼앗으려는 어리석은 혈기를 포근히 가라앉힘으로써 생생하게 솟아오르는 냉철한 슬기가 본인의 운심처사에 높고 깊고 넓어질 것은 물론, 이 현명한 슬기가 가정, 국가, 전 세계에 뻗히고 육도사생의 영겁 전로를 밝게 비춰주는 태양이 되어야 할 것입니다.

셋째는 종교인들은 항상 안으로 침착한 정기(正氣)가 바탕하고 있어야 할 것이니, 자기에게는 아무런 관계도 없는 일에 철없이 참견하고 다니며 공연한 일에 경솔히 날뛰는 거친 객기를 포근히 잠재움으로써 마음 밑바닥에 튼튼히 자리 잡힌 정기가 항상 넘쳐흘러 어떠한 객풍(客風)에 부딪힌다고 할지라도 여여부동하고 나아가서는 온 세상의 들뜬 모든 기운을 잠재워서 육도사생의 생맥(生脈)이 되도록 하여야 할 것입니다.

〈『대산종사수필법문집』 1. pp.147~148. 원기51년 신년법문〉

| 배경 및 상황 |

대산 종사는 원기51년(1966) 새해를 맞아 '종교인으로서 갖추어야 할 세 가지 기운'을 신년법문으로 내렸다. 첫째, 화기와 둘째, 슬기와 셋째, 정기를 갖추어야 할 기운이라고 하였다.

끝으로 "우리 종교인들부터 살기(殺氣)를 삭히어 화기(和氣)를 감돌게 하여야 서로 따뜻한 정이 건네고 나아가 전 인류가 형제자매의 정이 건네도록 하여 줄 수 있을 것이요, 혈기(血氣)를 가라앉혀 생생한 슬기가 솟아올라야 우선 각 종교 사이라도 서로 한 집안임을 참으로 느끼게 되고 세계 일가를 이룩하는 데 이바지할 수 있을 것이며, 객기를 잠재워 정기가 넘쳐흘러야 비록 교단은 각각 달리하고 있을지라도 대의(大義)에는 물과 같이 합하여 한 일터에 한 일하는 같은 일꾼으로서 복지사회를 능히 이룩할 수 있다."라고 하였다.

| 용어 풀이 |

○ **화기(和氣)** 온화한 기색. 또는 화목한 분위기.

○ **슬기** 사리를 바르게 판단하고 일을 잘 처리해 내는 재능.

○ **정기(正氣)** 지극히 크고 바르고 공명한 천지의 원기(元氣).

❸ 종교인에게 귀감이 될 말

대산 종사, 한 기자가 찾아와 종교인에게 귀감이 될 말씀을 여쭈니 말씀하시기를 "첫째, 수신은 천하의 근본이 되므로 진리를 신앙만 할 것이 아니라 진리적 인격을 갖추기 위해 쉬지 않고 수신하는 종교인이 되어야 할 것이요, 둘째, 진리와 생활이 따로 있으면 생활도 진리도 빛나지 못하므로 생활을 진리화하고 진리를 생활화하는 종교인이 되어야 할 것이요, 셋째, 종교 생활의 목적을 반조하며 자신의 행복과 인류의 평화를 건설하기 위하여 봉공하는 종교인이 되어야 할 것이니, 이처럼 수신하는 종교인, 생활하는 종교인, 봉공하는 종교인이 되어야 세상의 환영을 받게 되느니라." 〈동원편 3장〉

| 출처 |

TBC TV 방송국 호석(豪錫) 기자와의 일문일답.

問: 타 종단이 지금 사회적 참여에서 뒤지고 또 지식인으로부터 지탄을 받고 있으며, 종교 스스로가 무능하여 사회적으로 낙오가 되어 있는데, 귀교는 대단히 씩씩하고 무엇인가 이 사회를 이끌 수 있다고 생각되는데, 종법사님께서 노대종교의 맹점에 각성을 촉구하는 말씀을 듣고자 합니다.

答: 나는 종교가 앞장서고 나타나서 동분서주하며 일만 하여야 그 임무를 수행한다고 생각하지 않는다. 종교는 항상 고요하고 조용한 혁명으로 사회에 이바지하여야 한다. 그러기 위하여 나는 다음 세 가지를 주장한다.

첫째, 종교인 자신이 먼저 수신하는 종교인이 되어야 하겠다. 수신은 천하의 근본이다. 진리를 신앙만 할 것이 아니라 내 것으로 만들어 진리적 인격을 도야하는 데 쉬지 않고 수신하여야 한다.

둘째, 종교인 자신이 생활하는 종교인이 되어야 한다. 생활과 진리, 진리와 생활이 떠나서 각각 달리 있으면 생활도 진리도 빛나지 못한다. 생활 자체를 진리화, 진리 자체를 생활화하여야 한다. 그래서 생활 가운데 진리가 쉬지 않고 투입되며 물 마시듯 공기 마시듯 하여야 하겠다.

셋째, 종교인 자신이 활동하는 종교인이 되어야 한다. 종교 생활을 무엇 때문에 하고 그 목적이 어디에 있는가. 바로 자신의 행복과 인류의 평화를 건설하자는 데 있다. 그러므로 신과 부처와 하느님을 높은 데만 모셔 놓고 그것을 따르기만 하는 시대는 지났다.

〈『대산종사수필법문집』 1. pp.302~303. 원기53년 3월 18일〉

| 배경 및 상황 |

대산 종사는 원기53년(1968) 3월 18일 TBC TV 방송국 호석(豪錫) 기자와 일문일답하였다. 그중 종교인에게 귀감이 될 내용을 세 가지로 밝혔다.

첫째, 수신하는 종교인, 둘째, 생활하는 종교인, 셋째, 봉공하는 종교인이 되어야 세상의 환영을 받게 된다고 하였다.

| 용어 풀이 |

○ **귀감(龜鑑)** 거울로 삼아 본받을 만한 모범.

○ **수신(修身)** 악을 물리치고 선을 북돋아서 마음과 행실을 바르게 닦아 수양함.

○ **봉공(奉公)** 나라나 사회를 위하여 힘써 일함.

④ 인류의 정신 부활

대산 종사 말씀하시기를 "예수님이나 달마 대사가 육신 부활의 이적을 보이셨다 하나 나는 전 인류의 정신 부활을 바라노라. 참으로 전지전능한 부활이란 바른 법과 바른 수행으로 불생불멸의 자리를 깨쳐 자유자재하는 것이니, 대종사께서는 무시선 무처선으로 응무소주 이생기심(應無所住而生其心)하고 상독로(常獨露)한 마음 부활을 말씀하셨느니라."

〈동원편 4장〉

| 출처 |

시자에게 김준 원장과 대화하였던 내용을 소개하라 한 후, 김준 원장이 절실히 요구되는 무한동력을 원불교에 와서 얻어 가려고 왔다는 대목에서 예수님의 부활에 대하여 다음과 같이 부연하였다.

예수님 부활은 2천 년 전에 물론 육신 부활을 하셨다. 불가에도 시해법이 있는데 이도 바로 육신 부활의 방법이다. 달마 대사가 열반 후 화장하여 탑묘까지 건립하여 모셨는데, 그 당시의 대신 한 사람이 지방에 다녀오다 어느 곳에서 달마 대사를 만났다. 그 대신이 의아하여 "혹 달마 대사입니까?" 하고 물으니 달마 대사께서 신 한 짝을 주며 가서 맞추어 보라 하여 가지고 가서 확인해 보니 딱 맞는 한 켤레였다. 불교에서도 이런 부활을 했었다.

나는 한 분 예수님의 부활을 바라는 것이 아니다. 육신의 부활보다 나는 전 인류의 부활을 바라는 것이다. 죽어서 육신의 부활을 한다는 그것은 인간 생활에 필요 없다. 바른 법으로 바르게 수행하여 거듭나면 그것이 바로 부활이다.

불생불멸 자리를 깨서 자유자재한 것이다. 이것이 전지전능한 부활의 자리이다. 예수님 한 분만 부활하면 참 예수님은 아니다. 지금은 육신도 부활할 수 있다. 과학의 도움으로 연명도 한다. 실은 나도 양주와 원평 등에서 연명하여 부활했다.

대종사께서는 과거 천권 시대를 인권 시대로 돌려놓으셨다. 그러므로 과거에는 천명 따라 그 수(壽) 다하면 갔으나 지금은 권리가 나에게 있으므로 수양을 잘한다든지 치료를 잘하면 연명할 수 있는 것이다.

대종사께서는 이런 진리를 종합하여 무시선 무처선으로 일념만년(一念萬年)으로 여래응현자재(如來應現自在)하게 하셨다. 응무소주이생기심(應無所住而生其心)이 상독로(常獨露) 자리다.

〈『대산종사수필법문집』 1. pp.2136~2137. 원기64년 12월 31일〉

| 배경 및 상황 |

대산 종사는 원기64년(1979) 12월 31일 시자에게 김준 새마을연수원원장과 대화하였던 내용을 소개하라 한 후, 김준 원장이 '절실히 요구되는 무한동력을 원불교에 와서 얻어 가고자 왔다'는 대목에서 예수님의 부활에 대하여 다음과 같이 부연하였다.

"예수님이나 달마 대사가 육신 부활의 이적을 보이셨다 하나 나는 전 인류의 정신 부활을 바란다. 참으로 전지전능한 부활이란 바른 법과 바른 수행으로 불생불멸의 자리를 깨쳐 자유자재하는 것이다. 대종사는 무시선 무처선으로 응무소주이생기심하고 상독로한 마음 부활을 말씀하였다."라고 하였다.

대산 종사는 원기51년(1966) 4월 17일 "부활이 예수님 하나의 부활이면 안 된다. 세계와 온 인류가 부활이 되어야 참 부활이 될 것이다. 그것은 도덕이 부활하여야 하고, 그러기 위해서는 새 주세불이 나와야 한다. 국내외의 정세로 보아 지금이 세계 부활이다."라고 하였다.

| 용어 풀이 |

○ **달마대사(達磨大師)** 중국 남북조 시대의 양나라 승려(?~534?). 중국 선종의

시조로, 반야다라에게 불법을 배워 대승선(大乘禪)을 제창하였다. 석가모니불로부터 28대 조사이며, 중국 선종의 초조(初祖)이다.

○ **부활(復活)** 죽었다가 다시 살아남.

○ **전지전능(全知全能)** 완전무결한 지혜와 능력. 모르는 것이 없고 못 하는 일이 없다는 말. 어떠한 사리도 다 알 수 있고, 어떠한 일이라도 다 할 수 있는 신·불(神佛)과 같은 절대자의 지혜와 능력. 부처님이나 하나님을 전지전능한 존재라고 한다.

○ **무시선 무처선(無時禪無處禪)** 간단(間斷)없는 선공부(禪工夫). 언제나 삼학병진(三學竝進)하는 공부. 때와 장소를 가리지 않고 한결같이 선을 하라는 말로 원불교 수행의 가장 핵심적인 내용을 밝힌 표어. 삼학 수행의 요령을 얻으면 어느 때나 선을 할 수 있고 어느 경계나 선을 할 수 있다는 공부 길을 제시한 것으로, 줄여서 무시선으로만 사용하기도 한다. 원불교에서는 이를 달리 동정간 불리선(動靜間不離禪)이라고도 한다.

○ **응무소주이생기심(應無所住而生其心)** 주한 바 없이 그 마음을 내라, 곧 응당 텅 빈 마음이 되었다가 경계 따라 그 마음을 작용하라는 뜻. 천만 경계를 응용하되 집착함이 없이 그 마음을 작용하라, 어느 것에도 마음이 머물지 않게 하여 그 마음을 일으키라는 말. 무주심(無住心)·비심(非心)이라고도 한다. 『금강경』의 이 구절을 듣고 육조대사가 깨달았다고 하여 선가(禪家)에서 널리 알려져 있다.

○ **상독로(常獨露)** 항상 홀로 드러나 있음.

❺ 삼동윤리 정신으로 활동하라

대산 종사, 종교인 모임에 참석하는 한 제자에게 말씀하시기를 "앞으로 어떤 종교 모임에 참석하더라도 삼동윤리 정신에 입각하여 활동하라. 이웃 종교의 약점이나 허점을 보아 내 종교의 우수성을 드러내려는 것은 어린아이와 같은 태도니, 이웃 종교의 좋은 점은 서로 배우고 단점은 서로 보완하는 마음으로 나아가야 기운이 응하게 됨을 명심하라."

〈동원편 5장〉

| 출처 |

어떤 형태의 종교 대회에 참석하게 되더라도 우리는 다음과 같은 태도로 임하여야 한다. 즉 삼동윤리의 정신에 입각해서 하라. 세계 종교의 대동화합으로 인류를 구제하고 평화를 건설하자는 큰 뜻을 품고 임하라. 타 종교의 약점 허점을 보아 내 종교의 우수성만을 드러내려는 마음부터 갖는 것은 틀린 태도이다.

대회에 가서 타 종교의 좋은 점은 배우고 우리 좋은 점을 가르쳐서 서로 절장보단(絕長補短)한다는 마음으로 가게 되면 그 기운이 벌써 응하는 것이다. 그러니 이 말을 명심하여야 한다.

세계 종교운동을 전개하는 데 대동화합의 싹이 한국에서 트이도록 우리가 앞장서서 하자. 6대 종교 연합회는 종교 대동화합의 기초이며, 금년 총부에서 그 대회 행사를 개최하니 우연한 일이 아니다. 남을 치는 것은 어린애이다. 어떤 종교 하나가 전 세계를 구제할 수 없으니 종교 대동화합으로 하되 절장보단하여야 한다. 유병덕(柳炳德)에게 말하여 주신 이 말씀을 자주 인용하시어 주의시켜 주신다. 〈『대산종사수필법문집』 1. p.186. 원기51년 10월 16일〉

| 배경 및 상황 |

대산 종사는 원기51년(1966) 10월 16일 종교인 모임에 참석하는 한 제자에게 말씀하시기를 "세계 종교의 대동화합으로 인류를 구제하고 평화 세계를 건설하자는 큰 뜻을 품고 일하라. 그리고 어떤 종교 모임에 참석하더라도 삼동윤리의 정신에 따라 입각하여 활동하라."고 하였다.

정산 종사의 삼동윤리 정신은 대종사의 일원주의에 근거하였다. 첫째, 동원도리는 모든 종교의 사상은 근원적으로 같다는 말이고, 둘째, 동기연계는 모든 인종과 생령이 근본은 다 같은 한 기운으로 연계된 동포인 것을 알고, 셋째, 동척사업은 모든 사업과 주장이 다 같이 세상을 개척하는 데에 힘이 되는 것을 알아서 삼동윤리로 대동화합하자는 것이다.

대산 종사는 삼동윤리를 실천하고자 정산 종사의 정신을 실현할 도량으로 삼동원을 개척하였고, 세계평화 삼대제언[종교연합기구 창설, 공동시장 개척, 심전계발 훈련]을 주창하였고, 사회복지법인 삼동회를 만들어 사회 복지활동으로 삼동 정신을 실천하는 데 주력하였다.

| 용어 풀이 |

○ **삼동윤리(三同倫理)** 소태산 대종사의 일원주의 사상을 계승하여 정산 종사가 선포한 윤리 강령으로 동원도리(同源道理)·동기연계(同氣連契)·동척사업(同拓事業)을 말한다. 정산은 종교와 인류가 지녀야 할 이념과 나아가야 할 방향을 실천윤리로 제시했다.

○ **입각(立脚)** 어떤 사실이나 주장 따위에 근거를 두어 그 입장에 섬.

○ **절장보단(絕長補短/截長補短)** 긴 것을 잘라서 짧은 것을 보충한다는 뜻으로, 장점이나 넉넉한 것으로 단점이나 부족한 것을 보충함을 이르는 말.

○ **류기현(柳基現, 1930~2007)** 본명은 병덕(炳德). 법호는 여산(如山). 법훈은 종사. 일생을 원광대학교 교수로 봉직하면서 후진 양성과 원불교학의 정립에 선구적인 역할을 했다. 원광대학교 원불교학과 교수, 종교문제연구소장, 출판국장, 인문대학장, 도서관장, 기획실장, 교무처장, 대학원장, 교학부총장과 수위단원 등을 역임했다. 류기현은 원불교학 제1세대를 이끌며 원불교사상을 체계화하면서 원불교 교역자와 교학연구자 육성에 심혈을 기울였고, 국내·외의 종교계와 문화계, 종교학계와 철학계 등에 폭넓은 교류와 활동을 전개했다. 그의 학문은 입교의 계기

가 된 일원상 진리의 철학적 체계화에 모아졌는데, 그는 이를 일원철학이라 이름하고 이·광·력(理光力) 3속성 등의 개념화를 모색하는 한편, 종교현상의 조사연구를 통해 신종교를 유사종교로 보는 관점을 논파하고 민중종교로서 사회구원의 철학이 있음을 주장했다.

한국철학계에 동학·정역·증산교·대종교·원불교를 근대 민중철학의 5대맥으로 제기하여 주목을 끌었고, 그가 주도하여 종교문제연구소에서 편찬한 『원불교사전』(1974)과 주저 『원불교와 한국사회』(1977)·『근현대 종교사상사 연구』(2000) 등은 원불교사상의 학문적 체계화에서는 물론 차원 높은 호교학(護教學)의 방향을 제기하고 있다. 그가 남긴 20여 권의 편저서와 70여 편의 논문을 비롯한 많은 논고는 원불교사상의 해석학적 방향을 제시하고 있다.

❻ 성인의 두 가지 큰마음

대산 종사, 가톨릭대학교 신학과생들을 접견하고 말씀하시기를 "천주교가 우리보다 선배이나 목적하는 일은 같나니 오늘을 기념하여 여러분들에게 성인의 두 가지 큰마음을 밝혀 다 같이 성인의 바른 제자가 되기를 바라노라. 성인들은 인(仁)과 자비와 사랑을 소유한 도덕의 주인이요 허공 법계의 주인이므로 크게 텅 빈 마음[大空心]과 크게 공변된 마음[大公心]으로 일체 생령을 구제하나니, 우리도 성인의 두 마음을 본받아 크게 텅 빈 마음이 되어야 위대한 사랑과 자비와 지혜가 나와 큰 활동을 할 수 있느니라. 크게 텅 빈 마음에서 또한 크게 공변된 마음이 나오므로 그대들은 전 인류와 일체 생령이 내 몸, 내 가족임을 자각하여 세계주의자가 되도록 하라." 〈동원편 6장〉

| 출처 |

'종교제' 시 천주교 예비교역자들에게 내려주신 법문

교단적으로는 우리보다 선배이나 목적하는 일은 다 같으며 오늘 우리가 한자리에 앉아 대화를 나누지만, 또 우리가 예수님 때 모였으면 지금 같았을 것이고, 또 부처님 때 모였으면 역시 마찬가지였을 것이다. 그때는 그 어른들이 사바세계를 맡았을 때이니까. 그리고 지금이니까 이 자리를 같이한다.

우리가 다 같이 항상 진리 면으로 생각하면 진리는 하나이고 세계도 하나이다. 또한 인류는 한 가족으로 부모 형제이다. 그러므로 우리가 분야를 달리하여 일터만 달리하였을 뿐이다. 오늘을 기념하여 성인의 두 가지 큰마음을 밝혀 다 같이 성인들의 바른 제자가 되자. 성인들은 대공심(大空心), 대공심(大公心) 이 두 가지 큰 힘을 가지시어 일체 생령을 구제하신다. 성인들을 해부하면 이 두 가지 이외에는 아무것도 없다.

그러므로 성인을 단적으로 표현하면 이 허공법계의 주인이라 할 수 있고, 또 도덕의 주인이라고도 할 수 있으며 인과 자비와 사랑을 소유한 주인이라 볼 수 있다.

우리가 아무리 지식을 갖춘 훌륭한 학자라도 인과 박애와 자비가 없는 그 품안에는 성인의 정통 제자는 아니다. 저편에서 나를 죽이러 올 때 나는 복수하지 않는 마음, 부득이 상대되면 해를 내가 차지하는 마음, 이것이 성자의 최대의 자산이요, 무기요, 방향이며, 이것이 대 세계주의이다.

〈『대산종사수필법문집』 1. pp.724~725. 원기58년 5월 9일〉

| 배경 및 상황 |

대산 종사는 원기58년(1973) 5월 9일 원광대학교와 원불교총부에서 열린 '대학생종교제' 때 천주교 가톨릭대학교 신학과생들을 접견하고 말씀하시기를 "'성인의 두 가지 큰마음'을 밝혀 다 같이 성인의 바른 제자가 되기를 바란다. 성인들은 인(仁)과 자비와 사랑을 소유한 도덕의 주인이요 허공 법계의 주인이므로 크게 텅 빈 마음[大空心]과 크게 공변된 마음[大公心]으로 일체 생령을 구제하자. 그대들도 전 인류와 일체 생령이 내 몸, 내 가족임을 자각하여 세계주의자가 되도록 하자."라고 하였다.

대학생종교제는 각 종단을 오가며 시작하였으나 갈수록 다른 종단의 참여가 저조해져서 마침내 5회를 마지막으로 대학생종교제는 중단되었다. 그러나 대학생종교제는 각 종교의 지도자들이 종교 간의 불신과 반목을 극복하고 대화의 장을 여는 계기를 만드는 데 촉진제가 되었다.

| 용어 풀이 |

○ **대학생종교제(大學生宗敎祭)** 우리나라 6대종교의 성직자를 교육하는 교육기관 재학생들이 종교 간의 이해와 협력을 증진하기 위해 1966년부터 수년간 개최했던 축제. 원불교 교단의 종협 활동에 발맞추어 원기51년(1966) 5월에 원광대학 불교교육과 재학생의 연구단체인 교학연구회가 중심이 되어 '대학생 종교제'를 개최했다. 제1회 종교제는 원불교를 비롯하여 가톨릭·개신교·불교·유교·천도교 등 6대종단의 예비성직자인 대학생들이 참여했으며, 2회는 원기54년(1969) 5월, 3회는 원기56년(1971), 4회는 원기57년(1972, 5회는 원기58년(1973)에 개최했다.

○ **대공심(大空心)** 크게 텅 빈 마음. 삼독 오욕·사량 계교·시기 질투·선악귀천·염정미추·원근친소·희로애락·시비장단 등 온갖 중생심이 텅 비어버려 진리와 하나가 된 마음. 가을 하늘처럼 높고 맑아 구름 한 점 없이 깨끗한 마음. 이는 곧 반야의 지혜요, 우리의 본래 면목이며, 청정자성이다.

○ **대공심(大公心)** 대공심(大空心)이 되어 경계 따라 나타나는 크게 공변(公邊)된 마음. 마음이 텅 비어버리면 크게 공변되고 가득 찬 마음이 일어난다. 텅 빈다는 것은 삼독오욕·번뇌 망상이 텅 빈다는 것이요, 텅 비어버리기 때문에 다시 가득 찬 마음이 된다. 가득 찬 마음이 된다는 것은 원만 평등한 마음과 대자 대비심으로 가득 찬다는 것이다. 대공심(大公心)은 천지의 덕(德)이 나타나는 마음[用]이다. 그

러므로 텅 빈 마음을 가지면 천지 같은 덕이 나타난다.

⑦ 깨달음에 이르기 위한 세 가지 수행의 길

종교학자 스위들러 교수가 "저는 기독교인인데 어떻게 하면 더 독실하게 신앙생활을 하여 진리를 깨달을 수 있습니까?" 하고 여쭈니, 대산 종사 말씀하시기를 "깨달음에 이르기 위해서는 세 가지 수행의 길이 있는 바, 첫째는 선과 기도와 염불로써 선정 삼매의 대정정(大定靜)에 드는 것이요, 둘째는 의심으로써 한 가지 의심으로 만 가지 의심이 지극히 공한 의단(疑團)을 뭉치는 것이며, 셋째는 철저한 수행으로 지극히 정성스럽고 쉼이 없는 정진 적공을 쌓는 것이니라." 또 여쭙기를 "기독교에서는 하나님을 초월적인 존재로서의 측면과 내재적인 존재로서의 측면이 조화된 하나의 궁극적 실체를 말하는데 원불교에서 말하는 자력과 타력도 이와 같이 이해해도 되겠습니까?" 말씀하시기를 "원불교의 신앙은 처처불상 사사불공의 신앙이니, 원불교에서 말하는 타력은 상(像)에 의지하는 타력이 아니라 내가 곧 하나님이요 부처님이라고 하는 진리에 대한 믿음을 바탕으로 하고 있으며, 우리는 석가세존만을 부처로 아는 것이 아니라 일체 만물을 다 부처로 알고 불공의 대상으로 삼느니라."

〈동원편 7장〉

| 출처 |

미국 템플(Temple) 대학 스위들러 교수와의 대담

문: 저는 기독교인입니다만 기독교를 더 착실히 믿고 진리에 깨침을 갖기 위하여 어떻게 하면 성불에 이를 수가 있습니까? 여쭙고 싶습니다. 명상을 통해

서 되는가, 기도를 통해서 되는가, 또 개인 개인이 크게 깨달음에 이르려면 무슨 방법이 있습니까? 진실로 알고 싶습니다.

답: 깨는 데에는 선정삼매(禪定三昧) 즉 선, 기도, 염불로 선정삼매에 들어가야 하는 데 그 경지에 들어가기로 말할 것 같으면 영생을 위해서 대서원, 대신심, 대공부심으로 매진해서 일심이 되어 하나가 됨으로써 그 진리가 얻어진다. 또 '이 뭐고' 해서 의심을 받아들여 일심이 되는 것도 있다. 우리 대종사께서는 하늘을 보면 하늘이 의심나고, 땅을 보면 땅이 의심나고, 구름을 보면 구름이 의심나셨다. 즉 일의지하(一疑之下)에 만의(萬疑)가 구공(俱空)하여 깨치는 길이다. 다시 말하면 깨는 데는 세 가지가 있는데 하나는 선으로서 선정삼매의 대정정(大定靜)에 들어야 하고 둘은 의심으로써 일의지하(一疑之下)에 만의(萬疑)가 구공(俱空)한 큰 의단(疑團)이 뭉쳐야 하고 셋은 철저한 수행으로 지성무식(至誠無息)한 대정진을 쌓아야 한다. 이것을 원불교에서는 삼학이라고 하는 데 본래는 스승을 만나는 것이지 혼자서는 잘 안되는 것이다.

문: 기독교는 타력이고 불교는 자력이고 원불교는 자타력이 합친 것인데 기독교 신에서 보면 신을 이해하고 하나님을 이해할 때 두 가지 면으로 이해하는데 하나는 같은 신인데도 초월적 측면에서 세상과 자기 자신을 떠나서 멀리 계시는 그런 측면과 또 하나는 내재적 측면, 바로 목전보다도 더 가까이 마음속에 깊이 있다고 하는 두 가지가 있는데 이렇게 두 가지로 생각한다면 이제 말씀하신 대로 자력과 타력 두 가지로써 그 두 가지가 조화되는 하나의 궁극적 실체라고 하는 것과 결국 같으신 말씀이 아니십니까?

답: 그런데 자력과 타력이 다 있기는 있어도 자력이 주가 되어 타력이 속하는 점과 타력이 주가 되어 자력이 속하는 점이 다르다. 우리가 말하는 타력은 상(像)을 통하는 타력이 아니라, 진리성에 대한 믿음을 말한다.

문: 저도 두 측면이 조화를 이루어야 한다고 생각합니다.

답: 그리고 우리는 부처님이 삼천 년 전에 석가세존만이 부처님이 아니라, 그

부처님이 부처님이고 또 다 깬 분은 부처다. 또 깨지 않았어도 다 부처다. 그러기 때문에 국민학교 중학교 정도는 삼천 년 전 석가세존만을 부처님으로 알고, 고등학교 정도는 깬 사람을 다 부처로 알고, 대학교 정도는 깨지 않았어도 부처로 아는 것과 같다.

〈『대산종사수필법문집』 1. pp.517~520. 원기69년 3월 22일〉

| 배경 및 상황 |

대산 종사는 원기69년(1984) 3월 22일 원평교당 조실에서 김복인(金復仁)과 동행한 미국 템플(Temple)대학교 종교학 박사 레너드 스위들러(Leonard Swdler) 교수와 대담하였다.

스위들러 교수는 "저는 기독교인인데 어떻게 하면 더 독실하게 신앙생활을 하여 진리를 깨달을 수 있습니까?" 하고 여쭈니, 대산 종사 말씀하시기를 "깨달음에 이르기 위해서는 세 가지 수행의 길이 있는바 첫째는 선과 기도와 염불로써 선정 삼매의 대정정(大定靜)에 드는 것이요, 둘째는 의심으로써 한 가지 의심으로 만 가지 의심이 지극히 공한 의단(疑團)을 뭉치는 것이며, 셋째는 철저한 수행으로 지극히 정성스럽고 쉼이 없는 정진 적공을 쌓는 것이니라."라고 하였다.

또 여쭙기를 "기독교에서는 하나님을 초월적인 존재로서의 측면과 내재적인 존재로서의 측면이 조화된 하나의 궁극적 실체를 말하는데 원불교에서 말하는 자력과 타력도 이처럼 이해해도 되겠습니까?" 말씀하시기를 "원불교의 신앙은 처처불상 사사불공의 신앙이니, 원불교에서 말하는 타력은 상(像)에 의지하는 타력이 아니라 내가 곧 하나님이요 부처님이라고 하는 진리에 대한 믿음을 바탕으로 하고 있나니 우리는 석가세존만을 부처로 아는 것이 아니라 일체 만물을 다 부처로 알고 불공의 대상으로 삼는다."라고 하였다.

'한국 크리스천 아카데미'[원장, 강원용] 초청으로 우리나라에 온 스위들러 박사는 지난 22일 교립 원광대를 방문, 자신이 제시하고 있는 세계적 범종교 간의 이해와 대화를 위한 10대 전제 사항을 교학대학·문리대 철학과 교수, 대학원생[불교학 전공]들에게 피력하고 토론도 했다.

| 용어 풀이 |

○ **선정삼매(禪定三昧)** 반야(般若)의 지혜를 얻고 성불하기 위해 마음을 닦는 수행. 불교 대승보살들의 수행덕목인 육바라밀의 하나. 선정이란 마음이 산란해지는 것을 멈추고, 마음을 고요하게 통일하여 입정삼매에 들어가는 것을 의미한다. 선과 도인법(導引法)과 요가와 기도로써 삼매에 드는 경지.

○ **대정정(大定靜)** 크게 마음이 안정되고 고요한 것. 안정됨은 마음이 확고하여 흔들리지 않음이고, 고요함은 마음속에 욕심이 가라앉고 청정한 일심을 간직함을 의미한다. 정(定)은 마음을 하나로 안정시켜 삼매의 경지가 되어 흩어지지 아니하는 것. 정(靜)은 천만 경계에도 마음이 끌려가지 아니하는 것.

○ **의단(疑團)** 의심 덩어리, 의심 뭉치라는 뜻. 어떤 일에 대해 마음속에 늘 풀리지 않는 의심 의문이 뭉쳐 있는 것. 의단이 되어야만 진리를 깨쳐 반야지가 솟아나고 사리연구 공부가 잘된다.

○ **궁극적 실체(窮極的實體)** 더할 나위 없는 지경에 도달하는 것으로 늘 변하지 아니하고 일정하게 지속하면서 사물의 근원을 이루는 것.

❽ 개종한 것을 마음에 두지 마라

한 제자 사뢰기를 "저는 교도로서 한없이 기쁘고 행복하오나 한편으로는 개종한 것이 마음에 걸리나이다." 대산 종사 말씀하시기를 "예수님이나 부처님이 서로 다른 분이 아니므로 종교를 바꿨다고 생각하지 마

라. 나도 2천 년 전에 나왔으면 예수님 제자가 되었을 것이요 3천 년 전에 나왔으면 부처님 제자가 되었을 것이나 이 시대에 태어났으므로 대종사님 제자가 되었나니 마음에 두지 마라." 〈동원편 8장〉

| 출처 |

서울 교도 한 분이 "천주교를 믿다가 원불교로 온 데 대하여 마음이 걸린다."라는 이야기를 들으시고

대종사님이나 선 종법사님이 예수님 때 나셨으면 거기로 가셨을 것이다. 그분들이 다른 분이 아니시고 한 분이시다. 또 부처님 때 예수님이 나셨으면 또 그랬을 것이다. 그 어른이 그 어른이시지 다른 분 아니시다. 서로 큰집, 작은집으로 지내는 것이지 종교 바꾼다고 생각지 말라. 나도 그랬다. 나도 2천 년 전에 나왔으면 예수님 제자 되었을 것이다. 지금 태어났으니 대종사님 제자가 됐다. 또 3천 년 전에 태어났다면 부처님 제자가 되었을 것이다. 그러니 부처님 제자니, 예수님 제자니, 대종사님 제자니 모두 둘이 아니다. 진학이지. 진학하면 국민학교에서 대학원까지 있지 않으냐? 2천 년 전의 사상은 그것밖에 없었으니까 그만큼만 내놨는데 지금은 사상이 발달하였으니 이렇게 내놓은 것이다. 그러니 다시 구애하지 말라.

〈『대산종사수필법문집』 1. pp.1068~1069. 원기60년 1월 30일〉

| 배경 및 상황 |

대산 종사는 원기60년(1975) 1월 30일 서울 교도 한 분이 "천주교를 믿다가 원불교로 개종한 데 대하여 마음이 걸린다."라는 이야기를 듣고 말씀하시기를 "대종사님이나 선 종법사님이 예수님 때 나셨으면 거기로 가셨을 것이다. 그분들이 다른 분이 아니시고 한 분이시다. 또 부처님 때 예수님이 나셨으면 또 그랬을 것이다. 마음에 두지 마라."라고 하였다.

대산 종사는 오래 전에 개종한 교도에게 “개종했다는 생각을 말라. 진학 내지 진급했다고 하라. 성인은 동일하시다. 시대 따라 소학교, 중학교, 고등학교, 대학, 대학원, 종단으로 제도 문을 여시는 것이니 우리는 진학하였다 하자.”라고 하였다. 〈『대산종사수필법문집』 1. pp.186~187. 원기51년 10월 16일〉

| 용어 풀이 |

○ **개종(改宗)** 믿던 종교를 바꾸어 다른 종교를 믿음.

9 세계평화 3대 제안

대산 종사, 원기 69년 한국을 방문한 교황 요한 바오로 2세의 환영식에서 말씀하시기를 “오늘 이 귀중한 시간을 빌려 세계평화 3대 제언인 심전계발 훈련과 공동시장 개척과 종교연합 창설을 제언합니다. 종교의 목적은 하나이므로 천주교에서 천심을 길러 천국을 만드는 것이나, 불교에서 자비심을 길러 불국을 만드는 것이나, 유교에서 성심(聖心)을 길러 성세(聖世)를 만드는 것이나, 도교에서 도심(道心)을 길러 도국(道國)을 만드는 것이나, 원불교에서 원심(圓心)을 길러 원만 평등한 세상을 만드는 것이 표현은 달라도 본래 이념은 다 같은 것이므로, 우리가 합심하여 세계평화를 이루고 전 인류를 구원하는 일에 노력합시다.”

〈동원편 9장〉

| 출처 |

교황 요한 바오르 2세 환영사

존경하는 교황님 성하.

우리 한국을 예방해 주신 데 대해서 심심하게 우리 한국민과 우리 종교인은 감사를 드리는 바입니다. 또한, 한국 천주교 200주년 기념식과 시성식을 이 자리를 빌려서 충심으로 축하드리고 더 큰 축복이 함께 하시기를 비는 바입니다.
오늘 이 귀중한 시간을 빌려서 이 세계에 제안할 세 가지 과제가 있는데, 첫째는 세계 종교연합 기구(UR) 탄생입니다. 둘째는 공동시장의 개척입니다. 셋째는 심전계발의 훈련입니다.
우리 종교인의 마음 밭부터 개발해서 인류에게 부끄럼 없는 세계가 되기를 염원하면서 이 세 가지 제안을 교황님에게 다시 한번 촉구하는 바입니다.
종교가 불교니 천주교니 유교니 대종교니 있지마는 종교의 구경 목적은 하나이기 때문에 천주교에서 말씀하신 참된 하나님 마음을 길러서 천국을 만들자는 것이 최고 이념이고, 우리 불교에서는 부처님의 자비심을 길러서 불국을 만들자는 것, 또 유교에서는 성심을 길러서 성세를 만들자는 것, 또 우리 도교에서는 도심을 길러서 이 세계를 도국을 만들자는 것입니다. 진리는 하나, 세계도 하나, 인류는 한 가족, 세상은 한 일터니 '개척하자 하나의 세계'가 최고 이념이니 이를 실현하도록 다 함께 노력합시다.

〈『대산종사수필법문집』 1. pp.531~532. 원기69년 5월 6일〉

| 배경 및 상황 |

대산 종사는 원기69년(1984) 5월 6일 서울 천주교대사관에서 한국 종교대표로 한국을 방문한 교황 요한 바오르 2세를 위한 환영사를 하였다.
"오늘 귀중한 시간을 빌려 '세계 평화 삼대제언'인 심전계발 훈련과 공동시장 개척과 종교연합 창설을 제언합니다. 종교의 목적은 하나이므로 기독교나 천주교는 천심을 길러 천국을 만들자는 것이고, 불교는 자비심을 길러 불국을 만들자는 것이고, 유교에서 성심을 길러 성세를 만들자 것이고, 도교에서 도심을 길러 도국을 만들자는 것이고, 원불교에서 원심을 길러 원만 평등한 세상을 만드는 것이 표현은 달라도 본래 이념은 다 같은 것이므로 우리가 합심하여 세계 평화를 이루고 전 인류를 구원하는 일에 노력합시다.”

| 용어 풀이 |

○ **교황(敎皇)** 가톨릭교의 최고위 성직자. 사도 베드로의 후계자이며 그리스도의 대리자이고, 전(全) 가톨릭교회의 우두머리인 로마 대주교이다.

○ **요한 바오르 2세** 제264대 교황[재위 1978~2005]. 폴란드 바도비체에서 태어났으며, 본명은 카롤 보이티야(Karol Wojtyla)이다. 1938년 아젤로니아대학교 철학과에 입학, 연극 활동을 하며 안드레아 예비엔이라는 이름으로 시·희곡 등을 쓰기도 하였다. 제2차 세계대전 발발로 학업을 중단하고 연극배우 생활에 전념하다가, 1942년 성직에 뜻을 안고 나치하에서 비밀리에 운영되던 크라코프신학교를 졸업, 1946년에 사제(司祭)가 된 후, 크라코프대학교 신학교수 등을 거쳐, 1964년 크라코프의 대주교가 되어, 1967년 추기경에 임명되었다. 1978년 요한 바오로 1세가 등위 34일 만에 죽자, 그 후계 교황으로 선출되었다. 이탈리아인이 아닌 교황은 사상 처음 455년 만의 일이다. 1981년 5월 교황청 앞뜰에서 교인들을 접견 중 한 튀르키예인의 저격으로 상처를 입었으나, 건강을 회복했다. 바오로 6세의 교회개혁 정신을 이어받아, 교회 안팎 문제들에 관심을 가지고 많은 활약을 하였다.

1984년 한국천주교 200주년 기념식 때 내한, 103위 복자(福者)에 대한 시성식(詩聖式)을 집례하였으며, 1989년 세계성체대회 때도 한국을 방문하였다. 1994년 11월에는 ‘3천년을 맞는 칙서(勅書)’를 통하여, 교회가 과거에 종교의 이름으로 저지른 불관용(不寬容)과 전체주의 정권에 의한 인간기본권의 유린을 묵인한 것은 잘못임을 인정하는, 가톨릭으로서는 진일보의 고백을 함으로써, 요한 23세 이후에 조성된 구·신교 일치운동에 한층 화해적인 분위기를 조성하였다. 2005년 4월 2일 선종했다.

⑩ 세계불교도우의회 메시지

대산 종사, 원기 71년 '세계불교도우의회'에 메시지를 보내시기를 "오늘 이 대회에서 불교의 5대 주의를 밝혀 전 인류가 크게 잘 살 수 있도록 불제자들의 사명을 촉구합니다. 첫째, 주아주의(主我主義)니 스스로 세상을 책임지는 주인이 되어 살자는 것이며, 둘째, 무아주의(無我主義)니 현실의 나는 참 나가 아니므로 거짓 나를 놓고 영원한 참 나를 찾아 살자는 것이며, 셋째, 중도주의(中道主義)니 모든 일에 넘치거나 부족함이 없이 중도를 잡아 살자는 것이며, 넷째, 평등주의(平等主義)니 평등한 성품 자리는 너와 나도 없고 친소도 끊어진 자리임을 알아 현실의 모든 차별심을 놓고 원만 평등하게 살자는 것이며, 다섯째, 자비주의(慈悲主義)니 전 인류와 일체 생령이 한 가족임을 알아 공존공영하는 큰 사랑을 고루 베풀고 살자는 것입니다." 〈동원편 10장〉

| 출처 |

세계 불교도 대회에 메시지

본인은 오늘 부처님께서 전 인류가 크게 잘 살도록 밝혀 주신 불교의 오대주의를 말씀드림으로써 우리 불제자들의 사명을 촉구하고자 합니다.

첫째, 주아주의(主我主義)로 천하의 진리가 주인 노릇을 하는 사람은 주인이 되고 손님 노릇을 하는 사람은 손님이 되는 법이므로 스스로 세상을 책임지는 주인이 되어 살자는 것이며, 둘째, 무아주의(無我主義)로 현실의 나는 참 내가 아니니 거짓 나를 놓고 영원한 참 나를 찾아 살자는 것이며, 셋째, 중도주의(中道主義)로 고금을 통해서 흥하면 망하고 성하면 쇠하여 길하면 흉하고 화 뒤에는 복이 오는 것이 세상의 정한 바 이치이므로 우리는 모든 일에 넘치거나 부족함이 없는 그 중도를 잡아 살자는 것이며, 넷째, 평등주의(平等主義)로 평등한 성품 가운데는 너와 내가 없고, 크게 두렷한 자리에는 친소가 끊어짐을 알아 현실의 모든 차별심을 놓고 원만평등하게 살자는 것이며, 다섯째, 자비주의(慈悲主義)로 전 인류와 일체생령이 다 한 가족임을 알아 모두가 공존공영(共存共榮)할 수 있는 큰 사랑을 고루 베풀고 살자는 것입니다.

1986년 11월

원불교 종법사 김대거

| 배경 및 상황 |

대산 종사는 원기71년(1986) 11월 27~12월 2일까지 네팔에서 열리는 제15차 세계불교도대회에 '불교의 5대주의'의 메시지를 보냈다. 교단 대표로 김윤중 교정원장을 비롯한 전팔근 교정원부원장 겸 국제부장, 박은국 부산서부교구장, 신제근 영모원장, 전이창 삼동원장, 이철행 서울사무소장, 한정석 원광대 교수, 전성원 원광보건전문대학장 등 8인이 참석하였다.

제15차 세계불교도대회(WFB)는 원기70년이 아니라 원기71년 11월에 개최하였으므로 '원기71년'으로 바로잡는다.

〈『대산종사수필법문집』 2. p.902. 원기71년 11월 13일〉

| 용어 풀이 |

○ **세계불교도대회(世界佛敎徒大會)** 세계불교도회(The World Fellowship of Buddhists, WFB)가 주최하여 열리는 불교인들의 대회. 1950년 5월 스리랑카 콜롬보에서 아시아·유럽·미국 등 27개국 대표들이 모여 창립한 불교단체이며 대체로 격년제로 총회를 개최했다. 원불교는 원기43년(1958) 11월 6일부터 태국에서 개최된 제5차 WFB 총회에 교단 대표로 박길진이 옵서버로 참석하기 시작했다. 이후 지속해서 참석하면서 대산 종사의 '세계 불교 지도자들에게 보내는 메시지'와 종교연합운동의 취지문을 배포하고 종교연합의 필요성을 역설해 왔다. 그

후 원기65년(1980) 11월, 제13차 WFB 정기총회에서 만장일치로 원불교가 정식 WFB에 통과되었으며, 1982년 2월 당시 원불교 중앙총부 교정원 현관에 '세계불교도회 원불교본부(Won Buddhism Headquarters of The World Fellowship of Buddhists)'라는 현판이 걸게 되었다. 1990년에는 한국에서 17차 총회를 개최하여 한국 불교도들의 관심을 불러일으켜 성황을 이루었고 세계불교도회 대표들이 원불교 총부를 방문하는 기회를 얻게 되었으며 한국 내 다른 불교 단체와의 협력 관계를 지속해서 해오고 있다.

○ **공존공영(共存共榮)** 함께 존재하고 함께 번영함.

⑪ 아시아종교자평화회의에 참석한 종교 대표에게

대산 종사, 원기 71년 '아시아종교자평화회의'에 참석한 각 종교 대표들이 익산 성지와 영산 성지를 참배한 감상담을 들으시고 말씀하시기를 "인도의 천주교 페르난데스 대주교는 '일원상이 바로 평화의 가교'라 하였고, 시크교 교도인 우반 인도종교협의회 사무총장은 '불교가 인도에서 발생하여 중국을 거쳐 한국으로 왔으나 앞으로는 한국의 새 불교인 원불교가 중국을 거쳐 인도에 건너가 인도를 살리고 전 세계를 살릴 것이다.'라고 하였나니, 이는 우리 회상이 영산회상이요 용화회상이라는 천어(天語)라. 우리 회상은 천 여래 만 보살의 공전(共傳) 회상이므로 앞으로 생불이 수없이 나와 이 세계를 구원하게 되리라." 〈동원편 11장〉

| 출처 |

아시아종교자평화대회 종합보고

원불교와 관계된 내용[1차 전심(傳心), 일원상과의 만남]

• 교정원장 환영사와 아울러 우반 장군 답사 내용.

나는 원불교를 오래전부터 알고 있습니다. 여기 와서 신앙의 대상인 일원상을 보건대 가장 최고로 표현되었습니다. 과거는 불교가 인도에서 발생하여 중국을 거쳐 한국에 와서 많은 포교를 하고 있습니다. 그러나 앞으로 원불교가 중국을 거쳐서 다시 인도에 가서 크게 교화가 될 것을 믿고 그렇게 되기를 기원합니다.

• 분과 토론 중 유병덕[기현] 박사에게 인도에서 온 천주교 대주교[페르난데스]가 일원상을 보고 평화의 가교는 저것이면 끝나니 더 말할 것이 없다 하며 일원상의 진리에 대하여 많은 질문을 하였음.

6월 19일[2차 전심(傳心), 합심의 큰 힘 보임]

• 분과 토의 중 인도의 대주교가 유병덕 박사에게 질문하기를 "원불교의 신앙 대상인 일원상이 바로 평화의 가교다 더 이상 무어라고 말할 필요가 없다."라고 했다고 합니다.

[3차 전심-폐회식, 새 시대 새 회상 보임, 남녀평등]

6월 21일 오후 6시 10분 [4차 전심]

각국 대표 42명이 내방한 분들에게 종법사님께서 '진리는 하나, 세계도 하나, 인류는 한 가족 개척하자 하나의 세계' 법문을 해주시고 이어서 출가식 법문의 친필을 주시고 모감주를 평화주라고 하시면서 한 분, 한 분 악수해 주시고 전해주시다.

6월 21일 전주교구청 만찬 [5차 전심-재가·출가 합력의 힘]

6월 22일 오전[6차 전심-동방의 새 불토 영산의 옛 인연]

• 영산성지 방문 대각지 참배 영모원 참배.

• 우반 장군 답사.

과거 불교가 인도에서 발생하여 중국을 거쳐 한국에 왔으나, 앞으로는 한국의 새 불교가 중국을 거쳐 인도에 건너가 살리고 전 세계를 그렇게 할 수 있는 원불교 진리를 이곳에 와서 똑똑히 보았다고 함.
6월 22일 광주 오찬[7차 전심- 삼동윤리 진리]
8차 전심-문산(文山) 김정용(金正勇) 숙식, 시종일여(始終一如)의 정성

종법사님께서 종합해서 보고 받고 다음과 같이 결론을 내려주시다.

• 우반 장군이 기자와 인터뷰하면서 산 부처님 세 분이 계시니 앞으로 세계적 종교가 될 것이라고 말하였으니 이는 우리 회상이 천여래 만보살의 회상이라는 말이 된다. 이 말은 과거 불교는 그 법이 정법(正法) 천년, 계법(戒法) 천년, 상법(象法) 천년으로 일여래 천여래 단전의 회상이었으나 우리 회상은 5만 년 대운에 천여래 만보살의 회상으로 공전(共傳)으로 법계로 전해지니 앞으로 생불이 수없이 나와 이 세계를 구원한다는 말이 된다. 또 우반 장군이 과거에는 인도→중국→한국으로 불교가 전래하였는데 앞으로는 한국→중국→인도로 역 전래한다고 한 것은 영산회상이나 용화회상이 하나라는 천어를 한 것이다. 〈『대산종사수필법문집』 2. pp.831~834. 원기71년 6월 29일〉

| 배경 및 상황 |

대산 종사는 원기76년(1991) 6월 21일 서울에서 제3차 아시아종교자평화회의[6월 16일~21일, 15개 종단 25개국 300명과 옵서버 약 300명 참석]에 참석한 종교인 중 42명이 총부와 영산성지를 방문한 순례자에게 말씀하였다.

제3차 ACRP 대회는 원불교 교단이 대부분 사전 준비 및 경비 등을 제공하였으며 6월 16일에서 20일까지 서울에서 종교인평화회의를 하고 참석자 중 42명이 6월 21일부터 22일까지 원불교 익산성지와 영산성지를 순례하였다. 아시아종교인 평화회의와 원불교 성지순례 방문 기간 느꼈던 감상을 교단 대표들로부터 종합 보고받고 대산 종사가 말씀한 내용을 정리한 법문이다.

| 용어 풀이 |

○ **아시아종교자평화회의(亞細亞宗敎者平和會議, ACRP)** 국제적인 종교 협의체 기구의 하나. 1970년 일본 교토(京都)에서 세계종교자평화회의(WCRP)가 설립되고 이어서 각 지역별 종교자평화회의 각 국가위원회가 설립되기 시작하여 아시아 지역에 아시아종교자평화회의가 설립되었다. 전문에 설립의 의의를 잘 밝히고 있다.

"종교 상호 간의 협력은 정의와 민족 및 국가 간의 평화를 유지하는데 본질적이다. 아시아에서 발생한 종교들은 언제나 지상에 평화와 정의를 확립하려는 공동의 목표를 간직해 왔으며, 그러므로 그 계승자들은 이 고귀한 목적을 추구하면서 사랑과 형제애와 관용의 정신으로 힘을 합칠 필요가 있다. 아시아의 종교 유산은 아시아의 국가와 민족들에게 아시아 및 다른 세계의 물질적 정신적 번영을 위하고, 또한 사회적 부정의와 경제적 불평등과 평화에 대한 기타의 장해를 제거하기 위해 인류 창조력의 원천을 회복하고 지구의 풍부한 은혜를 재정비할 것을 명령한다. 1976년 11월 싱가포르에서 개최된 아시아종교자평화회의는 아시아의 종교적 유산을 재활시키고, 아시아의 종교인들이 모든 아시아 나라들에 있어서 종교 상호 간, 문화 상호 간의 협력 및 조화를 촉진하기 위한 창조적 활동을 하도록 요청했으며 또한 세계에서 종교 상호 간의 일치, 인권, 정의 및 평화를 위해서 일하고 있는 국제적·정치적[정부적]·자발적 기구들과 협력할 것을 다짐했다."

원불교에서는 일원주의와 삼동윤리의 정신을 바탕으로 종교연합(UR)을 주창하면서 종교 간의 협력과 대화에 적극적으로 참여했다. 1981년 인도 뉴델리에서 개최된 제2차 아시아종교자평화회의에서 '종교연합설립안'을 제안했으며, 이를 계기로 제3차 회의를 서울에 유치하는 데 성공하여, 1986년 서울회의를 개최할 때 교단 안팎으로 주인 역할을 담당했다.

○ **용화회상(龍華會上)** 미륵불의 회상. 미륵불이 출세하여 세 번의 법회로 많은 중생을 제도하게 되는 미래 세계의 큰 회상을 의미한다. 미륵보살이 성불한 후에

중생을 제도하기 위해 연 법회. 석가모니가 입멸한 뒤 56억 7천만 년만의 세상에 나타나서 용화수 밑에서 도를 이루고, 세 차례의 설법을 한다고 한다. 원불교에서는 대도정법이 널리 퍼져서 모든 사람이 정신개벽이 되고 크게 밝은 세상이 전개되는 시대, 곧 일원대도가 널리 퍼지는 시대, 원불교가 미래 세계의 주세 종교가 되는 시대를 의미한다.

⑫ 삼귀의

대산 종사, '삼귀의(三歸依)'에 대해 말씀하시기를 "첫째, 귀의불양족존(歸依佛兩足尊)은 거룩하신 부처님께 귀의한다는 뜻이니, 우리가 힘이 없을 때는 먼저 부처님께 귀의하고, 다음에는 깨치신 모든 성자께 귀의하고, 그다음에는 삼라만상이 모두 부처임을 알아 일체 불에게 귀의하고, 마지막에는 둘 없는 하나의 자성불 자리를 길러 그 자리에 귀의하자는 것이니라. 둘째, 귀의법이욕존(歸依法離欲尊)은 거룩하신 부처님 법에 귀의한다는 뜻이니, 먼저 부처님의 경전에 귀의하고, 다음에는 깨친 분들의 모든 경전에 귀의하고, 그다음에는 천지 만물 허공 법계가 다 법임을 알아 일체 법에 귀의하고, 마지막에는 내가 깨치면 거기에서 법이 나옴을 알아 자성 법에 귀의하자는 것이니라. 셋째, 귀의승중중존(歸依僧衆中尊)은 거룩하신 스승님께 귀의한다는 뜻이니, 먼저 도가 높은 스승님께 귀의하고, 다음에는 청정 수행자에게 귀의하고, 그다음에는 일체 처 일체 물에 거짓 없는 일체 청정 승에게 귀의하고, 마지막으로 내가 도를 닦아 오탁악세(五濁惡世)를 떠나면 그것이 승임을 알아 자성 승에 귀의함이니라. 삼귀의를 할 때는 자력과 타력을 아울러야 하나니, 귀의불하여 수양력을 얻고, 귀의법하여 연구력을 얻으며, 귀의승 하여 취사력을 얻으면 일체 불·일체 법·일체 승이 모두 하나가 되어 자성귀의불·자성귀의법·자성귀의승으로 여래가 되느니라." 〈동원편 12장〉

| 출처 |

부안, 청주 교도들에게 내려주신 법문[일요 법회]

자력 신앙과 타력 신앙 이 두 가지를 아울러야 우리가 공부하는 사람이 될 것이니 신앙과 수행 그리고 훈련까지 겸해야 자타력이 된다. 각자 조석으로 훈련하는 것이 필요하다.

불교에서 귀의불양족존 귀의법이욕존 귀의승중중존 하는데 이것이 무슨 뜻인가? 그러니 우주 전체는 부처님이라는 걸 알아서 내가 그 일체 불에게 귀의 승배해야 한다. 첫째, 우리 대종사님이 부처님에게, 둘째, 조사님이나 모든 성자에게 귀의불하고, 셋째, 처처불상에 귀의불 해도 넷째, 결말에 자성불에 귀의하지 못하면 조각이다. 턱 하니 앉아서 자성불에 귀의한다. 아침에 심고 하는 것이나 좌선을 하는 것이 자성불에 귀의하는 것이다. 이 네 가지를 알아야 한다.

귀의법, 귀의법 할 때 소리만 하지 말고 팔만장경이나 우리 경전 거기에 모두 귀의해야 한다. 귀의법 할 때 오탁악세(五濁惡世)로 검어진 마음을 씻어 버려야 한다. 경전에 의해야 한다. 경전에 의하지 않고 하얘질 수 없다. 과거 부처님은 할아버지 부처님이라면 우리 대종사님은 아버님 부처님이니, 아버님 부처님이 내신 7대 교서에 의지해 매일 봄으로써 하얘진다. 그게 귀의법이다.

그리고 팔만장경이나 교서만이 법이 아니다. 깨신 분들은 법이 나온다. 그 법에 따라야 한다. 그다음은 자성법, 내가 깨고 보면 여기에서 법이 나온다. 그러기에 타력만 신앙하지 말고 내가 자력해서 여기서 법이 나오도록 해라.

귀의승은 첫째는 과거 조사들이나 항마 이상의 도인한테 귀의한다. 도를 닦은 분들만 승이 아니라 그분들이 일종의 승이라면 불교를 안 믿고 기독교는 믿는 사람들이나 어느 종교인이 되었든 청정 수행하는 자. 일체처에 청정할 것 같으면 그게 승이다. 그러므로 우리는 어느 종단에 치우치지 말고 그 법으로 사는 사람은 승이 된다. 그리고 둘째는 일체처 일체물에 깨끗하다. 거짓이 없다. 그래서 승이다. 조촐귀다. 셋째는 일체 청정승에 돌아가고, 넷째는 자성승에 돌아간다. 내가 도를 닦아서 오탁 악세를 떠나고 보면 그것이 승이다. 그래서 자성승에 돌아가야 한다.

공부들 잘해서 이다음에 볼 때는 삼불(三佛)에 귀의한 성자가 되시기 빕니다.

〈『대산종사수필법문집』 1. pp.1731~1733. 원기62년 8월 7일〉

귀의불하여 수양력을 얻고, 귀의법하여 연구력을 얻고, 귀의승하여 취사력을 얻어 버리면 삼계의 대도사(大導師)가 되고, 사생의 자부(慈父)가 되어 삼계의 대권을 잡을 수 있다. 이렇게 되려면 남이 시켜서 되는 것이 아니라 자기가 해야 한다.

일체불(一切佛) 일체법(一切法) 일체승(一切僧)으로 보이는가 살펴보라. 물이 더러운 것도 아니고 깨끗한 것도 아니다. 일체를 하나로 보아 버리면 한 단계가 솟는다. 그래야 귀의불 귀의법 귀의승이 되고 그 경지가 되어야 여래(如來)이다. 자성 귀의불(自性歸依佛) 자성 귀의법(自性歸依法) 자성 귀의승(自性歸依僧)이 바로 여래 자리이다.

〈『대산종사수필법문집』 1. pp.1736~1738. 원기62년 8월 10일〉

| 배경 및 상황 |

대산 종사는 원기62년(1977) 8월 7일 일요 법회 때 부안, 청주교당 교도들에게 '삼귀의' 법문과 8월 10일 대구 지역 교무들과 교도들에게 서용추 계곡에서 '삼귀의' 법문 소개 후 부연해서 '삼귀의와 삼학'에 대해 설하였다.

대산 종사는 "첫째, 귀의불양족존은 자성귀의불이요, 둘째, 귀의법이욕존은 자성귀의법이요, 셋째, 귀의승중중존은 자성귀의승이라."라고 삼귀의의 대의를 밝혔다.

| 용어 풀이 |

○ **삼귀의(三歸依)** ① 불·법·승 삼보에 돌아가 의지, 귀의하는 것. 부처님과 부처님의 가르침 그리고 그 가르침에 따르는 교단에 귀의한다는 뜻. 부처님 당시에 생겨난 의례로서 모든 불교의 행사에서 반드시 행하는 가장 중요한 의례이다. 우리나라에서는 전통적으로 귀의불양족존[歸依佛兩足尊, 세상에서 가장 존귀하시고 대원(大願)과 수행, 복덕과 지혜를 다 갖추신 부처님께 돌아가 의지합니다], 귀의법이욕존[歸依法離欲尊, 일체의 허망함과 욕심을 떠난 청정한 가르침에 돌아가 의지합니다], 귀의승중중존[歸依僧衆中尊, 일체 대중 가운데서 가장 존귀한 스님들께 돌아가 의지합니다]이라는 삼귀의를 읊으면서 배례했는데, 현대에 와서는 찬불가로 의례를 행하기도 한다. 원불교에서도 교단 초기에는 법회 시간에 소리 내어 염송했으나, 원불교의 예법이 정립되고 『원불교교전』이 출판된 이후로는 법회 순서에서 빠지게 되었다. ② 자성삼보(自性三寶)에 돌아가 의지한다는 말. 육조 혜능의 『육조단경』에 나온 내용으로 불(佛)은 깨달음의 각(覺)을, 법(法)은 올바름의 정(正)을, 승(僧)은 청정함의 정(淨)을 의미한다고 했다.

○ **오탁악세(五濁惡世)** 불교의 말법사상에 있어서 특히 말세에 나타나는 다섯 가지 혼탁한 현상. ① 겁탁(劫濁): 시대의 혼탁으로 전쟁·전염병·기근·재난 등이 일어난다. ② 견탁(見濁): 사상의 혼탁으로 그릇된 사상이 세상에 넘친다. ③ 번뇌탁: 사람의 마음속에 탐욕·분노 등의 번뇌가 가득해진다. ④ 중생탁: 사람의 자질이 나빠져 인륜 도덕이 타락하고 사회악이 넘친다. ⑤ 명탁(命濁): 사람의 수명이 점차 단축된다. 원불교의 입장에서는 불교에서 말하는 오탁(五濁)이 아니고, 대도정법이 사라지고 인의 대도가 희미해지며, 윤리 도덕이 타락한 혼탁한 세상을 오탁(汚濁)악세라 한다. 오탁악세는 세계 전체적인 경우도 있고, 부분적 또는 개개인의 마음속에 있을 수도 있다.

⑬ 삼처전심

대산 종사, '삼처전심(三處傳心)'에 대해 말씀하시기를 "부처님께서 세 곳에서 법을 전한 것이 삼처전심이니라. 첫째, 영산회상 거염화(靈山會上擧拈花)라. 영산회상에서 부처님이 대중에게 꽃가지를 들어 보이매 가섭만이 파안미소를 지었나니, 이는 가섭의 미소 속에 법이 들어갔기 때문이오. 둘째, 다자탑전 분반좌(多子塔前分半座)라, 가섭이 멀리 갔다가 돌아오매 다자탑 앞에서 자리를 같이 앉은 것이 분반좌이니 이는 부처님과 파수공행(把手共行)을 했다는 것이오. 셋째, 사라쌍수 곽시쌍부(沙羅雙樹槨示雙趺)라. 부처님께서 열반하신 뒤 며칠이 지나 가섭이 오매 관 속에서 두 발을 내보였다는 것이니 이는 불생불멸을 증거한 것이니라. 그러면 부처님께서 가섭에게 무엇을 전한 것인가? 자각 선사께서도 '옛 부처님 나시기 전에 응연히 한 상이 둥글었으나 석가도 오히려 알지 못했거늘 가섭이 어찌 능히 전할 것인가.' 하고 그 소식을 전했나니, 최고의 진리는 주는 것도 아니요 받는 것도 아니나 또 살짝 주기도 하고 받기도 하는지라, 이 자리를 알아 그 심경에 들어가면 세세생생 부처님과 파수공행할 수 있느니라." 〈동원편 13장〉

| 출처 |

제3차 교무 훈련생 110명, 광주 청운회 15명에게

"삼처전심(三處傳心)에 대하여 말해봐라."

"영산회상(靈山會上)에 염화미소(拈花微笑), 다자탑전(多子塔前)에 분반좌(分半座), 쌍림열반(雙林涅槃)에 곽시쌍부(槨示雙趺)입니다."

"세상은 공것이 없다. 부처님도 당신이 납월 팔일 깨달아 법을 전하려고 하시는데 전할 사람을 찾아서 법을 전하신 것이 삼처전심이다. 영산회상에 염화미소라. 영산회상에서 부처님이 꽃가지를 들으시니 가섭만이 파안미소를 하였다. 파안미소를 한 번씩 지어 봐라. 파안미소를 하니까 입속에 집어넣어 주어 버렸다. 부처님이 가섭이 예뻐서 그러신 것이 아니다. 그 웃는 속에 법이 들어가셨기 때문에 그냥 몰아넣어 버렸다.
그리고 다자탑전에 분반좌라 가섭이 멀리 갔다 돌아오니 자리를 같이 앉은 것이 분반좌다. 그러니까 파수공행(把手共行)하였다는 것이다. 마지막으로 쌍림열반에 곽시쌍부라. 부처님께서 관 속에서 발을 내놓으신 것은 내가 안 죽었다. 불생불멸이라고 하는 것을 증거 하신 것이다. 그런데 그 뒤에 스님 한 분[야부(冶父)]이 고불미생전(古佛未生前)에 응연일상원(凝然一相圓)이로다. '석가도 유미회(猶未會)거든 가섭에게 기능전(豈能傳) 할 건가.' 석가세존 당신도 모르는 것을 어떻게 가섭에게 전할 것이냐는 말이다. 그러므로 최고의 진리는 주는 것도 아니고 받는 것도 아니다. 또 주어서 간다면 그것은 진리는 아니다. 주는 것도 아니요, 받는 것도 아닌데 또 살짝 주기도 하고 받기도 하는 것이다. 그러니까 우리가 최고의 진리를 알아서 주지도 못하고 받지도 못하는 자리인데 주기도 하고 받기도 하는 심경을 가질 것 같으면 우리는 세세생생 부처님과 파수공행할 것이다."

〈『대산종사수필법문집』 2. pp.846~848. 원기71년 7월 20일〉

| 배경 및 상황 |

대산 종사는 원기71년(1986) 7월 20일 완도 소남훈련원 동백정에서 제3차 교무 훈련생 110명, 광주교구 청운회 15명에게 '삼처전심'에 대해 말씀하시기를 "영산회상 거염화(靈山會上擧拈花)라, 영산회상에서 부처님이 대중에게 꽃가지를 들어 보이매 가섭만이 파안미소를 지었다. 둘째는 다자탑전 분반좌(多子塔前分半座)라, 가섭이 멀리 갔다가 돌아오매 다자탑 앞에서 자리를 같이 앉은 것이 분반좌이다. 이는 부처님과 파수공행(把手共行)을 했다는 것이다. 셋째는 사라쌍수 곽시쌍부(沙羅雙樹槨示雙趺)라, 부처님께서 열반하신 뒤 며칠이 지나 가섭이 오매 관 속에서 두 발을 내보였다. 이 자리를 알아 그 심경에 들어가면 세세생생 부처님과 파수 공행할 수 있다."라고 하였다.

| 용어 풀이 |

○ **삼처전심(三處傳心)** 선종(禪宗)의 근본적인 선지(禪旨). 석가모니불이 가섭에게 말없이 마음을 세 곳으로 전해주었다는 일. ① 영산회상 거염화(靈山會上擧拈花): 부처님이 왕사성 북동쪽에 있는 영취산에서 설법하고 있을 때 하늘에서 꽃비가 내렸다. 부처님이 그 꽃송이 하나를 들어 보이니, 제자들이 모두 그 뜻을 몰라 어리둥절한데 오직 가섭만이 혼자서 빙그레 웃었다. 이때 부처님이 '정법안장·열반묘심을 가섭에게 전하노라'고 하였다. ② 다자탑전 분반좌(多子塔前分半座): 부처님이 다자탑에서 설법하고 있을 때 가섭존자가 누더기를 입고 늦게 참예하자 여러 제자가 그를 낮추어 보았다. 이에 부처님이 앉아 있던 자리를 반으로 나누어 가섭을 함께 앉도록 하였다. ③ 사라쌍수 곽시쌍부(沙羅雙樹槨示雙趺): 부처님이 북인도 구시나가라성 북서쪽의 사라쌍수 숲속에서 열반하니 그 숲이 하얗게 변하였다. 부처님의 몸은 금으로 만든 관에 모시고 다시 구리로 덧곽을 지어 모셔 두었는데, 먼 곳에 갔다가 부처님이 열반한 지 열흘 후에야 가섭존자가 당도하여 부처님 곽 주위를 세 번 돌고 세 번 절하자 곽 속으로부터 두 발을 내어 보였다. 이 삼처전심의 이야기는 부처님이 가섭존자에게 법을 전했다는 증거로 제시된다. 또한 이 삼처전심은 화두로도 많이 사용된다.

○ **가섭존자(迦葉尊者)** 석가모니불의 십대제자 중 두타(頭陀) 제일인 마하 가섭. 두타란 번뇌의 티끌을 없애고 의식주에 탐착하지 않으며 청정하게 불도를 수행하는 것을 말한다. 석가모니불이 열반을 앞두고 제자들에게 '나의 무상정법을 마하 가섭에게 다 전하노라'고 하였다. 가섭존자는 삼십삼 조사 중 제 1조가 된다.

○ **자각선사(慈覺禪師, 1053~1113)** 자각 종색(慈覺宗賾). 중국 남송(南宋)의 임

제종 양기파의 스님이다. 강서성 운거사(雲居寺)에 머물면서 교화하였고, 일원상(○)을 사용한 스님으로 알려져 있다.

○ **파수공행(把手共行)** 불보살과 함께 손을 잡고 불법을 같이 수행하여 간다는 뜻. 계율을 잘 지켜 가면 삼세제불과 같은 길을 걸어가게 된다는 의미이다. 『수심결』과 송(宋)의 고승인 무문혜개(無門慧開)의 『무문관』 제1칙에 나오는 말이다.

⑭ 사반야지와 일원상 서원문

대산 종사, 사반야지(四般若智)와 일원상 서원문에 대하여 말씀하시기를 "사반야지는 대각의 단계를 말씀하신 것이니, 첫째, 대원경지(大圓鏡智)는 한 두렷한 거울 같은 자리로 우리 일원상 자리요, 부처님께서 깨치신 불생불멸의 자리요, 공자님께서 깨치신 무극 자리요, 노자님께서 깨치신 도(道)의 자리요, 예수님께서 깨치신 하나님 자리를 말함이요, 둘째, 평등성지(平等性智)는 대원경지의 본지(本智) 자리를 크게 보아 너와 나도 없고, 부처라고 더한 바 없고 중생이라고 덜한 바 없는 그 자리에 요달한 지혜를 말함이요, 셋째, 묘관찰지(妙觀察智)는 이 우주에 진급 강급과 만물의 변태와 사생의 육도 변화를 묘하게 관찰하는 지혜를 말함이요, 넷째, 성소작지(成所作智)는 만능·만지·만덕을 갖추신 부처님께서 시시처처(時時處處) 사사물물(事事物物) 대하는 것마다 하고자 하는 바를 이루시는 지혜를 말함이니라. 일원상 서원문에 사반야지에 이르는 공부 길이 밝혀져 있나니, '일원은 언어도단의 입정처이요, 유무 초월의 생사문인 바'는 대원경지 자리요, '천지·부모·동포·법률의 본원이요, 제불 조사 범부 중생의 성품으로'는 평등성지 자리요, '능이성 유상하고 능이성 무상하여, 유상으로 보면 상주불멸로 여여 자연하여 무량세계를 전개하였고, 무상으로 보면 우주의 성·주·괴·공과 만물의 생로병사와 사생의 심신 작용을 따라 육도로 변화를 시켜 혹은 진급으로 혹은 강급으로 혹은 은생어해로 혹은 해생어은으로 이와 같이 무량세계를 전개하였나니'는 묘관찰지 자리요, '우리 어리석은 중생은 이 법신불 일원상을 체받아서 심신을 원만하게 수호하는 공부를 하며, 또는 사리를 원만하게 아는 공부를 하며, 또는 심신을 원만하게 사용하는 공부를 지성으로 하여'는 성소작지 자리니 성소작지를 위하여 우리 어리석은 중생은 이렇게 공부해야 한다는 말이니라. 또 '진급이 되고 은혜는 입을지언정 강급이 되고 해독은 입지 아니하기로써, 일원의 위력을 얻도록까지 서원하고 일원의 체성에 합하도록까지 서원함'은 사반야지를 성공시키기 위한 큰 서원이니라. 그러므로 일원상 서원문을 많이 독송하여 일원상의 진리를 꿀꺽 삼켜야 사반야지를 얻고, 사반야지를 이루어야 일원상의 진리와 통하여 대종사님과 부처님과 동거 동락(同居同樂)할 수 있느니라." 〈동원편 14장〉

| 출처 |

여수교당에서 '대각의 4단계' 법문

대각의 4단계를 가지고 얘기해 주려고 합니다. 이것은 이미 대종사께서 밝혀 주신 진리인데 다른 것이 아니라 예전 부처님께서 4가지 반야지를 말씀하셨는데 반야지라는 것은 대 광명한 자리를 말한 것이다.

그 첫 반야지가 대원경지(大圓鏡智)다. 한 두렷한 거울 같은 자리다. 그 자리가 바로 우리 일원상 자리이고 부처님께서 깨신 불생불멸 자리이고 공자님께서 깨신 무극 자리이고 예수님께서 깨신 하나 자리란 하나 두렷한 그 자리이다. 그 자리가 우리 본래 본지(本智)이다. 부처님만 가진 것이 아니라 우리도 가진 자리다. 그 자리를 깨야 초단계다. 본래 본지 자리를 깬 것이다.

둘째는 평등성지(平等性智). 대원경지(大圓鏡智), 본래 본지 자리를 크게 보아서 너 나 부처님에 더한 바도 없고 중생에 덜한 바도 없는 그 자리를 요달해버리는 것이 평등성지이다. 그러기 때문에 불교주의를 평등주의라고 하는 것은 다름이 아니라 대원경지를 보았기 때문에 평등성지를 행한다는 것이다.

셋째는 묘관찰지(妙觀察智)라. 묘하게 잘 관한다는 말이다. 대원경지를 보아서 평등성지가 되어서 묘관찰지를 하는 것은 이 우주에 진급되는 일, 강급되는 일, 모든 만 중생이 육도로 변화되는 일을 그 부처님 눈으로써 보고 계신다는 말이다.

다음은 성소작지(成所作智). 부처님의 만능 만지 만덕을 갖추고 만 능력을 갖추셨기 때문에 시시처처 사사물물 대하는 곳마다 지혜를 이룬다.

이 대각의 4단계 이걸 우리가 알아야 한다. 그런데 이것은 대종사께서 일원상 서원문에 다 밝혀 놓으셨으니 말씀드려라.

"일원은 생사문인바" 그게 본래 본지 자리다. 대원경지 자리다.

"천지, 부모, 동포, 성품으로" 그게 평등성지 자리이다. 네 가지를 하나로 평등이 보신 자리이다.

"능이성 유상하고 능이성 무상하여 이와 같이 무량세계를 전개하였나니" 그게 묘관찰지이다.

또 "우리 어리석은 중생은 ~ 지성으로 하여" 성소작지를 하기 위하여 우리 어리석은 중생은 이렇게 공부를 해야 한다는 말이다.

그래서 그다음에는 결말이 대각의 4단계를 성공시키는 대서원이 끝이다.

"진급이 되고 ~ 서원함" 열 번 읽으면 열 번 읽은 정도로, 천 번이면 천 번 많이 외어야 한다. 그래서 우리가 일원상의 진리를 꿀떡 삼켜 버리면 우리는 세세생생 대종사님과 부처님과 동고동락할 수 있는 그런 길이 될 것이니 모두 공부 잘하시고 앞으로 이 여수교당이 잘 발전될 수 있도록 박수로 격려하자.

〈『대산종사수필법문집』 1. pp.1666~1670. 원기62년 4월 25일〉

| 배경 및 상황 |

대산 종사는 사반야지를 '대각의 4단계'라고 하였다. 우리의 공부 표준에 맞춰 '일원상 서원문과 사반야지'라는 부제로 밝혔다. 이 법문은 오래전부터 하였는데 공식적으로 원기62년(1977)경부터 설하였다. 원기70년(1985)도를 비롯하여 원기71년(1986) 4월 28일 대각개교절 경축사 부연법문 등으로 수없이 설하였다.

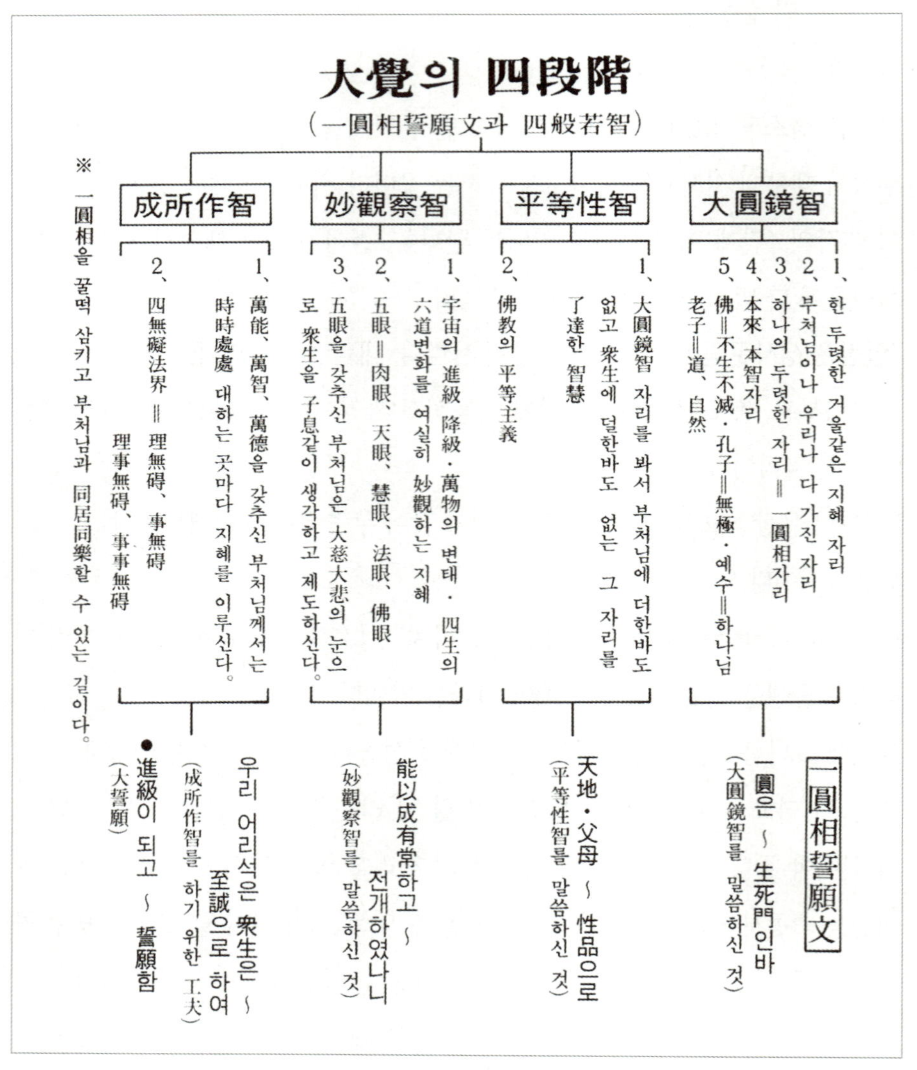

| 용어 풀이 |

○ **사반야지(四般若智)** 유식학(唯識學)에서 말하는 네 가지 종류의 지혜. 범부의 팔식[八識, 阿賴耶·末那·意·身·舌·鼻·耳·眼識]을 전환해서 얻게 되는 지혜로서, 대원경지(大圓鏡智)·평등성지(平等性智)·묘관찰지(妙觀察智)·성소작지(成所作智)를 말한다. ① 대원경지: 제8 아뢰야식을 전환하여 얻게 되는 지혜로서, 크고 둥근 거울이 만물을 비추는 것과 같이 일체 사물의 참모습을 비추는 지혜. 곧 자성의 지혜. ② 평등성지: 제7 말나식을 전환하여 얻게 되는 지혜로서, 자타 일체의 평등을 깨닫고 대자 대비심을 갖는 지혜. ③ 묘관찰지: 제6 의식을 전환하여 얻게 되는 지혜로서, 모든 대상을 직접 접촉하지 않고 관찰하여 모든 의심을 끊고 자유자재로 설법하는 지혜. ④ 성소작지: 5식을 전환하여 얻게 되는 지혜로서, 오관[五官··눈·귀·코·혀·몸]의 대상에 대하여 자유자재하게 되며, 중생의 이익을 위하여 여러 가지 불가사의한 동작·사업을 하는 지혜.

○ **일원상서원문(一圓相誓願文)** 소태산 대종사가 깨친 일원상의 진리를 모든 사람이 함께 깨치고 일상생활에 활용하여 마침내 일원상의 진리와 내가 합일되도록 법신불 일원상 앞에 간절히 서원을 올리는 경문(經文)이다. 원기23년(1938) 11월경에 소태산 대종사가 직접 지은 경문으로서 306자의 짧은 내용이지만, 일원상의 진리·사은·삼학·인과의 이치 등 원불교의 기본 교리가 집약되어 있다. 원불교인은 참다운 수행의 힘을 얻기 위하여 일원상서원문을 아침저녁 또는 하루에도 여러 번씩 외우고 있으며, 각종 의식행사 때에도 독경문으로 사용하고 있다.

○ **동거동락(同居同樂)** 함께 살고 더불어 즐거움을 같이 나누는 것을 말함.

⑮ 금강경의 세 가지 강령

대산 종사, 학인들에게 말씀하시기를 "나는 금강경을 읽고 세 가지 강령으로 공부하였나니, 자성이 무너지지 않음이요[自性不壞], 자성이 어둡지 않음이요[自性不昧], 자성이 물들지 않음이니라[自性不染]."

〈동원편 15장〉

| 출처 |

훈련생과 선원생들에게 내려주신 법문

근래에 법기치고 금강경을 숙독하지 않은 이가 없다. 그리고 대종사께서 중용을 말씀하셨지. 그래서 예전 20대에 금강경을 토론하고 쓰기도 많이 썼다. 내가 금강경 대의를 한 것은 금강경을 읽다 보니 복잡하고 그래서 주물러서 필요하게 만들었다. 근래에는 금강경을 간단히 세 가지로 이야기하였는데 자성의 불괴(不壞)로 무너지지 않고, 불매(不昧)로 어둡지 않고, 불염(不染)으로 물들지 않는 것, 여기에 금강경이 쏙 다 들어가 버린다. 천부성(天賦性)으로 모(母)로부터 타고 나올 때 자성이 흠이 없는데 태중에서 세상에 나오니 물들어 버렸다. 아직 훈련생들은 그렇지 않을 것이다.

〈『대산종사수필법문집』 2. p.216. 원기66년 5월 5일〉

| 배경 및 상황 |

대산 종사는 원기66년(1981) 4월 21일 영산성지에 행가하여 약 1개월간 주재하며 종법사 훈증훈련 기간 중 5월 5일 훈련생과 영산선원생들에게 『금강경』의 세 가지 강령을 말씀하시기를 "자성이 불괴, 불매, 불염이라"고 하였다.

| 용어 풀이 |

○ **금강경(金剛經)** 『금강경(金剛經)』, 『금강반야경(金剛般若經)』이라고도 한다. 『금강경』은 동아시아에서 널리 읽히고 있는 짧고 매우 함축적인 대승불교 경전이며, 한국의 대표적 불교 종단인 조계종을 비롯한 많은 선종 계통 종단 소의경전(所

依經典)의 하나이다. 소태산 대종사가 대각 후 이 경을 열람하고 '석가모니불은 성인들 중의 성인'이라 찬탄한 대표적인 연원(淵源) 경전으로 『불조요경』에 수록되어 있다.

○ **천부성(天賦性)** 하늘이 준 성품. 또는 태어날 때부터 지닌 성품.

○ **연원(淵源)** 사물의 근원. 처음 입교할 때 이끌어주는 사람. 입교의 인연이 된 사람을 입교연원, 출가수행의 길로 이끌어 준 사람을 출가연원, 성불의 길로 이끌어 준 사람을 성불연원이라 한다.

⑯ 금강경의 대의 1

대산 종사, '금강경 대의'에 대하여 말씀하시기를 "금강경의 요지는 '응무소주 이생기심'이라, 여래는 모든 일을 응용하되 그일 그일에 주착함이 없이 마음을 쓰므로 칠정이 부동하고, 그 마음에 상이 없으므로 모든 일을 틀에 잡히지 않고 자유자재하느니라. 금강경은 여래의 심법과 생활을 그대로 나타내 보이신 행적이니, '성안에서 차례로 빌기를 마쳤다.' 함은 차별 없는 평등행을 보임이요, '여래는 모든 보살을 잘 호념하고 잘 부촉하신다.' 함은 호념의 도를 보임이요, '구류 중생을 남음 없는 열반에 들도록 멸도시킨다.' 함은 큰 원력을 보임이요, '실로 중생이 멸도를 얻은 이가 없나니 만일 보살이 사상(四相)이 있으면 곧 보살이 아니다.' 함은 상 없고 흔적 없는 행을 보임이요, '무릇 형상 있는 바가 다 허망한 것이니 만일 모든 상이 상 아님을 보면 곧 여래를 본다.' 함은 여래의 실상(實相) 자리를 직접 들어 보임이니라." 〈동원편 16장〉

| 출처 |

1. 요지

응무소주이생기심(應無所住而生其心) [대종사, 정산종사, 육조대사]

여래는 모든 일을 응용하되 그일 그일에 주착함이 없이 마음을 쓰므로 칠정(七情)이 부동하고 그 마음에 상이 없으므로 모든 일을 하여갈 때 틀에 잡히지 않고 자유 자재하는 것이다.

2. 금강경은 여래의 심법과 그 생활을 그대로 나투어 보이신 행적인바

1) 제1장: 어기성중(於其城中)에 차제걸이(次弟乞已)하시고

여래께서 차별 없는 평등행을 보이심이요.

2) 제2장: 여래선호념제보살(如來善護念諸菩薩)하시며 선부촉제보살(善付囑諸菩薩)하시나니

여래께서 호렴의 도를 보이심이요[언제나 알뜰히 아껴 주시고, 살펴 주시고, 북돋아 주시고, 용서해 주시고, 이끌어 주시는 마음].

3) 제3장: 구류중생(九類衆生) 아개영입(我皆令入) 무여열반(無餘涅槃)하야 이멸도지(而滅度之) 하리라.

여래의 대원력을 보이심이요.[내(內)-자심중생(自心衆生) 외(外)-일체중생]

4) 제4장: 실무중생(實無衆生) 득멸도자(得滅度者)니 약보살(若菩薩)이 유아상(有我相)·인상(人相)·중생상(衆生相)·수자상(壽者相)하면 즉비보살(卽非菩薩)이니라.

5) 제5장: 범소유상(凡所有相)이 개시허망(皆是虛妄)이니 약견제상비상(若見諸相非相)이면 즉견여래(卽見如來)니라.

여래께서 여래의 실상 자리를 직접 들어 보이심.

〈『정전대의』 pp.207~208. 수신강요 2. 49. 금강경 대의〉

| 배경 및 상황 |

대산 종사는 원기52년(1967) 12월 8일 금강경의 요지를 말씀하시기를 "금강경은 바로 여래다. 그 요지를 대종사께서나 선 법사께서 응무소주이생기심(應無所住而生其心)으로 말씀해 주셨으니 응무소주이생기심은 칠정(七情)이 부동한 경지로 모든 일에 틀 잡히지 않은 것이다. 내이불래(來而不來) 거이불거지심(去而不去之心)이 곧 여래다. 칠정(七情) 부동으로 틀 잡히지 않은 마음이 응무소주이생기심이다."라고 하였다.

| 용어 풀이 |

○ **칠정(七情)** 사람이 가지고 있는 일곱 가지 감정. 보통 희·노·애·낙·애·오·욕(喜怒哀樂愛惡欲) 또는 희·노·우·사·비·경·공(喜怒憂思悲驚恐)을 말한다. 불교에서는 희·노·우·구·애·증·욕(喜怒憂懼愛憎欲)을 말한다.

○ **호념(護念)** ① 중생이 부처나 보살을 마음에 잊지 않고 염송(念誦)하는 일. ② 신불(神佛)이 선행을 닦는 중생이나 간절히 기원하는 사람을 옹호하고 보살피며 깊이 사랑해주는 것.

○ **부촉(咐囑)** ① 일정한 목적을 띠고 그동안 있어 온 일 또는 앞으로 다가올 일을 사적 공적으로 계승되도록 간절히 부탁하는 것. ② 부처님이나 성현 등이 제자나 후인에게 간절히 당부하는 말. 또는 그들이 열반을 앞두고 유언의 성격을 지닌 법문이나 당부의 말을 하는 것.

○ **구류중생(九類衆生)** 구류생(九類生) 또는 구류지생(九類地生)이라고도 한다. 과거생에 지은 선악의 행위에 따라 금생에 몸을 받을 때 아홉 가지의 형태가 있다고 한다. ① 태로 태어난 태생(胎生), ② 알로 태어난 난생(卵生), ③ 습한 곳에서 태어난 습생(濕生), ④ 변화하거나 탈바꿈하여 태어난 화생(化生), ⑤ 빛이 있어 태어난 유색(有色), ⑥ 빛이 없이 태어난 무색(無色), ⑦ 생각이 있어 태어난 유상(有想), ⑧ 생각이 없이 태어난 무상(無想), ⑨ 생각이 있지도 없지도 않게 태어난

비유상(非有想) 비무상(非無想)을 말한다. 이 세상의 모든 중생을 아홉 가지로 분류한 것.

○ **멸도(滅度)** 열반·입적(入寂)·적멸(寂滅)·원적(圓寂)과 같은 뜻. 생로병사의 큰 괴로움을 없애고 번뇌의 바다를 건넜다는 뜻.

○ **사상(四相)** (1) 깨치지 못한 중생들이 전도(顚倒)된 생각에서 실재한다고 믿는 네 가지 분별심, 곧 아상(我相)·인상(人相)·중생상(衆生相)·수자상(壽者相)을 이른다. ① 아상: 모든 것을 자기 본위·자기중심으로 생각하여 자기가 가장 잘났다고 하거나, 자기의 것만 좋다고 고집하거나, 오온(五蘊)의 일시적 화합으로 이루어진 자기 자신을 실재한다고 집착하는 소견. ② 인상: 우주만물 중에서 사람이 가장 중요하며, 일체 만물은 사람을 위해서 생긴 것이라, 사람이 마음대로 해도 된다는 인간 본위에 국한된 소견. ③ 중생상: 부처와 중생을 따로 나누어 나 같은 중생이 어떻게 부처가 되고 무엇을 할 수 있겠느냐 하고 스스로 타락하고 포기하여 향상과 노력이 없는 소견. ④ 수자상: 자기의 나이나 지위나 학벌이나 문벌이 높다는 것에 집착된 소견. 이러한 사상에 사로잡히면 중생이요, 사상을 벗어나야 불보살이 될 수 있다. 사상을 아인사상(我人四相)이라 한다.

○ **실상(實相)** 있는 그대로의 모양. 모든 존재의 참된 본성. 있는 그대로의 모습. 실(實)은 참, 진실이라는 뜻이며, 상(相)은 무상(無相)이라는 뜻. 진실불허한 우주만유의 본체. 진여(眞如)·일여(一如)·실성(實性)·무위(無爲)·진상(眞相)·진제(眞諦)라고도 한다. 석가모니불이 깨친 본연청정한 진실. 일원상의 진리 그 자체를 실상이라고 한다.

⑰ 금강경의 대의 2

대산 종사, 이어 말씀하시기를 "'한 부처 두 부처에만 선근을 심었을 뿐 아니라 이미 무량 천만 부처님 처소에 선근을 심는다.' 함은 세세생생 삼세 모든 부처님과 심심 상련한 심법을 보임이요, '여래는 다 알고 다 본다.' 함은 앎이 없이 알고 봄이 없이 보는 혜안을 나타내 보임이요, '모든 성현이 다 무위법(無爲法)으로써 차별이 있게 한다.' 함은 오직 함이 없는 법으로 차별함을 보임이요, '내가 옛적에 가리왕에게 신체가 베이고 끊어졌으나 진심(瞋心)과 원한심이 없다.' 함은 욕됨을 참고 끊임없이 적공한 대 인욕행을 보임이요, '여래는 참말, 실다운 말, 변함없는 말, 속이지 않는 말, 다르지 않은 말을 하는 분이다.' 함은 오직 참되고 거짓 없는 행을 보임이요, '내가 과거 무량 아승기겁 일을 생각하니 연등불 앞에 팔백사천만억 나유타 모든 부처님을 만나 다 공양하고 받들어 한 분도 빼놓은 일이 없다.' 함은 일마다 불공한 솔성의 도를 보임이요, '작은 법도 가히 얻음이 없다.' 함은 광대 무량한 법량(法量)을 보임이요, '일합상(一合相)은 가히 설할 수 없거늘 다만 범부가 그 일에 탐착한다.' 함은 천지가 나뉘기 전의 실체와 한 생각 일어나기 전의 소식을 들어 보임이니라. 이상은 여래의 참뜻을 밝혀 간추린 바이니, 남에게 알리는 것도 중요하나 먼저 각자의 마음에 표준을 삼고 마음 쓰는 길이 되어야 하느니라. 불보살은 천하를 준다 해도 여래위와는 바꾸지 않는 것이니, 여래를 원하는 이는 이 대의를 표준 잡아 활용하고 상시 응용 주의 사항 6조 공부로 큰길을 닦아야 하리라." 〈동원편 17장〉

| 출처 |

6) 제6장: 불어(不於) 일불이불삼사오불(一佛二佛三四五佛)에 이종선근(而種善根)이라 기어(已於) 무량천만불소(無量千萬佛所)에 종제선근(種諸善根) 여래께서 세세생생 삼세 모든 부처님과 심심상련하신 심법을 보이심.

7) 제6장: 여래실지실견(如來悉知悉見) 여래께서 앎이 없이 아시고 봄이 없이

보시는 대혜안을 나투어 보이심이요.

8) 제7장: 일체 현성(一切賢聖)이 개이무위법(皆以無爲法)으로 이유차별(而有差別)이니라. 여래께서는 오직 하염없는 법으로 차별하심을 보이심이요[시중-時中].

9) 제14장: 여아차위가리왕(如我借爲歌利王)의 할절신체(割截身體)호대 … 무진한(無嗔恨) 여래께서 욕됨을 참고 끊임없이 적공하신 대인욕행을 보이심이요.

10) 제14장: 여래(如來)는 시진어자(是眞語者)며 실어자(實語者)며 여어자(如語者)며 불광어자(不狂語者)며 불이어자(不異語者)니라.

11) 제16장: 아념과거무량아승지겁(我念過去無量阿僧祇劫)하니 어연등불전於燃燈佛前)에 득치팔백사천만억(得値八百四千萬億) 나유타제불(那由他諸佛)하여 실개공양승사하(悉皆供養承事)야 무공과자(無空過者)호라.
여래께서 일마다 불공하신 솔성의 도를 보이심이요[처처불상 사사불공].

12) 제22장: 내지(乃至) 무유소법가득(無有小法可得일세. 여래께서 광대무량한 대법량을 보이심이요.

13) 제30장: 일합상자(一合相者)는 즉시불가설(卽是不可說)이어늘 단범부지인(但凡夫之人)이 탐착기사(貪着其事)니라. 천지미분전(天地未分前)의 실체와 일념미생전(一念未生前)의 소식을 들어보이심이요.

3. 결어

이상은 여래의 참뜻을 밝혀 간추린 바이니, 남에게 알리는 것도 중요하지마는 먼저 각자의 마음에 표준을 삼고 마음 쓰는 길이 되어야 한다. 불보살은 천하를 준다고 해도 여래위와는 바꾸지 않는 것이니 여래를 원하는 이는 이 대의를 표준 잡아 활용하고 상시응용6조 공부로 큰길을 닦아야 할 것이다.

〈『정전대의』 pp.208~210. 수신강요 2. 49. 금강경 대의〉

| 배경 및 상황 |

대산 종사는 원기52년(1967) 12월 8일 삼동원 식당 낙성식 기념 법문으로 이어서 금강경의 요지를 다음과 같이 말씀하였다.

『금강경』 학자가 말해야 하나, 나는 그것이 아니다. 대종사님 대각하시고 팔산(八山) 김광선(金光旋)을 통해서 모든 경전을 구하여 보시고 난 뒤에 『금강경』을 보시고자 하였으나 팔산 선생이 모르므로 일산(一山) 이재철(李載喆)을 통해 불갑사에서 이 경을 가져다 보시고 '나 먼저 대도를 안 사람이 있었구나.' 하셨다. 대종사께서는 또한 『동경대전』의 내용도 결국은 깨치신 바와 통한 바였다. 이 경은 주경(主經) 다음으로 소중한 경으로 알아야 한다.

나는 금강경을 알려고 20년 전 서대원(徐大圓) 선생을 찾아 간단히 대의를 물으니, 불가하다면서 중국에서 가져온 책을 보이는데 그를 전부 보아도 아미타불을 연송(連頌)함과 같더라. 그래서 이를 보다가는 다른 일을 못 하겠다 싶어서 정산 종사께서 잡아주신 한 말씀 '모든 일을 응용하되 주착함이 없이 쓰라.'가 감명 깊었다. 그것을 주물러야 파수공행(把手共行)한다. 이 여래의 본성 자리에 들어야 영천영지(永天永地)에 자유자재한다. 6조 공부는 이것이다.

돈오(頓悟)는 하늘을 삼키는 것과 같고, 점수(漸修)는 모래를 세는 것과 같다. 그러나 들어가서는 한 가지다. 좋은 세루 옷은 구겨지지 않는다. 먼지도 털면 없다. 여래는 증애와 오욕 경계가 있어도 그에 불착(不着)한다. 이 경(經)도 그 뜻을 잡아 파려고 하는 것은 모래를 세는 것과 같다. 요령만 잡아라.

대종사 6조 공부로 하게 한 점이 위대하시다. 과거 성현도 좋은 말은 많이 했으나, 각자가 부처 되는 길은 없다. 그래서 성중성(聖中聖)이다.

70세 노인에게 앉아 있는 줄 알고 인사를 했더니 난쟁이더라. 불구가 돼서는 안 된다. 체구가 젠틀맨이라야 한다.

선사님들께서 금강경 대의를 응무소주이생기심(應無所住而生其心)으로 잡아주셨다.

여래: 내이불래(來而不來) 거이불거(去而不去)라. 갈 틈도 올 틈도 없고, 올 때도 갈 때도 가도와도 그대로이다.

색즉시공(色卽是空) 공즉시색(空卽是色)-불변(不變)-체(體)-불생불멸(不生不滅)

색불이공(色不異空) 공불이색(空不異色)- 변(變)-용(用)-인과보응(因果報應)

모든 일에 그 마음을 쓰므로 주착(住着)이 없고 칠정(七情)에 부동하며 그일 그일에 마음이 붙잡히지 않고 틀에 잡히지 않고 자유자재하고 여래 응현(應現)한다.

대평등행(大平等行) - 次第乞食 1, 23품

대중도행(大中道行) - 不應取法 6품

여래응현(如來應現) - 若見諸相非相 5품

대서원행(大誓願行) - 若卵生 3, 17품

대진실행(大眞實行) - 眞語不誑者

대인욕정진행(大忍辱精進行) - 歌利王 14품

대무상보시행(大無相布施行) - 四維 上下 虛空 4품

대불공행(大佛供行) - 供養承事云 16품

무상대도(無上大道) - 不及大道玄 10품

대신성행(大信誠行) - 不於一佛二佛 6, 15, 17품

결어: 이 경은 여래를 말함[각즉불(覺卽佛)]이며, 이 경은 남에게 알리는 것보다 각자의 마음에 표준을 삼고 마음을 쓰는 길이다.

| 용어 풀이 |

○ **선근(善根)** ① 좋은 과보를 받을 만한 좋은 인(因). 착한 행업의 공덕 선근을 심으면 반드시 선과(善果)를 얻게 된다. ② 온갖 선(善)을 나타내는 근본. ③ 선을 행하고자 하는 마음.

○ **심심상련(心心相連)** 마음과 마음이 서로 통하고 뜻이 합하여 항상 마음으로 소통하는 것. 비록 말로 표현하지 않고 마주하지 않아도 마음으로 주고받는 뜻이 깊은 이해와 소통으로 전해지는 것을 의미한다. 스승과 제자 사이나 수도를 함께 발원한 도반 사이 또는 생각과 이념을 같이하는 깊은 인간관계에서 시공을 넘어서 마음과 마음으로 전해지는 관계를 말한다.

○ **무위법(無爲法)** 『구사론(俱舍論)』에서 밝힌 오위(五位)의 하나. 인연을 따라 이루어진 것이 아니며 생멸(生滅)의 변화를 떠나 상주 불변하는 참된 법을 말한다. 멸법(滅法)이라고도 하며 일반적으로 현상을 초월한 상주불멸의 존재를 무위법(無爲法)이라 한다. 멸법은 무위법을 달리 이르는 말이다. 일체의 상(相)이 적멸(寂滅)한 법 또는 그런 경지라는 뜻이다.

○ **진심(瞋心)** 삼독심의 하나. 화를 잘 내는 마음. 지혜를 어둡게 하고 깨달음을 방해하는 세 가지 번뇌의 하나. 자기의 마음에 맞지 않는 경계에 대하여 미워하고 분하게 여겨 몸과 마음을 편하지 못하게 하는 마음.

○ **인욕행(忍辱行)** 온갖 모욕과 괴로움도 참고 원한을 갖지 않으며 마음을 편안하게 갖는 수행. 어떠한 역경과 고통에도 굴하지 않고 보살도를 행하는 것.

○ **아승기겁(阿僧祇劫)** 겁(劫)의 수가 무한하다는 뜻으로 무한히 긴 시간, 무량겁을 나타내는 말. 영원한 세월이라는 뜻.

○ **나유타(那由陀)** 인도에서 아주 많은 수를 표시하는 수량의 단위. 아유타[阿由陀, 많은 수라는 뜻]의 백배라고 한다. 수천만·천억·만억이라고도 하나 일정하지 않다.

○ **법량(法量)** 법의 크기.

○ **일합상(一合相)** 중생들이 사는 이 현실 세계를 가리키는 말. 이 세계는 인연에 의해서 미진(微塵)들이 집합하여 이루어진 것이기 때문에 일합상(一合相)이라 한다. 『화엄경대소연의초』에서는 여러 미진이 합하여 색(色)이 이루어지고 오음(五陰) 등이 합하여 사람이 되었기 때문에 일합상이라고 했다.

⑱ 금강경의 일합상의 뜻

대산 종사, 금강경의 '일합상(一合相)'에 대해 말씀하시기를 "일합상은 금강경 법문 전체를 하나로 꿰뚫은 말이니, 일합상에서 '하나'라고 하는 것은 하나가 아니요 열을 합한 하나요, '열'은 또한 열이 아니라 열이 곧 하나라는 뜻이니라. 유가의 정명도 선생이 '처음에는 한 이치를 말하고, 가운데서는 만법을 펼치고, 끝에서는 다시 한 이치로 뭉쳤다[始言一理, 中散爲萬事, 末復合爲一理].'라고 한 것도 일합상을 말함이니, 이 자리는 최고 종지를 잘 뭉쳐 밝힌 것이므로 이를 알면 내 행동도 일합상이 되어 생활 속에서 처처불상 사사불공이 되느니라." 〈동원편 18장〉

| 출처 |

금강경 일합상(一合相)에 대한 법문

정명도 선생을 공자님 이후로 두 번째 공자님이라고 표현을 하였다. 두 번째 공자님이라고 하니까 부처님 회상의 육조와 같다. 그런데 그 어른이 '시언일리(始言一理) 중산위만사(中散爲萬事) 말부합위일리(末復合爲一理)[첫 번째는 한 이치를 말했다는 말이다. 가운데 가서는 만법으로 폈다는 말이다. 끝에 가서는 뭉쳤다는 말이다]'라 하였는데 일합상(一合相), 하나라고 하는 것은 하나가 아니다. 열을 합한 하나다. 열이 아니라 하나다, 하나가 아니라 열을 합한 일합상 자리다. 그래서 나의 행동이 일합상이 되어 버린다. 아주 최고 종지를 뭉쳤다.
대종사께서는 대종경 끝장에서 삼위일체로 말씀하여 주셨다. 법을 펴내는 사람이나 법을 받는 제자나 후래 법을 받는 사람이 하나가 되어야 한다. 대종사께서 아주 대 평등행을 나투셨다. 과거 공자님도 제사를 따로 지내셨고 부처님도 탄생일을 따로 지내신다. 그러나 대종사님은 똑같이 제사를 지내게 하셨다.
우리가 대종사님이나 똑같은데 왜 자기 의지를 상실해서 조그마한 것하고 바꾸려고 하는가. 각자가 천하의 보배를 가지고 있는데 그 하찮은 것과 바꾸려고 하는가. 그것을 알아야 한다.
금강경 일합상 좋다. 참 좋다. 삼십이상(三十二相) 법문을 하나로 꿰뚫는단 말이다. 일합상이 됐다는 말이다. 하나 자리가 아니고 열을 합한 하나 자리 열이 아니고 하나가 된 하나 자리 일합상이다. 생활하는 가운데 처처불상 사사불공이 될 것 같으면 그것이 바로 일합상 자리다. 그러니까 최고 진리다.

〈『대산종사수필법문집』 2. pp.217~218. 원기66년 5월 6일〉

| 배경 및 상황 |

대산 종사는 원기66년(1981) 5월 6일 영산성지에서 훈련생과 영산선원생들의 훈증훈련에서 '금강경의 일합상'에 대해 설하였다. 그런데 일합상의 일반적인 사전의 뜻은 다음과 같다. '중생들이 사는 이 현실 세계를 가리키는 말이다. 이 세계는 인연에 의해서 미진(微塵)들이 집합하여 이루어진 것이기 때문에 일합상(一合相)이라 한다.' 그러나 대산 종사는 일합상을 '열이 합한 것이 하나고 열이라는 것이 하나가 된 것이다."라고 하였다.
일합상의 자리는 일반적인 의미가 아니라 대산 종사는 "금강경 일합상 좋다. 참 좋다. 삼십이상(三十二相) 법문을 하나로 꿰뚫는단 말이다. 일합상이 됐다는 말이다. 일합상이란 하나라고 하는 것은 하나가 아니다. 열을 합한 하나다. 열이 아니라 하나다, 하나가 아니라 열을 합한 일합상 자리다. 그래서 나의 행동이 일합상이 되어버린다. 아주 최고 종지를 뭉쳤다."라고 하였다.

| 용어 풀이 |

○ **일합상(一合相)** 열이 합한 것이 하나고 열이라는 것이 하나가 된 것이다. [대산 종사] 〈동원편 17장〉 용어 풀이 참조.

○ **정명도(程明道, 1032~1085)** 중국 북송(北宋) 때의 유학자. 이름은 호(顥), 자는 백순(伯淳), 명도는 그의 호. 젊어서 관직에 있었으나 왕양명의 신법과 맞지 아니하여 물러났다. 처음에는 아우인 이천(伊川)과 함께 오랫동안 주렴계에게서 배우고 그 후 다시 노장(老莊)사상과 불교사상에 심취하였으나 만족을 얻지 못하고 다시 유학을 배워 마침내 큰 유학자가 되었다. 그의 사상은 우주의 본성과 사람의 본성이 동일한 것이라고 주장하였다. 또한 사람의 성품에 선악의 구별을 두지 않고 선악은 후천적이라고 보았다. 이점에 있어서 소태산 대종사의 무선무악설과 비슷하다. 그의 동생 정이천과 함께 이정자(二程子)라 불리기도 했다. 정자의 학설과 주자(朱子)의 학설을 합쳐 정주학(程朱學)이라 한다.

⑲ 색즉시공 공즉시색

대산 종사, '색즉시공 공즉시색'에 대해 말씀하시기를 "땅이 일대겁이 지나면 완전히 한 바퀴 돌아 하늘이 되는바, 하늘은 비어 있는 것 같으나 점점 땅이 되고 땅은 점점 하늘이 되나니, 색은 곧 공이요 공은 곧 색이며 색은 공을 떠나지 않고 공은 색을 떠나지 않아 색과 공이 둘이 아니니라. 최후에도 진리는 하나도 없어지지 아니하여 하늘도 없어지지 않고 땅도 없어지지 않아 '땅은 하늘로 하늘은 땅으로 땅은 하늘로 하늘로[地天天地地天天], 하늘은 땅으로 땅은 하늘로 하늘은 땅으로 땅으로[天

地地天天地地].' 되나니 이것이 바로 최후에는 하나가 되는 진리니라."

〈동원편 19장〉

| 출처 |

훈련생과 선원생들에게 반야심경을 설명토록 한 후 내려준 법문

땅이 팔십 대겁(八十大劫)을 지낼 것 같으면 완전히 한 바퀴 돈다. 땅은 자꾸 하늘이 된다. 공(空)으로 된다는 말이다. 하늘은 비어 있는 것 같아도 자꾸 땅이 된다. 하늘은 땅이 되고 땅은 자꾸 하늘이 된다. 그렇기 때문에 색즉시공(色卽是空), 공즉시색(空卽是色) 색은 공을 떠나지 아니하고 공은 색을 떠나지 아니한다. 그것 둘이 아니다.

현실적으로 보아 과학자들도 그렇게 말한다고 한다. 하늘이 비어 있는 것 같아도 자꾸 땅이 된다. 땅은 몇십 대겁을 갈 것 같으면 전부 하늘이 된다. 현미경으로 사진을 찍을 것 같으면 빈 곳이 가득 찼다. 비어 있는 것 같지만 먼지 등 많은 것이 가득 찼다. 먼지가 뭉쳐서 만들어진 것이 땅이다. 그러므로 하늘은 자꾸 변태해서 땅이 되고 땅은 자꾸 변태해서 하늘이 된다. 최후에 진리는 하나도 없어지지 않는다. 하늘도 없어지지 않고 땅도 없어지지 않는다.

지천(地天) 천지(天地) 지천천(地天天) 천지(天地) 지천(地天) 천지지(天地地) 이것이 바로 최후에는 하나 되는 진리다.

〈『대산종사수필법문집』 2. p.219. 원기66년 5월 7일〉

| 배경 및 상황 |

대산 종사는 원기66년(1981) 5월 7일 영산성지에서 훈련생과 영산선원생들의 훈증훈련에서 시자에게 '반야심경'을 설명하게 한 후 '색즉시공 공즉시색'을 부연하여 설하였다.

땅이 팔십 대겁(八十大劫)을 지낼 것 같으면 완전히 한 바퀴 돈다. 땅은 자꾸 하늘이 된다. 공(空)으로 된다는 말이다. 하늘은 비어 있는 것 같아도 자꾸 땅이 된다. 하늘은 땅이 되고 땅은 자꾸 하늘이 된다. 그렇기 때문에 색즉시공 공즉시색, 색은 공을 떠나지 아니하고 공은 색을 떠나지 아니한다. 그것 둘이 아니다. 땅은 하늘로 하늘은 땅으로 땅은 하늘로 하늘로, 하늘은 땅으로 땅은 하늘로 하늘은 땅으로 땅으로 변화하지만, 최후에는 하나 되는 진리다.

| 용어 풀이 |

○ **색즉시공(色卽是空)** 사람의 눈에 보이는 형상 있는 세계가 원래 영원불멸한 실체가 없고, 잠시 다른 인연을 빌려서 잠시 나타났다가 인연이 다하면 흩어져 없어지는 것이므로, 색이 곧 공과 같다는 말. 그러나 공에서 다시 색이 나타나므로 공즉시색이 된다. 색즉시공 공즉시색은 색불이공 공불이색과 같은 뜻이다. 색즉시공은 유(有)에 대한 집착을 끊어야 한다는 뜻이요, 공즉시색은 무(無)에 대한 집착에서 벗어나야 한다는 뜻이다. 유나 무에 대한 집착이 없어야 참 진리 곧 중도(中道)에 도달하게 된다.

○ **공즉시색(空卽是色)** 일체중생이나 우주 만물이 모두 인연 화합으로 생긴 일시적 존재이기는 하나, 인연의 상속(相續)에 의해서 공(空) 자체 그대로가 색(色)으로 존재한다는 말. 이 세상에서 형상 있는 것은 모두 형상 없는 것이 되고[색즉시공], 형상 없는 것은 다시 형상 있는 것으로 나타나게 된다[공즉시색]는 말. 색즉시공의 이치를 깨치면 형상 있는 것에 대한 집착에서 벗어날 수 있고, 공즉시색의 이치를 깨치면 무기공(無記空)에 떨어지지 않아서 현실 세계는 존재할 수 있는 최선의 상태임을 알게 된다.

○ **일대겁(一大劫)** 인수(人壽) 100살을 잡아 8만 4천 세까지 올라갔다가 다시 1세씩 빼어 10세 정명에 왔을 때를 일겁. 일겁 20번을 올라갔다 내려온 것을 일소겁(一小劫). 일소겁 20번 반복 〈40겁〉 일중겁(一中劫) 80번 올라갔다 내려온 것을 일대겁이라 한다.

⑳ 부증불감

대산 종사, '부증불감(不增不減)'에 대해 말씀하시기를 "공자님은 '나날이 나아가고 다달이 자란다[日就月將].' 하고, 노자님은 '나날이 덜고 또 나날이 던다[日損又日損].' 하여 서로 다른 말씀을 하였으나 모두 최고 경지를 밝힌 것이니라. 이에 부처님은 '더할 것도 없고 덜할 것도 없다[不增不減].' 하였으니 말은 달라도 의미는 같으니라. 그런데 대종사님은 이를 원만구족 지공무사라 하였나니, 이를 알면 18계(十八界-六根·六境·六識)가 다 공해지는바, 더 구체적으로 밝히면 공·원·정(空圓正)이니라. 우리 마음을 허공같이 텅 비워 버리고 일월같이 밝고 두렷하게 만들며 물과 같이 부드럽고 바르게 하면 십팔계가 다 비어지리니, 18계가 공하려면 공·원·정으로 크게 적공을 해야 하느니라." 〈동원편 20장〉

| 출처 |

훈련생과 선원생들에게 '부증불감(不增不減)' 법문

유교에서는 일취월장(日就月將)한 사람에게 상을 준다. 날로 나아가고 달로 늘어난다.

그리고 도교에서는 일손우일손(日損又日損), 자꾸 줄어들어 오늘도 하나 덜고 내일도 하나 덜고 자꾸 덜어낸다. 성현들 참 장난꾼들이다. 유교에서는 공자님이 목이 터지라 일취월장을 외쳤는데 도교에서는 노자님이 일손우일손 해라 외치셨거든. 최고 경지는 최고 경지다.

그런데 부처님은 부증불감(不增不減)해라. 하여튼 부처님들이 서로 짜고 당신은 일취월장하시오. 당신은 일손우일손하시오. 또 당신을 부증불감하시오. 말은 달라도 의미는 같다.

그런데 대종사님은 무엇이라고 표현했는가? 누가 말해 봐라. 화두로 들어라.

연구해 봐라. [원만구족(圓滿俱足) 지공무사(至公無私)]

십팔계(十八界)[육근(六根) 육식(六識) 육경(六境)]가 다 공(空)했다. 그것을 우리 회상에서 무엇이라 했느냐? 공(空), 원(圓), 정(正)이다. 공, 원, 정이 되면 십팔계가 공해 버리거든. 그래서 허공같이 텅 비어버리고 일월같이 밝고 두렷하게, 물과 같이 부드럽고 바르게 그렇게 되면 십팔계가 비어버린다. 십팔계가 공(空)하기로 할 것 같으면 공원정으로 땀 한 번 흘려야 된다. 그냥 공으로 되는 것 아니다. 〈『대산종사수필법문집』 2. p.220. 원기66년 5월 7일〉

| 배경 및 상황 |

대산 종사는 원기66년(1981) 5월 7일 영산성지에서 훈련생과 영산선원생들의 훈증훈련에서 시자에게 '반야심경'을 설명하게 한 후 '부증불감과 십팔계'를 부연하여 설하였다. 부증불감을 공자는 일취월장이라 하였고, 노자는 일손우일손이라 하였다. 불교, 유교, 도교의 최고의 경지를 말한다. 십팔계는 육근과 육식과 육경이 텅 비었다는 말이다. 그래서 우리 마음이 허공같이 텅 비어버리고 일월같이 밝고 두렷하게, 물 같이 부드럽고 바르게 하면 십팔계가 비어버린다. 십팔계가 공하려면 공과 원과 정으로 크게 정진 적공해야 한다.

| 용어 풀이 |

○ **일취월장(日就月將)** 나날이 다달이 자라거나 발전함.

○ **일손우일손(日損又日損)** 나날이 덜고 또 나날이 덜어낸다.

○ **부증불감(不增不減)** 늘어난 것도 아니며 줄어든 것도 아니라는 뜻. 더하지도 않고 덜하지도 않는다.

○ **십팔계(十八界)** 인간 및 우주 만유를 인간의 인식관계로 파악한 18종의 범주. 육근(六根)·육경(六境)·육식(六識)을 말한다. 안·이·비·설·신·의의 육근과, 그 대상인 색·성·향·미·촉·법의 육경과, 그리고 육근·육경에 의해서 생긴 안식·이식·

비식·설식·신식·의식의 육식을 합쳐서 십팔계라 한다.

○ **공원정(空圓正)** 소태산 대종사가 일원상의 진리를 세 가지 측면으로 요약하여 말한 것으로, 『대종경』 교의품 7장에 그 내용이 수록되어 있다. 이들 공·원·정은 각각 양성(養性)·견성(見性)·솔성(率性)에 배대되며, 삼학의 정신수양·사리연구·작업취사의 속성이다.

21 인왕경의 사섭심의 뜻

대산 종사, 인왕경(仁王經)의 '사섭심(四攝心)'에 대해 말씀하시기를 "첫째, 보시(布施)니 진리를 가르치고 재물을 베풀되 정신·육신·물질로 아낌없이 베푸는 것이요, 둘째, 애어(愛語)니 항상 따뜻하고 부드러운 말을 하되 그 안에 법과 도와 덕과 참을 담아 교화하는 것이요, 셋째, 이행(利行)이니 몸과 입과 뜻으로 사은 보은을 하되 자리이타로 하다 안 되면 내가 해를 볼지언정 상대에게 해는 주지 아니하고 이로움을 주는 것이요, 넷째, 동사(同事)니 같이 일을 하되 마음을 합하고 힘을 합하여 대세계주의로 나아가는 것이니라. 이 네 가지를 실행해야 그가 바로 인왕(仁王)이 되느니라." 〈동원편 21장〉

| 출처 |

구내 대중에게 내려주신 법문

『인왕경(仁王經)』에 '사섭심(四攝心)'이 있는데, 첫째, 보시(布施)로, 보시는 정신, 육신, 물질 간에 남에게 혜택을 주는 것이요[사람 가운데 왕이라고 하는 것은 이것이 있기 때문]. 둘째, 애어(愛語)로, 애어란 상대편에게 예쁘게 사랑스럽게 말한다는 것인데 법(法)을 말한다든지, 도(道)를 말한다든지, 덕(德)을 말한다든지, 진(眞)을 말한다든지 하는 것이 영생의 애어가 되는 것이다. 셋째, 이행(利行)으로, 사은 보은이 이행되기 때문에 자리이타(自利利他)로 하되 안 될 때는 내가 해를 차지하고 상대편에게 이로움을 주는 것이 이행이다. 넷째, 동사(同事)로, 같이 일을 하는 것인데 합심 합력, 마음을 합하고 힘을 합해서 대세계주의로써[일원주의는 대 세계주의이니] 나가야 한다.

이 네 가지를 실행할 때 사람이 곧 왕인 것이다.

※ 사람 가운데 왕은 바로 인(仁)을 소유한 사람이다.

〈『대산종사수필법문집』 2. p.330. 원기70년 1월 26일〉

| 배경 및 상황 |

대산 종사는 원기70년(1985) 1월 26일 벌곡 삼동원에서 구내 대중에게 말씀하시기를 "『인왕경(仁王經)』에 '사섭심(四攝心)'이 있는데, 첫째는 보시, 둘째는 애어, 셋째는 이행, 넷째는 동사이다. 이 네 가지를 실행할 때 곧 인왕(仁王)이 된다. 사람 가운데 왕은 바로 인(仁)을 소유한 사람이다."라고 하였다.

| 용어 풀이 |

○ **인왕경(仁王經)** 구마라습이 번역한 『불설인왕반야바라밀경』과 불공(不空)이 번역한 『인왕호국반야바라밀경』의 두 가지가 있다. 석가모니불이 당시의 여러 국왕에게 인덕(仁德)이 있는 국왕이 반야바라밀의 도를 행하면, 모든 백성이 태평안락하고 나라가 안온 평화롭게 된다고 설한 경전이다. 인왕경은 불교의 호국사상을 담고 있어서 예로부터 『법화경』·『금강명경』과 함께 호국삼부경이라고 한다.

○ **사섭심(四攝心)** 사섭법이라고도 한다. 고통 세계의 중생을 구제하려는 보살이 중생을 불도에 이끌어 들이기 위한 네 가지 방법이다. ① 보시섭은 상대편이 좋아하는 재물이나 법을 보시하여 친절한 정의(情誼)를 감동케하여 이끌어 들임. ② 애어섭은 부드럽고 온화한 말을 하여 친해서 이끌어 들임, ③ 이행섭은 동작·언어·

의념(意念)에 선행(善行)으로 중생을 이익이 있게 하여 끌어들임, ④ 동사섭은 상대편의 근성(根性)에 따라 변신하여 친하며, 행동을 같이하여 이끌어 들임이다.

22 부처님의 팔상과 우리의 수행

대산 종사, '부처님의 팔상과 우리의 수행'에 대해 말씀하시기를 "첫째, 도솔래의상이라. 중생들은 다생 업력에 끌려 나고 죽고 하나 부처님은 도솔천 내원궁의 호명 보살로 계시다가 마음대로 오고 가시나니 우리도 육도 세계를 마음대로 오고 갈 수 있도록 마음의 자유를 얻는 공부를 하자는 것이오. 둘째, 비람강생상이라. 인천대중이 갈망하고 환영하는 가운데 최상 최존의 부귀를 다 갖추고 일국의 태자로 탄생하셨으니 우리도 대중을 위해 노력해서 대중의 진실한 환영 속에 오고 가도록 하자는 것이오. 셋째, 사문유관상이라. 사문 밖에서 노·병·사의 인간고와 수도인의 일체 해탈상을 보신 후 인생무상을 느끼고 구도의 의심을 일으켜 명상에 잠기셨으니 우리도 대각의 뿌리요 열쇠인 의심을 낼 줄 아는 공부를 하자는 것이오. 넷째, 유성출가상이라. 재색 명리의 욕망을 넘기 위해 왕실 태자의 지위를 헌신같이 버리고 거연히 출가하셨으니 우리도 집에 있거나 출가하였거나 우리를 싸고 있는 욕망을 뛰어넘는 공부를 하자는 것이오. 다섯째, 설산수도상이라. 수도하실 때 가지가지의 순역 설산이 있었으니 우리도 수도하는 경로에 무서운 설산이 있음을 각오하고 그것을 녹여버리는 공부를 하자는 것이오. 여섯째, 수하항마상이라. 보리수 아래에서 마군을 쳐부수고 항마를 하셨으니 우리도 바로 우리의 몸 아래에 있는 팔만사천 마군을 때려 부수어 항복 받는 공부를 하자는 것이오. 일곱째, 녹원전법상이라. 교진여 등 다섯 사람에게 법을 전하기 전에 당신 몸부터 법륜을 굴리셨으니 우리 몸부터 불일을 밝히고 법륜을 굴리는 공부를 하자는 것이오. 여덟째, 쌍림열반상이라. 평소 언어도단하고 심행처가 멸한 원적 무별의 자성 본래 고향에 안주하는 선(禪) 공부를 하여 최후 열반에 드신 것이니 우리도 평소 원적 무별한 정(定) 공부를 하여 마음에 얽매임이 없는 해탈 열반에 드는 공부를 하자는 것이니라." 〈동원편 22장〉

| 출처 |

부처님의 팔상(八相)과 우리의 수행

一. 도솔래의상(兜率來儀相)

중생들은 다생업력(多生業力)에 끌려서 출생입사(出生入死)하지만 불타께서는 도솔천 내원궁(內院宮)의 일위호명보살(一位護明菩薩)로 계시다가 마음대로 내거(來去)하시었으니 우리도 우리 마음대로 육도세계(六道世界)를 내거하도록 마음의 자유를 얻는 공부를 할 것이오.

二. 비람강생상(毗籃降生相)

전 국민과 인천대중(人天大中)의 갈망하고 환영하는 속에 인간의 최상 최존의 부귀 겸전하신 일국의 태자로 탄생하시었으니 우리도 대중을 위하여 노력해서 대중의 진실한 환영 속에서 오고가도록 할 것이오. [국명: 가비라국(迦毗羅國), 부 정반왕(淨飯王), 모 마야부인(摩耶夫人), 비람(毗籃): 룸비니]

三. 사문유관상(四門遊觀相)

사문을 구경하시다가 노병사(老病死)의 일체 인간고와 수도인의 일체 해탈상을 보시어 때로 명상(瞑想)에 잠기셨으니 우리도 대각의 뿌리요 열쇠인 의심을 일어 낼 줄 아는 공부를 할 것이오. [노봉노인(路逢老人), 도견병와(道見病臥), 노관사시(路觀死屍), 도우사문(道遇沙門)]

四. 유성출가상(踰城出家相)

재색 명예의 욕성(慾城)을 넘기 위하여 왕실의 태자위와 처자를 헌신같이 버리고 거연히 출가하셨으니 우리도 가중(家中)에 있거나 출가했거나 우리를 싸고 있는 욕성을 뛰어넘는 공부를 할 것이오. [법성(法城)]

五. 설산수도상(雪山修道相) [화산(火山)]

수도하실 때 가지가지의 순역(順逆) 설산(雪山)[고행]이 있었으니 우리도 우리 수도하는 경로에 무서운 설산이 있음을 각오하고 설산을 녹여버리는 공부를 할 것이오. [은산(恩山)] [관청회궁(觀請回宮), 조복이선(調伏二仙), 육년고행(六年苦行)]

六. 수하항마상(樹下降魔相)

보리수하(菩提樹下)에서 마군(魔軍)을 쳐부수고 항마를 하셨으니 우리는 바로 육신수하(肉身樹下)에 팔만사천 마군을 때려 부숴서 항복 받는 공부를 할 것이오. [마녀현미(魔女眩媚) 마군거전(磨軍拒戰), 성등정각(成等正覺), 마왕 파순은 바로 각자의 색신을 이름임]

七. 녹원전법상(鹿苑轉法相)

교진여(憍陳如) 등 5인에게 법을 전하시기 전에 당신 몸부터 법륜(法輪)을 굴리셨으니 우리도 우리 몸부터 불일(佛日)을 밝히고 법륜을 굴리는 공부를 할 것이오. [사제팔정도(四諦八正道) 십이인연(十二因緣) 등 설법도중(說法度衆)]

八. 쌍림열반상(雙林涅槃相)

평상시부터 언어도단(言語道斷)하고 심행처(心行處)가 멸한 원적무별(圓寂無別)의 자성 본향에 안주하는 선 공부를 하시어 최후 열반에 드신 것이니 우리도 평상시부터 원적무별한 정 공부를 하며 마음에 얽매인 것이 없는 해탈의 열반에 드는 공부를 하자는 것이다. [삼처전심(三處傳心)]

〈『대산종사수필법문집』 2. pp.1197~1198. 원기73년 5월 15일〉

〈『정전대의』 pp.186~188. 수신강요 2 30. 부처님의 팔상과 우리의 수행〉

| 배경 및 상황 |

대산 종사는 "부처님을 숭배하려고 하다가 부처님에게 떨어지게 생겼더라. 주설 주설하여 세상의 요란한 것을 다 모아 놓았다. 내가 부처님이 오시더라도 뜯어고치려 생각하였다. 벽에다 팔상과 우리의 수행이라고 제목을 붙여 놓고 한 5분 동안이나 생각하고 넘기고 총부 송대를 오가면서도 생각하기를 1년이나 2년을 생각하였는지 모르겠으나 턱 하니 팔상의 요지가 확 드러났다. 1년이 되었든지 2년이 되었든지 연도지지를 해야 한다. 내가 이 정도 되면 대종사님이나 정산 종법사님이나 삼세 제불제성님들이 오시더라도 또한 내가 다시 갔다 오더라도 공부 길 잡겠다고 생각하였다. 이러한 신비한 측면이나 신기한 요소들을 배제하여 최대한 부처님의 본의를 드러내고자 팔상에 대한 이해와 아울러 우리의 수행 방법을 설하였다.

우리 어리석은 중생이 부처님의 모습을 보면 코가 어디에 붙었고, 발이 어디에 붙었고, 이목구비가 어디에 붙었는지 도저히 알아볼 수 없게 신비화하고 신격화시켜 부처님의 본의가 무엇인지 모르게 과장하였다. 그래서 '부처님의 팔상과 우리의 수행'이라는 제목으로 정리하였다."라고 하였다.

| 용어 풀이 |

○ **팔상(八相)** 석가모니불이 중생을 제도하기 위해 일생 중 나타내 보인 여덟 가지의 변상(變相). 석가모니불의 일생을 여덟 가지로 나누어 설명하는 것으로 5~6종이 있으나 다음의 설이 널리 알려져 있다. 곧 도솔래의상(兜率來儀相)·비람강생상(毘藍降生相)·사문유관상(四門遊觀相)·유성출가상(踰城出家相)·설산수도상(雪山修道相)·수하항마상(樹下降魔相)·녹원전법상(鹿苑轉法相)·쌍림열반상(雙林涅槃相) 등이다.

○ **도솔천(兜率天, Tusita-deva)** (1) 불교에서 욕계 6천(六天) 중의 제4천(四天). '만족시킨다'는 의미로 해석하여 지족(知足)·묘족(妙足)·희족(喜足)·희락(喜

樂)이라 번역한다. 하늘 세계로서 칠보 궁전이 있고 내원(內院)·외원(外院)이 있는데, 내원은 미륵보살이 살며 석가모니불의 교화를 받지 못한 중생을 위하여 설법하고, 외원은 천중(天衆)의 환락 장소라고 한다. 석가모니불도 인도에 태어나기 전에 이곳에서 머물며 수행했다고 한다. 도솔천은 미륵보살의 정토로 알려져 있다.

○ **내원궁(內院宮)** 도솔천에서 미륵보살의 정토(淨土). 수미산 꼭대기 하늘 위에 도솔천이라는 천상 세계가 있고, 여기에 내원궁·외원궁이 있다. 미륵보살은 내원궁에 있으면서 석가모니불의 교화를 받지 못한 중생을 위하여 설법하고, 장차 인간 세상에 출세할 때를 기다리고 있다고 한다.

○ **인천대중(人天大衆)** ① 육도 중생 중에서 인간계와 천상계의 모든 중생. 인(人)은 인간세계, 곧 인도(人道). 천(天)은 천상세계, 곧 천도(天道). 부처님의 가르침을 알아보고 실천할 능력이 있는 중생. ② 우주 안에 사는 모든 중생. 곧 일체의 생명체.

○ **법륜(法輪)** 부처님의 교법을 이르는 말. 윤(輪)은 인도 고대의 무기인데, 세속의 왕인 전륜성왕(轉輪聖王)이 수레를 굴려서 천하를 통일하는 것과 같이 정신세계의 왕으로서의 부처님은 법륜을 굴려서 삼계(三界)의 중생들을 구제한다. 단순한 의미로 법의 수레바퀴를 굴린다는 것은 가르침을 널리 펴는 것을 뜻한다. 이에 부처님의 설법을 전법륜(轉法輪)이라고도 한다.

○ **불일(佛日)** 모든 중생을 구제하는 부처의 광명을 해에 비유하여 이르는 말. 하늘의 태양이 세상의 어둠을 밝혀 주듯이, 부처님의 지혜 광명이 일체중생의 무명번뇌를 일깨워준다는 뜻에서 불일이라 한다. 불월(佛月)과 같은 뜻.

○ **언어도단(言語道斷)** ① 말문이 막힌다는 뜻으로 어이가 없어서 말로 나타낼 수 없음을 이르는 말. ② 진리 본체와 본래 마음을 설명하는 말. 궁극적 진리는 언어가 다 끊어진 경지라는 의미.

○ **심행처(心行處)** 마음이 향하여 가고 머무는 곳. 사량 분별·시비 장단 등 마음의 작용(心行)을 뜻한다.

○ **원적무별(圓寂無別)** 열반을 얻으면 모든 차별이 없어진다는 말. 마음속에 번뇌 망상을 다 끊어버리고 청정무구한 열반의 세계에 들어가서 일체의 사량 분별이 사라진 상태. 선정(禪定)을 닦아 삼매에 들면 원적무별한 자성을 찾아서 진리와 합일된 경지에 들어가게 된다. 원불교에서는 살아생전에 원적무별한 청정자성심의 회복을 강조한다.

㉓ 과거칠불과 삽삼조사 게송

대산 종사, 시자에게 과거칠불과 삽삼조사(卅三祖師)의 게송을 설명하게 하신 후 말씀하시기를 "우리가 과거 부처와 조사들의 게송을 공부하는 뜻은 대종사와 정산 종사께서 이 전법 게송을 많이 보시고 그 뜻을 전부 통하셨으므로 원시반본하는 때를 만난 우리도 다시 이 공부를 하자는 것이니라. 대종사와 정산 종사께서는 과거칠불과 삽삼조사께서 밝혀 주신 불일(佛日)을 거듭 밝혀 일원 대도를 천하에 공포하셨나니, 대종사께서는 '유는 무로 무는 유로, 돌고 돌아 지극하면, 유와 무가 구공이나, 구공 역시 구족이라.'라는 게송으로, 정산 종사께서는 '동원도리(同源道理) 동기연계(同氣連契) 동척사업(同拓事業)'의 삼동윤리로, 나는 '진리는 하나 세계도 하나, 인류는 한 가족 세상은 한 일터, 개척하자 하나의 세계'라는 표어로 그 법맥을 잇고자 하노라. 석가모니불 이래 삽삼조사가 다 계정혜의 삼학 공부로 여의보주를 얻어 삼천 년의 법맥을 전해주신 분들이니 우리도 삼학 공부의 적공으로 정법 정맥의 법통을 계승해 나가야 하느니라." 〈동원편 23장〉

| 출처 |

고등종교와 고등정치에 대한 법문

원시반본(原始反本)하는 때를 만나 다시 과거칠불(七佛)로 돌아가서,

※편집자 주: '과거칠불과 삽삼조사'의 분량이 너무 많아 내용을 소개할 수 없으니 아래 출처를 참고 바랍니다.

〈『대산종사수필법문집』 2. pp.739~744. 원기70년 12월 10일〉

〈대산종법사 법문집 5집 『여래장』 pp.84~125. 제2부 연도수덕 3. 과거칠불 4. 삽삼조사 게송〉

| 배경 및 상황 |

대산 종사는 '과거칠불과 삽삼조사 게송'을 괘도로 만들어 대중 법회 때 자주 설하였다. 이를 '고등종교와 고등정치에 대한 법문'이라는 제목으로 밝히기도 했다. 원시반본하는 때를 만나 다시 과거칠불로 돌아가서 전법게송을 공부하자고 했다. 또한 "앞으로 교단도 산 불보살을 배출하고 천여래 만보살을 발아시키려면 법이 맥맥히 전해져야 한다. 대종사께서 깨셔서 내놓으셨기 때문에 대종사이시고, 선 법사[정산 종사]가 그 법을 이으셨기 때문에 선 법사이시다. 그러면 법을 대종사, 선 법사만이 내셨냐? 삼세 제불제성이 다 내셨기 때문에 삼세 제불제성이 관통이 된 것이다. 그러므로 칠불이 원래 있는 것이 아니다. 부처님이 깨쳐서 칠불을 만들어 놓으셨다. 그런데 뒷사람들은 여섯 부처님이 있는 줄 알고 있다."라고 하였다.

이 법어 내용도 축약하여 편집하다 보니 대강의 줄거리만 윤문하였다. 다시 보기를 원하면 출처에 밝힌 원문을 정독하기를 바란다.

| 용어 풀이 |

○ **과거칠불(過去七佛)** 석가모니불이 탄생하기 이전의 지난 세상에 출현한 일

곱 부처님을 말한다. ① 비바시불(毘婆尸佛), ② 시기불(尸棄佛), ③ 비사부불(毘舍浮佛), ④ 구류손불(拘留孫佛), ⑤ 구나함모니불(拘那含牟尼佛), ⑥ 가섭불(迦葉佛), ⑦ 석가모니불(釋迦牟尼佛). 앞의 세 부처님은 과거 장엄겁에 나신 부처님. 뒤의 네 부처님은 현재의 현겁(賢劫)에 나신 부처님. 역사적으로 불타(佛陀)는 석가모니불 혼자이지만, 교리적으로 진리를 깨달은 부처님은 얼마든지 있을 수 있다. 따라서 과거 칠불과 함께 현재불·미래불의 사상이 발전하게 된 것이다.

○ **삽삼조사(卅三祖師)** 선종의 33조사. 서천(西天)의 28조와 중국의 2조 혜가, 3조 승찬, 4조 도신, 5조 홍인, 6조 혜능을 말함.

○ **전법게송(傳法偈頌)** 스승이 제자에게 법을 전해주는 게송. 불조(佛祖)들은 대개 열반을 앞두고 제자들에게 게송으로 법을 전해준다. 소태산 대종사의 전법게송은 일원상 게송이고, 정산 종사의 전법게송은 삼동윤리이다. 전법게송과 열반게송은 서로 일치하는 경우가 대부분이지만 그렇지 않은 예도 있다. 전법게송은 깨친 진리의 세계를 종합·요약해서 게송의 형식으로 표현한 것이고, 열반게송은 열반의 심경을 게송으로 나타낸 것이다. 전법게송이나 열반게송이나 다 같이 깨달음의 세계를 나타낸 것이라는 점에서는 동일한 것이다. 과거 칠불과 석가모니불로부터 33조사에 이르기까지 다 전법게송을 남겼고, 이 전법게송은 널리 알려져 있다.

○ **계정혜(戒定慧)** 계율·선정(禪定)·지혜의 세 가지를 줄인 말. 이를 총칭해서 삼학(三學)이라고도 한다. 계는 몸과 입과 뜻으로 범하게 되는 악업을 방지하고 올바르게 살아가는 것, 곧 불의를 물리치고 정의를 실천해 가는 것을 말한다. 좁은 의미로는 계율을 지키는 것을 말한다. 정은 산란한 마음을 한곳에 모아 두렷하고 고요한 경지에 머물러 있는 것, 곧 분별 망상심을 끊어버리고 원적무별한 참 성품을 길러가는 것을 말한다. 좁은 의미로는 선정을 말한다. 혜는 진리를 깨달아 아는 바른 지혜, 곧 대소유무의 이치와 인과보응의 진리를 깨닫고 인간 세상의 시비이해를 바르게 판단하는 것을 말한다. 좁은 의미로는 선정을 통해 얻어지는 지혜를 말한다. 계·정·혜의 조화로운 수행을 통하여 부처가 되는 길에 들게 된다.

㉔ 공구수성 성경신

대산 종사 말씀하시기를 "'주역'의 골수는 '공구수성(恐懼修省)과 성경신(誠敬信)' 일곱 글자로 요약할 수 있나니, 공구수성은 하늘과 땅과 사람과 만물이 다 사람을 죽이고 살릴 수 있는 권리를 가지고 있으므로 자기에게 권리가 있고 돈이 있고 명예가 있다 하여 조심하지 아니하고 법 없이 쓰면 지옥사자가 그 어떤 사람이라도 데려가므로 두렵고 두려운 것이니 세상을 조심히 살아야 한다는 뜻이요, 성경신은 대종사께서 좋아하신 법문으로, 성은 늘 한결같이 정성스럽고 거짓 없는 마음으로 살자는 것이요, 경은 늘 한결같이 공경하고 조심하며 살자는 것이요, 신은 늘 한결같이 정법을 믿고 체받는 마음으로 살자는 것이니라. 그러므로 우리가 일생을 살아갈 때 이 공구수성과 성경신을 표준으로 살아간다면 무량한 혜복과 위력을 얻으리라." 〈동원편 24장〉

| 출처 |

대전교구 신년하례

주역 학자가 제일 중요한 골자로 나한테 일곱 자를 전했다. 그래서 이 일곱 자를 나만 가지고 있을까 하다가 어제야 발표했는데 일곱 자가 이거다.

닦을 수(修), 공구수성(恐懼修省) 성경신(誠敬信).

그런데 그분이 그러더라. 부모가 장자를 정해서 그 사당을 맡기려고 한다. 사당을 맡기려고 할 때 부모가 자식한테 오직 정성을 들이지 않는가. 이 천지도 만 생령을 맡기기 위해서 성자를 고를 때, 장자를 구할 때 온갖 정성을 다해 그 시험 보는 조목이 일곱 자라고 하더라.

첫째, 두려울 공(恐) 두려울 구(懼)이다.

참 두렵고 두렵도다. 이 천·지·인(天地人) 하늘과 땅과 사람과 만물이 각유생사지권능(各有生死之權能)이다. 다 사람을 죽이고 살리는 권능이 있다. 각유생사지 권능이 하불공구(何不恐懼)요. 어찌 두렵지 않으냐. 참 두렵고 두렵도다. 참조심하고 살아야 한다. 그러므로 처처가 불상이니 일일이 불공하라. 그 말씀이다. 그러기 때문에 공구수성(恐懼修省) 두렵고 두렵다. 공구고 닦을 수자 그러기 때문에 닦아야 한다.

이취공부(以就工夫)로써 공부를 삼아서 필득보주(必得寶珠)라. 반드시 여의보주를 얻을 것이다.

닦을 수(修) 자, 살필 성(省) 자다. 그러기 때문에 공구수성 아니냐! 그리고 예전에 천도교 가사를 보면 성경신이 있다. 그래서 수운 대신사가 그것을 썼는가 했더니 그것이 이 주역에 있더라. 그런데 공자님이 가죽끈이 세 번 떨어진 것이 그걸 공부하기 위해서 한 것이다.

그리고 우리 선 법사께서 내가 영산을 가려고 하니까 우리 대종사님께 좋아하는 글귀가 셋이 있는데 무엇인지 아는가? 해서 무엇입니까 했더니 '성경신'을 대종사께서 제일 좋아하시고 사랑하시고 읊으셨으니 자네가 영산 갈 것 같으면 대종사께 보은하는 일로 알고 이 법문을 하라고 하시더라. 그래서 내가 대종사님 십상하고 이 성경신 공부하고 1년 반, 2년을 바위에 하나 같이 써 붙여서 늘 염원하고 썼는데 그것이 나왔다. 선 종법사님 부촉을 받고 그렇게 썼다.

〈1월 4일 부산교구 신년하례〉

성(誠), 한결같이 정성하고 거짓 없는 마음. 경(敬), 한결같이 공경하고 조심하는 마음. 신(信), 늘 법 받아서 배우고 가르치는 마음. 이것이 전성(前聖), 후성(後聖)이 이어지는 법이다. 전성도 위 전성한테 받았고, 또 후성한테 전하는 것이 이 심법이라는 말이다. 그래서 무량한 복록과 혜명과 모든 위력이 거기에서 다 나온단 말이다. 〈『대산종사수필법문집』 2. pp.367~370. 원기68년 1월 5일〉

| 배경 및 상황 |

대산 종사가 원기68년(1983) 1월 4일 부산교구 신년하례와 1월 5일 대전교구 신년하례 때 한 법문이 '공구수성 성경신'이었다. 이 장에서는 대전교구 신년하례 때 내린 법문을 중심으로 하고 합하여 법어로 완정하였다.

| 용어 풀이 |

○ **주역(周易)** 동양 고전의 하나. 『역경(易經)』 또는 역(易)이라고도 한다. 고대 중국의 농경사회에서 농사를 지배하는 신은 천(天)이었으며, 땅의 생산력과 곡식의 신 및 천문지리와 역법(曆法)에 관한 지식 등은 농경사회의 풍요를 도모하는 자원이었다. 이처럼 하늘의 이법과 땅의 이치를 밝게 알려 준 경이이다.

○ **골수(骨髓)** ① 어떤 일이나 말의 요점·골자·주안점. 곧 중요하고 핵심이 되는 것. ② 사람 뼈의 중심부인 골강(骨腔)에 가득 차 있는 연한 조직. 피를 생산하고 영양분을 저장하는 중요한 역할을 한다.

○ **공구수성(恐懼修省)** 몹시 두려워하며 수양하고 반성함.

○ **성경신(誠敬信)** 천도교의 기본 신조인, 정성·공경·믿음의 세 가지를 아울러 이르는 말. 이 세 가지로 한울님을 섬기고 사람을 섬기고 세상 모든 일의 기준으로 삼을 것을 가르친다.

㉕ 중용의 성품과 도와 교

대산 종사 말씀하시기를 "'중용'에 이르기를 하늘이 명한 것을 일러 '성품'이라 하고[天命之謂性], 그 성품을 잘 활용하는 것을 '도'라 하며[率性之謂道], 그 도를 닦는 것을 '교'라 하였나니[修道之謂教], 이를 불교적으로 해석을 하면 청정법신불인 성품 자리를 보아다가[見性], 원만보신불인 성품 자리를 회복하고[成佛], 백억화신불을 나타내는 것[濟衆]과 같다 할 수 있느니라. 아무리 사나운 말이라 할지라도 잘 부려 쓸 줄 아는 사람을 능한 기수라 하듯, 이처럼 마음으로 솔성하고 육신으로 실천하며 육근으로 단련하여 성품을 자유자재로 활용할 줄 아는 사람을 대각 도인이라 하느니라." 〈동원편 25장〉

| 출처 |

대종사께서 유가의 법맥은 자사(子思)에서 이어졌다고 하시고, 내가 만일 유가에 법통을 댄다면 자사에 연원하겠다고 하셨으며 대성(大聖)이라고 찬양해 주셨다.

천명지위성(天命之謂性)이란, 천은 우주의 자연지도(自然之道)이고 명한 것은 성품인데 삼라만상이 그대로 성품이다.

솔성지위도(率性之謂道)란, 성품[삼라만상] 그것을 잡아 활용하는 것이 바로 도이다. 유가에서 솔은 순야(順也)라 했으니 이는 항마위의 실력뿐이다. 말을 잘 다루는 마부는 아무 말이나 잘 부려 쓰듯이 대각도인은 성품을 자유자재로 활용한다.

수도지위교(修道之謂教)란, 몸을 닦는 것 그것이 바로 교이다.

〈『대산종사수필법문집』 1. pp.242~243. 원기52년 7월 5일〉

양원(兩院) 전 직원들에게 내려주신 법문

공자(孔子)님이 증자(曾子)와 자사를 만났으므로 유교가 2,500년간 그 빛을 보게 되었다. '천명지위성(天命之謂性)이요. 솔성지위도(率性之謂道)요. 수도지위교(修道之謂教)니라.'고 하는 이 세 가지만 가지면 유교의 도맥이 수만 대를 가더라도 없어지지 아니할 것이라고 말씀하셨다.

대종사께서 공자님의 도맥이 2,500년 이어온 것은 자사의 중용이라고 하셨으니, 우리 다 잘 생각해 봐야 하겠다. 천명지위성(天命之謂性)이요. 하늘이라는 것은 바로 자연을 뜻한다. 그러니 자연이 명한 것을 성품이라고 이른다. 그 성품을 잘 다스리는 것이 도다. 바로 솔성지위도(率性之謂道)라 하고 그 길을 잘 닦아 놓은 것이 바로 교다. 바로 수도지위교(修道之謂敎)이다. 우리가 가까이 가져다 그 법을 개척해 놓으면 그것이 바로 교가 되는 것이다. 불교뿐만 아니라, 어느 종교가 되었던 그 진리 강령만 파악할 것 같으면 회상을 펼 수 있다. 천명지위성이요. 하늘이, 자연이 명한 것을 성품이라 하고, 그 성품을 잘 거느리는 것을 도라 하고, 또 도를 닦는 것은 바로 개척이고 그것이 또한 교인 것이다.

그러면 우리의 수도는 어떻게 이룰 것인가? 우리는 지금 솔성을 하고 있는가. 천명지위성이라 했으니 성품을 봤는가. 이것을 우리가 알아야 하겠다. 아까 말한 청정법신 비로자나불을 보는 것이 견성이고, 견불이고, 또 원만보신 노사나불, 원만보신 그 자리가 회복한 자리이고 성불하는 자리다.

〈『대산종사수필법문집』 1. pp.1485~1486. 원기61년 7월 17일〉

| 배경 및 상황 |

대산 종사는 "『중용』의 핵심을 '천명지위성(天命之謂性)이요. 솔성지위도(率性之謂道)요. 수도지위교(修道之謂敎)니라.'고 하는 이 세 가지만 가지면 유교의 도맥이 수만 대를 가더라도 없어지지 아니할 것이라고 말씀하였다. 말을 잘 다루는 마부는 아무 말이나 잘 부려 쓰듯이 대각도인은 성품을 자유자재로 활용한다."라고 하였다.

| 용어 풀이 |

○ **중용(中庸)** 유교의 기본 경전인 사서(四書)의 하나. 불편불의(不偏不倚) 무과불급(無過不及)한 중용의 도를 드러내고 이를 실현하는 힘으로 성(誠)을 들고 있

다. 곧 '중'은 도덕적이며 형이상학적 개념으로 일체 정감의 뿌리이며 일체 현상의 근원이다. 『중용』에서 '중은 천하의 대본(大本)'이라고 한다. 용(庸)의 의미에 대해 정현(鄭玄)은 '용(庸)은 용(用)이다'고 한다. 그는 또 '용(庸)은 상(常)이다. 중(中)을 쓰는 것이 떳떳한 도리다'고 했다. 주자는 평상(平常)이라고 했다. 곧 용(庸)에는 용(用)과 상(常)의 뜻이 있음을 알 수 있다. 떳떳한 이치는 항상 쓸 수 있으며[常用] 상용할 수 있는 것은 평범해 보이는 중도(中道)이다.

○ **삼신불(三身佛)** 대승불교에서 불신을 성질상 셋으로 나눈 법신불(法身佛)·보신불(報身佛)·화신불(化身佛)을 말한다. 법신불은 영겁토록 변치 아니하는 만유의 본체인 이불(理佛), 보신불은 인(因)에 따라 나타난 불신으로서 수행정진을 통해 얻어진 영원한 불성, 화신불은 일체중생을 제도하기 위해 불신으로 화현한 역사적 부처이다. 불교의 교리발달사 내지 신앙발달사 상에는 불타의 본질과 현상 및 그 양면의 상호관계에 관한 철학적 탐구로서 2신설, 3신설, 4신설, 5신설, 10신설 등 다양한 불신론(佛身論)이 제기되어 왔다. 그 가운데 가장 일반화되어 있는 것이 삼신설로서, 원불교도 이 삼신설을 그대로 받아들여 활용하고 있다.

26 중용의 대의

대산 종사, '중용의 대의'에 대해 말씀하시기를 "유교는 솔성, 불교는 견성, 도교는 양성을 위주로 한다고 하나 이는 다 같은 말이니라. 이 세 가지에 토가 떨어져야 여래요 중화하는 사람이니, 한 사람이 중화하면 천하가 안정 화육하고, 한 사람이 지극히 정성하면 천하가 성실하여 거짓이 없으며, 한 사람이 지극한 덕을 갖추면 천하에 겸양한 덕이 가득한지라, 큰 덕을 갖춘 사람은 반드시 하늘의 명을 온전히 받들므로 대도는 그 사람을 기다린 후에 행하는 것이니라. 여기에서 그 한 사람이란 바로

나 자신을 이름이니 다른 사람에게 미루지 말고 내가 먼저 중화(中和)·지성(至誠)·지덕(至德)을 갖추기에 힘쓰라." 〈동원편 26장〉

| 출처 |

동산선원에 가셔 학생들의 생활 모습을 둘러보고 대법당에서 내려주신 법문으로 중용의 대의를 시자에게 설명토록 한 후 부연해 주시기를

일인(一人)이 중화즉(中和則) 천하(天下)가 안정화육(安定和育)한다는 일인(一人)을 자기 자신에게 돌려야 한다. 그 한 사람이 여기 선원에 있으므로 선원은 중화(中和)가 된다. 위로 돌리지 말고 다른 사람에게 돌리지 말라. 거기서 일은 이루어진다. 일인(一人)이 지성즉(至誠則) 천하(天下)가 성실무위(誠實無僞)라 일인(一人)을 멀리 돌리지 마라.

내 하나가 지성(至誠)이 못 되기 때문에 선원이 성실무위가 못 된다고 해서 나 하나가 돌려버려야 한다. 천하가 어지러운 것은 나 하나가 지성이 못된 것이라고 해서 책임을 내게 돌려야 한다. 예전 성현들은 책임을 멀리 돌린 분은 한 분도 안 계시다.

도력을 갖추지 못하고 힘을 못 얻었기 때문에 천하가 잘못된다고 해서 당신이 책임지므로 시일이 가면 천하가 돌아오게 된다. 대덕자(大德者)라 중화를 이루고 지성을 이루고 지덕(至德)이 된 분이기 때문에 필수명이전(必受命而全)이라 천하의 명(命)이 된 분이기 때문에 돌아온다. 그러기 때문에 우리 일원대도는 그 사람을 기다려서 수만 대를 운전하는 데 그 사람이 먼 데 있는 것이 아니라 각자로 돌려서 내가 그 한 사람이 되어야 한다.

내가 중화(中和), 지성(至誠), 지덕(至德)을 갖춘 그 사람이 되어서 못 갖춘 동지에게 자꾸 갖추도록 노력하는 게 우리 교화하는 사람의 태도다.

〈『대산종사수필법문집』 1. pp.1954~1955. 원기63년 10월 10일〉

유교는 솔성, 불교는 견성, 도교는 양성, 이것이 똑같은 것이다. 기울고 크고 작은 데가 없다. 3성에 토가 떨어진 이는 바로 여래다. 여래자재불이다. 그것을 실행한 양반이 다른 분이 아니라, 일인(一人)이 중화(中和)하는 분이다. 일인이 중화즉천하(中化則天下)가 안정화육(安定和育)한다. 자동차 타고 비행기 타고 왔다 갔다 하는 게 아니라, 중심이 편안해서 중화하니 천하가 안정화육하는 힘이 생긴다. 일인이 지성즉(至誠則), 일인이 지극한 정성을 행한즉 천하가 성실무위(誠實無僞)라. 그 한 분의 그림자가 비침으로써 천하가 성실해서 하염없다. 일인이 지덕즉(至德則), 천하가 겸양성덕(謙讓盛德)이라, 한 사람이 지극한 덕을 행한즉 천하가 다 겸양해서 성덕을 이룬다.

그러기 때문에 대덕은 필수명(必受命)이 전(全)이라, 큰 덕은 반드시 명을 받는다. 대덕을 갖춘 사람치고 해를 받는 이 없다.

〈『대산종사수필법문집』 2. p.184. 원기66년 2월 1일〉

| 배경 및 상황 |

대산 종사는 '중용의 대의'를 말씀하시기를 "① 일인이 중화 즉 천하가 안정화육(一人中和則 天下安定和育)하고 =도를 알아야 널리 중화하고 ② 일인이 지성 즉 천하가 성실무위(一人至誠則 天下誠實無僞)하고 =큰 원이 있어야 큰 정성이 나오고 ③ 일인이 지덕 즉 천하가 겸양성덕(一人至德則 天下謙讓盛德)이라 =큰 자리를 보아야 명상이 공해서 대겸양을 행한다. 대덕은 필수명이전이라, 고로 대도는 대기인 이후에 행(大德 必受命而全 故大道 待其人 以後行)하나니라."라고 격려하였다.

| 용어 풀이 |

○ **솔성(率性)** 천도(天道)에 순응하고, 나아가 천도를 자유자재로 활용하는 것.

○ **견성(見性)** ① 천지 만물의 시종본말과 인생의 생로병사의 이치와 인과보응의

이치를 아는 것. 텅 빈 마음과 밝은 지혜로 천만 사물을 있는 그대로 바르게 볼 줄 아는 것. ② 본래 그대로의 자기 본성을 보는 것. 참된 자기를 깨닫고 아는 일.

○ **양성(養性)** ① 정신수양의 다른 표현. 정신수양을 양성, 사리연구를 견성, 작업취사를 솔성이라 한다. ② 일원과 같이 원만구족하고 지공무사한 자기의 성품을 기르고, 천만 경계 속에서도 일원의 체성을 잘 지키는 것.

○ **중화(中和)** 치우침이 없고 올바른 상태. 덕성(德性)이 중용을 잃지 아니한 상태. 유교의 윤리 사상.

○ **지성(至誠)** 지극히 정성스러운 것. 지극히 성실한 것. 거짓이 없이 진실한 것.

○ **지덕(至德)** 최상의 공덕. 지극한 공덕. 일원상의 진리, 또는 소태산 대종사의 교법이 만물에 베풀어 주는 공덕. 곧 화피초목 뇌급만방(化被草木 賴及萬方)하는 공덕.

㉗ 기독교의 수신

대산 종사 말씀하시기를 "기독교의 수신은 신·망·애(信望愛)라 할 수 있나니, 풀어 말하면 '믿으라, 구하라, 사랑하라'는 말씀이니라. 예수께서 '오른뺨을 치거든 왼뺨마저 대라.' 하신 것은 무아의 희생정신이요, '오른손이 하는 일을 왼손이 모르게 하라.' 하신 것은 무상의 희사심이요, '왼쪽 귀로 듣고 오른쪽 귀로 흘리라.' 하신 것은 집착상을 두지 말라는 말씀으로 이것이 곧 여래의 심법이니라." 〈동원편 27장〉

| 출처 |

기독교의 수신

(원문과 동일하여 생략함)

〈『대산종사 교리실천도해』 p.38. 원기66년 5월 15일〉

| 배경 및 상황 |

대산 종사는 원기66년(1981) 당시 『교리실천도해』에 실린 유불선 삼교와 천도교, 기독교, 증산교 등의 수신의 강령을 대중들에게 전하기 시작했다. 동년 5월 15일에는 기독교의 수신에 대해 다음과 같이 말하였다.

"'예수님께서 교문을 열어 놓으신 의의와 강령'을 다음과 같이 말하였다. 기독교에서는 모든 인류로 하여금 하나님에게 돌아가서 구원을 얻으라 하심과 죄가 있는 사람은 천당에 갈 수 없나니 회개하라는 것을 말한바, 예수님이 3년간 설하신 교리의 강령은 신(信)·망(望)·애(愛)이다. 즉, 첫째, 믿으라. 천국이 가까워졌느니라.[信] 둘째, 구하라. 두드려야 문을 열어 주나니라.[望] 셋째, 사랑하라. 칼로써 얻는 자는 칼로써 망하나니라.[愛] 전 인류에게 전해주신 예수님의 교훈으로 왼뺨을 때리면 오른뺨까지 내맡기라[대무아의 희생적 정신]. 왼손으로 줄 때 오른손도 모르게 하라[대무상의 희사심]. 왼쪽 귀로 듣고 오른쪽 귀로 흘려버려라[집착상을 두지 마라]."라고 하였다.

| 용어 풀이 |

○ **수신(修身)** 악을 물리치고 선을 북돋아서 마음과 행실을 바르게 닦아 수양함.

○ **신망애(信望愛)** 믿음, 소망, 사랑을 아울러 이르는 말.

㉘ 천하에 주인 없는 물건의 주인 되는 공부

대산 종사, 학인들에게 말씀하시기를 "원기 42년 겨울, 내가 관촌 신전리에 머물 때 매일 좌선하는 것을 본 기독교 장로가 '아침마다 무슨 공부를 그렇게 하십니까?' 하고 묻기에, '천하 사람이 다 내버려 둔 주인 없는 물건의 주인 되는 공부를 합니다.' 하였더니, '천하에 크고 작은 물건 중 주인 없는 물건이 있습니까?' 하고 다시 묻기에, '나는 허공을 차지하려 하고 있습니다. 이것은 모든 성인이 소유하신 물건으로 도둑맞을 염려가 없어서 좋습니다.'라고 대답하였느니라. 그가 또 묻기를 '말세가 되면 태양이 천 개나 된다는 말씀이 있는데 그 뜻을 모르겠습니다.' 하기에, '태양은 광명 가운데 제일 밝은 것으로 이는 성인의 도덕을 말하며, 천 개라는 말씀은 과거에는 성인 한 분만으로도 중생을 제도할 수 있었으나 앞으로는 천 여래 만 보살이 나와야 도덕을 부활시킬 수 있다는 뜻입니다.' 하고 답하였더니, 그가 다시 '에덴동산이 어디에 있습니까?' 하고 묻기에 '그것은 마음공부를 하면 알 수 있습니다.'라고 하였느니라."

〈동원편 28장〉

| 출처 |

임실 관촌 신전리 유가(留駕) 시 일

옆방에 예수교 장로이며 의사가 있었는데, 법사님께서 매일 아침 좌선하는 것을 보고 하루는 '선생님께서 무슨 공부를 하고 계십니까?' 하고 물으니 법사님께서 말씀하시기를, '천하 사람이 다 내버려 둔 물건의 주인이 되려고 공부하고 있습니다.' 하니, 물으시기를 '천하에 크고 작은 물건 중 주인 없는 물건이 있습니까?' '없습니다.' '나는 허공을 차지하려고 하고 있으며, 이 물건은 도적맞을 염려가 없어서 좋소. 이 물건은 모든 성인이 소유하신 물건입니다.' 하시다.

또 묻기를 '예수교 구약에 말세가 되면 태양이 천 개나 된다고 하셨으니 태양이 하나라도 족한데 천 개라면 뜨거워서 못살 것 같은데 이 뜻을 모르겠으니 그 뜻을 가르쳐 주시면 좋겠습니다.'

답왈, '태양은 광명중 제일 밝은 광명이니 이는 바로 성인의 도덕을 뜻하며, 천 개라는 말은 과거에는 한 성인만으로도 이 세상의 중생을 제도할 수 있었으나 앞으로 천여래 만보살이 나와 도덕을 부활시킨다는 뜻이며, 마치 과거에는 서당 선생 한두 분이 아동들을 교육했으나 지금은 곳곳에 초등학교를 설립하여 많은 초등학교 선생이 아동들을 교육하는 것과 같습니다.'

또 묻기를 '에덴동산이 어디에 있습니까?' '이것은 마음공부 하여야 합니다.' 하고 대답하여 주심.

〈『대산종사수필법문집』 1. p.450. 원기55년 6월 27일〉

| 배경 및 상황 |

대산 종사는 원기55년(1970) 6월 27일 "내가 13년 전에 몇 년간 임실 신전마을을 한겨울만 되면 찾아 정양했다. 30대 이후 발병한 지병으로 인해 정양할 요량으로 임실군 관촌 읍내에서 시오리 정도 떨어진 산골 마을을 찾았다. 심신의 피병을 위해 찾아왔지만 실은 피정이자 동안거를 하기 위함이었다."

대산 종사는 산골의 외딴 마을로 인적을 피해 들어왔지만, 오히려 찾아오는 재가출가의 동지들로 인해 선방이 되었고, 정기훈련 도량이 됐다.

대산 종사는 이 일을 회상하면서 '천하에 주인 없는 물건의 주인 되는 공부'라는 주제로 법문을 설하였다. 내가 매일 좌선하는 것을 본 기독교 장로가 "아침마다 무슨 공부를 그렇게 하십니까?" 하고 묻기에, "천하 사람이 다 내버려 둔 주인 없는 물건의 주인 되는 공부를 합니다." 하였더니, "천하에 크고 작은 물건 중 주인 없는 물건이 있습니까?" 하고 다시 묻기에 "나는 허공을 차지하려 하고 있습니다. 이것은 모든 성인이 소유하신 물건으로 도둑맞을 염려가 없어서 좋습니다."라고 하였다.

또 "에덴동산이 어디에 있습니까?"라고 묻기에, "이것은 마음공부 하여야 합니다." 하고 대답하였다.

| 용어 풀이 |

○ **장로(長老)** 선교 및 교회의 운영에 참여하는 성직(聖職)의 한 계급. 투표에 의

하여 선정되며, 교회의 추천과 노회 또는 지방회의 승인을 얻어 임직된다.

○ **말세(末世)** ① 정치·도덕·풍속 따위가 아주 쇠퇴하여 끝판이 다 된 세상. 지구의 종말을 의미하는 말. ② 본래 불교 용어인 말세는 불교의 삼시(三時)에서 나온 말이다. 부처님께서 입멸하신 뒤에 시대가 흘러감에 따라 그 가르침이 여법하게 실행되지 않는다는 역사관에 입각하여 시대를 정법(正法)·상법(像法)·말법(末法)으로 나누고 있다. ③ 기독교에서는 예수가 재림할 때까지를 말세라고 한다. 말세가 끝날 때 심판을 받는다고 한다. ④ 일반적으로 어이없는 일이 일어날 때 세상을 개탄하는 말로 사용된다.

㉙ 장자의 골수

대산 종사 말씀하시기를 "어떤 사람이 와서 장자에 대해서는 자기가 우리나라에서 제일이라 하기에 '장자의 골자를 주물러서 한입에 삼키게 내놓으라.' 하였더니, 아무 말을 못 하고 가더라. 그 후 다시 와서 '장자의 골수를 가르쳐 달라.'고 하기에 '들어옴 없이 갈무리하고[無入而藏] 나감이 없이 드러나니[無出而揚] 나무가 그 가운데 서 있다[柴立其中央].'라고 하였더니 그 사람이 절을 하고 물러갔느니라." 〈동원편 29장〉

| 출처 |

한번은 임 모(某) 천재라는 문장가가 총부에 와서 장자(莊子)로는 한국 제일이라 하기에 장자의 골자를 주물러서 한 주먹에 삼키게 내놓으시오[3선, 2선, 1선] 하였더니 당황하더라. 후에 또 와서 장자 골수를 가르쳐 달라기에 무출이양(無出而揚) 무입이장(無入而藏) 시립기중(柴立其中)하였더니 함부로 말 못하더라.

〈『대산종사수필법문집』 1. p.629. 원기57년 7월 18일〉

| 배경 및 상황 |

대산 종사는 원기57년(1972) 7월 18일 말씀하시기를 "임 모 천재라는 문장가가 익산 총부에 찾아와서 '장자'에 대해서는 한국에서 제일이라 자랑하기에 장자의 골자를 주물러서 한 주먹에 삼키게 내놓으시오[3선, 2선, 1선] 하였더니 당황하더라. 후에 또 와서 장자의 골수를 가르쳐 달라기에 무출이양(無出而揚) 무입이장(無入而藏) 시립기중(柴立其中)하였더니 함부로 말 못하더라."고 하였다.

'3선, 2선, 1선'이란 질문에 답하라는 하나, 둘, 셋이나 차례를 말한 것이다. 대산 종사가 임 천재에게 장자의 골자를 주물러 한 주먹에 먹기 좋게 어서 내놓으라는 재촉의 표시로 숫자를 부른 것이다. 그러니 임 천재는 당황할 수밖에 없고 물러가고 후일에 다시 와서 오히려 대산 종사에게 장자의 골수를 가르쳐 달라고 하였다.

대산 종사는 시립기중(柴立其中)이라 하였는데 일반적으로 시립기중앙(柴立其中央)이라 한다. 절구의 넷 자를 맞추기 위해 '중앙'이 아니라 '중'으로 대구를 맞춘 것으로 여긴다.

| 용어 풀이 |

○ **장자(莊子, B.C. 360경~B.C. 280경)** 장자는 중국 전국시대의 소국인 송(宋)나라의 인물로 기원전 360년[周 顯王9년]경에 송나라 몽현[蒙縣, 지금의 河南省 商丘의 동쪽]에 송나라 왕족의 후예로 태어났다[죽은 해는 기원전 280년경으로 추측됨]. 그의 이름은 주(周), 자는 자휴(子休)이며 후일 그는 남화진인(南華眞人)으로 불리기도 했다. 그의 생애나 행적은 자세히 알려지지 않았으나 대체로 은둔적 지식인의 삶이었다고 할 수 있다. 그는 은자들의 전통을 바탕으로 하여 형성된 노자의 사상을 독창적으로 발전시켰다.

저서로서의 『장자』는 『남화진경(南華眞經)』으로 존칭하였다. 『장자』는 원래 52

편이었다고 하는데 지금은 곽상[郭象, 晋代의 인물]의 주석본에 의거한 33편이 남아 있다. 그중 내편(內篇) 7편은 일찍 성립되었으며 외(外)·잡편(雜篇)은 나중에 성립된 것으로 보인다. 『장자』의 천하편(天下篇)에서는 그의 사상적 특징을 개괄하면서 "홀로 천지 정신과 왕래하면서 만물을 멸시하지 않으며 사람들의 시비를 가리지 않고 세속과 더불어 산다[獨與天地精神往來而 不傲倪於萬物 不譴是非 以與世俗處]"라고 말한 바 있다. 이를 통해 볼 때 그가 제시한 이상적 삶의 특징이 정신적 자유를 실현하는 것임을 알 수 있다.

○ **골자(骨子)** 말이나 일의 내용에서 중심이 되는 줄기를 이루는 것.

○ **골수(骨髓)** 마음속 깊은 곳을 비유적으로 이르는 말. 요점이나 골자를 비유적으로 이르는 말.

30 도교의 세 가지 보물

대산 종사 말씀하시기를 "노자께서는 거심(去甚)·거사(去奢)·거태(去怠)라 하였으나, 나는 여기에 한 글자씩 더 넣어 거극심(去極甚)·거호사(去豪奢)·거교태(去驕怠)라 하나니, 거극심은 정신·육신·물질 어느 면으로나 치우치지 않고 여유가 있음이요, 거호사는 행동과 말과 의복과 글의 사치를 하지 않음이요, 거교태는 교만하고 게으름을 멀리함을 말함이니라. 또한, 도교의 세 가지 보물은 자(慈)와 검(儉)과 불감위천하선(不敢爲天下先)이라. '자'는 남을 호리라도 미워하는 마음이 없음이요, '검'은 무슨 물건이든 다 쓰지 않고 아껴둠이요, '불감위천하선'은 감히 천하의 앞에 먼저 나서지 않는다는 뜻으로 제일 뒤에서 밑받침이 되어 먼저 천하 사람을 다 좋게 해 주는 덕을 이름이니라. 그러므로 도는 정성으로 들어가고[以誠而入] 묵묵함으로 지키며[以默而守] 부드러움으로 쓰나니[以柔而用], 정성을 씀에 어리석은 듯하고[用誠似愚] 묵묵함을 씀에 어눌한 듯하고[用黙似訥] 부드러움을 씀에 모자란 듯해야[用柔似拙] 하느니라."

〈동원편 30장〉

| 출처 |

도교의 수신

노자(老子)께서 처세의 최고 방법으로 거심(去甚), 거사(去奢), 거태(去怠)하라 했다. 나는 여기에 한 자씩 더 부가시켜 거극심(去極甚), 거호사(去豪奢), 거교태(去驕怠)라 하였다. 거극심은 정신, 육신, 물질, 어느 면으로나 극심하지 아니하여야 진력(盡力)이 안 되어 여유가 있게 되는 것이다. 거호사는 행동의 사치, 말의 사치, 의복의 사치, 글의 사치를 하지 말라는 것이다. 꾸미면 거짓이 많아서 결국 못 살게 된다. 거교태는 교만하고, 태만하지 말라는 것인데, 돈이 좀 생기고 벼슬이 오르면 버티며 배를 내밀고 다니는데 그것 몇 푼 못 간다. 그러니 잘못 살고 싶으면 거극심(居極甚), 거사치(居奢侈), 거교태(居驕怠)하고 잘 살고 싶으면 거극심(去極甚), 거사치(去奢侈), 거교태(去驕怠)하라.

〈『대산종사수필법문집』 1. p.1335. 원기61년 1월 18일〉

도교

거심(去甚)→거극심(去極甚)

거사(去奢)→거호사(去豪奢)

거태(去怠)→거교태(去驕怠)

일왈자(二日慈)→남을 호리(毫釐)라도 미워하는 마음이 없음이오.

이왈검(一日儉)→무슨 물건이든지 내일을 위하여 다 쓰지 않고 늘 아껴둠이오.

삼왈불감위천하선(三日不敢爲天下先)→천하의 제일 뒤에서 밑받침이 되어 천하 사람을 다 먼저 좋게 해주는 덕을 기름이오.

부입도자(夫入道者)→이성이입(以誠而入) 이묵이수(以黙而守) 이유이용(以柔而用) 용성사우(用誠似愚) 용묵사눌(用黙似訥) 용유사졸(用柔似拙).

〈『교리실천도해』 p.38. 도교의 수신〉

| 배경 및 상황 |

대산 종사는 도교의 수신에 대해 여러 번 말씀하였다. 가장 종합적으로 핵심만 간추려 정리한 것이 『교리실천도해』이다. 또한, 노자가 처세의 방법으로 '거심(去甚), 거사(去奢), 거태(去怠)'라 하였으나 대산 종사는 여기에 한 글자씩 더 넣어 거극심(去極甚), 거호사(去豪奢), 거교태(去驕怠)라고 하였다. 노자의 말씀을 더욱 살린 점이 탁월하다고 할 수 있다.

| 용어 풀이 |

○ **거심(去甚)** 지나치지 마라.

○ **거사(去奢)** 사치하지 마라.

○ **거태(去怠)** 태만하지 마라.

○ **옥추경(玉樞經)** 도교 경전의 하나. 남송대인 13세기경에 성립된 것으로, 『도장(道藏)』 동진부(洞眞部)에는 금단도(金丹道)인 전진교(全眞敎)를 대성한 백옥섬(白玉蟾)의 주(註)를 포함한 집주본(集註本)이 수록되어 있다. 보화천존(普化天尊)은 옥청천(玉淸天)에서 시방의 제천제군(諸天帝君)과 만났을 때 청정심으로 일체중생의 학도(學道)·소령(召靈)·해액(解厄)·구사(求嗣)·기우(祈雨)·구사(驅邪) 등을 위해 대원을 발했다고 밝히고, 이 경을 읽는 공덕을 설하고 있다. 구성은 책머리에 44신상도(神像圖)를 싣고, 정심신주(淨心神呪) 등 6주문, 천경(天經)의 재옥청중장(在玉淸中章) 등 8장, 지경(地經)의 학도희선장(學道希仙章) 등 18장, 옥음보주(玉音寶呪), 그리고 부적을 싣고 있다. 조선 초의 『경국대전(經國大典)』에 도류(道流)가 이를 읽는다고 했으므로, 일찍부터 민가에 유행했던 것으로 보이며,

근래에 이르러서는 음력 정초에 소경들이 한 해의 재액을 물리치기 위해 읽고, 무당의 큰 굿에서도 사용되었다. 소태산 대종사의 대각 후 열람했던 경전에 포함되어 있다.

31 천부경의 대의

대산 종사, '천부경(天符經)'을 소개하도록 한 후 말씀하시기를 "첫 구절은 '일시무시일(一始無始一)'이요, 끝 구절은 일종무종일(一終無終一)'이라. 일시무시일은 하나로 비롯하였으나 하나로 비롯한 바가 없다는 뜻으로 불생(不生)을 말함이요, 일종무종일은 하나로 마쳤으나 하나로 마친 바가 없다는 뜻으로 불멸(不滅)을 말한 것이니라. 부처님께서는 삼천 년 전에 불생불멸의 진리를 밝히셨고 단군 성조께서는 4천3백여 년 전에 이미 이 진리를 드러내 주셨나니, 이는 이 나라에서 세계를 책임질 종교가 나온다는 것을 증거하신 것으로 그 하나는 바로 일원상 자리요 무극·법신불·하나님 자리를 가리키느니라." 〈동원편 31장〉

| 출처 |

천부경(天符經)

일시무시일(一始無始一) 하나로 비롯했으나 하나로 비롯한 바가 없다.

일탁삼(一柝三) 하나는 셋으로 벌어져서[도생일(道生一) 일생이(一生二) 이생삼(二生三) 삼생만물(三生萬物)]

극무진(極無盡) 본일(本一) 극도에는 다함이 없으나 근본은 하나니라

천일일(天一一), 지일이(地一二), 인일삼(人一三) 하늘 하나가 첫째요. 땅 하나가 둘째요. 사람 하나가 셋째라.

일적십(一積十) 거무궤(巨無櫃) 화삼(化三) 하나가 쌓여 열이 됨에 커서 다함이 없으나 변화는 셋이라.

천이삼(天二三), 지이삼(地二三), 인이삼(人二三) 하늘 둘이 셋이 되고 땅 둘이 셋이 되고 사람 둘이 셋이 되니

대삼합육(大三合六)[천·지·인(天地人)=음양(陰陽)] 생칠팔구(生七八九) 큰 셋이 합하여 여섯임에 7, 8, 9를 낸지라.

운삼사성환(運三四成環) 3, 4를 운전하여 고리를 이루고[12개월, 십이회(十二回)]

오칠일묘연(五七一妙衍) 다섯과 일곱은 하나에서 묘하게 불어남이라.

만왕만래(萬往萬來) 용변부동본(用變不動本) 만 번 가고 만 번 오되 용은 변하나 근본은 동치 않나니

본심(本心) 본태양(本太陽) 근본은 마음이고[천심(天心)이 인심(人心), 인심이 천심] 근본은 태양이라.

앙명인중(昻明人中) 사람이 중을 높이 밝히고[원형이정 천지지도(元亨利貞 天地之道) 인의예지 성현지도(仁義禮智 聖賢之道) 중도(中道)]

천지일(天地一) 천지도 하나니

일종무종일(一終無終一) 하나로 마침에 하나로 마친 바가 없느니라.

※ 일시무시일(一始無始一) 일종무종일(一終無終一) = 선천이무기시(先天而無其始) 후천이무기종(後天而無其終) 불생불멸의 진리.

전주, 정읍 출가 교화단 몇 단이 와서 단회를 하고, 샌프란시스코에서 원산(元山) 이제성(李濟性) 교무와 최대선(崔大宣) 교도가 인사차 왔을 때 내린 법문

시자에게 '천부경(天符經)'을 소개하도록 하시고

처음 인쇄해서 소개하는 것은 이 자리가 처음이다. 천부경, 하늘에서 비장한 글이다. 부작이라는 것은 비장한 것이니 수억만 년에 비장해 놨던 것을 단군

때에도 났지마는 단군 이전부터 비장이 된 것을 발굴했다는 것이다. 즉 계시를 받았거나 묵시를 통해 전해진다는 것이다.

일시무시일(一始無始一), 하나로 비롯했지만 하나로 비롯한 바가 없다. 그것이 불생이다. 불생불멸 가운데 일시무시일은 불생(不生)이고, 일종무종일(一終無終一)은 불멸(不滅)이다. 하나로 마쳤지만 하나로 마친 바가 없다는 것은 불멸이다.

부처님이 삼천 년 전에 불생불멸의 진리를 밝혔는데 단군 성조께서 사천삼백여 년 전에 불생불멸의 진리를 냈다는 것은 이 나라에서 세계를 주장할 수 있는 세계 종교가 난다는 것이 증거가 된다. 그 일(一)의 일(一)자리는 일원상 자리요. 무극 자리, 법신불 자리, 하나님 자리다.

〈『대산종사수필법문집』 2. pp.596~599. 원기69년 9월 7일

| 배경 및 상황 |

대산 종사는 "「천부경」은 하늘에서 비장(秘藏)한 글이다. 단군 때에 낳지마는 그 이전부터 비밀히 감추어 둔 것을 발굴했다는 것이다. 즉 계시받았거나 묵시를 통해 전해진다는 것이다. 1916년 묘향산에서 수도하던 계연수(桂延壽)가 암벽에 새겨진 이 경전을 발견·탁본하여 전함으로써 처음 세상에 알려졌다." 라고 설하였다. 천부경은 불생불멸의 진리를 밝혔으니 최고의 진리를 밝혔다. 도교가 중국에서 발생한 것으로 생각하기 쉬우나 단군 시대 자부 선생으로 비롯했다. 천부경은 신라 시대 고운 최치원 선생이 묘향산 암벽에서 발견하여, 풀어 후세에 전한 것이다. 그 뒤 조선 시대 계연수가 다시 묘향산에서 발견, 세상에 빛을 보게 되었다. 큰 글이라고 하는 것은 영력(靈力)으로 나오기 때문에 진리의 글이다. 부처님이 3천 년 전에 불생불멸의 진리를 밝혔는데, 단군 성조께서 4천3백여 년 전에 이미 불생불멸의 진리를 냈다는 것은 우리나라에서 세계를 주창할 수 있는 세계종교가 난다는 증거가 된다.

| 용어 풀이 |

○ **천부경(天符經)** 대종교의 기본 경전. 환웅이 사람을 널리 이롭게 하려고 천부인 세 개를 가지고 와서 교화할 때, 우주 창조의 이치를 풀이한 81자로 된 참결이다.

○ **단군(檀君)** 우리 민족의 시조로 받드는 최초의 임금. 천제(天帝) 환인(桓因)의 손자이며 환웅(桓雄)의 아들로 B·C 2333년에 단군조선을 개국하였다. 우리나라 역사에 처음으로 등장하는 고조선과 단군에 관한 기록은 『삼국유사』에는 실려 있으나 『삼국사기』에는 없어서 서로 대조를 이루고 있다. 단군을 단군왕검이라고도 한다.

○ **계연수(桂延壽, 1864~1920)** 자 인향(仁鄉), 호 운초(雲樵). 1864년 5월 20일 평안도 신천에서 출생했다. 1898년 『단군세기』·『태백일사』를 합본하여 발간한 바 있고, 1911년에 여기에 『삼성기』·『북부여기』를 합하여 『환단고기(桓檀古記)』라 하여 발간했다. 홍범도와 오동진의 금전적 도움으로 묘향산 단군굴암에서 『환단고기』를 편술하였다고 한다. 만주에서 독립운동에 참여한 일도 있다. 1917년 1월 10일 묘향산에서 『천부경』을 탑본(搨本)하여 서울의 단군교 교당 앞으로 서신과 함께 이 책을 보냈다고 기록되어 있다. 그는 단군교에 『천부경』을 보내는 편지에서 그가 이 경을 구득하기까지의 과정을 상세하게 적었다. 그는 일찍이 『천부경』의 전래를 알고 그 책을 구해 보려 하였으나 구하지 못하다가 1916년 9월 9일 묘향산에 들어가 암벽에서 신라 시대 최치원이 새겨두었던 『천부경』을 발견하고 이를 탑본하였다는 것이다. 그가 이 책을 단군교 본부에 보냄으로써 이름만 전하던 책의 내용이 세상에 알려지게 되었다. 『환단고기』는 1980년이 되거든 세상에 내놓으라는 말을 남기고 1920년 8월 15일 사망했다. 2015년 1월 1일 세계천부경협회에서 주관하는 제2회 '세계천부경의 날'기념식에서 고 계연수에게 공로패를 수여했다.

㉜ 삼일신고

대산 종사, '삼일신고(三一神誥)'에 대해 말씀하시기를 "삼은 천·지·인 삼재(三才)를 뜻함이요, 일은 천·지·인 삼재가 하나임을 뜻함이요, 신은 하나라는 명상(名相)도 없는 법신불 자리를 뜻함이요, 고는 가르친다는 뜻으로 제중(濟衆)을 뜻함이니라. 또 삼을 원방각(圓方角)이라고도 하나니, 천원(天圓), 지방(地方), 인각(人角)의 원방각 사상이 곧 일원상 사상이니라. 또 본문에 있는 조화(造化), 교화(敎化), 치화(治化)는 천치(天治), 성치(聖治), 정치(政治)를 말하는 것이라. 하늘이 삼라만상 전체를 다스리고 있으므로 성인들은 그것을 가져다 교화하고, 영웅들은 성인들이 내놓은 법으로 정치하나니, 인류가 잘살려면 이러한 삼위일체 사상에 바탕을 두고 정교 동심으로 이 세계를 다스려야 하느니라."

〈동원편 32장〉

| 출처 |

오후에 김성관(金聖觀)에게 삼일신고(三一神誥)에 대해 설명을 하게 한 후 말씀하시기를

학자들은 어떻게 해석했는지 모르겠으나 그 해석이 너무 어려우니 내가 해석을 쉽게 하여 주리라. 삼(三)은 천·지·인(天地人) 삼재(三才)를 말하며, 일(一)은 천·지·인 삼재는 바로 하나라는 뜻이고 신(神)은 또 법신불을 말한다. 하나라는 명상(名相)도 없는 그 자리가 신이고, 법신불 자리다. 고(誥)는 가르친다고 하는 것이니 바로 제중(濟衆)을 말한다. 바로 일원상을 가르친다는 것이 된다. 또 삼(三)을 원방각(圓方角)이라고 설명하는 데 천원(天圓) 지방(地方) 인각(人角)이다. 원방각 사상이 바로 일원상 사상이다.

본문에 조화(造化), 교화(敎化), 치화(治化)라는 말이 있는데 천치(天治)는 조화이고 성치(聖治)는 교화, 정치(政治)는 치화이다. 하늘이 삼라만상 전체를 다스리고 있다. 그것을 성인들이 가져다 교화하시며 성인들이 내놓은 법을 영웅들이 정치하는 것이다. 삼위일체의 정치를 말했으니 훌륭한 사상이다. 교정일체(敎政一體)의 정치라야 그 덕이 온 천하에 미치는 법인데 중국의 요순시대가 바로 그러했고, 우리 단군 성조가 그런 사상으로 정치를 하였다. 앞으로도 인류가 잘살려면 정교동심이 되어서 이 세계를 다스려야 한다. 삼일신고와 천·지·인 삼재와 원방각과 조화, 교화, 치화, 천치, 성치, 정치, 그것만 알면 단군 사상은 다 알게 될 것 같다. 아주 위대한 사상이며 철학이다. 우리 교단의 일원상 사상과 같다.

〈『대산종사수필법문집』 1. pp.1532~1533. 원기61년 8월 27일〉

| 배경 및 상황 |

대산 종사는 원기61년(1976) 8월 27일 김성관 교무에게 삼일신고(三一神誥)에 관해 설명하게 한 후 말씀하시기를 "원방각 사상이 일원상 사상이다. 인류가 잘살려면 삼위일체 사상에 바탕하여 정교동심[교정일체]으로 이 세계를 다스려야 한다."라고 부연하였다.

圓 方 角	天地人	造化 = 天治 = 道
		敎化 = 聖治 = 德
三一神誥		治化 = 政治 = 法

| 용어 풀이 |

○ **삼일신고(三一神誥)** 단군이 한울·한얼·한울집·누리·참이치 등 다섯 가지를 삼천단부(三千團部)에게 가르쳤다고 하는 말. 이것을 신지(神誌)가 써 준 고문(古文)과, 왕수긍(王受兢)이 번역한 은문(殷文)은 다 없어지고, 오직 고구려 때에 번역하고 발해 때에 해석한 한문으로 된 것만이 남아있다.

○ **삼재(三才)** ① 중국의 고대 사상에서 우주의 세 가지 근원을 뜻하는 말로써, 하

늘(天)·땅(地)·사람(人)을 가리킨다. 중국사상의 특징은 인간이란 천지자연과 대립해서 이를 정복하는 존재로 생각하지 않는다. 인간은 자연에 순응해야 하는 존재이며, 또한 스스로 만물을 기르는[和育] 천지의 작용에 참여해야 하는 존재이다. 그렇게 함으로써 인간의 존엄성을 발견할 수 있다. 삼극(三極)·삼원(三元)이라고도 한다. ② 중국의 천지인 사상에서 근거하여 우리나라에서 위대한 인물을 천·지·인에 비유하기도 한다. 가령 원불교에서 소태산 대종사(天)·정산 종사(地)·대산 종사(人), 천도교에서 최수운(天)·최해월(地)·손의암(人) 등과 같은 경우. ③ 역(易)에서 천도(天道)·지도(地道)·인도(人道). ④ 관상을 볼 때에 이마·코·턱을 이르는 말.

○ **명상(名相)** 귀에 들리는 것을 명(名), 눈에 보이는 것을 상(相)이라 한다. 모든 사물에는 다 명과 상이 있다. 그러나 명과 상은 모두 허망하고 거짓된 것으로 법의 영원한 실상이 아니다. 진리를 깨치지 못한 사람은 명상을 분별하고 집착하여 온갖 번뇌 망상을 일으킨다.

○ **삼라만상(森羅萬象)** 우주에 있는 온갖 사물과 현상.

○ **삼위일체(三位一體)** 세 가지의 것이 하나의 목적을 위하여 통합되는 일.

○ **정교동심(政教同心)** 소태산 대종사의 정교관(政教觀)이며, 정산 종사가 내세운 사대 경륜의 하나. 그러나 정산의 재위 기간에 한정된 것이 아니라 정치와 종교의 관계, 원불교인의 사회적 실천에 관한 기본 철학으로 되어 있다. 정치와 종교가 동등한 사회구성의 요소로써 국민 생활을 발전시키는 각각의 역할을 충실하게 하자는 것이다. 교정일체(教政一體)와 같은 말.

㉝ 성경신

대산 종사, 원기 59년 8월 천도교 중앙총부를 답방하고 말씀하시기를 "소태산 대종사께서 수운 대신사를 큰 선각자라고 하셨고, 귀 교단과는 늘 심월상조(心月相照)하고 있습니다. 수운 대신사께서 밝혀 주신 '사람이 곧 한울이니 사람을 한울같이 섬기라.'라는 가르침은 종교계를 크게 깨우치셨으며, 전 인류가 받들어 실천해야 할 법이라고 생각합니다. 그러므로 오늘 수운 대신사의 가르침인 성경신 법문을 다시 한번 새기고자 합니다. 성은 늘 한결같이 정성스럽고 거짓 없는 마음으로 살자는 뜻이니, 우리는 이 가르침을 받들어 지극히 정성스럽고 쉼이 없어야 하겠습니다. 경은 늘 한결같이 공경하고 조심하며 살자는 뜻이니, 내가 먼저 공경의 도를 베풀 때 밖으로부터 공경과 복락의 결과가 오게 될 것입니다. 신은 정법을 늘 한결같이 믿고 체받는 마음으로 살자는 뜻이니, 사람이 세상을 살아갈 때 항상 믿음이 있어야 사람다움을 유지할 수 있고 영생을 통해 참다운 구원을 받을 수 있습니다. 이 공부는 전성(前聖)과 후성(後聖)이 서로 이어 전하는 심법으로 오래 계속하면 자연히 무량한 복록과 수명과 지혜를 얻을 것입니다. 이에 우리 두 교단부터 가까운 형제로서 융화하고, 나아가 세계 종교의 화합과 전 인류의 평화가 이룩되도록 다 같이 노력해야 하겠습니다." 〈동원편 33장〉

| 출처 |

천도교 방문 기념

성경신(誠敬信) 법문

오늘 천도교 제2세 해월(海月) 신사(神師)의 제111주 지일(地日)인 의의 깊은 날에 본인이 덕암(德庵) 최덕신(崔德信) 교령(敎領)님의 초청으로 귀 교단을 방문하게 되니 이 기쁜 마음 한없으며, 더구나 이처럼 성대히 환영을 해주심에 대하여 충심으로 감사하는 바입니다.

우리 스승님이신 소태산 대종사께서는 일찍이 수운 대신사를 이 세상의 대선각자시라고 말씀해 주셔서 귀 교단과의 정의는 평소에도 늘 심월상조(心月相

照)하고 있는 바입니다. 수년 전에는 대동화합의 정신으로 한국의 종교 지도자들이 한자리에 모여 종교협의회를 구성하고 종교 상호 간의 이해 증진에 기여한 바도 있습니다.

특히 재작년 10월 1일에는 덕암 최덕신 교령님께서 본 교단을 방문해 주심으로써 우리 두 교단의 우의는 더욱 두텁고 친근하게 됐습니다. 과거로부터 4대 성인들이 3천 년 전에, 혹은 먼저 오시고, 혹은 뒤에 오시고, 혹은 좌우에서 서로 이끌며 세상을 깨우치고 바루어 오셨으니 귀 교단의 수운 대신사와 해월 신사, 우리 교단의 대종사와 정산 종사, 이 어른들은 한 가지로 구제창생의 일을 하고 가신 줄로 알고 있습니다. 수운 대신사께서는 과거와는 달리 사람이 곧 한울이라 하시고 사람을 한울같이 섬기라고 밝혀 주셨습니다. 이 가르침은 종교계에 크게 깨우침을 이룩해 주신 것이며, 장차 세계 모든 인류가 받들어 실천해야 할 법이라고 생각합니다.

그러므로 본인은 오늘 수운 대신사의 가르침인 성경신의 법문을 다시 한번 배우고자 합니다.

첫째, 가르침인 성(誠)은 전 인류가 늘 한결같이 정성하고 거짓 없는 마음으로 살자는 뜻인 줄 압니다. 옛 성현의 말씀에 정성은 하늘의 도요, 정성에 들어가는 것은 사람의 도라고 하셨으니, 사람이 수신제가 치국평천하하는 일에 이 정성심과 거짓 없는 마음은 가장 기본이 되는 심법으로서 이 법이 있으며 모든 일에 생성화육이 될 것이니 우리 후학으로서는 이 성의 가르침을 받들어 지극히 정성하고 쉼이 없어야 하겠습니다.

둘째, 경(敬)은 늘 한결같이 공경하고 조심하는 마음으로 살자는 뜻인 줄 압니다. 사인여천(事人如天)의 가르침은 경의 극치로서 이 마음이 사사물물에 미쳐 갈 때 무불경(無不敬)으로 원불교의 처처불상 사사불공의 도리와 통하고 있습니다. 내가 먼저 공경의 도를 베풀 때 밖으로부터 공경과 복락의 결과가 오게 되는 것입니다.

셋째, 신(信)은 정법을 늘 한결같이 믿고 체 받는 마음으로 살자는 뜻인 줄 압니다. 사람이 세상을 살아갈 때 상하좌우 사이에도 항상 신이 바탕이 되어야 사람다움을 유지할 수 있을 것이며, 진리와 스승과 제자 사이에도 이 신으로 심심상련(心心相連)하는 심법이 건네야 제자가 인격을 닮고 사람이 진리적인 하늘 사람이 되어 영생에 참다운 구원을 받을 수 있을 것입니다.

이상의 세 가지 성경신 공부는 전성과 후성이 서로 이어 전하는 심법이라 오래오래 계속하면 자연 무량한 복록과 수명과 큰 지혜와 능력과 보은이 이에 따라 이뤄질 것입니다. 그러므로 우리는 이러한 선성(先聖)의 가르침을 받들고 깨닫고 실행하여 세계 모든 인류가 성현의 가르침에 돌아오도록 해야 하겠습니다.

이러한 일을 위해 우리 두 교단부터 지친의 형제로서 융화하고 나아가 세계종교와 전체 인류의 평화가 이룩될 수 있도록 다 같이 노력하여야 하겠습니다.

〈『대산종사수필법문집』 1. pp.952~954. 원기59년 8월 14일〉

| 배경 및 상황 |

원기57년(1972) 10월 1일 천도교 최덕신 교령이 원불교 중앙총부를 방문했다. 이에 대한 답방으로 대산 종사는 원기59년(1974) 8월 14일 천도교를 방문해 "오늘을 기념하여 수운 대신사의 가르침인 성·경·신 법문을 다시 한번 배우기 위해 그 뜻을 새기니, 성은 전 인류가 늘 한결같이 정성하고 거짓 없는 마음으로 살자는 것이요, 경은 늘 한결같이 공경하고 조심하는 마음으로 살자는 것이며, 신은 늘 한결같이 법 받아 배우고 가르치는 마음으로 살자는 것이다."라며 "그러므로 우리는 이러한 선성의 가르침을 받들고 깨닫고 실행하여 세계 모든 인류가 성현의 가르침에 돌아오도록 하며, 이를 위해 우리 두 교단부터 지친의 형제로서 융화하고, 나아가 세계종교와 전체 인류의 평화가 이룩되도록 다 같이 노력해야 한다."라고 역설했다.

| 용어 풀이 |

○ **최제우(崔濟愚, 1824~1864)** 동학(東學) · 천도교(天道敎)의 창시자. 본관은 경주(慶州). 초명은 제선(濟宣)·복술(福述), 자는 성묵(性默), 호는 수운(水雲)·수운재(水雲齋)이다. 제우(濟愚)라는 이름은 어리석은 세상 사람을 구제하겠다는 결심을 다짐하기 위해 스스로 고친 이름이라고 한다. 37세 때 동학을 창도하였으며, 후에 사도 난정(邪道亂正)의 죄목으로 체포되어 참형되었다. 저서에 『동경대전』, 『용담유사』 등이 있다.

○ **심월상조(心月相照)** 마음 달이 서로 비춘다는 뜻. 구름 없는 하늘에 밝고 둥근 달이 허공에 두둥실 떠서 삼라만상을 밝게 비추듯이 무명 업장의 구름을 벗은 허공 같은 마음을 지닌 사람들은 반야의 지혜 광명이 서로 밝게 비춤을 비유한 것이다. 허공 같은 마음을 지닌 높은 경지의 수도인들 사이에나, 믿고 존경하는 스승과 제자, 뜻을 함께하여 간격을 벗어난 도반들 사이에는 아무리 시간과 공간을 멀리하고 있어도 마음 달이 항상 서로를 비추고 있다는 뜻으로서, 이심전심·심심상련(心心相連)과 같은 말이다.

㉞ 현무경의 대의

대산 종사 말씀하시기를 "현무경(玄武經)에 '천지의 허무를 받음이 선의 포태라[受天地之虛無 仙之胞胎].' 함은, 선(仙)은 도교를 말함이요 포태는 단전주선법을 말함이라, 이는 과거 음 시대 최고의 정신수양법으로 노자께서도 80년을 선지포태하셨다는 뜻이며. '천지의 적멸을 받음이 불의 양생이라[受天地之寂滅 佛之養生].' 함은 고요한 가운데 빛이 나는 대적광전(大寂光殿), 즉 천지의 적멸을 받아 부처를 양성한다는 뜻이며, '천지의 조서(詔書)를 받음이 유의 욕대[受天地之以詔 儒之浴帶]라.' 함은 유가에서 천지의 조서를 받아 입신출세한다는 뜻이므로, 천지의 조서를 받으려면 공명정대하고 청렴결백해야 하나니, 수많은 사람 가운데 누가 그 조서를 받을 것인지 생각해 보라." 〈동원편 34장〉

| 출처 |

기독교, 증산 철학, 도교의 수신 법문

수천지허무선지포태(受天地虛無仙之胞胎): 선(仙)은 도교를 말하고, 포태는 단전주선법(丹田住禪法)인데 과거 음 시대의 최고의 정신수양법이다. 노자님은 80년은 선지포태(仙之胞胎)했다.

수천지지적멸불지양생(受天地之寂滅佛之養生): 부처님의 고요한 가운데 빛이 나는 것은 대적광전(大寂光殿)이고 적멸의 궁전, 천지의 적멸을 받아서 불(佛)을 양성한다는 것이다.

수천지지이조유지욕대(受天地之以詔儒之浴帶): 하늘에서 조칙이 내린다. '이런 생활을 하는 사람은 성현이다.' 하고 조서가 내린다. 유, 불, 선, 원불교의 수신을 잘하여 법도에 어긋나지 아니하면 천지에서 천명이 내리는 것이다.

그 천명 조서를 받는 사람은 유지욕대(儒之浴帶)라. 목욕하여 심신을 깨끗이 하고 의관을 정대이 하여 공명정대하고 청렴결백하면 천지의 조칙이 내리는 것이다. 44억 인류 중에 누가 그 조칙을 받을 것인가? 누가 줄 수 있는 것이 아니다. 〈『대산종사수필법문집』 2. pp.186~187. 원기66년 2월 8일〉

| 배경 및 상황 |

대산 종사는 원기66년(1981) 2월 8일 '증산철학' 중 『현무경』의 유불선에 대한 수양의 강령을 설하였다. '천지의 허무를 받음이 선의 포태라.' 또한 '천지의 적멸을 받음이 불의 양생이라.' 그리고 '천지의 조서(詔書)를 받음이 유의 욕대라.' 함은 유가에서 천지의 조서를 받아 입신출세한다는 뜻이다. 수많은 사람 가운데 누가 그 조서[조칙]를 받을 것인지 생각하라고 하였다.

| 용어 풀이 |

○ **현무경(玄武經)** 강증산이 지었다고 하는 경전. 현재 유통되고 있는 『현무경』은 10여 종이 된다. 그 내용은 보통 사람들은 잘 알 수 없는 고도의 상징성을 갖고 있다. 부(符)가 그려져 있는데, 부 중간중간에 글이 있으나 어떤 글은 크게 또 작게, 굵게 또 가늘게, 좌로 또 우로, 거꾸로 또 반대로, 위로 올라가게 또 밑으로 내려가게 쓰여 있어서, 이것들이 무엇을 의미하는지 알 수가 없다. 다만 추측할 수 있는 사실은 이 경전이 증산교의 핵심적인 사상을 담고 있는 예언비서(豫言秘書)라는 것뿐이다.

○ **대적광전(大寂光殿)** ① 일원의 진리를 크게 깨쳐 청정자성을 회복한 마음. 적(寂)은 천만 번뇌를 다 끊어 적정(寂靜)한 상태, 광(光)은 적정한 경지에서 나타나는 지혜 광명을 말한다. ② 절에서 비로자나불을 봉안한 전당(殿堂). 해인사의 본전(本殿)이 대적광전이다.

○ **조서(詔書)** 임금의 명령을 일반에게 알릴 목적으로 적은 문서. 조칙(詔勅)이라고도 함.

○ **입신출세(立身出世)** 성공하여 세상에 이름을 떨침.

㉟ 용담성지 참배

대산 종사, 원기 64년 7월 천도교 용담 성지를 참배하고 말씀하시기를 "성현들은 혼자 다니지 않고 앞뒤로 발맞춰 다니므로 수운 대신사께서 이 땅에 오셨고 해월 신사께서 그 법을 이으셨나니, 두 분의 신의와 정의는 소태산 대종사와 정산 종사 같으니라. 수운 대신사와 해월 신사를 이 땅에 내시고 대종사와 정산 종사를 내신 것은 우연한 일이 아니요, 이 나라에 복조가 있기 때문이니라. 그러므로 대종사 일이 수운 대신사 일이요 부처님 일이며, 부처님 일이 수운 대신사 일이요 대종사 일이므로, 천도교만 5만 년 운수 받는다 하지 말고 원불교가 잘되는 것이 천도교가 잘되는 것으로 알아야 대신사와 대종사의 행적을 만대에 꿰뚫어 보게 되리라. 우리가 모두 동귀일체(同歸一體)이므로 이 어른을 숭배하고 이 성지를 참배하나니, 우리가 오랜 세월을 기다려서라도 이 땅에 세계종교연합 기구를 탄생시키고 세계 훈련 장소를 만드는 것이 수운 대신사와 해월 신사의 뜻이요, 대종사와 정산 종사의 뜻이요, 공자와 노자와 부처님과 예수님의 뜻이니라." 〈동원편 35장〉

| 출처 |

용담성지(龍潭聖地)[수운 대신사(水雲大神師)] 법문

성현들은 혼자 다니지 아니하시고 앞에서 뒤에서 같이 발맞춰 다니신다. 중생들은 자기 혼자만 독보하려고 하다가 후퇴가 되는데 성현들은 앞에서 뒤에서 서로 양보하고 교대함으로써 성현이 되신 것이다. 이 천지가 성자를 하나 만들려면 참 힘이 드는 것이다. 오천 년 동안을 아닌 사람이 날려면 눌러버릴 것이고 뽑아버려 오천 년을 조용히 쉬다가 120년 전에 수운 대신사 같은 어른을 이 땅에 내신 것은 성현이 혼자 나오는 법 없다. 반드시 뒤에 따라 나온다. 그래서 해월(海月) 신사가 그 법을 이었다.

우리 한국이 복조 있는 나라다. 대종사님 탄생하신 60~70년 전에 그런 성자가 나셨다. 수운 신사나 해월 신사를 우리가 못 뵈었지마는 대종사님과 선 법사님의 신의가 꼭 그와 같았다. 그러기 때문에 이 땅이 쓸모가 있어서 수운 대신사 해월 신사 같은 어른을 이 땅에 내시고 대종사님, 선 법사님을 내신 일이 우연한 일이 아니다.

그러기 때문에 대종사님 일이 수운 대신사 일이요, 부처님 일이요, 부처님 일이 수운 대신사 일이요, 대종사님 일이기 때문에 지금 천도교서만 그냥 앞으로 그렇게 잘된다 말고 원불교 잘되는 게 천도교 잘되는 것이다. 우리 천도교만 앞으로 5만 년 운수 받는다고 하면 둘을 못 본 것이다. 대종사님을 알고 수운 대신사를 아신 양반이라면 그 어른들의 행적을 만대를 보고 꿰뚫어 버려야 된다. 우리가 모두 동귀일체(同歸一體)기 때문에 이 어른을 숭배하고 여기를 숭앙한다.

불교나, 유교나, 천도교나, 기독교나, 원불교가 다 이 세계 창생을 위하는 것은 일반이기 때문에 기독교가 잘 된다, 또는 천도교가 잘되든 불교가 잘되든 원불교가 잘되든 하나로 보는 눈이 세계종교 대동화합이기 때문에 내가 아까도 말했지만 세계종교 유엔 탄생, 공동시장 마련, 심전계발로 대훈련인데, 대훈련 문제를 전 최덕신 교령한테 그전에 말했었다. 심전계발해서 나가는데 세계 전 인류의 대훈련 장소는 한국이 적지가 된다고 했더니 그 양반도 그거 옳다고 하였다.

여기 온 일행들은 10년 후가 됐든지 100년 후가 됐든지 천년 후가 됐든지 만년 후가 됐든지 우리 이 한국 땅에 세계종교 유엔기구를 탄생시켜서 세계 훈련 장소를 만든다면 이것이 대신사의 뜻일 것이고, 해월 신사의 뜻일 것이고, 대종사님, 선 법사님의 뜻일 것이고, 공자님이나 노자님이나 부처님의 뜻일 것이다.

〈『대산종사수필법문집』 1. pp.2069~2070. 원기65년 7월 8일〉

| 배경 및 상황 |

대산 종사는 원기65년(1980) 7월 6일 성주성지를 참배하고 7일 경주 통일전에서 조국통일 기원식을 마친 후 다음 날 용담성지를 참배하고 말씀하시기를 "성현들은 혼자 다니지 않고 앞뒤로 발맞춰 다닌다. 수운 대신사와 해월 신사께서 그 법을 이으셨다. 수운과 해월, 대종사와 정산 종사가 이 땅에 나신 것은 우연한 일이 아니고 이 나라에 복조가 있기 때문이다. 그러므로 대종사 일이 수운 대신사 일이요 부처님 일이며, 부처님 일이 수운 대신사 일이요 대종사 일이므로, 천도교만 5만 년 운수 받는다 하지 말고 원불교가 잘되는 것이 천도교가 잘되는 것으로 알아야 두 분의 행적을 꿰뚫어 보게 된다. 우리가 모두 동귀일체(同歸一體)로 이 땅에 세계종교연합 기구를 탄생시키고 세계 훈련 장소로 만드는 것이 수운과 해월의 뜻이요, 대종사와 정산 종사의 뜻이요, 모든 성인의 뜻이다."라고 하였다.

| 용어 풀이 |

○ **용담성지(龍潭聖地)** 경상북도 경주시 현곡면 가정리에 있는 천도교 성지. 동학의 창시자인 최제우의 탄생지로 무극대도를 한울님으로부터 받아 포덕을 시작한 천도교의 발상지이며, 대구에서 처형당한 교조의 유해가 안치되어 있다.

○ **최시형(崔時亨, 1827~1898)** 동학의 제2대 교주. 초명은 경상(慶翔). 자는 경오(敬悟). 호는 해월(海月). 경전(經典)을 간행하여 교리를 확립하고 교단의 조직을 강화하였다. 고종 29년(1892)에 동학 탄압에 분개하여 교조(教祖)의 신원(伸寃)을 상소하였고, 1897년 손병희에게 도통을 전수하였다. 1898년 3월 원주에서 체포되어 서울로 압송, 6월 2일 교수형을 당하였다.

○ **동귀일체(同歸一體)** 천도교에서, 인간의 정신적 결합을 뜻하는 말. 저마다 다른 마음을 이겨내고 한울님의 참뜻으로 돌아가 한 몸같이 되는 일을 이른다.

참고도서

『대산종사법어』, 원불교100년기념성업회, 원불교출판사, 2020.

『대산종사수필법문』 1. 2권, 증보판, 원불교출판사, 2020.

대산종사법문집 Ⅰ『정전대의』, 증보판, 원불교출판사, 2016.

『대산종법사법문집』 Ⅱ, 원불교출판사, 2006.

『대산종사법문집』 Ⅲ, 원불교출판사, 1994.

대산종법사법문집 Ⅳ『열반법문』, 원불교출판사, 1994.

대산종법사법문집 Ⅴ『여래장』, 원불교출판사, 2007.

『큰 산을 우러르며』, 개정판, 주성균, 원불교출판사, 2022.

『원불교용어사전』, 손정윤, 원불교출판사, 2000.

『불교사전』, 운허용하, 동국역경원, 1988.

『표준국어대사전』, 국립국어원, www.korean.go.kr.

『고려대 한국어대사전』, 고려대학교민족문화연구원, 2011.

『한국신종교대사전』, 김홍철, 도서출판 모시는 사람들, 2016.

『원불교대사전』, 원광대학교 원불교사상연구원 편,
원불교100년기념성업회, 원불교출판사, 2013.

대산종사 법어해의 2

제5 법위편 · 제6 회상편 · 제7 공심편
제8 운심편 · 제9 동원편

2024년 5월 10일 초판 1쇄 인쇄
2024년 5월 17일 초판 1쇄 발행

편저 주성균

펴낸이 주영삼
펴낸곳 원불교출판사
출판등록 1980년 4월 25일(제1980-000001호)
주소 54536 전북특별자치도 익산시 익산대로 501
전화 063)854-0784
팩스 063)852-0784
홈페이지 www.wonbook.co.kr
인쇄처 문덕인쇄

ISBN 978-89-8076-418-1(04200)
ISBN 978-89-8076-416-7(04200) (세트)

값 30,000원